最新IFRS保険契約
──理論と仕組みを徹底分析
改訂増補版

有限責任監査法人トーマツ 著

保険毎日新聞社

増補にあたって

　2022年3月に改訂版を発行してから、2年余りが過ぎた。この間にIFRS第17号は発効日を迎え、欧州やアジア・オセアニアなどの国で保険会社がIFRS第17号を初めて適用した財務諸表を公表した。一方で、アジアの一部の国ではIFRS第17号の適用が2023年以降段階的に見込まれており、IFRS第17号適用の波は今後も続くことが見込まれている。

　改訂版の発行後も、各国の保険会社ではIFRS第17号導入の取組みが継続していることが観察されていたが、その間にも同基準書の適用上の論点が議論されていた。IFRSIC（IFRS解釈指針委員会）は2022年に2回、2023年に1回、IFRS第17号に関するアジェンダ決定を行っている。また、IFRS第18号が2024年4月にIASBから公表されている。本書はこうしたIFRSICでの議論や、保険会社にも適用されるIRS第18号の要求事項を取り込んで、改訂増補版として刊行したものである。また、米国財務会計基準審議会（FASB）が2022年12月に公表したASU2022-05「売却された契約の経過措置」の内容も取り込んでいる。

　IFRS第17号を適用した財務諸表を初めて公表した国では、会計基準の複雑さに起因する適用の難しさを経験した一方で、IFRS第17号がもたらす便益について評価を始めている。IASBが将来行う適用後レビューにおいて財務諸表作成者や利用者等からのフィードバックが期待される。

　最後に、本書の刊行にあたっては、初版および改訂版に引き続き保険毎日新聞社の井口成美氏に多大なるご尽力をいただいた。改訂増補版の刊行に至るまで、同氏の継続的な支援を得られたことについて、この場を借りてあらためて厚く感謝の意を申し上げたい。

2024年10月

執筆者代表　渡邊　悦也

改訂にあたって

　2020年6月、国際会計基準審議会（IASB）は、IFRS第17号「保険契約」の限定的な修正を公表した。本書は、この修正を反映し、2018年7月に発刊した初版以降に開催された移行リソース・グループ（TRG）の議論も取り込んで、改訂版として刊行したものである。また、米国財務会計基準審議会（FASB）が2018年8月に公表したASU2018-12「長期契約の会計処理に関する限定的な改善」の内容も取り込んでいる。

　IFRS第17号の限定的な修正では発効日が2年延期されている。これは、一部の企業においてIFRS第17号の適用のためのシステム開発や適切な会計方針の決定における課題や困難への対応が必要であることや、IFRS第17号導入プロジェクトの進行中に始まった同基準書の修正に関する議論の影響が見込まれたことによるものである。一般的に新たな会計基準の導入プロジェクトは多くの労力が伴うものではあるが、IFRS第17号の複雑な要求事項を反映するために財務諸表作成者が要する苦労を耳にする機会は少なくない。本書がIFRS第17号の導入や実務に携わる方々をはじめ、広く関心を持つ方々にとっての一助となればまことに幸いである。

　最後に、本書の刊行にあたっては、初版に引き続き保険毎日新聞社の井口成美氏に多大なるご尽力をいただいた。同氏の支援なくして本書の刊行に至ることは困難であった。この場を借りてあらためて厚く感謝の意を申し上げたい。

2021年12月

執筆者代表　渡邊　悦也

はじめに

　2017年5月に国際会計基準審議会（IASB）がIFRS第17号「保険契約」を公表してから約1年が経過した。1997年に国際会計基準委員会（IASC）が起草委員会を設置してから20年の時を経て結実した、初めての真に国際的な保険契約の会計基準は、基準書の開発を終え、適用のステージに移っている。IASBはIFRS第17号の適用をサポートするために移行リソースグループを立ち上げ、2018年2月に第1回の会議を開催して以降、IFRS第17号の導入による課題について議論を進めている。

　IFRS第17号は難解な基準書である。IFRS第17号は保険契約負債を複数の構成要素に分解して積み上げるビルディング・ブロック・アプローチを測定モデルとして提示しているが、保険契約負債の変動が純損益やその他の包括利益に認識される複数の科目に交錯して連動している。その各構成要素と各科目の関係を把握するためには、基準書内に分散されている各条文を紡ぎ上げる必要があるが、IFRS第17号の各条文の相互関係から財務諸表の全体像を編み出すことは容易とは言い難い。実際に販売されている保険契約への適用の前には、基準書の十分な分析が必要になると思われる。

　また、IFRS第17号は既存の日本の保険契約に関する会計実務からの大幅な変更となる。既存の会計実務では要求されていない事項は多く、たとえば保険契約負債の測定の基礎となる仮定（死亡率・罹病率など）の定期的な更新や、測定に含めるべきキャッシュ・フローの識別は、現行の実務からの重要な追加作業として発生することになる。特にIFRSの導入を検討している日本の保険会社にとっては、コストおよび時間の面から少なくない負担を強いられることになるであろう。

　米国では、米国財務会計基準審議会（FASB）が保険会社に適用される財務会計基準書第60号を1982年6月に公表してから約36年間、多様な保険商品の出現に対応するための新たな基準書等の開発や改訂および実務の積上げが行われてきたが、IFRS第17号はまさにその産声を上げたばかりである。今後、

実務における適用が進むにつれ、新たな課題に直面する場面に遭遇するであろう。

　IFRS第17号の開発の経緯は平坦ではなかったが、その真価が問われるのはこれからである。IFRS第17号の実務は緒に就いたばかりであるが、本書がその一助となれば幸いである。

　本書は、後掲の有限責任監査法人トーマツ金融インダストリーグループに所属する公認会計士およびアクチュアリーによる共同執筆である。執筆者各位の労苦に対し深謝の意を表したい。なお、本書に記載されている意見の部分は執筆者の個人的な見解であり、各執筆者が所属する団体等とは一切関係がないことにご留意いただきたい。事務局としてご尽力いただいたマネジャーの吉原英一氏にもこの場を借りてお礼を申し上げる。

　また、本書の出版にあたり保険毎日新聞社の井口成美氏には多大なるご尽力をいただいた。この場を借りて厚く感謝の意を申し上げたい。

2018年5月

執筆者代表　渡邊　悦也

本書の使い方

　本書は、これから IFRS 第 17 号の適用に取り組む実務家を想定しており、IFRS 第 17 号の理解を深めることを目的として、特に次の点に意を注いだ。

● **IFRS 第 17 号の各条文の相互関係を明確にして基準書の全体像を映し出すこと**

　本書はテーマ別に章立てを行っているが、各テーマの相互関係が明確になるように、関連する章や節の冒頭には、他の章や節の番号を記載した相関図を記載している。例として、**第5章5－2－2**「貨幣の時間価値および金融リスクを反映するための調整」では、**第9章9－2－5**「保険金融収益または費用」の節を参照し、利息費用について IFRS 第 17 号における財政状態計算書と財務業績の計算書の関係を理解できるようにした。

　また、読者の便宜のため、各章の解説には根拠となる条文番号を示している。

● **IFRS 第 17 号の要求事項を平易に説明すること**

　基準書の要求事項を直感的に理解するために、平易な数値例を必要な章に設けている。数値例には仕訳を併せて記載すると共に、会計に馴染みがない読者のため、表形式による解説も併記している。

● **IFRS 第 17 号の適用による実務面での課題を識別すること**

　必要な章に実務上の課題を記載すると共に、**第13章**に IFRS 第 17 号の導入による実務面の課題をまとめて記載した。また、移行リソース・グループでの議論についても、開催されたすべての会議で議論された議題を紹介している。

● **IFRS 第 17 号の周辺の議論について解説すること**

　第14章に経営管理としての意義や国際的な資本規制、**第15章**に米国会計基準の最新動向の解説を記載した。現行の関連規制や会計基準についても可能な限り解説し、将来見込まれる規制や会計基準の変更が明確になるように努めた。

凡　例

1. 本書中記載の条文番号は、特段の記載のない限り、IFRS 第 17 号の条文番号を示す。
2. 本書中の囲いの記載は以下の内容を示している。
   - 二重線による囲いは、IFRS 第 17 号または他の基準書の関連する条文の引用である。
   - 実線による囲いは、IFRS 第 17 号または他の基準書についての解説を記載したものである。
   - 破線による囲いは、IFRS 第 17 号または他の基準書の関連する条文の全部または一部について要約または再構成したものであり、IFRS 第 17 号または他の基準書の条文の引用ではない。
3. 本書では以下の略称・略記を用いる。

ASC	Accounting Standards Codification（会計基準コーディフィケーション）
ASC 944	Accounting Standards Codification Topic 944 Financial Services − Insurance（会計基準コーディフィケーショントピック 944「金融サービス―保険」）
ASU	Accounting Standards Update（会計基準更新書）
BBA	Building Block Approach（ビルディング・ブロック・アプローチ）
BCBS	The Basel Committee on Banking Supervision（バーゼル銀行監督委員会）
CF	Cash Flows（キャッシュ・フロー）
CIF	Cash Inflows（キャッシュ・インフロー）
ComFrame	Common Framework for the Supervision of Internationally Active Insurance Groups（国際的に活動する保険グループの監督の共通の枠組み）
COF	Cash Outflows（キャッシュ・アウトフロー）
CRVM	Commissioner's Reserve Valuation Model（監督官式責任準備金評価方式）
CSM	Contractual Service Margin（契約上のサービス・マージン）
D-SIIs	Domestic Systemically Important Insurer（国内のシステム上重要な保険会社）
EEV	European Embedded Value（ヨーロピアン・エンベディッド・バリュー）
EV	Embedded Value（エンベディッド・バリュー）
EIOPA	European Insurance and Occupational Pensions Authority（欧州保険・年金監督局）

凡　例

ERM	Enterprise Risk Management（統合的リスク管理）
EU	European Union（欧州連合）
FASB	Financial Accounting Standards Board（米国財務会計基準審議会）
FCF	Fulfilment Cash Flows（履行キャッシュ・フロー）
FIO	Federal Insurance Office（連邦保険局）
FRB	Federal Reserve Board（連邦準備理事会）
FSAP	Financial Sector Assessment Program（金融セクター評価プログラム）
FSB	Financial Stability Board（金融安定化理事会）
FSOC	Financial Stability Oversight Council（金融安定監視協議会）
GAAP	Generally Accepted Accounting Principles（一般に公正妥当と認められた会計原則）
GAAP+	Generally Accepted Accounting Principles-plus（各国会計基準に調整を加えた方式）
G-SIIs	Global Systemically Important Financial Insurers（グローバルな金融システム上重要な保険会社）
IAIGs	Internationally Active Insurance Groups（国際的に活動する保険グループ）
IAIS	International Association of Insurance Supervisors（保険監督者国際機構）
IASB	International Accounting Standards Board（国際会計基準審議会）
IAS 第 1 号	IAS 第 1 号「財務諸表の表示」
IAS 第 7 号	IAS 第 7 号「キャッシュ・フロー計算書」
IAS 第 8 号	IAS 第 8 号「会計方針、会計上の見積りの変更及び誤謬」
IAS 第 10 号	IAS 第 10 号「後発事象」
IAS 第 12 号	IAS 第 12 号「法人所得税」
IAS 第 19 号	IAS 第 19 号「従業員給付」
IAS 第 21 号	IAS 第 21 号「外国為替レート変動の影響」
IAS 第 26 号	IAS 第 26 号「退職給付制度の会計及び報告」
IAS 第 37 号	IAS 第 37 号「引当金、偶発負債及び偶発資産」
IAS 第 38 号	IAS 第 38 号「無形資産」
IAS 第 39 号	IAS 第 39 号「金融商品：認識及び測定」
IASC	International Accounting Standards Committee（国際会計基準委員会）
IBNR 負債	Incurred But Not Reported（発生済未報告）負債
ICPs	Insurance Core Principles（保険基本原則）
ICS	Insurance Capital Standard（保険資本基準）
IFRS	International Financial Reporting Standards（国際財務報告基準）

IFRS 第2号	IFRS 第2号「株式に基づく報酬」
IFRS 第3号	IFRS 第3号「企業結合」
IFRS 第4号	IFRS 第4号「保険契約」
IFRS 第5号	IFRS 第5号「売却目的で保有する非流動資産及び非継続事業」
IFRS 第7号	IFRS 第7号「金融商品：開示」
IFRS 第9号	IFRS 第9号「金融商品」
IFRS 第10号	IFRS 第10号「連結財務諸表」
IFRS 第15号	IFRS 第15号「顧客との契約から生じる収益」
IFRS 第16号	IFRS 第16号「リース」
IFRS 第17号	IFRS 第17号「保険契約」
IFRS 第18号	IFRS 第18号「財務諸表における表示及び開示」
IFRSIC	IFRS Interpretations Committee（IFRS 解釈指針委員会）
IMF	International Monetary Fund（国際通貨基金）
IOSCO	International Organization of Securities Commissions（証券監督者国際機構）
ISSB	International Sustainability Standards Board（国際サステナビリティ基準審議会）
LLP	Last Liquid Point（最終流動性点）
LTG	Long-term Guarantee Measures（長期保証措置）
MA	Matching Adjustment（マッチング調整）
MAV	Market-Adjusted Valuation（市場調整評価方式）
MCEV	Market Consistent Embedded Value（市場整合的エンベディッド・バリュー）
MCR	Minimum Capital Requirement（最低資本必要額）
NAIC	National Association of Insurance Commissioners（全米保険監督官協会）
ORSA	Own Risk and Solvency Assessment（リスクとソルベンシーの自己評価）
PAA	Premium Allocation Approach（保険料配分アプローチ）
PBR	Principle-Based Reserving（原則主義ベースの準備金積立）
PCAOB	Public Company Accounting Oversight Board（米国公開企業会計監視委員会）
QRT	Quantitative Reporting Templates（定量的報告テンプレート）
RA	Risk Adjustment（リスク調整）
RBC	Risk-Based Capital（リスクベースの自己資本要件）
SAP	Statutory Accounting Principles（法定会計原則）
SCR	Solvency Capital Requirement（必要資本要件）
SEC	U.S. Securities and Exchange Commission（米国証券取引委員会）

凡　例

SFAS	Statement of Financial Accounting Standards（財務会計基準書）
SFAS60	Statement of Financial Accounting Standards No.60 *Accounting and Reporting by Insurance Enterprises*（財務会計基準書第60号「保険会社の会計処理および報告」）
SFAS97	Statement of Financial Accounting Standards No.97 *Accounting and Reporting by Insurance Enterprises for Certain Long-Duration Contracts and for Realized Gains and Losses from the Sale of Investments*（財務会計基準書第97号「保険会社による一定の長期契約と投資の売却による利得および損失の会計処理および報告」）
SFAS120	Statement of Financial Accounting Standards No.120 *Accounting and Reporting by Mutual Life Insurance Enterprises and by Insurance Enterprises for Certain Long-Duration Participating Contracts – an amendment of FASB Statements 60, 97, and 113 and Interpretation No.40*（財務会計基準書第120号「生命保険相互会社および保険会社による一定の長期有配当契約の会計処理および報告―FASB基準書第60号、第97号、第113号および解釈書第40号」）
SFCR	Solvency and Financial Conditions Report（財務状況報告書）
SMI	Solvency Modernization Initiative（ソルベンシー現代化イニシアチブ）
SOP	Statement of Position（参考意見書）
SOP95-1	Statement of Position 95-1 *Accounting for Certain Insurance Activities of Mutual Life Insurance Enterprises*（参考意見書95-1「生命保険相互会社の一定の保険活動の会計処理」）
SRATF	Systemic Risk Assessment Task Force（システミックリスク評価タスクフォース）
TEV	Traditional EV（伝統的エンベディッド・バリュー）
TRG	Transition Resource Group（移行リソース・グループ）
UFR	Ultimate Forward Rate（終局金利）
U.S.GAAP	United States Generally Accepted Accounting Principles（米国において一般に公正妥当と認められた会計原則）
USP	Undertaking-Specific Parameter（会社固有のデータに基づき調整する方式）
VA	Volatility Adjustment（ボラティリティ調整）

目 次

増補にあたって
改訂にあたって
はじめに
本書の使い方
凡　例

第1章　IFRS第17号公表の意義

1-1　IFRS第17号公表の背景 ─────────── 2
1-2　比較可能性の確保と透明性の高い財務報告の実現 ─── 4
1-3　IFRS第17号の適用に向けて ─────────── 6
1-4　IFRS第17号の修正 ─────────────── 7

第2章　範　囲

2-1　本章の目的 ───────────────── 10
2-2　保険契約の定義 ──────────────── 11
 2-2-1　不確実な将来事象 ………………………………… 11
 2-2-2　現物給付 …………………………………………… 13
 2-2-3　保険リスクと他のリスクの区別 ………………… 13
  (1)　概　要・13
  (2)　被保険利益・14
  (3)　失効リスク、継続リスクおよび費用リスク・15
 2-2-4　重大な保険リスク ………………………………… 15
  (1)　保険事故によって重大な追加的金額を支払うことになるシナリオの存在・15
  (2)　保険者が現在価値ベースで損失の可能性を有するシナリオの存在・16

目　　次

　　　　(3)　上記判定における貨幣の時間価値の考慮・17
2 - 2 - 5　保険リスクの水準の変化 ……………………………………… 18
2 - 2 - 6　保険契約の例 ……………………………………………………… 18
　　　　(1)　IFRS 第 17 号の例示・18
　　　　(2)　実務上の課題・23

2 - 3　範囲除外 ─────────────────────────── 25

2 - 3 - 1　製造業者、販売業者または小売業者が、顧客に対する財またはサービスの販売に関連して提供した製品保証 ………………… 25
2 - 3 - 2　従業員給付制度から生じた事業主の資産および負債 ………… 26
2 - 3 - 3　契約上の権利または契約上の義務のうち、非金融項目の将来の使用または使用権を条件とするもの ……………………………… 26
2 - 3 - 4　製造業者、販売業者または小売業者が提供する残価保証、およびリースに組み込まれている場合の借手の残価保証 ………… 26
2 - 3 - 5　金融保証契約 ……………………………………………………… 26
2 - 3 - 6　企業結合で支払うかまたは受け取る条件付対価 ……………… 28
2 - 3 - 7　企業が保険契約者である保険契約 ……………………………… 28
2 - 3 - 8　クレジットカードまたは類似の契約 …………………………… 29
2 - 3 - 9　定額報酬でのサービス契約 ……………………………………… 29
2 - 3 -10　死亡による債務免除の付いた融資など特定の契約 …………… 30

2 - 4　保険契約の結合 ─────────────────────── 31

　　　　　　　IFRS 的閑話①／32

2 - 5　保険契約からの構成要素の分離 ─────────────── 33

2 - 5 - 1　概　　要 …………………………………………………………… 33
2 - 5 - 2　ステップ 1：組込デリバティブの分離 ………………………… 34
2 - 5 - 3　ステップ 2：投資要素の分離 …………………………………… 35
2 - 5 - 4　ステップ 3：財または保険契約サービス以外のサービスを提供する約束の分離 …………………………………………………… 36
2 - 5 - 5　実務上の課題 ……………………………………………………… 37
　　　　(1)　保険要素以外の構成要素・37
　　　　(2)　投資リターン・サービス・37

第3章　保険契約の集約レベル　39

- 3-1　本章の目的 ── 40
- 3-2　保険契約ポートフォリオと保険契約グループ ── 41
  - 3-2-1　保険契約ポートフォリオ ── 41
  - 3-2-2　保険契約グループ ── 41
    - (1) 保険契約ポートフォリオの分割・41
    - (2) グループの設定時期と設定方法・42
    - (3) 不利な契約の識別・42
    - (4) 不利となる可能性が大きくない契約の識別・43
    - (5) 法律または規制による制限・44
    - (6) 集約レベルの細分化・44
    - (7) 集約レベルについての別段の取扱い・45
    - (8) 実務上の課題・45

第4章　当初認識　47

- 4-1　保険契約の認識時点 ── 48
- 4-2　当初認識の関連論点 ── 51
  - 4-2-1　当初認識に関する要求事項開発の経緯 ── 51
  - 4-2-2　保険獲得キャッシュ・フローの会計処理 ── 51
    - (1) 保険獲得キャッシュ・フローの認識および配分・52
    - (2) 保険獲得キャッシュ・フローの減損・53
    - 設例1　減損テストの具体的な数値例／53
  - 4-2-3　当初認識時の割引率 ── 56
  - 4-2-4　実務上の課題 ── 56
    - (1) 当初認識に必要なデータ・56
    - (2) 不利な契約のグループがあることを示す事実および状況の特定・57
    - (3) 責任開始時期の多様化・57
    - (4) 保険獲得キャッシュ・フローの配分・58

目　次

第5章　当初測定　59

5－1　測定モデルの概要 ———————————— 60
　5－1－1　一般モデル（ビルディング・ブロック・アプローチ） ……… 61
　　(1)　企業が発行する保険契約（直接連動有配当契約を除く）・63
　　(2)　再保険契約・65
　　(3)　裁量権付有配当投資契約・66
　5－1－2　変動手数料アプローチ ……………………………………… 66
　　(1)　基礎となる項目の公正価値に対する企業の持分の変動・67
　　(2)　基礎となる項目から生じる金融リスク以外の金融リスクの変動・67
　5－1－3　保険料配分アプローチ ……………………………………… 68
5－2　一般モデル（ビルディング・ブロック・アプローチ） ———— 69
　5－2－1　将来キャッシュ・フローの見積り …………………………… 71
　　(1)　過大なコストを掛けずに利用可能なすべての合理的で裏付け可能な情報の偏りのない使用・72
　　(2)　市場変数および非市場変数・73
　　(3)　現在の見積りの利用・76
　　(4)　明示的な見積り・79
　　(5)　契約の境界線内のキャッシュ・フロー・79
　　IFRS的閑話②／81
　5－2－2　貨幣の時間価値および金融リスクを反映するための調整 …… 88
　　(1)　ボトムアップ・アプローチ・88
　　(2)　トップダウン・アプローチ・89
　　(3)　割引率の要件・91
　　(4)　実務上の課題・92
　5－2－3　非金融リスクに係るリスク調整 ……………………………… 92
　　(1)　定義と目的・92
　　(2)　対象となるリスク・94
　　(3)　測定技法・95
　　(4)　実務上の課題・96
　5－2－4　契約上のサービス・マージン ………………………………… 96

　　　　　設例1　一般モデルに基づく当初認識時の測定／97
5－3　保険料配分アプローチ ──────────────── 99
　5－3－1　適用条件 ………………………………………………… 101
　5－3－2　当初認識時の測定 ……………………………………… 101
　　　(1)　概　　要・101
　　　(2)　保険獲得キャッシュ・フローの会計処理・102
　　　(3)　割　引　率・102
　　　(4)　不利な契約・102
　　　　　設例2　保険料配分アプローチによる当初認識時の測定／103
　5－3－3　実務上の課題 …………………………………………… 103
5－4　変動手数料アプローチ ───────────────── 104
5－5　裁量権付有配当投資契約 ──────────────── 105
5－6　保険契約の移転および企業結合 ─────────────106
　5－6－1　概　　要 ………………………………………………… 106
　5－6－2　測　　定 ………………………………………………… 106
　　　　　設例3　IFRS第3号に含まれる企業結合による保険契約獲
　　　　　　　　 得の会計処理／107
　　　　　設例4　保険契約の移転の会計処理／108

第6章　事後測定　　109

6－1　本章の目的 ─────────────────────── 110
6－2　一般モデル（ビルディング・ブロック・アプローチ）────── 111
　6－2－1　残存カバーに係る負債 ………………………………… 114
　　　　　設例1　一般モデルに基づく保険契約負債の事後測定および
　　　　　　　　 財務諸表（一部）の表示／114
　6－2－2　発生保険金に係る負債 ………………………………… 125
　　　　　設例2　一般モデルに基づく発生保険金に係る負債の事後測
　　　　　　　　 定および財務諸表（一部）の表示／126
　6－2－3　契約上のサービス・マージン ………………………… 130
　　　(1)　グループに加えられた新しい契約の影響・130

　　　　　(2) 契約上のサービス・マージンの帳簿価額に対して発生計上した利息・131
　　　　　(3) 将来のサービスに係る履行キャッシュ・フローの変動・132
　　　　　(4) 為替差額の影響・134
　　　　　　　設例3　外貨建保険契約負債の換算／135
　　　　　(5) 保険収益として認識した金額・136
　　6-2-4　不利な契約と損失要素 ………………………………………… 137
　　　　　　　設例4　不利な契約の事後測定（損失要素の会計処理）および財務諸表（一部）の表示／139

6-3　保険料配分アプローチ ─────────────── 141

　　6-3-1　残存カバーに係る負債 ………………………………………… 143
　　　　　(1) 事後測定における帳簿価額の測定方法・143
　　　　　(2) グループ内の保険契約に重大な金融要素がある場合・143
　　　　　(3) 保険収益の認識・144
　　　　　(4) 実務上の課題・146
　　6-3-2　発生保険金に係る負債 ………………………………………… 146
　　6-3-3　不利な契約 ……………………………………………………… 147
　　　　　(1) 契約が不利である場合の取扱い・147
　　　　　(2) 実務上の課題・147

6-4　変動手数料アプローチ ─────────────── 149

　　6-4-1　適用条件 ………………………………………………………… 149
　　　　　(1) 基礎となる項目の明確に識別されたプールに対する持分・150
　　　　　(2) 基礎となる項目に対する公正価値リターンの相当な持分の支払いおよび公正価値の変動に応じた変動・151
　　6-4-2　事後測定 ………………………………………………………… 151
　　　　　(1) 保険契約負債・152
　　　　　(2) 保険収益・153
　　　　　(3) 保険金融収益または費用・154
　　　　　　　設例5　変動手数料アプローチに基づく保険契約負債の事後測定および財務諸表（一部）の表示／154
　　6-4-3　リスク軽減 ……………………………………………………… 158
　　　　　IFRS的閑話③／160

6-5 裁量権付有配当投資契約 ———————————— 161

第7章 再保険契約　163

7-1 概　要 ———————————————————— 164
7-2 重大な保険リスク ——————————————— 166
7-3 集約レベル ——————————————————— 167
7-4 認識および認識の中止 ————————————— 168
7-5 測　定 ———————————————————— 170
　7-5-1 当初測定 ……………………………………………… 170
　　(1) 将来キャッシュ・フロー・170
　　(2) リスク調整・170
　　(3) 契約上のサービス・マージン・171
　　　設 例 1　保有する再保険契約の当初測定（不利な契約）／172
　7-5-2 事後測定 ……………………………………………… 176
　　　設 例 2　保有する再保険契約の事後測定（不利な契約）／177
　7-5-3 保険料配分アプローチ ……………………………… 181
　7-5-4 変動手数料アプローチ ……………………………… 181

第8章 条件変更および認識の中止の概要　183

8-1 条件変更 ———————————————————— 184
8-2 認識の中止 —————————————————— 186
　8-2-1 認識の中止の条件 …………………………………… 186
　8-2-2 認識の中止の会計処理 ……………………………… 186
　　(1) 一般的な要求事項・186
　　　設 例 1　認識の中止の会計処理（一般）／187
　　(2) 第三者への移転および条件変更による認識の中止の会計処理・187
　　　設 例 2　認識の中止の会計処理（保険契約の第三者への移転）／188

　　　　設例 3　認識の中止の会計処理（条件変更）／189
8－3　実務上の課題──転換制度の取扱い ────────────── 190

第9章　表　示　191

9－1　財政状態計算書 ──────────────────────── 192
9－2　財務業績の計算書 ─────────────────────── 193
　9－2－1　概　　要 ……………………………………………………… 193
　9－2－2　保険収益 ……………………………………………………… 194
　　(1)　概　　要・194
　　(2)　サービスの提供に関連する金額の認識・195
　　　　設例 1　保険収益の測定（B123項に基づくアプローチ）／196
　　　　設例 2　保険収益の測定（B124項に基づくアプローチ）／199
　　(3)　保険獲得キャッシュ・フロー・200
　　　　設例 3　保険獲得キャッシュ・フローと保険収益の測定／200
　　(4)　投資要素の除外・202
　　　　設例 4　保険収益からの投資要素の除外／203
　　(5)　不利な契約と損失要素の除外・204
　　　　設例 5　不利な契約と保険収益の測定・その1／204
　　　　設例 6　不利な契約と保険収益の測定・その2／208
　　(6)　保険料配分アプローチにおける保険収益・210
　　　　設例 7　保険料配分アプローチに基づく保険収益の測定／211
　　(7)　変動手数料アプローチにおける保険収益・212
　9－2－3　保険サービス費用 …………………………………………… 212
　　(1)　概　　要・212
　　　　設例 8　発生保険金の会計処理（当初認識）／213
　　　　設例 9　発生保険金の会計処理（事後測定）／213
　　(2)　投資要素の除外・213
　9－2－4　保有している再保険契約から生じる収益または費用 ……… 213
　9－2－5　保険金融収益または費用 …………………………………… 214
　　(1)　概　　要・214
　　(2)　実効利回りアプローチ・217

　　　　設例10　実効利回りアプローチの計算例／217
　　　(3)　予想予定利率アプローチ・218
　　　　設例11　予想予定利率アプローチの計算例／218
　　　(4)　当期簿価利回りアプローチ・219
　　　　設例12　当期簿価利回りアプローチの計算例／220
　9－2－6　保有している再保険契約から生じる保険金融収益または費用……220
9－3　IFRS第18号の概要 ──────────────────── 221
　9－3－1　純損益計算書における小計の表示…………………………223
　　　(1)　純損益計算書における区分（Category）・223
　　　(2)　IFRS第18号で導入された小計（Subtotal）・232
　　　(3)　純損益計算書に表示または注記に開示される項目・235
　　　(4)　保険者である企業の純損益計算書の例・236
　9－3－2　経営者が定義した業績指標……………………………………237
　9－3－3　情報の集約および分解に関する要求事項の改善……………239
　9－3－4　その他の修正……………………………………………………240
　　　(1)　財政状態計算書・240
　　　(2)　キャッシュ・フロー計算書・241

第10章　開　示　243

10－1　本章の目的 ─────────────────────── 244
10－2　保険契約について財務諸表で認識された金額の説明 ─── 245
　10－2－1　保険契約負債の性質別調整表……………………………………245
　10－2－2　保険契約負債の構成要素別調整表………………………………247
　10－2－3　保険獲得キャッシュ・フローに係る資産の調整表の開示……250
　10－2－4　保険収益の内訳…………………………………………………250
　10－2－5　契約上のサービス・マージンの認識時点………………………250
　10－2－6　保険金融収益または費用の説明…………………………………251
　10－2－7　経過措置の金額…………………………………………………252
　10－2－8　保険料配分アプローチを適用した保険契約の開示……………253
10－3　重要な判断およびこれらの判断についての変更 ─────── 254

10 - 3 - 1　IFRS 第 17 号の要求事項 …………………………………… 254
10 - 3 - 2　IFRS 第 17 号の適用における重要な判断 ………………… 255
10 - 3 - 3　IFRS 第 17 号における会計方針の選択等 ………………… 259
10 - 4　保険契約から生じるリスクの性質と程度 ─────────── 263
10 - 4 - 1　概　　要 ……………………………………………………… 263
　　　　(1)　リスク管理に関する開示・263
　　　　(2)　リスクの定量的情報・263
10 - 4 - 2　リスクの集中 ………………………………………………… 264
10 - 4 - 3　保険リスクおよび市場リスク（感応度分析）……………… 264
10 - 4 - 4　保険リスク（クレーム・ディベロップメント）…………… 265
10 - 4 - 5　信用リスク …………………………………………………… 265
10 - 4 - 6　流動性リスク ………………………………………………… 266
10 - 5　実務上の課題 ──────────────────────── 267

第 11 章　発効日および経過措置　269

11 - 1　IFRS 第 17 号の移行アプローチの概要 ───────────── 270
11 - 1 - 1　発効日および移行日 ………………………………………… 270
11 - 1 - 2　遡及アプローチ ……………………………………………… 270
　　　　(1)　完了した契約の取扱い・271
　　　　(2)　遡及アプローチの例外・272
　　　　(3)　代替的アプローチの選択・272
　　　　設 例 1　各種移行アプローチの適用例／274
11 - 1 - 3　初度適用企業の取扱い ……………………………………… 275
11 - 2　修正遡及アプローチ ───────────────────── 276
11 - 2 - 1　契約開始日または当初認識日において行われたであろう保険契約または保険契約グループの評価 ………………………… 276
　　　　(1)　保険契約グループの識別・276
　　　　(2)　直接連動有配当保険契約の識別・277
　　　　(3)　直接連動有配当保険契約以外の保険契約についての裁量的なキャッシュ・フローの識別・277

　　　　(4) 裁量権付有配当投資契約の識別・277
　　　　(5) 移転または企業結合におけるクレームの決済に関する負債・278
　11-2-2　直接連動有配当保険契約以外の保険契約についての契約上
　　　　のサービス・マージンまたは損失要素に関連する金額 ……… 278
　　　　(1) 将来キャッシュ・フロー・279
　　　　(2) 割　引　率・279
　　　　(3) 非金融リスクに係るリスク調整・280
　　　　(4) 保険獲得キャッシュ・フロー・280
　　　　(5) 契約上のサービス・マージン・281
　　　　　設例2　修正遡及アプローチの適用例（一般モデル）／282
　11-2-3　直接連動有配当保険契約についての契約上のサービス・マ
　　　　ージンまたは損失要素に関連する金額 …………………………… 284
　　　　　設例3　修正遡及アプローチの適用例（変動手数料アプロー
　　　　　　　　チ）／284
　11-2-4　保険金融収益または費用 ……………………………………… 285
11-3　公正価値アプローチ ─────────────────── 290
　11-3-1　契約開始日または当初認識日において行われたであろう保
　　　　険契約または保険契約グループの評価 ………………………… 290
　11-3-2　契約上のサービス・マージンまたは損失要素に関連する金額 ‥ 291
　　　　(1) 発行した保険契約・291
　　　　(2) 保有している再保険契約・291
　　　　(3) 保険獲得キャッシュ・フロー・292
　11-3-3　保険金融収益または費用 ……………………………………… 292
11-4　比較情報 ──────────────────────── 296
11-5　金融資産の再指定 ─────────────────── 297
　11-5-1　事業モデルの再評価 …………………………………………… 298
　11-5-2　公正価値オプション …………………………………………… 298
　11-5-3　資本性金融商品のその他の包括利益を通じて公正価値で測
　　　　定するオプション（FVTOCI指定）…………………………… 298
　11-5-4　開　　　示 ……………………………………………………… 299
11-6　実務上の課題 ────────────────────── 300

11 − 6 − 1	代替的方法の選択	300
11 − 6 − 2	実務上不可能の解釈	300
11 − 6 − 3	公正価値アプローチにおける保険契約グループの公正価値	301
11 − 6 − 4	保険金融収益または費用を分解表示した場合の影響額の開示	302

11 − 7 その後の議論 ———— 303

第12章 他の基準書の結果的修正　305

12 − 1 本章の目的 ———— 306
12 − 2 IFRS 第 3 号 ———— 307
12 − 3 IFRS 第 7 号 ———— 308
12 − 4 その他の結果的修正 ———— 309
12 − 4 − 1	IFRS 第 9 号、IAS 第 16 号、第 28 号、第 32 号、第 40 号	309
12 − 4 − 2	IFRS 第 15 号	310
12 − 4 − 3	IAS 第 1 号	310
12 − 4 − 4	IAS 第 7 号	310

第13章 第17号の導入による影響　311

13 − 1 本章の目的 ———— 312
13 − 2 計算基礎の定期的な見直し ———— 313
13 − 3 保険獲得キャッシュ・フロー ———— 316
13 − 3 − 1	保険獲得キャッシュ・フローの識別	316
13 − 3 − 2	資産としての性質	317
13 − 3 − 3	1 年超離れたグループへの配賦	317
13 − 3 − 4	柔軟なコスト計算システムの整備	318
13 − 3 − 5	特性の把握	318
13 − 3 − 6	開示項目	318
13 − 3 − 7	日本基準の現行会計との比較	319

13 − 4 契約上のサービス・マージンのトラッキング ———— 320

13－5　データ管理 ———————————————— 321
　13－5－1　データのトレーサビリティ …………………………… 324
　13－5－2　データの管理粒度 ………………………………………… 324

第14章　経営管理としての意義および留意点　325

14－1　本章の目的 ———————————————————— 326
14－2　保険の仕組み ——————————————————— 327
14－3　IFRS第17号の意義 ———————————————— 328
　14－3－1　企業活動と投資活動の連環 ……………………………… 328
　14－3－2　保険負債の経済価値ベース評価 ………………………… 330
　14－3－3　フォワードルッキングな指標の意味 ………………… 330
14－4　現行会計との相違 ————————————————— 332
14－5　保険事業の財務健全性規制 ————————————— 333
　14－5－1　米国のソルベンシー規制 ………………………………… 333
　　(1)　米国固有の保険監督の特徴・333
　　(2)　米国の規制資本・335
　　(3)　ソルベンシー規制の強化・335
　　(4)　米国の保険会計・338
　　(5)　原則主義ベースの責任準備金制度の導入・338
　14－5－2　欧州のソルベンシー規制 ………………………………… 339
　　(1)　ソルベンシーⅠからⅡへ・339
　　(2)　ソルベンシーⅡ第1の柱・340
　　(3)　ソルベンシーⅡ第2の柱・342
　　(4)　ソルベンシーⅡ第3の柱・343
　　(5)　ソルベンシーⅡへの移行に伴う経過措置と導入後のレビュー・344
　14－5－3　中国のソルベンシー規制 ………………………………… 346
　　(1)　保険監督体制・346
　　(2)　ソルベンシー規制・346
　　(3)　新ソルベンシー運用状況・348

14 − 5 − 4　日本のソルベンシー規制 …………………………………… 348
　　（1）日本のソルベンシー規制の変遷・348
　　（2）ソルベンシー規制の見直し・349
　　（3）経済価値ベースのソルベンシー規制の検討・349
14 − 5 − 5　グローバルベースのソルベンシー規制 ……………………… 351
　　（1）検討状況・351
　　（2）グローバル金融危機以降の動き・352
　　（3）グローバル、ローカルの規制論議・353
　　（4）ICS 論議・353
　　（5）システミックリスク論議・356
14 − 6　エンベディッド・バリュー ──────────────── 360
　14 − 6 − 1　経緯と意義 …………………………………………………… 360
　14 − 6 − 2　計算方法 ……………………………………………………… 361
14 − 7　経済価値ベースの制度間の相違 ─────────────── 363
　14 − 7 − 1　各制度の特徴 ………………………………………………… 363
　14 − 7 − 2　IFRS 第 17 号とソルベンシーⅡの比較 …………………… 363
14 − 8　モデルガバナンス ───────────────────── 365
　14 − 8 − 1　モデルガバナンスの重要性 ………………………………… 368
14 − 9　IFRS 財団の動向 ───────────────────── 371
14 − 10　実務的活用の意義と課題 ───────────────── 375

第 15 章　米国会計基準（U.S.GAAP）の改正　　377

15 − 1　背　　景 ────────────────────────── 378
15 − 2　長期契約の会計処理に関する限定的な改善 ─────────── 381
　15 − 2 − 1　将来の保険給付に係る負債の測定 ………………………… 383
　　（1）旧 SFAS60 長期保険契約・383
　　　　設 例 1　将来の保険給付に係る負債の測定と計算仮定の更新
　　　　　　　　　／388
　　（2）旧 SFAS97 短期払込契約・399
　　（3）旧 SFAS97 ユニバーサル・ライフ契約・400

xxiii

　　　　（4）旧 SFAS120 & SOP95-1 有配当契約・402
　15－2－2　市場リスクを伴う給付 ……………………………………… 403
　　　　（1）既存の Topic944 の主な要求事項・403
　　　　（2）ASU2018-12 の主な要求事項・404
　15－2－3　年金、死亡またはその他の保険給付に係る追加的な負債 …… 407
　　　　（1）既存の Topic944 の主な要求事項・407
　　　　（2）ASU2018-12 の主な要求事項・410
　15－2－4　繰延契約獲得費用の償却 …………………………………… 412
　　　　（1）既存の Topic944 の主な要求事項・412
　　　　（2）ASU2018-12 による提案・417
　15－2－5　表示および開示 ……………………………………………… 420
　15－2－6　経過措置 ……………………………………………………… 422
　　　　（1）発効日・422
　　　　（2）経過措置・422

補章1　TRG 議論より　427

補1－1　TRG 設立の経緯と目的 ──────────────── 428
補1－2　2018年2月 TRG 議論 ───────────────── 430
　補1－2－1　単一の保険契約に含まれる複数の保険要素の分離 ……… 430
　補1－2－2　年次で保険料が改定される保険契約の境界線 …………… 431
　補1－2－3　保有している再保険契約の境界線・その1 ……………… 432
　補1－2－4　更新契約に係る保険獲得キャッシュ・フローの会計処理… 433
　補1－2－5　カバー単位の識別と給付の量の決定・その1 …………… 435
　　　　（1）信用生命保険（credit life insurance）・436
　　　　（2）不利なカバーに対する再保険契約（reinsurance adverse
　　　　　　　development cover contract）・436
　　　　（3）5年間の製品保証契約（five year warranty coverage
　　　　　　　contract）・437
　　　　（4）生存年金（life contingent pay out annuity）・437
　補1－2－6　保険獲得キャッシュ・フローの公正価値アプローチ …… 437
補1－3　2018年5月 TRG 議論 ───────────────── 439

目　次

補１－３－１　保険契約の結合 …………………………………… 439
補１－３－2　連結グループとリスク調整 ………………………… 440
補１－３－３　契約の境界線内のキャッシュ・フロー …………… 442
　　　⑴　保険契約または保険契約ポートフォリオのリスクを完全に反映する価格または給付水準を設定できる実質上の能力・442
　　　⑵　保険カバーを追加するオプション・443
補１－３－４　保有している再保険契約の境界線・その２ ……… 444
補１－３－５　カバー単位の識別と給付の量の決定・その２ …… 445
　　　⑴　保険契約において提供されるサービスを反映したカバー単位の決定方法・446
　　　⑵　保険契約が提供するサービスは投資関連サービスを含むか・447
補１－３－６　IFRS 第 17 号導入時の課題 ……………………… 448
　　　⑴　財政状態計算書における保険契約グループの表示および資産である契約グループと負債である契約グループの総額表示の必要性・448
　　　⑵　保険料配分アプローチ適用時の残存カバーに係る負債を記録するために保険契約グループの受領保険料を追跡する必要性・448
　　　⑶　決済期間において獲得した保険契約のその後の取扱い・449

補１－４　2018 年 9 月 TRG 議論 ─────────── 451
補１－４－１　発生保険金から生じる保険リスク ………………… 451
補１－４－２　割引率のトップダウン・アプローチ ……………… 453
補１－４－３　出再手数料および復元再保険料 …………………… 454
　　　⑴　出再手数料は保険料または保険金のいずれの一部と考えるべきか・455
　　　⑵　出再手数料に関連するすべてまたは一部の金額は、保険獲得キャッシュ・フローまたは投資要素に該当するか・455
　　　⑶　保険事故発生時に請求される復元再保険料はどのように会計処理すべきか・456
補１－４－４　現在または過去のサービスに関連する保険料の実績調整 ‥ 456
補１－４－５　当初認識時に契約の境界線外にあるキャッシュ・フロー … 458
補１－４－６　保険獲得キャッシュ・フローの回収可能性 ……… 459
補１－４－７　保険料の免除 ………………………………………… 460

- 補1－4－8 団体保険契約の境界線 …………………………………… 461
  - (1) 以下の性質を有する団体または銀行との団体保険契約・462
  - (2) 以下の性質を有する銀行との団体信用生命保険契約・462
  - (3) IASBスタッフの3つの見解・462
- 補1－4－9 団体により管理される業界プールにおける非金融リスクに係るリスク調整 ……………………………………………… 464
  - (1) 業界プール・464
  - (2) IASBスタッフの見解・464
- 補1－4－10 特定の基礎となる項目のプールより生じるリターンを共有する契約の年次コホート …………………………………… 466
- 補1－5 2019年4月TRG議論 ──────────── 469
  - 補－5－1 保険契約に含まれる投資要素 …………………………… 469
    - (1) 保険契約に投資要素が含まれているかどうかの判断・469
    - (2) 投資要素が別個であるかどうかの評価・469
    - (3) 投資要素の金額の決定方法・470

補章2　IFRSIC議論より　471

- 補2－1 IFRSICでの議論の概要 ─────────────── 472
- 補2－2 年金契約グループに基づく保険カバーの移転（2022年7月アジェンダ決定） ──────────────────── 474
- 補2－3 多通貨保険契約グループ（2022年10月アジェンダ決定） ── 480
  - (1) 保険契約ポートフォリオの識別・480
  - (2) 多通貨保険契約グループの測定・481
  - (3) 単一通貨表示か複数通貨表示か・483
- 補2－4 仲介者からの未収保険料（2023年10月アジェンダ決定） ── 485

索　引／489

著者紹介・491

第1章

IFRS 第 17 号公表の意義

1 − 1　IFRS 第 17 号公表の背景
1 − 2　比較可能性の確保と透明性の高い財務報告の実現
1 − 3　IFRS 第 17 号の適用に向けて
1 − 4　IFRS 第 17 号の修正

第1章 IFRS第17号公表の意義

1-1　IFRS第17号公表の背景

　2017年5月18日にIFRS第17号「保険契約」が公表された。IFRS第17号は保険契約に関する初めての真に国際的な基準として、IASBによりその意義が強調されている。

　IASBにおける保険契約に関する会計基準の開発は1997年にまで遡ることができる。

　2004年には保険契約に関する会計基準としてIFRS第4号「保険契約」が公表されたがその内容は限定的であり、保険契約の認識や測定といった保険契約の会計の中核となる部分を詳細に規定するものではなく、各国における会計慣行を幅広く許容した暫定の基準となっている。これは当時EU域内におけるIFRSの強制適用を控える中、保険契約に係る恒久的な会計基準を完成させる十分な期間がなかったために採用されたアプローチである。

　その後もIASBにおいて基準開発が続けられたが、保険商品の複雑性や各国間の制度の相違、関係者の多様性等の諸事情もあり長い年月を要することになった。

　その間、2度の公開草案の公表とフィールドテストを経て、最終基準の公表に至ったのである（図表1）。

【図表1】IASBにおける保険プロジェクトの主な変遷

1997年	IASCが起草委員会を設置し保険プロジェクトを開始
1999年	起草委員会による論点整理（Issue Paper）「保険」の公表
2004年	IFRS第4号の公表
2007年	ディスカッション・ペーパー「保険契約に関する予備的見解」の公表
2010年	公開草案「保険契約」の公表
2013年	再公開草案「保険契約」の公表
2017年	IFRS第17号「保険契約」の公表

1-1　IFRS第17号公表の背景

　なお「保険契約」に係る基準開発の過程で、IASBとFASBが共同して当該プロジェクトに取り組んだ時期があった。しかしFASBは2014年に米国の現行の保険会計基準を独自に改善していくことを決定し、IFRSと米国基準のコンバージェンスは中止された。

　その後、FASBはいくつかの基準書等を公表している（15-1参照）。

1-2 比較可能性の確保と透明性の高い財務報告の実現

　保険商品およびこれを扱う保険会社は、今日のグローバル経済の中で重要な役割を果たしており、保険契約の会計に関し、以前から国際的に統一された会計基準が必要と考えられていた。

　すなわち、保険会社に関する会計制度や保険契約の会計は各国においてそれぞれ発展してきた結果、さまざまな相違点が存在しているのが実情であり、仮に同種の商品を扱っていても同じ会計処理や開示が行われているとは限らず、このことは投資家等の財務諸表利用者にとって必ずしも望ましい状況ではないと言われていた。

　またグローバルに展開している保険会社において、各国のグループ会社ではそれぞれ現地の会計制度に従った財務報告がなされており、ここでも同種の保険商品あるいは類似の会計事実に対して会計処理が異なるケースも生じていた。

　たとえば、投資型保険商品のように預り金的な性質を伴う保険契約に関し、保険会社が受け取る保険料を収益計上するのか、あるいは収益に計上せず、預り金として処理するかという点でも国ごとにバラつきが存在しており、その財務諸表への影響は小さくない。ここで、採用される会計基準が同じものとなれば会計処理が統一されることにつながる。

　今般IASBの公表したIFRS第17号が広く適用されれば各国において保険契約に関し一貫した会計処理や開示が確保されることになり、財務諸表の比較可能性が向上すると考えられているのである。

　またIFRS第17号は既存の保険会計モデルの課題に対処すべく検討が重ねられてきた経緯があり、わが国を含め各国の保険契約の会計と異なる部分が大きく、特に保険会社の財務報告を大きく変える可能性があると言われている。基準書においては、IFRS第17号の重要な特徴として以下の3点が挙げられている（BC16項）。

- 将来キャッシュ・フローを現在価額で測定することと、契約に基づいてサービスが提供される期間にわたって利益を認識することを組み合わせる。
- 保険サービスの提供に伴う損益を保険金融収益または費用と区分して表示する。
- 保険金融収益または費用を純損益に認識するのか、それとも一部をその他の包括利益に認識するのかの会計方針の選択を、企業がポートフォリオのレベルで行う。

　また、わが国を含むいくつかの国では保険負債に関する、毎決算期の会計処理において、保険契約が締結された当初に見込んだ諸条件を用いるのが原則となっているが、保険契約の中には20年～30年と長期にわたるものが存在しており、契約後の経済環境の変化の状況によっては財務諸表利用者の意思決定に有用でない情報がもたらされる可能性があった。

　この点IFRS第17号によれば、保険契約に紐付く将来のキャッシュ・フローに関する見積りや使用される割引率が決算ごとに見直される等、過去における見積りを引き継ぐのではなく、定期的に情報を更新し会計処理に反映することとなる。

　さらにIFRS第17号では一定のグルーピングの下で保険契約の収益性を明示的に表すような会計処理および関連する詳細な開示が求められており、これもIFRS第17号の重要な特徴の1つと言われている。

　これらを通じて財務諸表利用者にとってより透明性の高い有用な情報提供が可能になると考えられているのである。

第 1 章　IFRS 第 17 号公表の意義

1-3　IFRS 第 17 号の適用に向けて

　IFRS 第 17 号の公表は、1 つの到達点として評価される。

　一方で、IFRS 第 17 号は他の IFRS と同様にプリンシプルベースの基準であり、保険契約の会計に関する原則を定めたものという色合いが強く、すべての局面について詳細に規定しているわけではない。

　よって各国における実際の適用ではそれぞれの状況に応じ、基準の適切な解釈や判断が求められることになる。また IFRS 第 17 号による会計処理では一定の前提条件の下で、将来に関する見積りに依存する要素の影響が大きい。

　IFRS 第 17 号の導入に向けては、公表後に移行リソースグループ（TRG）が組成されており、ここで関係者が識別しているさまざまな論点に関し議論が行われているが、いずれにしても IFRS 第 17 号が普及して真に比較可能性が確保されるためには今後も各国における十分な検討と実務の積み重ねが必要と考えられ注意を要する。

　なお、IFRS 第 17 号の適用時期は 2023 年 1 月 1 日以後に開始する事業年度からと定められており（11-1-1 参照）、基準書公表後 5 年を超える期間が設定されている。そもそも、保険契約に関する会計の成熟度は各国によって異なっているが、IFRS 第 17 号は各国のこれまでの財務報告に関する実務を大幅に変える可能性が高く、今後 IFRS 第 17 号の導入に向けては、各国の保険会社および関係機関等において相当の準備が必要になる点も注目されている。

　さらに国際的な会計基準として IFRS 第 17 号が利用されるとしても、保険会社を取り巻く規制や監督は国ごとの経済や市場の状況に合わせてそれぞれに存続するため、国によってこれら各国の諸制度との関係が複雑化するケースも起こりうる。

　このように IFRS 第 17 号の実際の導入・適用に向けて検討されるべき事項は少なくない。IFRS 第 17 号が財務諸表利用者にとって有用なものとなるためには関係者がこれらの課題に向き合って解決していくことが期待される。

1−4　IFRS 第 17 号の修正

　2017 年に IFRS 第 17 号が公表されて以降、IASB は企業における新基準の導入のサポートとその進捗等をモニターするための活動に注力してきた。これは IFRS 第 17 号が根本からの変更を伴うもので、その要求事項への対応にはシステム開発等の多額のコストやリソースが必要となることを念頭に、新基準の導入を包括的に推進しようとしたものである。

　IASB は TRG の設置を通じ新基準適用における種々の疑問へ対応すると共に、影響を受けるさまざまな利害関係者との多くの会合を行い、提起された懸念や課題について検討を続けた。このような過程を経て、IFRS 第 17 号の根本原則は変更しないこと、すでに進められている導入作業の過度の混乱を避けること等を前提に IFRS 第 17 号について一定の修正を行うこととなった。

　IASB は 2019 年 6 月に公開草案を公表し、その後寄せられたコメント等を踏まえ審議を重ねたうえで 2020 年 6 月に「IFRS 第 17 号の修正」を公表するに至っている。これには要求事項の修正・追加や簡素化が含まれるが、IASB は以下の 3 点の目的を示して今回の基準修正におけるスタンスを明らかにしている。

●要求事項の一部簡素化による新基準適用コストの削減
●新基準を適用した結果として企業の財務や業績の説明がより容易になること
●移行を容易にするための適用期日の延期等の措置

　なお、新基準の適用に向けては十分な期間をとり、多くの企業が新基準を同時期に適用できるようにするため、当初 2021 年 1 月 1 日以後に開始する事業年度としていた適用期限を 2023 年 1 月 1 日以後に開始する事業年度へと 2 年延期すると共に、IFRS 第 4 号における IFRS 第 9 号の一時的な適用免除についても同様の期限延期がなされた。

　また、この適用期日の延期以外には主として以下の項目に関して修正等が行

第1章　IFRS第17号公表の意義

われている。各修正の内容は本書の関連する章で解説している。

- クレジットカード契約および類似の契約の適用範囲からの除外等
- 将来の更新契約に関連する保険獲得キャッシュ・フローの認識
- 期中財務諸表への適用
- 投資関連サービスに帰属する契約上のサービス・マージンの配分
- 非デリバティブ金融商品を用いたリスク軽減オプション
- 保有している再保険契約に係る処理（基礎となる契約が不利の場合）
- 財政状態計算書における表示
- 経過措置の論点
- その他軽微な論点

第2章

範　囲

- 2−1　本章の目的
- 2−2　保険契約の定義
  - 2−1　不確実な将来事象
  - 2−2　現物給付
  - 2−3　保険リスクと他のリスクの区別
  - 2−4　重大な保険リスク
  - 2−5　保険リスクの水準の変化
  - 2−6　保険契約の例
- 2−3　範囲除外
  - 3−1　製造業者、販売業者または小売業者が、顧客に対する財またはサービスの販売に関連して提供した製品保証
  - 3−2　従業員給付制度から生じた事業主の資産および負債
  - 3−3　契約上の権利または契約上の義務のうち、非金融項目の将来の使用または使用権を条件とするもの
  - 3−4　製造業者、販売業者または小売業者が提供する残価保証、およびリースに組み込まれている場合の借手の残価保証
  - 3−5　金融保証契約
  - 3−6　企業結合で支払うかまたは受け取る条件付対価
  - 3−7　企業が保険契約者である保険契約
  - 3−8　クレジットカードまたは類似の契約
  - 3−9　定額報酬でのサービス契約
  - 3−10　死亡による債務免除の付いた融資など特定の契約
- 2−4　保険契約の結合
- 2−5　保険契約からの構成要素の分離
  - 5−1　概　要
  - 5−2　ステップ1：組込デリバティブの分離
  - 5−3　ステップ2：投資要素の分離
  - 5−4　ステップ3：財または保険契約サービス以外のサービスを提供する約束の分離
  - 5−5　実務上の課題

IFRS的閑話①

第2章 範　囲

2-1　本章の目的

IFRS 第 17 号の適用範囲は、以下のように定められている（3 項）。

> (a)　当該企業が発行する保険契約（再保険契約を含む）
> (b)　当該企業が保有する再保険契約
> (c)　当該企業が発行する裁量権付有配当投資契約（企業が保険契約も発行する場合）

　IFRS 第 17 号では保険契約について定義を定めており、この「保険契約」の定義への該当の有無によってどの契約が IFRS 第 17 号の範囲に含まれるかが決まることになる（BC67 項）。そのため、保険会社が取り扱う契約の中には、保険契約の法的形態を有するが、IFRS 第 17 号における保険契約の定義を満たさないことから、その適用範囲に含まれないものが生じる可能性がある。

　同様に、契約の中には、保険契約の法的形式を有していなくても、IFRS 第 17 号の保険契約の定義を満たすものがある。したがって、IFRS 第 17 号では、契約の法的形態だけでなく経済的実質を反映する保険契約の定義を採用していると言える（BC72 項）。

　以下では保険契約の定義について、IFRS 第 17 号の要求事項を中心に解説していくこととする。

2-2　保険契約の定義

IFRS 第 17 号で保険契約は、以下のように定義されている(付録 A)。

> **保険契約**
> 一方の当事者(発行者)が、他方の当事者(保険契約者)から、所定の不確実な将来事象(保険事故)が保険契約者に不利益を与えた場合に保険契約者に補償することに同意することにより、重要な保険リスクを引き受ける契約

この定義自体は、基本的に IFRS 第 4 号と変わるところはなく、したがって保険契約の定義における重要な要素としても、IFRS 第 4 号と同様に以下の項目に焦点が当てられている(B2 項)。

- 不確実な将来事象(2-2-1)
- 現物給付(2-2-2)
- 保険リスクと他のリスクの区別(2-2-3)
- 重大な保険リスク(2-2-4)
- 保険リスクの水準の変化(2-2-5)
- 保険契約の例(2-2-6)

なお、IFRS 第 17 号の保険契約の定義に関して、IFRS 第 4 号の規定から変更があった部分として、保険リスクが重大であるかどうか、保険リスクが移転されるかどうかに関するガイダンスがあり、これは上記の「重大な保険リスク」(2-2-4)に係る部分となっている(BC67 項)。

以下では、上記 6 点の項目について解説する。

2-2-1　不確実な将来事象

保険ビジネスが成立する前提要件として、将来事象に不確実性が存在していることが挙げられる。

第2章 範　　囲

　つまり、保険契約を締結する時点で、少なくとも以下のうちの1つ以上の要素が不確実であると考えられている（B3項）。

(a) 保険事故の発生確率（発生可能性）
(b) 保険事故がいつ発生するのか（発生時期）
(c) 保険事故が発生した場合に企業がいくら支払う必要があるのか（金額）

　自動車保険を例にとると、(a)は契約者が保険期間中に自動車事故（対人、対物等）に遭遇するかどうか、すなわち、事故が発生するか否か、(b)は自動車事故が発生するとした場合、その事故はいつ発生するのか、(c)は自動車事故が発生するとした場合、保険金としていくら支払うのかという3つの要素が保険契約の開始時点では、通常不確実である。

　これらは保険に加入しようとする者にとっては将来に対する不安要素と言い換えることができ、これらの不安要素を軽減するために保険に加入しようというのが保険契約者の通常の思考であると思われる。換言すれば、これらの不安要素の存在自体が保険ビジネス成立の立脚点になっており、保険契約の定義にこれらの不安要素（将来事象の不確実性）が包含されていると思われる。

　なお、以下のような契約も保険契約となりうる点については留意が必要である（B4項・B5項）。

B4項
● 契約開始前に発生した事象から生じた損失が契約期間中に顕在化した場合に保険事故となる契約
● 契約期間終了後に損失が顕在化した場合であっても契約期間中に生じた事象が保険事故となる契約

B5項
● 事象がすでに発生しているがその財務的影響が依然として不確実な事象をカバーとする契約（この契約では最終的なコストの決定が保険事故となる）

2-2-2　現物給付

　保険契約者への補償が金銭の支払以外の方法で行われる契約であっても、保険契約の定義を満たすことがありうる。

　例としては盗難保険であり、企業が保険契約者に損害額を補償する代わりに、盗難被害に遭った物品と同一あるいは同等の代替品を保険契約者に給付する形式が考えられる（B6項）。

　別の一例として、企業が自身の医療施設および医療スタッフを使用して、保険契約でカバーされている医療サービスを提供する場合がある。こうした契約は、保険金請求に対して金銭の支払いが行われずにサービスが提供されるが、保険契約である（B6項）。

2-2-3　保険リスクと他のリスクの区別

(1) 概　要

　IFRS第17号における保険契約の定義は、ある当事者が他の当事者から重大な保険リスクを引き受けることを要求している（B7項）。したがって、契約の発行者が重大な保険リスクを負わない契約は、保険契約ではない。

　IFRS第17号は、保険リスクを金融リスク以外のリスクを包含するように定義している。保険リスクと金融リスクは、以下のように定義されている（付録A）。

> **保険リスク**
> 　金融リスク以外で、契約の保有者から発行者に移転されるリスク
> **金融リスク**
> 　所定の金利、金融商品価格、コモディティ価格、外国為替レート、価格若しくはレートの指数、信用格付け若しくは信用指数、又はその他の変数のうち、1つ又は複数について生じ得る将来の変動リスク（非金融変数の場合には、当該変数が契約の当事者に固有のものではない場合に限る）

　このように、金融リスクには、金融および非金融変数の変動リスクを含むが、契約当事者に固有の非金融変数は含まれておらず、言い換えれば、契約当

事者に固有の非金融変数の変動リスクは保険リスクに分類されうることになる。契約当事者に固有ではない非金融変数は、金融リスクになる。

B8項
● 契約当事者に固有の非金融変数の例
・契約当事者の資産に損害を与えるかまたは破壊する火災の発生の有無
・保険契約者が被保険利益を保有する特定の自動車の残存価値の保証により、保証者が晒される自動車の物理的状態の変化のリスク（2−2−6参照）
● 契約当事者に固有ではない非金融変数の例
・特定の地域の地震損害や特定の都市の気温などの指標

---

(2) 被保険利益

被保険利益とは、不確実な事象が保険契約者に対して不利な影響を有するものでなければならないという概念である（BC73項）。

保険契約の定義は、この被保険利益の概念を取り込んでいる。すなわち、被保険利益の存在しない契約は保険契約ではない。

たとえば、企業がデリバティブを利用して保有する資産から生じるキャッシュ・フローと相関のある、基礎となる金融変数または非金融変数をヘッジしている場合、このデリバティブは保険契約ではない。このデリバティブは不確実な将来の事象が生じた場合に支払いを要求するが、支払いの前提条件として、契約者に対する不利な影響を要求していない（B13項）。

一方で、たとえば消費者物価指数に連動した生存年金契約は（2−2−6参照）、保険リスクを移転する。物価指数への連動はデリバティブであるが、その指数が適用される支払いの件数が年金受給者の生存に応じて決まることから、保険リスクを移転させており、その移転が重大である場合には、このデリバティブは保険契約の定義を満たす（B10項）。

(3) 失効リスク、継続リスクおよび費用リスク

失効リスク、継続リスクおよび費用リスクは保険リスクではない。これは保険リスク以外の非金融リスクに該当する（5−2−3(2)参照）。失効リスクまたは継続リスク、すなわち保険契約者による解約の時点に関するリスクは、保険契約者への支払いを変動させる可能性があるが、その支払いは保険契約者に不利な影響を与える不確実な将来の事象を条件としていない。

同様に、費用リスク、すなわち契約のサービス提供に関連した管理コストが予想外に増加するリスクも、保険契約者に不利な影響を与えない（B14項）。

2−2−4　重大な保険リスク

先に述べた保険契約の定義にもあるとおり、ある契約が保険契約とされるためには、重大な保険リスクが移転される必要がある（B17項）。

移転される保険リスクが重大であるかどうかの判定は、IFRS第17号では、以下の3点を考慮することになる。

> (1) 保険事故によって重大な追加的金額を支払うことになるシナリオの存在（2−2−4）
> (2) 保険者が現在価値ベースで損失の可能性を有するシナリオの存在（2−2−4）
> (3) 上記2点の判定における貨幣の時間価値の考慮（2−2−4）

以下、解説する。

(1) 保険事故によって重大な追加的金額を支払うことになるシナリオの存在

経済的実質を伴ういずれかの単一のシナリオで、保険事故によって保険者が重大な追加的金額（保険事故が発生しない場合に支払われる金額を超える金額）を支払う場合には、保険リスクは重大となる。当該保険事故の発生可能性がどれだけ低くても、また、当該契約の期待現在価値全体に占める当該シナリオの期待値の割合がどれだけ小さくても、この判定には影響しない（B18項）。

これによると、保険事故が発生するシナリオで保険者が支払う金額と発生し

第2章 範　囲

ないシナリオで保険者が支払う金額を比較して、前者が後者を上回っていれば追加的金額が支払われることになり、その追加的金額の支払いが重大であれば保険リスクが重大であるという結論になる。

　なお、IFRS 第 17 号では保険リスクが重大かどうかを判断するための定量的なガイダンスは定められていない。IFRS 第 4 号は 1％の追加の死亡給付がある場合は保険リスクが重大ではないというガイダンスを示していたが（IFRS 第 4 号 IG2 設例 1.3）、このガイダンスは IFRS 第 17 号には引き継がれなかった。

(2)　保険者が現在価値ベースで損失の可能性を有するシナリオの存在

　契約が重大な保険リスクを移転するのは、経済的実質のあるシナリオの中に、発行者が現在価値ベースでの損失の可能性を有するものがある場合のみである（B19 項）。

　これは、シナリオ（通常は保険事故が発生するシナリオ）内で保険契約に係る将来のキャッシュ・インフローとキャッシュ・アウトフローを比較して、保険者の正味キャッシュ・フロー（現在価値ベース）がマイナスになるようなシナリオが 1 つ以上存在することを求めている。

　キャッシュ・フローを確率加重する際に参照するシナリオすべてについて、キャッシュ・インフローの現在価値とキャッシュ・アウトフローの現在価値とを比較し、すべてのシナリオでキャッシュ・インフローの現在価値がキャッシュ・アウトフローの現在価値を超過する結果となるのであれば、その契約は保険リスクを移転しておらず、したがって保険契約には該当しない。

　実務的にはすべてのシナリオでキャッシュ・インフローの現在価値とキャッシュ・アウトフローの現在価値とを比較する必要はなく、想定されうるワーストシナリオ（保険者からの支払額の現在価値が最も大きくなるシナリオ）において保険リスクの移転が認められる状況、すなわちキャッシュ・アウトフローの現在価値がキャッシュ・インフローの現在価値を上回るのであれば、保険契約の定義を満たすことになると考えられる。

　なお、例外として、再保険契約の場合は、発行者を重大な損失の可能性に晒

していなくても、この契約が再保険者に基礎となる保険契約の再保険が付された部分に係る保険リスクのほとんどすべてを移転するのであれば、重大な保険リスクを移転するものとみなされる（B19項）。

(3) 上記判定における貨幣の時間価値の考慮

　IFRS第17号は、上記の(1)および(2)の判定は、キャッシュ・フローの名目額ではなく、貨幣の時間価値を考慮した現在価値ベースで行うことを求めている（B20項）。

　これにより、保険契約に係る将来のキャッシュ・アウトフローの発生時期をキャッシュ・フローの見積対象となる期間（契約の境界線内）の終盤に見込むシナリオほど、キャッシュ・アウトフローの現在価値が小さくなり、重大な保険リスクを移転しない契約と判定される可能性が高くなるものと考えられる。対照的に、キャッシュ・アウトフローの発生時期を契約の境界線内の序盤に見込むシナリオほど、キャッシュ・アウトフローの現在価値が大きくなり、重大な保険リスクを移転する契約であると判定される可能性が高くなるものと考えられる。

　たとえば、終身保険のように、カバー期間の満了日がなく、保険契約者が死亡した時点で定額の死亡給付金を提供する保険においては、個々の保険契約者が予想よりも早く死亡した時点で支払いが行われる場合に、当該支払いは貨幣の時間価値について調整されないので、たとえ契約ポートフォリオ全体としては損失がない場合であっても、重大な保険リスクが存在する可能性がある（B20項）。

　移転される保険リスクが重大であるかどうかの判定は、上記(1)～(3)を考慮して行われるが、企業は当該判定を契約ごとに評価しなければならない。
　したがって、ある契約について、たとえ当該契約が属する契約ポートフォリオまたは契約グループについて重大な損失が発生する可能性がわずかであるとしても、当該契約を個別にみて、(1)～(3)の要件を満たすシナリオが存在する場合には、当該契約については保険リスクが重大となる可能性がある（B22項）。

第2章 範　囲

2-2-5　保険リスクの水準の変化

　保険契約の定義に該当した契約は、その契約から生じるすべての権利および義務が消滅するまで、引き続き保険契約であるとされている（B25項）。

　すなわち、契約が保険契約なのかどうかに関する判定は、契約開始時に一度だけ行うことをIFRS第17号は要求しており、契約開始後に状況が変化したことにより保険リスクの水準が変化した場合であっても、判定の見直しを行う必要はない。

　なお、保険リスクの移転が一定期間後に発生する保険商品がある。その例として、所定の投資リターンを提供する契約で、かつ満期払戻金を原資とする生存年金購入オプションが付されている契約の場合、当初契約時にすでに据置年金料率（またはその設定基礎）が特定されていれば、当該契約は当初契約時点で保険契約に該当し、据置年金の支給が終了するまで保険契約であり続ける可能性がある（2-2-6参照）。

　一方、購入オプション行使時に保険者がその時点の据置年金料率を用いることになっている場合には、当初契約時点では保険契約でなく投資契約であり、オプション行使時にあらためて保険契約とされる（B24項）。

2-2-6　保険契約の例

(1) IFRS第17号の例示

　B26項には保険リスクの移転が重大である場合に保険契約となる契約の例が、またB27項には保険契約ではない契約の例が挙げられている（**図表1**）。

　保険契約の例として挙げられているものには、生命保険会社や損害保険会社が取り扱っている、広く一般に保険商品として認知されているような契約が多い。

2-2 保険契約の定義

【図表1】IFRS 第17号の保険契約例

保険リスクの移転が重大である場合に保険契約となる契約の例（B26項）	保険契約でない項目の例（B27項）
(a) 盗難又は損害に対する保険 (b) 製造物責任、職業専門家賠償責任、民事賠償責任又は訴訟費用に対する保険 (c) 生命保険及び前払式葬儀プラン（死亡は確実であるが、死亡がいつ発生するのか、又は、生命保険の種類によっては、保険でカバーされている期間内に死亡が発生するのかどうかは不確実である） (d) 生存年金、すなわち、不確実な将来の事象（年金受給者の生存）に対して補償を提供する契約。これは年金受給者に一定水準の所得を提供するためのものであり、この契約がなければ生存によって不利な影響を受けることとなる（従業員給付制度から生じる事業主の負債及び確定給付退職制度が報告する退職給付債務は、第7項(b)を適用してIFRS第17号の範囲に含まれない）。 (e) 就業不能状態及び医療費に対する保険 (f) 保証金保証、身元保証、履行保証及び入札保証（すなわち、他の当事者が契約上の義務（例えば建物を建設する義務）を履行できなかった場合に保有者に補償を提供する契約） (g) 製品保証。製造業者、販売業者又は小売業者が販売した製品について、他	(a) 保険契約の法的形態を有しているが、重大な保険リスクを発行者に移転しない投資契約。例えば、企業が重大な死亡リスク又は疾病リスクを負担しない生命保険契約は保険契約ではない。このような契約は金融商品又はサービス契約である（B28項参照）。裁量権付有配当投資契約は、保険契約の定義を満たさないが、保険契約も発行している企業が発行したものである場合には、第3項(c)を適用して、IFRS第17号の範囲に含まれる。 (b) 保険契約の法的形態を有しているが、すべての重大な保険リスクを保険契約者に返還する契約（被保険損失の直接の結果として保険契約者から発行者への将来の支払を調整する解約不能で強制可能な仕組みを通じて）。例えば、金融再保険契約や団体契約の中には、すべての重大な保険リスクを保険契約者に返還するものがある。こうした契約は、通常、金融商品又はサービス契約である（B28項参照）。 (c) 自家保険（すなわち、保険でカバーし得たであろうリスクの保持）。このような状況では、保険契約はない。他の当事者との合意がないからである。したがって、企業が保険契約を親会社、子会社又は兄弟会社に発行する場合には、他の当事者との契約がないの

第2章 範　　囲

保険リスクの移転が重大である場合に保険契約となる契約の例（B26項）	保険契約でない項目の例（B27項）
の当事者が発行する製品保証は IFRS 第17号の範囲に含まれる。しかし、製造業者、販売業者又は小売業者が直接発行する製品保証は、第7項(a)を適用して IFRS 第17号の範囲に含まれず、IFRS 第15号及び IAS 第37号「引当金、偶発負債及び偶発資産」の範囲に含まれる。 (h)　権原保険（保険契約が発行された時点では明らかではなかった土地又は建物の所有権の瑕疵の顕在化に対する保険）。この場合、保険事故は、所有権の瑕疵の顕在化であり、瑕疵そのものではない。 (i)　旅行保険（旅行前又は旅行中に生じた損害について、保険契約者に現金又は現物で行う補償） (j)　所定の事象が債券の発行者に不利な影響を与えた場合に、元本、利息又はその両方の支払を減額するカタストロフィー債（所定の事象が重大な保険リスクを創出しない場合、例えば、当該事象が金利又は外国為替レートの変動である場合を除く） (k)　保険スワップ及び他の契約で、契約当事者に固有の気候上、地質学上又は他の物理的な変数の変動に応じて決まる支払を要求するもの	で、連結財務諸表において保険契約はない。しかし、発行者又は保有者の単独又は個別財務諸表においては保険契約がある。 (d)　特定の不確実な将来事象が発生した場合に支払を要求するが、契約上の支払の前提条件として、当該事象が契約者に不利な影響を与えることを要求していない契約（ギャンブル契約など）。しかし、これは、保険契約の定義から、死亡又は事故などの特定の事象により生じる損失を定量化するために事前に決定した支払額を定める契約を除外するものではない（B12項参照）。 (e)　当事者を金融リスクに晒すが保険リスクには晒さないデリバティブ。当該デリバティブは、次のような変動のみに基づいて支払を行うことを当該当事者に要求している（又は受け取る権利を与えている）からである。その変動とは、所定の金利、金融商品価格、コモディティ価格、外国為替レート、価格若しくはレートの指数、信用格付け若しくは信用指数、又は他の変数（非金融変数の場合は、当該変数が契約当事者に固有でないことを条件とする）のうち1つ又は複数の変動である。 (f)　債務者が期限到来時に支払をしなかった場合に保有者に損害が生じなかったとしても支払を要求する信用関連保

証。こうした契約はIFRS第9号「金融商品」を適用して会計処理される（B29項参照）。
(g) 契約当事者に固有ではない気候上、地質学上又は他の物理的な変数に応じて決まる支払を要求する契約（一般に天候デリバティブと呼ばれる）
(h) 影響が契約当事者に固有ではない気候上、地質学上又は他の物理的な変数に応じて、元本、利息又はその両方の支払を減額する契約（一般にカタストロフィー債と呼ばれる）

前述２－２－３の保険リスクと金融リスクを区別する議論との関係から、以下の契約については保険契約に該当する場合がある。

① **自動車の残価保証契約（B8項）**

前述２－２－３(1)のとおり、非金融資産の公正価値の変動のリスクは、公正価値がその資産の市場価格の変動と契約当事者が保有する特定の非金融資産の状況を反映している場合には、金融リスクではない。

自動車の公正価値には市場価格（金融変数）の変動だけでなく、その自動車の状態（非金融変数）も反映される。この場合、保証者は、当該自動車の物理的な状態が変化するリスクすなわち保険リスクに晒されているため、この点で当該契約は保険契約の条件を満たす。

仮に当該自動車の物理的な状態を勘案せずに市場価格の変動部分のみを補償するような契約である場合には、金融変数の変動リスクすなわち金融リスクに晒されているため、保険契約とはならない。

なお、製造業者、販売業者または小売業者が提供する残価保証、およびリースに組み込まれた借手の残価保証については、IFRS第17号の適用範囲外となり、IFRS第15号またはIFRS第16号が適用される（7項(d)）。

第2章 範　囲

② 最低保証利回りのある生命保険契約（B9項）
　契約者に対して約束する最低保証利回りが固定値であるのに対して、実際運用利回りは市場価格の変動の影響を受けることから、契約者から保険者に金融リスクが移転される。
　同時に保険者は、契約者が死亡した場合にはその勘定残高（責任準備金残高）を大幅に上回る死亡保険金を支払うというリスクにも晒されており、保険リスクも移転されていることから保険契約の条件を満たす。

③ 支払額が特定の指数に連動する生存年金（B10項）
　前述2－2－3(2)のとおり、年金受給者の生存を条件として、消費者物価指数に連動した年金が支給される契約では、支払額の物価指数との連動は組込デリバティブであるが、主契約である生存年金契約が年金受給者の生存という不確実な事象を支払要件としており、保険リスクが移転されていることから、保険契約の条件を満たす。

④ 生存年金購入オプション（B24項）
　前述2－2－5のとおり、満期払戻金を原資とする生存年金の購入オプションが付されている契約の場合、当初契約時にすでに据置年金料率（またはその設定基礎）が特定されていれば、当該契約は当初契約時点で保険契約に該当する。
　一方、購入オプション行使時に保険者がその時点の据置年金料率を用いることになっている場合には、当初契約時点では保険契約でなく投資契約であり、そのオプション行使時にあらためて保険契約とされる。

⑤ 裁量権付有配当投資契約（71項）
　保険契約と再保険契約のほかに、裁量権付有配当投資契約もIFRS第17号の適用範囲に含まれるとされている（3項）。
　裁量権付有配当投資契約は以下のように定義されている（付録A）。

2-2 保険契約の定義

> **裁量権付有配当投資契約**
> 　特定の投資者に、発行者の裁量の対象とならない金額に加えて、次のような追加の金額を受け取る契約上の権利を与える金融商品
> (a) 契約上の給付全体の中で重大な一部分となると見込まれる。
> (b) 時期又は金額が、契約上、発行者の裁量で決定される。
> (c) 契約上、次のいずれかに基づいている。
> 　(i) 所定の契約プール又は所定の種類の契約に対するリターン
> 　(ii) 発行者が保有する所定の資産プールの実現あるいは未実現の投資リターン
> 　(iii) 契約を発行している会社又はファンドの純損益

　裁量権付有配当投資契約は、重大な保険リスクを移転していない契約と考えられるため、保険契約の定義を満たさない。しかし、IASBは、保険契約を発行する企業がこれらの契約を発行している場合に、これらを金融商品ではなく保険契約と同じ方法で扱うことのメリットを重視し、IFRS第17号の適用範囲を適用すべきとしている（BC83項・BC84項）。

　ただし、裁量権付有配当投資契約をIFRS第17号の適用範囲に含めることとされているのは、当該契約を発行する企業が他にIFRS第17号における保険契約も発行する場合に限られている（3項）。そのため、保険契約を発行していない企業の契約が裁量権付有配当投資契約の定義を満たす場合においては、IFRS第17号は適用されない。

　なお、裁量権付有配当投資契約は重大な保険リスクを移転していないため、保険契約に関するIFRS第17号における要求事項は、裁量権付有配当投資契約については一部修正されている（5-1-1(3)、5-5、6-5参照）。

(2) 実務上の課題

　IFRS第17号は、保険会社の会計処理を定めたものではなく、「保険契約」の会計処理を定めた基準となっている。そのため、保険会社以外の会社においても契約がIFRS第17号の保険契約の定義を満たす場合には、IFRS第17号を適用しなければならない。

第2章　範　囲

　対照的に、保険会社が保険契約として販売している契約について、IFRS第17号の適用範囲外となる可能性があるほか、保険会社が実務上保険契約として取り扱っていない契約についても、保険契約の定義を満たす場合にはIFRS第17号の適用範囲に含まれる。

　そのため、契約の法的形態にとらわれず、すなわち、契約名称に保険契約と含まれているかどうかに限らず、契約がIFRS第17号の適用範囲に含まれるかどうかを検討する必要があることに留意すべきである。

　保険契約の定義を満たすかどうかの重要な要素の1つとして、前述のように、移転される保険リスクが重大であるかどうかの判定がある。U.S.GAAPにおいては、契約を保険契約として扱うための条件として、「重大な損失」の「合理的な可能性」があるべきという概念が含まれている。そして重大な損失の合理的な可能性に関し、少なくとも10％の確率で保険料の少なくとも10％の損失が生じることであると考えられている（BC77項）。

　しかし、このような定量的なガイダンスは恣意的な境界線を作り出し、その境界線ぎりぎりで別々の側に置かれる類似した取引に異なる会計処理を適用する結果となる危険があると考えられた。また、定量的なガイダンスは、その境界線ぎりぎりでどちらか一方に該当する取引を助長することによって、会計処理の裁量の機会を作り出すことにもなるとの理由で、IFRS第17号には定量的なガイダンスを含めないこととされた（BC78項）。

　そのため、移転される保険リスクが重大であるかどうかの判定については、各企業においてIFRS第17号における保険契約の定義に照らし慎重に判断を行わなければならない。特に、保険会社においては、養老保険、学資保険、有期個人年金保険、団体年金保険等、貯蓄性の高い商品について詳細な検討が必要になると考えられる。

　貯蓄性の高い保険商品について、IFRS第17号の適用範囲に含まれないこととなった場合、当該契約は金融商品としてIFRS第9号に従い会計処理することになると考えられる。その際に、保険商品については、一般的に解約オプションや更新オプションなどの要素を含むことが多いため、測定において複雑になる可能性がある。

2-3　範囲除外

　IFRS 第 17 号は、保険契約の定義を満たす可能性のある、以下のような項目をその適用範囲から除外しているか他の基準書との選択適用を認めている（7項・8項）。これらの項目に IFRS 第 17 号が適用されない場合、他の基準書が適用されることになる。

> **7項**
> (a) 製造業者、販売業者または小売業者が、顧客に対する財またはサービスの販売に関連して提供した製品保証（2-3-1）
> (b) 従業員給付制度から生じた事業主の資産および負債（2-3-2）
> (c) 契約上の権利または契約上の義務のうち、非金融項目の将来の使用または使用権を条件とするもの（たとえば、一部のライセンス料、ロイヤルティ、変動リース料その他の条件付のリース料および類似の項目）（2-3-3）
> (d) 製造業者、販売業者または小売業者が提供する残価保証、およびリースに組み込まれている場合の借手の残価保証（2-3-4）
> (e) 金融保証契約（2-3-5）
> (f) 企業結合で支払うかまたは受け取る条件付対価（2-3-6）
> (g) 企業が保険契約者である保険契約（2-3-7）
> (h) クレジットカードまたは類似の契約（2-3-8）
>
> **8項**
> 　定額報酬でのサービス契約（2-3-9）
>
> **8A 項**
> 　死亡による債務免除の付いた融資など特定の契約（2-3-10）

2-3-1　製造業者、販売業者または小売業者が、顧客に対する財またはサービスの販売に関連して提供した製品保証

　製品が合意された仕様に準拠しているので当事者が意図したように機能するであろうというアシュアランス等が顧客に提供されることがあるが、このよう

な保証は、保険契約の定義を満たすが、IFRS 第 17 号の範囲から除外される。仮にこの契約に IFRS 第 17 号が適用される場合、企業は一般的に IFRS 第 15 号を適用する結果と同様の会計処理となる保険料配分アプローチを適用することとなる。

また、顧客との他の契約と同じ方法でこれらの契約を会計処理することは、この契約を発行する企業の財務諸表利用者に比較可能な情報を提供することになると IASB は考えた。そのため、これらの保証は IFRS 第 17 号ではなく、IFRS 第 15 号を適用することとされた（BC90 項）。

なお、製造業者、販売業者または小売業者以外の当事者が提供する保証は、この範囲除外の対象ではなく、IFRS 第 17 号が適用される（2-2-6(1)参照）。

2-3-2 従業員給付制度から生じた事業主の資産および負債

これらの資産および負債については、IAS 第 19 号および IFRS 第 2 号ならびに IAS 第 26 号に基づき会計処理される。

2-3-3 契約上の権利または契約上の義務のうち、非金融項目の将来の使用または使用権を条件とするもの

これらの契約上の権利または義務については、IFRS 第 15 号、IAS 第 38 号および IFRS 第 16 号が適用される。

2-3-4 製造業者、販売業者または小売業者が提供する残価保証、およびリースに組み込まれている場合の借手の残価保証

これらは IFRS 第 15 号または IFRS 第 16 号により会計処理される。

ただし、他の IFRS 基準では対処されない保険リスクを移転する独立した残価保証については、IFRS 第 17 号の範囲内となる（BC87 項(d)）。

2-3-5 金融保証契約

金融保証契約とは、特定の債務者が負債性金融商品の当初または変更後の条件に従った期日の到来時に所定の支払いを行わないことにより契約保有者に発生する損失を当該保有者に対して補償することを、契約発行者に要求する契約をいう（IFRS 第 9 号付録 A）。

これらの契約は信用リスクを移転するものであり、さまざまな法的形態（たとえば保証、ある種の信用状、クレジット・デフォルト契約または保険契約）がありうる（BC91項）。

金融保証契約は原則としてIFRS第17号の適用範囲から除外される。この場合、IFRS第9号が適用される。IFRS第9号に基づく場合、金融保証契約（発行者）は以下のように測定される。

> **当初測定**
> 公正価値で測定する（IFRS第9号5.1.1項）。反証がない場合、その公正価値は受け取ったプレミアムにほぼ等しくなるものと考えられる（IFRS第9号B2.5項）
>
> **事後測定**
> 次のいずれか高いほうで測定する（IFRS第9号4.2.1項(c)）
> (a) IFRS第9号の減損に関する要求事項に従って算定した損失評価引当金の金額
> (b) 当初認識額から、該当があれば、IFRS第15号の原則に従って認識した収益の累計額を控除した金額

ただし、当該契約の発行者が過去においてこうした契約を保険契約とみなすことを明言していて、保険契約に適用される会計処理を使用している場合は、発行者は、IFRS第17号またはIFRS第9号のいずれかを当該金融保証契約に適用することを選択することができる。

発行者は、この選択を契約ごとに行うことができるが、それぞれの契約についての選択は取消不能である（7項(e)）。IFRS第17号が適用される場合、その測定は同基準書の一般的な要求事項に従うことになる。

当該選択適用のオプションはIFRS第4号においても認められていたが、このオプションは、IFRS第17号が適用されるまでの一時的な解決策として意図されていた。

しかし、当該選択に関しては、大多数のケースで明確であり、適用上の問題は実務上識別されなかった。そのため、当該オプションは実務上機能しており、同一企業が発行した経済的に類似した契約の会計処理と整合的となるた

め、IASB は、当該選択肢を実質的に変更することなく、IFRS 第 17 号に引き継ぐこととした（BC93 項）。

なお、所定の信用格付けまたは信用指数の変動に対応した支払いを要求する契約は、保有者が損失を被るという支払いの前提条件を欠いていることから、保険契約ではなくデリバティブに当たる（BC94 項）。

2-3-6　企業結合で支払うかまたは受け取る条件付対価

当該条件付対価は IFRS 第 3 号に基づき会計処理される。具体的には、以下のように会計処理される（IFRS 第 3 号 58 項）。

> (a) 資本（IAS 第 32 号 11 項）に分類される条件付対価は再測定されない。
> (b) 他の条件付対価については
> 　(i) IFRS 第 9 号の範囲に含まれる条件付対価は、各報告日において公正価値で測定し、公正価値の変動を IFRS 第 9 号に従って純損益に認識しなければならない。
> 　(ii) IFRS 第 9 号の範囲に含まれない条件付対価は、各報告日において公正価値で測定し、公正価値の変動を純損益に認識しなければならない。

2-3-7　企業が保険契約者である保険契約

IFRS 第 17 号は、企業が保険契約者である保険契約に関する要求事項を定めていない。そのため、当該保険契約に対しては他の基準書を適用することになるが、具体的に当てはまる基準書が存在しない場合には IAS 第 8 号の会計方針の適用のヒエラルキーに基づき、会計処理を判断することとなる（BC66 項）。

ただし、企業が保険契約者である再保険契約については、IFRS 第 17 号の範囲内となる（3 項(b)）。

2-3-8 クレジットカードまたは類似の契約

2020年6月、IASBはIFRS第17号を修正し、クレジットカード契約または与信もしくは支払いの取決めを提供する類似の契約が保険契約の定義を満たす場合、IFRS第17号の適用範囲から除外することとした。ただし、企業が個々の顧客に関連した保険リスクの評価を当該顧客との契約の価格を設定する際に反映していない場合に、かつ、その場合にのみに限定される。この場合、クレジットカード契約または類似の契約は、IFRS第9号に基づき会計処理される。

なお、IFRS第9号が、そのような契約に組み込まれている保険カバー要素（IFRS第9号2.1項(e)(iv)）を分離することを企業に要求している場合に、かつ、その場合にのみ、企業はIFRS第17号を当該要素に適用しなければならない。

2-3-9 定額報酬でのサービス契約

上記以外にも、保険契約の定義を満たすが、定額報酬でのサービスの提供を主要な目的としている契約について、当該契約を発行する企業は、以下の条件に該当する場合のみ、それらの契約にIFRS第15号の適用を選択することができる（8項）。

> (a) 企業が個々の顧客に関連したリスクの評価を当該顧客との契約の価格の設定に反映していないこと
> (b) 当該契約が顧客への補償を顧客への現金支払いではなくサービスの提供により行うこと
> (c) 契約により移転される保険リスクが、主として、サービスのコストに係る不確実性からでなく、顧客によるサービスの利用から生じること

定額報酬でのサービス契約としては、たとえば、ロードサイド・アシスタンスプログラムや、サービス提供者が特定の設備を故障後に修理することに合意しているメンテナンス契約が挙げられる（BC95項）。

2013年公表の再公開草案においては、定額報酬でのサービス契約についてIFRS第15号を適用することが要求されていた。IFRS第17号を適用するとし

た場合、一般的にこうした契約は保険料配分アプローチを適用することとなり、IFRS 第 15 号を適用するのと同様の会計処理となる。定額報酬でのサービス契約は、保険契約の定義を満たすものの、顧客との他の契約と同じ方法でこれらの契約を会計処理することは、この契約を発行する企業の財務諸表利用者に比較可能な情報を提供することになると IASB は考えた（BC96 項）。

一方で、一部の企業は定額報酬でのサービス契約とその他の保険契約の両方を発行していると指摘していた。

たとえば、一部の企業は、事故に起因する損害のためにロードサイド・アシスタンスプログラムと保険契約の両方を発行する。そのような企業が両契約を同じ方法で会計処理することができるように、IASB は定額報酬でのサービス契約に IFRS 第 17 号または IFRS 第 15 号を選択適用することを認めた（BC97 項）。

2−3−10　死亡による債務免除の付いた融資など特定の契約

2020 年 6 月、IASB は IFRS 第 17 号を修正し、保険契約の定義を満たす一部の契約について、IFRS 第 17 号の適用範囲から除外した。契約の一部には、保険事故に対する補償を、当該契約によって創出された保険契約者の義務を決済するために要する金額に限定しているものがある（たとえば、死亡に債務免除のある融資）。

そのような契約が第 7 項(a)から(h)によって IFRS 第 17 号の範囲から除外されない場合には、企業は自らが発行するそうした契約に IFRS 第 17 号または IFRS 第 9 号を適用することを選択しなければならない。企業は当該選択を保険契約の各ポートフォリオについて行わなければならず、各ポートフォリオについての選択は取消不能である。

2-4　保険契約の結合

　同一または関連する相手先との複数の保険契約が、全体として商業上の効果をもたらす、またはもたらすように設計されている場合がある。そのような契約の実質を報告するために、複数の保険契約を一体として扱う必要があるかもしれない。

　たとえば、ある契約の権利また義務を完全に無効化するような権利または義務を有する別個の契約を同一の相手先と同時に締結した場合、それらを組み合わせた効果により、権利または義務は存在しないこととなる（9項）。この規定は、こうした契約の実質を反映して会計処理すべき場合があることを示唆している。

　2013年の再公開草案においては、IFRS第15号における契約の結合の要件（IFRS第15号17項）と整合させるために、以下の要件のいずれかに該当する場合に保険契約の結合が要求されていた（2013年再公開草案8項）。

> (a) 当該保険契約が単一の商業目的のためにパッケージとして交渉されている。
> (b) 1つの保険契約に対して支払われる対価の金額が、他の保険契約の対価または業績に応じて決まる。
> (c) 保険契約が保険契約者に与えるカバーが同一の保険リスクに関連している。

　しかし、IFRS第15号では、契約が結合されても、そこから別個の履行義務が認識され、それらの履行義務は別個に会計処理されることがあり、IFRS第15号の契約の結合の要件をそのまま保険契約負債に適用することは妥当ではないと考えられた（2016年11月IASB会議アジェンダ・ペーパー2G）。

　そこで、IASBは2015年5月公表の公開草案「財務報告に関する概念フレームワーク」の4.56項の記載を基に、契約の結合および分離に対応するための、より原則ベースの要求事項を提案した。

第2章 範　囲

　しかし、その提案内容は契約の分離に関する規定を含んでおり、異なる保険リスクをカバーする契約を異なる契約に分離することが企業に要求されることになるとの懸念が挙げられた。たとえば、主契約と特約において、それぞれが異なる保険リスクをカバーする場合、概念フレームワークの公開草案の記載をそのまま IFRS 第 17 号に適用すると、それらの主契約と特約を別個の契約として会計処理することが要求されると解釈されうることが懸念として挙げられる。

　そのため、IFRS 第 17 号の要求事項においては、「財務報告に関する概念フレームワーク」の公開草案の文言のうち契約の分離に関する記載が削除される形となった（2017 年 2 月 IASB 会議アジェンダ・ペーパー 2C）。

> **Column　IFRS 的閑話①**
>
> 　2018 年 3 月、IASB は「財務報告に関する概念フレームワーク」を公表した。2015 年 5 月公表の公開草案 4.56 項は、2018 年 3 月公表の最終版 4.62 項に、文言の一部を変更して引き継がれている。
> 　概念フレームワークは IFRS の基準ではない。概念フレームワークのどの内容も、特定の IFRS の基準に優先するものではない（概念フレームワーク SP1.2 項）。概念フレームワークと IFRS の基準が整合しない場合は、IFRS の基準の規定が、概念フレームワークに優先する。
> 　ただし、表現の一部が異なるとは言え、概念フレームワーク 4.62 項の記載の一部が IFRS 第 17 号 9 項に取り込まれていることから、当該条文はその適用が強制されることになる。

2-5 保険契約からの構成要素の分離

2-5-1 概　要

保険契約は、キャッシュ・インフローとキャッシュ・アウトフローを生み出すために一体となって機能する権利および義務を創出し、以下のようなものを含んでいることがある（BC98項）。

(a) IFRS第9号の適用範囲に含まれるデリバティブ
(b) IFRS第9号の適用範囲に含まれる投資要素
(c) IFRS第15号の適用範囲に含まれる財および保険契約サービス以外のサービス[1]

IASBは、これらのデリバティブ、投資要素、財および保険契約サービス以外のサービス（以下、まとめて「非保険要素」）を保険契約から分離して、他の適用可能な基準書を用いて会計処理することにより、独立の契約として発行される類似の契約との比較可能性が高まり、異なる事業または業種の企業が引き受けているリスクを財務諸表利用者がより適切に比較できると考えた（BC99項）。IFRS第17号は、こうした非保険要素を保険契約から分離して会計処理することを要求している。具体的には、以下の3つのステップに従って分離されることになる（次頁図表2）。

ステップ1：組込デリバティブの分離（2-5-2）
ステップ2：投資要素の分離（2-5-3）
ステップ3：財または保険契約サービス以外のサービスを提供する約束の分離（2-5-4）

1）2020年6月公表のIFRS第17号修正では、複数の条文で「非保険サービス」が「保険契約サービス以外のサービス」に置き換えられたが、BC98項は修正されていない。ここではIFRS第17号の修正に合わせて、「保険契約サービス以外のサービス」としている。

【図表 2】非保険要素の分離

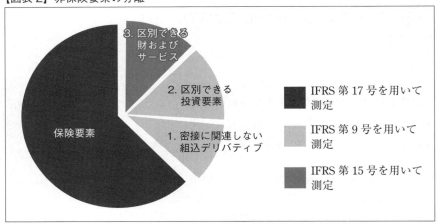

　また、IFRS 第 17 号により分離が要求されていない状況において、非保険要素を任意に分離するオプションを企業に認めるべきかどうかについて、IASB で議論が行われた。一部の人々は、契約者貸付金など特定の投資要素のアンバンドルを企業に認めるべきであると主張していた。

　しかし、そのような分離を企業に認めることは、恣意的な測定が生じ、財務諸表の透明性と比較可能性を低下させることになると IASB は考えた（BC114項）。このため、分離が要求されていない状況においては、企業が非保険要素を任意に分離することは認められていない。

2-5-2　ステップ 1：組込デリバティブの分離

　企業は、IFRS 第 9 号に基づき、組込デリバティブを分離するかどうかを判定する（11 項(a)）。IFRS 第 9 号は、主契約が IFRS 第 9 号の適用対象でない資産の場合について、経済的特徴およびリスクが密接に関連しているか等の組込デリバティブを分離するための条件を規定している（IFRS 第 9 号 4.3.3 項）。

　なお、組込デリバティブ自体が保険契約の定義を満たす場合は、主契約から分離してはならない（たとえば 2-2-6(1)③参照）。保険契約に組み込まれているオプションとして、たとえば解約オプション、配当オプション、最低保証オ

プションなどが挙げられるが、これらが主契約である保険契約と相互に関連していることにより、保険要素と区分して測定できない場合には分離されず（IFRS 第 9 号 B4.3.8 項(h)）、保険要素と一体として IFRS 第 17 号に基づき会計処理されることとなる。

2-5-3　ステップ２：投資要素の分離

　2020 年 6 月、IASB は IFRS 第 17 号を修正し、投資要素の定義を明確化した。投資要素とは、保険契約が、保険事故が発生するかどうかにかかわらず、すべての状況において保険契約者に返済することを企業に要求している金額（付録 A）であり、次の両方を満たす場合にのみ、分離が要求され（B31 項）、それ以外の場合は分離が禁止されている。

> (a)　投資要素と保険要素との相互関連性が高くない。
> (b)　同等の条件を有する契約を、同一の市場又は同一の法域で、保険契約を発行する企業又は他の当事者のいずれかが独立に販売しているか又は販売できる。（以下略）

　上記(b)の条件の判断を行う際には、合理的に利用可能なすべての情報を考慮に入れなければならないが、企業は、投資要素が別個に販売されているのかどうかを識別するために網羅的な調査を行うことは要求されない（B31 項(b)）。また上記(a)の条件である「高い相関」とは、次のいずれかを満たす場合にのみ、存在すると判断される（B32 項）。

> (a)　企業が、一方の要素を考慮せずに他方を測定することができない場合。したがって、一方の構成要素の価値が他方の価値に従って変動する場合には、企業は IFRS 第 17 号を適用して、結合した投資要素と保険要素を会計処理しなければならない。
> (b)　保険契約者が、他方の構成要素も存在していないと一方の構成要素から便益を受けることができない場合。したがって、契約の中の一方の構成要素の失効又は満期により他方の失効又は満期が生じる場合には、企業は IFRS 第 17 号を適用して、結合した投資要素と保険要素を会計処理

第2章 範　囲

> しなければならない。

なお、保険契約から分離されなかった投資要素について、保険要素と一体として会計処理されるが、**第9章**に記載のとおり、表示上、財務業績の計算書（純損益およびその他の包括利益の計算書）から分離する必要がある。

2-5-4　ステップ３：財または保険契約サービス以外のサービスを提供する約束の分離

組込デリバティブおよび別個の投資要素に関連するキャッシュ・フローを分離した後に、企業は、IFRS第15号7項を適用して、保険契約者に対して別個の財または保険契約サービス以外のサービスを移転する約束を、主保険契約から分離しなければならない（12項）。

保険契約者が、財または保険契約サービス以外のサービスから、それ単独でまたは容易に利用可能な他の資源と一緒にして、便益を受けることができる場合には、保険契約者に約束された財またはサービスは別個のものである。容易に利用可能な資源とは、別個に販売されている財またはサービス（企業または保険契約を発行していないかもしれない別の企業により）、あるいは保険契約者がすでに入手している資源（企業または他の取引もしくは事象から）である（B34項）。

保険契約者に約束された財または保険契約サービス以外のサービスは、次の両方を満たす場合には別個のものではなく（B35項）、保険要素と一体で処理される。

> (a) 当該財又はサービスに係るキャッシュ・フロー及びリスクが当該契約の中の保険要素に係るキャッシュ・フロー及びリスクと相互関連性が高い。かつ、
> (b) 企業が当該財又はサービスを保険要素と統合する重要なサービスを提供する。

なお、保険契約サービスとは、企業が保険契約の保険契約者に提供する次のようなサービスであり、次の要素が列挙されている（付録A）。

> (a) 保険事故に対するカバー（保険カバー）
> (b) 直接連動有配当保険契約以外の保険契約について、該当がある場合には、保険契約者のための投資リターンの生成（投資リターン・サービス）
> (c) 直接連動有配当保険契約について、保険契約者に代わって行う基礎となる項目の管理（投資関連サービス）

2-5-5　実務上の課題

(1) 保険要素以外の構成要素

上述のとおり保険契約には、保険要素以外の構成要素が含まれているが、現行の日本基準においては、それらも含めて保険負債として会計処理されている。一方、IFRS第17号を適用することにより、分離された構成要素については保険とは別の会計処理が要求される。たとえば、投資要素として分離されたものについては、現行の保険負債から金融負債へと会計処理を変更することが要求される。また会計処理だけでなく、開示においても分離された投資要素は金融商品として公正価値の開示等のIFRS第7号に基づく開示が要求されることとなる。

その他、投資要素の項目としては契約者貸付金が挙げられるが、現行の日本基準においては、当該貸付金は保険負債からは分離され、資産として会計処理されている。一方、IFRS第17号では投資要素について分離が要求されない限り、任意の分離は許容されていないことから、契約者貸付金は保険契約として測定される可能性があり、資産項目ではなく、この場合保険契約負債の構成要素としての会計処理が要求される。

(2) 投資リターン・サービス

実務上、保険約款でいかなる状況でも保険契約者の解約権を認めるケースが多くみられ、その際の給付である解約時給付を投資要素とする考え方に立った場合であっても、何が投資リターン・サービスであるかを別途、その定義に照らして検討する必要がある。他の給付についても、検討対象が広がる可能性が

第2章 範　囲

あり、たとえば、被保険者のために積み立てるべき額（保険業法施行規則10条）等について、投資リターン・サービスとしての経済実態があるかどうか検討することが考えられる。

第3章

保険契約の集約レベル

3－1　本章の目的
3－2　保険契約ポートフォリオと保険契約グループ
　　2－1　保険契約ポートフォリオ
　　2－2　保険契約グループ

第3章　保険契約の集約レベル

3-1　本章の目的

　保険契約の測定において、その集約レベルは重要である。

　たとえば、企業が同一の契約のグループを発行し、一部の契約が不利な契約として識別されたとする。

　契約が個々に測定される場合、企業は不利な契約について損失を直ちに純損益に認識し、他の契約について契約上のサービス・マージンを認識することになる。対照的に、契約を1つのグループとして測定する場合、不利な契約に係る損失は他の契約に係る契約上のサービス・マージンと相殺されることになる（BC116項）。

　このように、グループの測定の中で互いに相殺される金額が、契約を個々に測定する場合には互いに相殺されないことになり、集約レベルによって会計上の結果が左右されることなる（BC115項）。

　IFRS第17号は、企業がリスク分散を意図して多数の類似の契約を発行するという保険活動について、有用な情報を提供するように（BC118項）、保険契約の測定に係る集約レベルについて規定している。

3-2　保険契約ポートフォリオと保険契約グループ

3-2-1　保険契約ポートフォリオ

　企業は、保険契約ポートフォリオを識別しなければならない（14項）。

　保険契約ポートフォリオは、後述する保険契約グループの基礎となる。保険契約ポートフォリオは、類似したリスクに晒され、一括して管理されている保険契約をいう（付録A）。

　IFRS第17号は「類似したリスク」の判断に際して適用される条約を設けていないが、1つの商品ラインの中の契約は、類似したリスクを有すると見込まれ、一括して管理されている場合には同じ保険契約ポートフォリオに属すると見込まれる（14項）。

　異なる商品ラインに属する契約は、類似したリスクを有していないと見込まれ、たとえば、一時払いの定額年金と通常の定期生命保険は異なる商品ラインに属しており、異なる保険契約ポートフォリオに属すると見込まれる（14項）。

3-2-2　保険契約グループ

(1) 保険契約ポートフォリオの分割

　企業は、識別した保険契約ポートフォリオを、最低限以下の3つのグループに分割しなければならない（16項）。

> (a) 当初認識時に不利である契約のグループ（もしあれば）
> (b) 当初認識後においてその後に不利となる可能性が大きくない契約のグループ（もしあれば）
> (c) ポートフォリオの中の残りの契約のグループ（もしあれば）

　企業が保険契約グループを設定すると、それは企業がIFRS第17号の要求事項を適用する会計単位となる（24項）。

　以下、保険契約グループに関連するIFRS第17号の要求事項について解説

する。

(2) グループの設定時期と設定方法

　企業は、保険契約グループを当初認識時に設定しなければならず、保険契約グループの構成をその後に再評価してはならない（24項）。

　発行の時点が1年超離れた契約は、同じ保険契約グループに含めてはならない（22項）。なお、実務においては1年コホートと呼ばれることがある。

　一方、報告期間末日までに発行された契約は、当該保険契約グループに含めなければならない。

　企業は報告期間末日後に当該保険契約グループにおいて追加的に契約を発行することがあるが、当該契約は発行された報告期間に当該保険契約グループに加えなければならない（28項）。

　保険契約ポートフォリオと保険契約グループおよび1年の発行期間の制限の関係を表すと**図表1**のようになる。

(3) 不利な契約の識別

　前述のとおり、企業は不利な契約を識別して、当該契約が含まれる保険契約グループを設定しなければならない。

　保険契約は、当初認識時における以下の項目の合計が正味のアウトフローである場合は不利な契約となる（47項）。

> ●当該契約に配分された履行キャッシュ・フロー
> ●過去に認識した保険獲得キャッシュ・フロー
> ●当初認識日現在の契約から生じるキャッシュ・フロー

　当初認識時に不利な契約を識別することは、原則として個々の契約として不利な契約を識別することである（BC129項）。しかし、合理的で裏付け可能な情報を有している場合には、不利な契約の識別を個々の契約ではなく一組の契約を単位として判定することができる（17項・47項）。

　IASBは、不利な契約に関する情報が、契約のプライシングに関する企業の

3-2　保険契約ポートフォリオと保険契約グループ

【図表1】保険契約ポートフォリオ、保険契約グループ、1年コホートの関係

	ポートフォリオX	ポートフォリオY	ポートフォリオZ
20X1年発行	不利な契約	不利な契約	不利な契約
	不利となる可能性が大きくない契約	不利となる可能性が大きくない契約	不利となる可能性が大きくない契約
	その他の契約	その他の契約	その他の契約
	ポートフォリオX	ポートフォリオY	ポートフォリオZ
20X2年発行	不利な契約	不利な契約	不利な契約
	不利となる可能性が大きくない契約	不利となる可能性が大きくない契約	不利となる可能性が大きくない契約
	その他の契約	その他の契約	その他の契約
	ポートフォリオX	ポートフォリオY	ポートフォリオZ
20X3年発行	不利な契約	不利な契約	不利な契約
	不利となる可能性が大きくない契約	不利となる可能性が大きくない契約	不利となる可能性が大きくない契約
	その他の契約	その他の契約	その他の契約

意思決定および将来キャッシュ・フローについての有用な情報であると考えており、この情報が適時に報告され、収益性の高い契約と相殺することによってこの情報が不明確になることを望んでいなかった（BC119項）。不利な契約を識別する目的は、不利でない契約との相殺を可能な限り排除することにあると考えられる。

(4) 不利となる可能性が大きくない契約の識別

　企業は、当初認識時に不利でない契約がその後に不利となる可能性が大きくないかどうかを、以下のようにして評価しなければならない（19項）。

> (a) 評価は不利な契約となる結果を生じるような仮定の変更の可能性に基づく。

43

> (b) 企業の内部報告で提供される見積りに関する情報を使用して評価する。
>   (i) 仮定の変更により契約が不利となる可能性に与える影響に関して、内部報告で提供される情報を無視してはならない。
>   (ii) 企業の内部報告で提供される情報以外に追加の情報を収集することは要求されない。

なお、合理的で裏付け可能な情報を有している場合に、個々の契約ではなく一組の契約を単位として判定することができる点は、不利な契約の識別と同じである（17項・19項）。

(5) 法律または規制による制限

企業は、法律または規制により、異なる特性を有する契約や保険契約者に対して異なる価格または給付水準を設定することの実質上の能力が制限されることがある（BC131項）。こうした法律または規制によるプライシングまたは給付水準が決定されるために、一緒のグループにするように要求されている契約を区分してグループ分けすることは、有用な情報を提供しない（BC132項）。

IFRS第17号は、あるポートフォリオの中の契約が別々のグループに入ることとなる理由が、法律または規制により企業が特性の異なる保険契約者に対して異なる価格または給付水準を設定する実質上の能力が具体的に制限されているだけである場合には、それらの契約を同一のグループに含めることを認めている（20項）。

(6) 集約レベルの細分化

前述のグループは、さらに細分化することが認められる。

たとえば、企業は保険契約ポートフォリオを以下の保険契約グループに分割することが選択できる（21項）。

> (a) 当初認識時に不利でない契約をより多くのグループに分割（収益性の水準や当初認識後に不利となる可能性の相違について企業の内部報告が情報を提供している場合）

(b) 当初認識時に不利である契約をより多くのグループに分割（不利である程度について企業の内部報告が詳細な情報を提供している場合）

(7) 集約レベルについての別段の取扱い

　前述の保険契約ポートフォリオの識別および保険契約グループ分けは、企業が発行する保険契約以外の契約、すなわち再保険契約および裁量権付有配当投資契約にも適用される。企業は再保険契約のポートフォリオを識別して、前述のとおりグループ分けをすることが明示的に要求されている（61項）。

　一方、IFRS第17号は裁量権付有配当投資契約についてその要求事項の一部を修正しているが（71項）、当該修正項目に保険契約ポートフォリオの識別およびグループ分けは含まれていないことから、前述のグループ分けに関する一般的な要求事項が適用される。

　なお、保険料配分アプローチが適用される契約については、保険契約ポートフォリオに含まれるいずれの契約も不利ではないと仮定される。ただし、不利であることを事実および状況が示唆している場合はこの限りでない（18項）。

　ビルディング・ブロック・アプローチおよび変動手数料アプローチについては同様の規定はなく、前述のグループ分けに関する一般的な要求事項が適用される。

(8) 実務上の課題
　① 類似したリスクに晒され、一括して管理されている契約の特定

　類似したリスクに晒される保険契約群の粒度として、商品ラインを目安に設定したとしても、保険会社がその粒度を一括して管理していると主張できるかどうかを検討する必要がある。保険会社の実務では、区分経理というツールを用いて、一定の保険契約群の収益性についての測定を行っていることがあり、それに基づいた主張がなされる可能性がある。

　しかしながら、区分経理の運用目的に応じて、管理水準にも幅があり、たとえば、事業費配賦を行う粒度よりも細かい粒度で保険契約群の粒度を指定しても、収益性について十分な情報が得られない場合があることに留意する必要が

② 合理的かつ裏付け可能な情報

IFRS 第 17 号では、たとえば、一般的に測定において「合理的かつ裏付け可能な情報」を用いることを要求する規定があるため、当該情報についての考え方について、平仄を合わせる必要があるかもしれない。

③ 同一のグループに統合する条件

たとえば、男女別の保険料料率が法令で認められていない国では、女性より男性の死亡保険金の支払額が多いというリスク特性が認められていても、男女平均した死亡率で保険料を設定せざるを得ないため、女性のグループよりも男性のグループが不利となる可能性がある。

そういったケースで男女同一のグループにするかどうかの検討が必要となるかもしれない。

その他にも地域や職業等の切り口で、そのような制約がないかどうかに留意する必要があるであろう。

第4章

当初認識

4－1 保険契約の認識時点
4－2 当初認識の関連論点
 2－1 当初認識に関する要求事項開発の経緯
 2－2 保険獲得キャッシュ・フローの会計処理
 2－3 当初認識時の割引率
 2－4 実務上の課題

設例1

第4章　当初認識

4-1　保険契約の認識時点

　企業は、自身が発行する保険契約グループを、次のうち最も早い日から認識しなければならない（25項）。

> (a) カバー期間の開始時
> (b) グループ内の保険契約者からの最初の支払いの期限が到来した日
> (c) 不利な契約のグループについて、当該グループが不利となった日

　契約上の支払期限がない場合は、保険契約者からの最初の支払いは受取時に支払期限が到来しているものとみなされる（26項）。
　不利な契約の識別については、3-2-2(3)を参照のこと。
　この当初認識に関する規定は、企業が発行する保険契約に適用される。
　一方で、以下のように、IFRS第17号は再保険契約および裁量権付有配当投資契約について、認識に関する規定の一部を修正している。

> **62項**
> 　再保険契約の場合、当初認識時点は次のうち早いほうの時点である。
> (a) 保有している再保険契約グループのカバー期間の開始時
> (b) 基礎となる保険契約の不利なグループを認識した日（関連する保有する再保険契約を当該日以前に締結している場合）
>
> **62A項**
> 　上記(a)にかかわらず、比例的なカバーを提供する再保険契約、かつ、基礎となる保険契約の当初認識日が保有している再保険契約グループのカバー期間の開始時よりも遅い場合は、基礎となる保険契約の当初認識日に認識する。
>
> **71項**
> 　裁量権付有配当投資契約の場合、当初認識時点は企業が契約の当事者となる日である。

4-1 保険契約の認識時点

以下、生命保険契約を例としてその責任開始時点と IFRS 第 17 号の認識時点の関係を示す。

図表1 においては、第1回保険料払込みの時点より保険会社の責任が開始され、カバー期間の開始日となる。したがって、③の時点をもって保険契約が認識される。

一方、**図表2** においては、告知・審査の時点より保険会社の責任が開始され、カバー期間の開始日となる。したがって、②の時点をもって保険契約が認識される。

次頁**図表3** においては、告知・審査の時点より保険会社の責任が開始され、**図表2** と異なり、第1回保険料払込みの時点において保険契約が認識される。

次頁**図表4** においては、保険会社の責任は告知・審査の時点から開始され、同日がカバー期間の開始日となる。ただ、契約が不利となった時点が、告知・審査の時点よりも早いことから、保険契約は②の時点で認識されることになる。

【図表1】申込み後、告知後に初回保険料払込みがされた場合

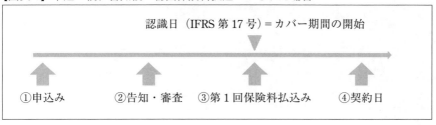

【図表2】初回保険料キャッシュレスの場合

第4章 当初認識

【図表3】告知前に初回保険料払込みがされた場合

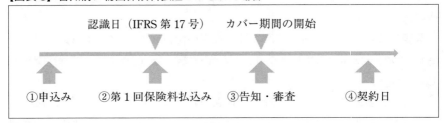

【図表4】告知前に保険契約が不利となった場合

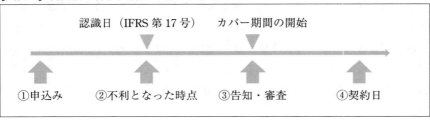

4-2 当初認識の関連論点

4-2-1 当初認識に関する要求事項開発の経緯

カバー期間とは、保険契約サービスを提供する期間をいう。この期間には、保険契約の境界線内のすべての保険料に関する保険契約サービスが含まれる（付録A）。

当初IASBは、保険契約を企業がリスクを引き受けた時点から認識することを検討していたが、このようなアプローチは、IFRS第15号のように業績の測定に焦点を当てるアプローチ（IFRS第15号では履行義務の充足に伴い収益を認識する）とは異なると考えた（BC140項）。

また、一部の利害関係者からは、リスクを引き受けた時点から保険契約を認識するためには、カバー期間の開始前であっても保険契約を認識することになり、そのために必要となるシステムの変更のコストは便益を上回るという意見が寄せられた（BC141項）。

IASBはこうした懸念に応え、前述のような認識のアプローチを開発するに至った。

4-2-2 保険獲得キャッシュ・フローの会計処理

2020年6月、IASBは保険獲得キャッシュ・フローに係るIFRS第17号の要求事項を修正した。保険獲得キャッシュ・フローとは、（発行したかまたは発行すると見込まれる）保険契約グループの販売、引受けおよび開始のコストにより生じるキャッシュ・フローのうち、当該グループが属する保険契約ポートフォリオに直接起因するものをいう。こうしたキャッシュ・フローには、ポートフォリオの中の個々の契約または保険契約グループに直接起因しないキャッシュ・フローが含まれる（付録A）。

保険契約を組成するためのコストは、その当初認識時点よりも前に発生することが多い（BC145項）。

第4章　当初認識

　IFRS 第 17 号は、前述の修正後も継続して、保険契約グループの認識よりも前に支払った保険獲得キャッシュ・フローまたは他の IFRS 基準を適用して負債を認識した保険獲得キャッシュ・フローについて、資産として認識することを要求している（28B 項）。ただし、保険料配分アプローチを適用する場合は、会計方針の選択により、発生時に費用として認識することを選択できる（59 項(a)）。

　資産として認識された保険獲得キャッシュ・フローは、保険契約の認識時点においてその認識を中止しなければならない（28C 項）。

(1) 保険獲得キャッシュ・フローの認識および配分

　企業は、保険料配分アプローチを適用し、会計方針の選択により、発生時に費用として認識することを選択した場合を除き、保険獲得キャッシュ・フローを保険契約グループに規則的かつ合理的な方法で配分しなければならない（28A 項）。

　具体的には、保険獲得キャッシュ・フローは以下の要領で各保険契約グループに配分しなければならない（B35A 項）。以下に記載のとおり、保険獲得キャッシュ・フローは、未認識の将来更新が見込まれる契約にも規則的かつ合理的な方法で配分しなければならない。

> (a) 保険契約グループに直接起因する保険獲得キャッシュ・フロー
> 　当該保険契約グループおよび当該保険契約グループの中の保険契約の更新から生じると見込まれる保険契約グループに配分
> (b) 保険契約ポートフォリオに直接起因する保険獲得キャッシュ・フロー
> 　当該保険契約ポートフォリオの中の保険契約グループに配分

　前述のとおり、資産として認識された保険獲得キャッシュ・フローは、保険契約グループの認識時点においてその認識を中止しなければならないが、IFRS 第 17 号は、報告期間の末日後に当該グループに追加的な契約を含める場合があると規定している（28 項）。そうした状況では、保険獲得キャッシュ・フローに係る資産が将来の報告期間においてグループに追加されると見込まれ

る保険契約に関連している部分は、当該資産の認識を継続しなければならない（B35C項）。

各報告期間末において、企業は、各保険契約グループに配分された保険獲得キャッシュ・フローについて、その配分方法を見直すことが要求される（B35B項）。ただし、保険契約グループに配分された金額を、すべての契約が当該グループに追加された後に変更してはならない（B35B項）。

(2) 保険獲得キャッシュ・フローの減損

IFRS第17号は、各報告期間末に、保険獲得キャッシュ・フローに係る資産が減損している可能性があることを示唆する事実および状況がある場合には、当該資産の回収可能性を評価することを要求している（28E項）。減損損失は純損益に認識しなければならない（同前）。

保険獲得キャッシュ・フローの減損テストは、以下のステップで実施される（B35D項）。以下に記載のとおり、減損テストは2つのステップで実施されるが、具体的な数値例を**設例1**に掲載している。

> ステップ1：保険契約グループ・レベルでの減損テスト（B35D項(a)）
> ステップ2：予想される更新契約に配分された保険獲得キャッシュ・フローのみを対象とした減損テスト（B35D項(b)）

設例1　減損テストの具体的な数値例

【1年目期首】
■1年目の期首、企業は将来発行される予定の保険契約グループに関連して、手数料38を支払った。企業は手数料38の全額を保険獲得キャッシュ・フローに係る資産として認識した。
■手数料38は、1年目中に認識する保険契約グループに直接起因するものである。1年目に認識される保険契約の一部は、2年目、3年目、4年目に更新されることが見込まれている。企業は、規則的かつ合理的な方法で、手数料38を次頁図表5のように将来の保険契約グループに配分した。

第4章　当初認識

【図表5】 手数料を保険契約グループに配分

	1年目 グループ1	2年目 グループ2	3年目 グループ3	4年目 グループ4	合計
1年目期首に認識された保険獲得キャッシュ・フローに係る資産	25	5	5	3	38

（出所）2019年12月 IASB 会議 Agenda Paper 2B Appendix A を一部抜粋・加筆・変更して筆者作成。以下同。

【1年目期末】

■ 1年目の期末、企業はグループ1に配分された手数料25について認識を中止し、グループ1の保険契約の測定に含めた。

■ 1年目の期末、グループ2からグループ4に配分された保険獲得キャッシュ・フローが減損しているという事実および状況は存在していなかった。したがって、1年目の期末の保険獲得キャッシュ・フローに係る資産は13である（図表6）。

【図表6】 グループ1に配分された手数料を認識中止

	1年目 グループ1	2年目 グループ2	3年目 グループ3	4年目 グループ4	合計
1年目期首に認識された保険獲得キャッシュ・フローに係る資産	―	5	5	3	13

【2年目期末】

■ 2年目の期末、企業はグループ2に配分された手数料5について認識を中止し、グループ2の保険契約の測定に含めた。

■ 2年目の期末、グループ3からグループ4に配分された保険獲得キャッシュ・フローが減損しているという事実および状況が存在していた。減損テストの対象となるのは、保険獲得キャッシュ・フローに係る資産8である（図表7）。

4-2 当初認識の関連論点

【図表7】 グループ2に配分された手数料を中止

	1年目 グループ1	2年目 グループ2	3年目 グループ3	4年目 グループ4	合計
1年目期首に認識された保険獲得キャッシュ・フローに係る資産	―	―	5	3	8

【減損テスト】

■企業は、まず保険契約グループ・レベルの減損テストを実施した。
■3年目および4年目の保険契約グループの予想キャッシュ・フロー純額の見積額は以下のとおりと企業は予想している(図表8)。

【図表8】 予想キャッシュ・フロー純額

予想キャッシュ・フロー純額	3年目 グループ3	4年目 グループ4
予想更新契約	3	1
更新以外の契約	6	1
合　　計	9	2

【ステップ1】

　図表8にある保険契約グループの予想キャッシュ・フロー純額を基に、保険契約グループ・レベルでの減損テストを実施した結果、グループ3は減損損失を認識しなかったが、グループ4は1の減損損失を認識した(図表9)。

【図表9】 保険契約グループの減損テスト

保険契約グループ・レベルの減損テスト	3年目 グループ3	4年目 グループ4
保険獲得キャッシュ・フローに係る資産	5	3
予想キャッシュ・フロー純額合計	9	2
減損損失	―	1

【ステップ2】

　次に、企業は、予想される更新契約に配分された保険獲得キャッシュ・フローのみを対象とした減損テストを実施した(次頁図表10)。

55

■結果として、減損損失4が計算されるが、ステップ1ですでに減損損失1を識別していることから、これを控除した残額3がステップ2の減損損失として識別される。

【図表10】保険獲得キャッシュ・フローの減損テスト

予想される更新契約に配分された保険獲得キャッシュ・フローのみを対象とした減損テスト	3年目 グループ3	4年目 グループ4	合計
予想更新契約に配分された保険獲得キャッシュ・フロー	5	3	8
予想更新契約に関する予想キャッシュ・フロー純額	3	1	4
減損損失			4

以上、ステップ1で1、ステップ2で3の減損損失が識別され、合計4の減損損失が純損益に認識されることになる。

4-2-3　当初認識時の割引率

企業が、ある報告期間における保険契約グループを認識する際に、当初認識時の割引率についての見積りを行わなければならないものとされている（28項）。

しかしながら、IFRS第17号では保険契約グループの発行される期間の加重平均で割引率を設定する会計方針の選択が認められている（B73項）ことから、そのような加重平均の割引率を選択した場合、保険契約グループに属する契約が当該報告期間の後に追加的に発行されることで、割引率を変更する必要が生じる。

このような場合、追加が行われた報告期間の期首から変更後の割引率を適用するものとされている（28項）。

4-2-4　実務上の課題

(1) 当初認識に必要なデータ

保険会社はカバー期間の開始前においても、保険契約をIFRS第17号で測

定することが必要となる場合があるが、現行実務とIFRS第17号で認識時点が違う場合、カバー前の実績のキャッシュ・フローを測定するために、既存のシステムを利用できない可能性が高く、新規のシステムの開発を要する場合がある。

たとえば、既存のシステムで責任開始前のキャッシュ・フローを保険契約グループより細かい粒度で把握できない場合、当該保険契約グループに帰属する収益を把握できないこととなり、支払期限の到来や不利な契約の判定が困難となる場合が考えられ、システム対応が必要となる場合がある。

(2) **不利な契約のグループがあることを示す事実および状況の特定**

発行する保険契約の当初認識にあたって、不利な契約のグループがあることを示す事実および状況にない場合には、必ずしも不利契約の判定を要求しているわけではない（26項）。したがって、カバー期間前、支払期間前のキャッシュ・フローを追跡することで当該判定を行うよりも、経済合理性のある方法で不利な契約のグループがあることを示す事実および状況を把握することができるかどうかの検討が必要となるかもしれない。

たとえば、実務上、保険会社の多くで、販売商品の収益性をモニタリングし、収益性が悪い場合は販売停止するリスク管理方針を採っているものと考えられるが、当該モニタリングの内容に基づき、不利な契約のグループがある事実および状況を示すことができるかを検討する必要があるかもしれない。

(3) **責任開始時期の多様化**

保険契約の責任開始は、たとえば、生命保険契約においては、従来、申込み、告知・診査、初回保険料の払込みのすべてが完了したときとする場合が多くみられ、前述の4-1図表1においても、そのようなケースでカバー期間が開始するものと想定した解説を行っている。

しかしながら、近年、保険契約者の利便性向上を目的とし、契約条項により、責任開始の時期を修正する場合が見受けられ、その決定方法が複雑になる場合もあるため、実質的なカバー期間を把握したうえで当初認識の時期を確定

することが必要となるかもしれない。

(4) 保険獲得キャッシュ・フローの配分

　日本の実務でも、更新型契約の新契約コミッションの大部分を最初の契約の保険期間で支払うことを規定しているケースが多くみられる。また、現行実務でも、当該コミッションを更新後契約に何らかの方法で配分を行う事例はほとんどみられないため、規則的かつ合理的な基準を一から構築するケースが多いものと考えられる。

第5章

当初測定

5-1 測定モデルの概要
 1-1 一般モデル(ビルディング・ブロック・アプローチ)
 1-2 変動手数料アプローチ
 1-3 保険料配分アプローチ
5-2 一般モデル(ビルディング・ブロック・アプローチ)
 2-1 将来キャッシュ・フローの見積り
 2-2 貨幣の時間価値および金融リスクを反映するための調整
 2-3 非金融リスクに係るリスク調整
 2-4 契約上のサービス・マージン
5-3 保険料配分アプローチ
 3-1 適用条件
 3-2 当初認識時の測定
 3-3 実務上の課題
5-4 変動手数料アプローチ
5-5 裁量権付有配当投資契約
5-6 保険契約の移転および企業結合
 6-1 概　要
 6-2 測　定

設例1～4
IFRS的閑話②

第5章　当初測定

5-1　測定モデルの概要

本節では、IFRS 第 17 号が規定する測定モデルの概要について解説する。IFRS 第 17 号は以下の 3 つの測定モデルを規定している。ただし、一般モデルについては、IFRS 第 17 号の適用範囲に含まれる契約の一部について、その要求事項の一部が修正されている。

- 一般モデル（5-1-1）
- 変動手数料アプローチ（5-1-2）
- 保険料配分アプローチ（5-1-3）

【図表1】測定モデルと契約の分類

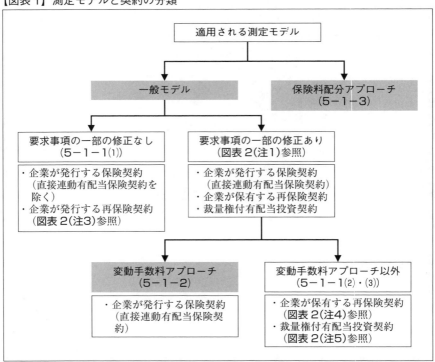

IFRS 第17号が規定する測定モデルと、契約の分類の関係をまとめると、**図表1**のとおりとなる。

以下、**図表1**に沿って、各測定モデルの概要について解説する。

5−1−1　一般モデル（ビルディング・ブロック・アプローチ）

IFRS 第17号は、以下に記載する契約を除いて、その適用範囲（**第2章参照**）に含まれるすべての保険契約について共通の測定モデルを適用することを要求している（29項等）。

●保険料配分アプローチが適用される保険契約
●企業が保有する再保険契約
●裁量権付有配当投資契約
●直接連動有配当保険契約

この共通の測定モデルは、一般モデルまたはビルディング・ブロック・アプローチと呼ばれることがある（**5−2参照**）。一般モデルが適用されるのは、企業が発行する保険契約（直接連動有配当保険契約を除く）および企業が発行する再保険契約である。

一方で、企業が保有する再保険契約、裁量権付有配当投資契約、企業が発行する保険契約（直接連動有配当保険契約）には、一般モデルの要求事項の一部を修正したモデルが適用される。なお、保険料配分アプローチは、一般モデルによる測定を単純化したものであり、その適用は任意である。

保険料配分アプローチの概要については**5−1−3**を参照のこと。

なお、再保険契約は、企業が発行している再保険契約と保有している再保険契約で測定モデルの一部が異なっている。企業が発行している再保険契約は、一般モデルが適用される。

一方で、保有している再保険契約は原則として一般モデルが適用されるが、IFRS 第17号は保有している再保険契約について、一般モデルの要求事項の一部を修正している。この修正された要求事項の一部は適用が強制される。

裁量権付有配当投資契約についても、IFRS 第17号は一般モデルの要求事項

の一部を修正している。企業が保有する再保険契約と同様に、裁量権付有配当投資契約について修正された要求事項の一部は適用が強制される。

企業が発行する保険契約のうち、直接連動有配当保険契約については、変動手数料アプローチが適用される（5−1−2参照）。変動手数料アプローチも一般モデルの要求事項の一部を修正したものであるが、その適用は任意ではなく、直接連動有配当保険契約に該当する契約に強制的に適用される。

前掲図表1と整合的に、IFRS第17号の適用範囲に含まれる契約に一般モデルを適用した場合（すなわち、保険料配分アプローチを適用しないことを企業が選択した場合）の要求事項の修正の有無についてまとめると、**図表2**のようになる。

【図表2】契約の分類と一般モデルの要求事項の一部の修正の有無

IFRS第17号の適用範囲に含まれる契約	適用される測定モデル		本節の記載箇所	測定に関する個別の要求事項の解説
	一般モデル	一般モデルの要求事項を一部修正したモデル[注1]		
企業が発行する保険契約（直接連動有配当保険契約を除く）	適用あり	適用なし	5−1−1(1)	5−2（当初測定） 6−2（事後測定）
企業が発行する保険契約（直接連動有配当保険契約）	適用なし	適用あり[注2]	5−1−2	5−4（当初測定） 6−4（事後測定）
企業が発行する再保険契約	適用あり	適用なし[注3]	5−1−1(2)	5−2（当初測定） 6−2（事後測定）
企業が保有する再保険契約	適用なし	適用あり[注4]	5−1−1(2)	7−5−1（当初測定） 7−5−2（事後測定）

裁量権付有配当投資契約	適用なし	適用あり[注5]	5－1－1(3)	5－5 （当初測定） 6－5 （事後測定）

(注1) 本図表が示すとおり、直接連動有配当保険契約、企業が保有する再保険契約、裁量権付有配当投資契約は、一般モデルの要求事項の一部を修正した測定モデルが適用されるが、後述のとおり、修正の内容は契約により異なっている。
(注2) 企業が発行する直接連動有配当保険契約に適用される測定モデルは、特に変動手数料アプローチと呼ばれる。
(注3) 企業が発行する再保険契約に変動手数料アプローチを適用することは認められない（B109項）。
(注4) 企業が保有する再保険契約にも変動手数料アプローチを適用することは認められない（B109項）。したがって、企業が発行する直接連動有配当保険契約に適用される測定モデルは変動手数料アプローチであるが、企業が保有する再保険契約に適用される、一般モデルの要求事項の一部を修正した測定モデルは変動手数料アプローチではない。
(注5) 裁量権付有配当投資契約に適用される、一般モデルの要求事項の一部を修正した測定モデルは、変動手数料アプローチとは異なる測定モデルである。ただし、当初認識時において、直接連動有配当保険契約に該当するかどうかの評価を行う必要がある（5－1－2参照）。

(1) 企業が発行する保険契約（直接連動有配当保険契約を除く）

一般モデルは、保険契約を履行キャッシュ・フローと契約上のサービス・マージンの金額で測定することを要求している（32項・BC18項）。

① 履行キャッシュ・フロー

履行キャッシュ・フローとは、将来キャッシュ・フローに関して、過大なコストや労力を掛けずに利用可能なすべての合理的で裏付け可能な情報を、観察可能な市場情報と整合的な方法で織り込んだ現時点のリスク調整後の現在価値である（BC18項）。

履行キャッシュ・フローには以下のものが含まれる（BC19項(a)～(c)）。

> (a) 保険契約を履行するために見込まれる将来キャッシュ・フローの現在の偏りのない見積り。将来キャッシュ・フローの見積りは、企業の視点を反映するが、関連性のある市場変数の見積りが、当該変数についての

第 5 章　当初測定

(b)　貨幣の時間価値および将来キャッシュ・フローに関連する金融リスクについての調整（当該金融リスクが将来キャッシュ・フローの見積りに含まれていない範囲で）。割引率は、キャッシュ・フロー特性が保険契約のキャッシュ・フローの見積りと整合的な金融商品についての観察可能な現在の市場価格と整合的である。また、割引率は、観察可能な市場価格に影響を与えるが保険契約のキャッシュ・フローの見積りには関連性がない要因の影響を除外する。

(c)　非金融リスクの影響についての調整（非金融リスクに係るリスク調整と呼ぶ）。非金融リスクに係るリスク調整は、非金融リスクから生じるキャッシュ・フローの金額および時期に関する不確実性の負担に対して企業が要求する報酬として定義されている（5-2-3参照）。

　履行キャッシュ・フローを測定することの目的は、可能な場合に現在の市場情報と整合的な測定を達成することにある。すなわち、履行キャッシュ・フローの測定は市場と整合的な現在価値測定モデルを使用している（BC20項）。

　一般モデルは公正価値モデルではない。公正価値とは、測定日時点で、市場参加者間の秩序ある取引において、資産を売却するために受け取るであろう価格または負債を移転するために支払うであろう価格である（IFRS第13号付録A）。

　保険契約の公正価値による測定アプローチは、保険契約の移転という稀にしか起きない仮想的な取引を重視しすぎているとの指摘から、IFRS第17号は保険契約者へのサービスの提供によって一定期間にわたり保険契約を直接履行するという事実を反映する方法で保険契約を測定することを要求している（BC17項）。

② 契約上のサービス・マージン

　契約上のサービス・マージンとは、まだ提供されていないサービスに関して契約の中の未稼得利益を表す金額である（BC18項）。

　契約上のサービス・マージンは、企業が、保険契約グループがカバーの存続期間にわたりグループに含まれる契約に基づき約束したサービスを提供するこ

とによって稼得すると企業が見込んでいる利益を描写している。したがって、契約上のサービス・マージンは保険契約の当初認識時に利益として認識することは認められず、カバー期間にわたりサービスを提供する義務を充足するにつれて当該利得が認識されることになる。

一方で、保険契約グループが当初認識時に不利な場合は、損失が直ちに純損益に認識され、契約上のサービス・マージンは認識されない。こうしたIFRS第17号に基づく利益また損失の要求事項は、IFRS第15号において履行義務の充足に基づき収益を認識し、顧客との契約が不利な契約である場合に損失を認識する要求事項（IAS第37号5項(g)・66項）と整合的であると考えられている（BC21項）。

(2) 再保険契約

IFRS第17号では、再保険契約の発行者は一般モデルの適用が要求される。IASBは、発行された再保険契約について、企業が発行する他の保険契約と異なる要求事項を適用する理由を識別しなかった（BC296項）。

IFRS第17号は、企業が保有している再保険契約にも適用される。IFRS第17号では、保有している再保険契約と基礎となる保険契約を区分して会計処理することを要求している。区分して会計処理することで、両方の契約からの企業の権利および義務ならびに関連する収益および費用の忠実な表現が提供されることになる（BC298項）。

企業は、保有している再保険契約の測定を単純化するために保険料配分アプローチを適用することもできる。ただし、保有している再保険契約と基礎となる保険契約グループは別のものであるので、再保険契約グループが保険料配分アプローチの適用の条件を満たすかどうかの評価は、基礎となる保険契約グループがそれらの条件を満たすかどうかの評価とは異なる場合がある（BC301項）。

IFRS第17号は、企業が保有する再保険契約に関して、将来キャッシュ・フローや契約上のサービス・マージン等の測定について、一般モデルの要求事項の一部を修正している。修正の内容に関する詳細な解説については**第7章**を参照。

第5章　当初測定

(3) 裁量権付有配当投資契約

裁量権有配当投資契約はIFRS第17号の保険契約の定義を満たさない（**第2章参照**）。したがって、IFRS第17号は保険契約の測定に適用される一般モデルに以下の領域において修正を行っている（BC86項(a)～(c)）。

> (a) 当初認識日は、企業が契約の当事者となる日である。裁量権付有配当投資契約にはカバー前の期間がなく、したがって、カバー期間の開始前にグループを追跡して会計処理する必要が生じないためである（4−1参照）。
> (b) 契約の境界線の原則は、定義の特徴、すなわち保険リスクではなく、裁量権のある有配当性の存在を基礎とする（5−5参照）。
> (c) 契約上のサービス・マージンの純損益への認識については、投資関連サービスの提供のパターンを参照している（6−5参照）。

5−1−2　変動手数料アプローチ

前述のとおり、一般モデルの下で保険契約負債は、履行キャッシュ・フローと契約上のサービス・マージンの金額で測定される。IFRS第17号は、契約に基づくサービスの提供から稼得される利益の将来の変動を描写するために、契約上のサービス・マージンの所定の変動を認識することを要求しているが（BC23項）、直接連動有配当保険契約に係る契約上のサービス・マージンについてはより多くの変動を認識することを要求している（BC240項）。

直接連動有配当保険契約とは、契約開始時において下記に該当する契約である（付録A）。

> (a) 契約条件で、基礎となる項目の明確に識別されたプールに対する持分に保険契約者が参加する旨を定めている。
> (b) 企業が保険契約者に基礎となる項目に対する公正価値リターンの相当な持分に等しい金額を支払うと予想している。
> (c) 保険契約者に支払う金額の変動の相当な部分が、基礎となる項目の公正価値の変動に応じて変動すると企業が予想している。

5-1 測定モデルの概要

　直接連動有配当保険契約は、保険契約者に所定の基礎となる項目の価値に等しい金額から、サービスに対する変動手数料を控除した金額を支払う義務を創出するものと考えられる。これは、基礎となる項目から企業が得るリターンを、保険契約が提供するサービスに対して企業が保険契約者に請求する報酬とみる見解に基づいている（BC241項）。この見解では、リターンに対する企業の持分の見積りの変更は、契約に対する企業の報酬の変動（すなわち手数料の変動）とみなされる（同項）。その変動手数料は、基礎となる項目の公正価値に対する企業の持分から、基礎となる項目に直接連動しない期待キャッシュ・フローを控除した金額に等しい（BC239項）。

　直接連動有配当保険契約に係る契約上のサービス・マージンは、この基礎となる項目に対する企業の持分の変動および基礎となる項目から生じる金融リスク以外の金融リスクの変動について修正される（BC240項）。

　一般モデルにおける契約上のサービス・マージンで同様の修正は要求されていない。

(1) 基礎となる項目の公正価値に対する企業の持分の変動

　直接連動有配当保険契約では保険契約者が基礎となる項目に対するリターンに対する持分に直接参加することになるが、こうした状況においては、基礎となる項目からの企業のリターンは、保険契約によって提供されるサービスに対して企業が保険契約者に請求する報酬の一部として考えられる。したがって、基礎となる項目に対する企業の持分に係る利得および損失はサービスに対する手数料の一部として描写される（B112項・BC244項）。

(2) 基礎となる項目から生じる金融リスク以外の金融リスクの変動

　前述の基礎となる項目の公正価値に対する企業の持分の変動について契約上のサービス・マージンを修正することは、金融リスクに関する仮定の変更により生じる。

　したがって、IFRS第17号では、基礎となる項目に対するリターンに基づいて変動しない履行キャッシュ・フローに係る金融リスクに関する仮定の変更の

第5章 当初測定

影響を、手数料の一部としてみなすことも適切であるとされている（B113項(b)・BC246項）。

5-1-3 保険料配分アプローチ

IFRS第17号は、一般モデルによる測定を単純化した保険料配分アプローチを適用することを認めている。保険料配分アプローチを適用するためには一定の適用条件を満たす必要がある（5-3-1参照）。一般モデルおよび変動手数料アプローチの適用は強制されるが、保険料配分アプローチの適用は任意である。

保険料配分アプローチでは、保険契約負債の当初測定額は受け取った保険料と同額となる。また、保険契約グループが不利でない限り、一般モデルにおける保険契約負債の測定を構築するために使用される構成要素（すなわち将来キャッシュ・フローの見積り、貨幣の時間価値およびリスクの影響）を明示的に識別しない。それでも、当初測定は次のような構成要素を黙示的に含んでいる（BC289項）。

> (a) 将来キャッシュ・フローの見積り
> (b) 貨幣の時間価値および金融リスクの影響
> (c) 非金融リスクの影響
> (d) 契約上のサービス・マージン

保険料配分アプローチは、当初認識時に行った見積りを用いて保険契約グループを測定し、当該グループが不利である場合または不利になる場合を除き、残存カバーに係る負債の見積りを更新しない（BC293項）。

また、保険料配分アプローチでは、発生保険金に係る負債の測定についても単純化を認めており、1年以内に支払うと見込まれる保険金を割り引く必要はない（BC294項）。

5-2　一般モデル（ビルディング・ブロック・アプローチ）

本節においては、5-1-1(1)で触れた保険契約の測定の一般モデルについて解説する。同節で触れたとおり、IFRS 第 17 号では、一部の契約を除いて同基準書の適用範囲に含まれるすべての保険契約について共通の測定モデルが適用され、この共通の測定モデルは一般モデルと呼ばれることがある。

一般モデルはビルディング・ブロック・アプローチとも呼ばれる。IFRS 第 17 号の本文、付録、結論の根拠および設例においては、ビルディング・ブロ

【図表3】本節の対象となる契約および測定モデル

```
                    適用される測定モデル
                    ┌──────┴──────┐
                一般モデル         保険料配分アプローチ
                                         (5-3)
        ┌──────┴──────┐
   要求事項の一部の修正なし      要求事項の一部の修正あり
         (5-2)
   ・企業が発行する保険契約      ・企業が発行する保険契約
    （直接連動有配当保険契約を    （直接連動有配当保険契約）
     除く）                    ・企業が保有する再保険契約
   ・企業が発行する再保険契約    ・裁量権付有配当投資契約
                         ┌──────┴──────┐
                   変動手数料アプローチ    変動手数料アプローチ以外
                        (5-4)
                   ・企業が発行する保険契約   ・企業が保有する再保険契約
                    （直接連動有配当保険       (7-5-1)
                     契約）                 ・裁量権付有配当投資契約
                                             (5-5)
```

（注）破線により囲まれた部分が本節の対象である。なお、図表中の節番号は、各々の測定モデルの当初測定に関する IFRS 第 17 号の要求事項の解説を記載した節を示している（以下図表12・図表14も同様）。

第5章　当初測定

ック・アプローチという用語は使用されていないが、ビルディング・ブロック・アプローチはIASBが2007年5月に公表したディスカッション・ペーパーで初めて提案され、その後の2010年7月公表の公開草案および2013年6月公表の再公開草案に引き継がれた経緯がある。IFRS第17号の一般モデルも当該アプローチに基づいていることから、本書でもビルディング・ブロック・アプローチという呼称を一般モデルという呼称と共に使用している。

5－1－1にも記載したとおり、一般モデルはその要求事項の一部を修正したモデルも存在するが、本節では、その要求事項の一部を修正しないモデルが適用される、以下の契約の当初測定について解説する（前頁図表3参照）。

> ●企業が発行する保険契約（直接連動有配当保険契約を除く）
> ●企業が発行する再保険契約

5－1－1(1)でも触れたとおり、一般モデルは保険契約を履行キャッシュ・フローと契約上のサービス・マージンの金額で測定することを要求している。具体的には、IFRS第17号は保険契約グループを下記の合計額で測定することを要求している（32項）。

> (a) 履行キャッシュ・フロー（以下で構成される）
>   (i) 将来キャッシュ・フローの見積り（5－2－1）
>   (ii) 貨幣の時間価値および将来キャッシュ・フローに係る金融リスクを反映するための調整（5－2－2）
>   (iii) 非金融リスクに係るリスク調整（5－2－3）
> (b) 契約上のサービス・マージン（5－2－4）

すなわち、ビルディング・ブロック・アプローチは、保険契約を構成する各構成要素をブロックに見立てて測定するアプローチである（図表4参照）。

以下、各ブロックの当初認識における測定に関するIFRS第17号の要求事項について解説する。

5-2 一般モデル（ビルディング・ブロック・アプローチ）

【図表4】保険契約負債の各ブロック

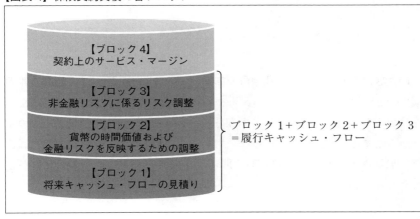

5-2-1　将来キャッシュ・フローの見積り

　保険契約グループの測定には、当該グループの中の保険契約の境界線内のすべての将来キャッシュ・フローを含めなければならない。将来キャッシュ・フローの見積りは、次のようなものでなければならない（33項(a)～(d)）。

> (a) 当該キャッシュ・フローの金額、時期および不確実性に関して、過大なコストや労力を掛けずに利用可能な、すべての合理的で裏付け可能な情報を、偏りのない方法で織り込む。このために、企業は生じうるすべての範囲の結果の期待値（すなわち、確率加重平均）を見積らなければならない。
> (b) 関連する市場変数の見積りが当該変数についての観察可能な市場価格と整合的であることを条件として、企業の視点を反映する。
> (c) 現在のものである。見積りは、測定日において存在している状況（同日時点での将来に関する仮定を含む）を反映しなければならない。
> (d) 明示的である。企業は、非金融リスクに係る調整を他の見積りと区分して見積らなければならない。また、企業は、キャッシュ・フローを貨幣の時間価値および金融リスクに係る調整と区分して見積らなければな

第 5 章　当初測定

> らない。ただし、最も適切な測定技法がこれらの見積りを組み合わせている場合は除く。

以下、各項目について解説する。

(1) 過大なコストを掛けずに利用可能なすべての合理的で裏付け可能な情報の偏りのない使用

保険契約の測定は、契約が創出するキャッシュ・フローの期待現在価値の見積りから始まる。期待現在価値とは、生じうるキャッシュ・フローの現在価値の確率加重平均である（BC149 項）。期待現在価値の算定は次のステップが必要となる（BC150 項(a)〜(c)）。

> (a) 生じうるシナリオの識別
> (b) 当該シナリオにおけるキャッシュ・フローの現在価値の測定（5−2−2 参照）
> (c) 当該シナリオの発生確率の見積り

生じうるすべての範囲結果を反映する一定範囲のシナリオ（a range of scenarios that reflects the full range of possible outcomes）の識別は、キャッシュ・フローの見積りのための出発点となる。それぞれのシナリオにより、キャッシュ・フローの金額および時期ならびに見積確率が特定されるためである。各シナリオから生じるキャッシュ・フローは、期待現在価値を算出するために、割り引いて当該結果の見積確率で加重平均する（B38 項）。

生じうるすべての範囲結果（full range of possible outcomes）を考慮することは、すべての生じうるシナリオ（every possible scenario）を識別することと同義ではない。

たとえば、ある確率分布を少数のパラメーターで完全に描写することが可能であれば、その少数のパラメーターを見積ることで十分である。同様に、比較的単純なモデルによって許容可能な範囲の精度に収まる場合もあり、多数の詳細なシミュレーションを必要としない場合もある。

一方で、IFRS 第 17 号の測定アプローチはオプションおよび保証の本源的価

5-2 一般モデル(ビルディング・ブロック・アプローチ)

値と時間的価値の両方を織り込むが（BC152項）、たとえばキャッシュ・フローが一連の明示的・非明示的なオプションを反映している場合のように、複雑な基礎となる要因がキャッシュ・フローのドライバーとなる場合は、より洗練された確率論的なモデルが必要となる可能性が高い（B39項）。

企業は、既存の契約に基づく将来の支払いの確率および金額を、以下の情報に基づいて見積らなければならない（B41項(a)～(d)）。

(a) 保険契約者からすでに報告されている保険金請求に関する情報
(b) 保険契約の既知の特性又は見積った特性に関するその他の情報
(c) 企業自身の実績に関する過去データを、必要な場合には他の情報源からの過去データで補完したもの。過去データは、例えば下記の場合には現在の状況を反映させるために調整される。
　（i）保険の対象となっている母集団の特徴が、過去データの基礎として使用された母集団の特徴と異なっている（又は、例えば、逆選択により相違するであろう）場合
　（ii）過去の傾向が継続しない、新しい傾向が現れる、又は経済的変化、人口統計上の変化及び他の変化により既存の保険契約から生じるキャッシュ・フローが影響を受ける可能性があるという兆候がある場合
　（iii）保険契約に対する過去データの関連性に影響を与える可能性のある事項（引受手続や保険金請求管理手続など）に変更があった場合
(d) 類似したリスクをカバーする再保険契約及び（もしあれば）他の金融商品（カタストロフィー債や天候デリバティブなど）についての現在価格情報（利用可能な場合）、並びに保険契約の移転に関する最近の市場価格。この情報は、当該再保険契約又は他の金融商品から生じるキャッシュ・フローと、保険契約者との基礎となる契約を企業が履行するにつれて生じるキャッシュ・フローとの差異を反映するように調整しなければならない。

---

(2) 市場変数および非市場変数

IFRS第17号は、市場変数と非市場変数の2つの変数を識別している（B42項(a)・(b)）。保険契約の測定において、市場変数と非市場変数の両方が含まれ

第5章　当初測定

るが、IFRS 第 17 号は、前者については市場整合的な見積り、後者については過大なコストや労力を掛けずに利用可能なすべての合理的で裏付け可能な証拠を反映することを要求している。

> **B42 項**
> (a)　市場変数——市場で観察できるか又は市場から直接算出できる変数
> 　　　　　　（例えば、公開市場で取引されている証券の価格や金利）
> (b)　非市場変数——他のすべての変数（例えば、保険金請求の頻度と規模及び死亡率）

① 市場変数

　市場変数の見積りは、測定日現在の観察可能な市場価格と整合的でなければならない。企業は、観察可能なインプットを最大限使用しなければならず、自らの見積りを観察可能な市場データの代用としてはならない（B44 項）。

　IFRS 第 13 号は、同一の資産または負債についての価格が観察可能でない場合は、他の評価技法を用いて公正価値を測定することを要求しているが、その際には、関連性のある観察可能なインプットを最大限使用し、観察可能でないインプットの使用を最小限にすることを要求している（IFRS 第 13 号 3 項・36 項・61 項・67 項）。

　IFRS 第 13 号の要求事項と整合的に、IFRS 第 17 号において変数の算出が必要な場合（たとえば、観察可能な市場変数が存在しない）には、その市場変数は観察可能な市場変数とできるだけ整合的でなければならない（B44 項）。

　IFRS 第 17 号は、市場変数の見積りにあたって、複製ポートフォリオ技法の使用をその方法の 1 つとして説明している。

　複製資産ポートフォリオとは、そのキャッシュ・フローが、すべてのシナリオにおいて、保険契約グループの契約上のキャッシュ・フローと、金額、時期および不確実性が正確に一致するものをいう。保険契約グループから生じるキャッシュ・フローの一部について複製資産ポートフォリオが存在する場合には、履行キャッシュ・フローを測定するために当該複製資産ポートフォリオの公正価値を使用することができる（B46 項）。

5-2 一般モデル(ビルディング・ブロック・アプローチ)

　IFRS 第 17 号は複製ポートフォリオ技法の使用を強制していないが、複製ポートフォリオが存在しているにもかかわらず、企業が異なる技法を使用する場合には、複製ポートフォリオ技法による測定と重要な相違が生じる可能性が低いことが確かめられなければならない（B47 項）。

　一方で、IFRS 第 17 号は、複製ポートフォリオ技法以外の技法が適切である場合についても言及している。保険契約のキャッシュ・フローには、資産のリターンに基づいて変動するものとそれ以外のものが含まれることがある。両者が相互に関係する場合は、たとえば確率論的なモデルのほうがより堅牢または適用が容易な場合があるが、観察可能な市場変数との整合性という目的を満たすような技法を決定するためには、判断が必要となるであろう（B48 項）。

② 非市場変数

　非市場変数の見積りは、過大なコストや労力を掛けずに利用可能なすべての合理的で裏付け可能な外部と内部の両方の情報源を考慮して反映しなければならず、説得力の高い証拠のほうに重点を置かなければならない（B49 項・B50 項）。

　IFRS 第 17 号は、生命保険契約を発行する企業を例として、死亡統計の設定に際し、国の死亡統計だけに依存するのではなく、自社の保険契約について死亡シナリオの確率を設定するために、以下の説明を行っている（B50 項(a)・(b)）。

> (a) 企業内部の死亡統計は国のデータよりも説得力が高い場合がある。国の死亡率データが、企業が発行する契約の母集団を代表しないより大きな母集団から算出されている場合には、両母集団の特性は著しく異なっている可能性があり、この場合は内部データを重視して国の統計はあまり重視しないことが必要となる。
> (b) 一方で、企業内部の死亡統計が少数の母集団から導き出されたものであり、その特性が国の統計の母集団の特性と近似していると考えられ、かつ国の統計が現在のものであれば、国の統計を重視することが必要となる。

③ 市場変数と非市場変数の関係

非市場変数の見積りは、観察可能な市場変数と矛盾するものであってはならない。例として、将来のインフレ率のシナリオについての確率の見積りは、市場金利で示唆される確率とできるだけ整合的でなければならない（B51項）。

市場変数と非市場変数が独立して変動する（相関がない）場合、市場変数は非市場変数に連動させない（B52項）。

一方で、市場変数と非市場変数に相関がある場合には、相互に依存した関係をシナリオに反映しなければならない（B53項）。

(3) 現在の見積りの利用

前述のとおり、将来キャッシュ・フローの見積りは、測定日において存在している状況を反映しなければならない。

すなわち、将来キャッシュ・フローの見積りは、各報告期間の末日に更新された現在の情報を基礎とする（BC155項）。企業は、前報告期間の末日現在で行った見積りを見直して、見積りを変更しなければならないが、その際に以下の事項を考慮しなければならない（B54項(a)・(b)）。

> (a) 更新後の見積りが、報告期間の末日現在の状況を忠実に表現するかどうか。
> (b) 見積りの変更が、当期中の状況の変化を忠実に表現するかどうか。

IFRS第17号は、見積りの変更が当期中の状況の変化を忠実に表現するかどうかについて、例を挙げて説明している。

具体的には、たとえばある報告期間の期首時点における見積りが合理的な範囲（range）の一方の端にあった場合で、状況に変化がない場合に、当該報告期間の期末時点で見積りを当該範囲のもう一方の端に変更することは、当報告期間に生じたことを忠実に表現しないことになる。

状況が変化していないにもかかわらず、企業の見積りが変更された場合は、各シナリオに割り当てられた確率が正当化されるのかどうかを評価しなければならない。確率の見積りを更新する場合、従前の見積りの根拠としていた証拠

5-2 一般モデル（ビルディング・ブロック・アプローチ）

と、すべての新たに利用可能となった証拠の両方を、説得力の高い証拠のほうに重点を置いて、考慮しなければならない（B54項(b)）。

① 後発事象との関係

各シナリオに割り当てる確率は、報告期間末日現在の状況を反映しなければならず、報告期間末日以降と財務諸表の発行の承認日の間に発生した事象を考慮してはならない。IAS第10号は修正を要する後発事象について規定しているが、IFRS第17号は、報告期間末日以降に明らかとなった事後的判断を反映して、報告期間末日の確率に反映することを認めていない。

IFRS第17号では、暴風雨による災害を例として、報告期間末日時点において今後6か月以内に暴風雨が到来する確率が20％と見積られていた場合に、報告期間末日から財務諸表の発行の承認日の間に暴風雨が襲来した場合、報告期間末日時点における履行キャッシュ・フローの見積りには、暴風雨が襲来したものとして考えることは認められない。この場合、暴風雨の襲来は、IAS第10号の修正を要しない後発事象として開示の対象となる（B55項）。

② 直近実績との関係

企業は、直近の実績、以前の実績および他の情報に照らして、実績の変化の理由を調査し、キャッシュ・フローおよび確率の新しい見積りを設定しなければならない（B57項）。

ただし、期待キャッシュ・フローの現在の見積りは、直近の実績とは必ずしも同一ではない。IFRS第17号は、当報告期間における死亡率の実績が、従前の死亡率の実績が従前の死亡率の予想よりも20％悪化した場合を例に挙げ、その実績の変動を生じさせる可能性のある要因として、以下のものを挙げている（B56項(a)～(d)）。

(a) 死亡率の継続的な変化
(b) 保険の対象となっている母集団の特性の変化（例えば、引受査定又は分布の変化や、健康状態が例外的に良好な保険契約者による選択的な失

77

効)
　(c)　ランダムな変動
　(d)　識別可能な非経常的原因

　IFRS 第 17 号の例では、死亡率が従前の見積りよりも著しく高い状態が続いていて、その理由が継続すると見込まれる場合に、高い死亡率のシナリオに割り当てる確率の見積りが増大することになる（B57 項）。

③　トレンドおよびインフレ

　非市場変数の見積りには、保険事故の現在の水準に関する情報および傾向（trend）に関する情報を含めなければならない。履行キャッシュ・フローの測定は、過大なコストや労力を掛けずに利用可能なすべての合理的で裏付け可能な情報を考慮して、生じうる傾向の各シナリオに割り当てられる確率を反映することになる（B58 項）。

　同様に、保険契約グループに配分されるキャッシュ・フローがインフレーションに敏感である場合には、履行キャッシュ・フローの測定は、生じうる将来のインフレ率の現在の見積りを反映しなければならない。インフレ率は金利と相関する可能性が高いので、履行キャッシュ・フローの測定は、インフレーションのそれぞれのシナリオの確率を、割引率の見積りに使用される市場金利が示唆する確率と整合的な方法で反映しなければならない（B59 項）。

④　将来の事象

　キャッシュ・フローを見積る際には、当該キャッシュ・フローに影響を与える可能性のある将来の事象についての現在の予想を考慮に入れなければならない。企業は、それらの将来の事象を反映したキャッシュ・フローのシナリオを、それぞれのシナリオの確率の偏りのない見積りと共に設定しなければならない。

　ただし、既存の保険契約における現在の義務を変更もしくは免除するか、または新たな義務を創出することとなる将来の法制の変更についての現在の予想は、その法制の変更が実質的に制定されるまでは、考慮に入れてはならない

5-2 一般モデル(ビルディング・ブロック・アプローチ)

(B60項)。

(4) 明示的な見積り

IFRS第17号は、貨幣の時間価値および金融リスクを反映するための調整(前掲図表4のブロック2)と、非金融リスクに係るリスク調整(同ブロック3)を明示的に見積ることを要求している。IASBは、将来キャッシュ・フローをこれらの調整と統合して黙示的にその測定に含めるよりも、明示的に測定するほうが、保険契約者に対する企業の義務に関する有用な情報を提供すると考えていた(BC157項)。

一方で、IFRS第17号は、将来キャッシュ・フローの見積りにおいて、貨幣の時間価値および金融リスクを反映するための調整を明示的に測定するという要求事項の例外を設けている。すなわち、前述(2)①でも記載したように、保険契約グループから生じるキャッシュ・フローの一部について複製資産ポートフォリオが存在する場合には、履行キャッシュ・フローを測定するために当該複製資産ポートフォリオの公正価値を使用することができる。この場合、履行キャッシュ・フローの測定に貨幣の時間価値および金融リスクを反映するための調整が含まれることになる。

なお、非金融リスクに係るリスク調整については、同様の例外を規定する条文はない。

(5) 契約の境界線内のキャッシュ・フロー

保険契約グループの測定には、当該グループの中の保険契約の境界線内のすべての将来キャッシュ・フローを含めなければならない(33項)。

① 契約の境界線

保険契約の発行者が、契約により契約の更新または他の方法での継続を要求されている場合には、更新後の契約から生じる保険料および関連するキャッシュ・フローが当初の契約の境界線内にあるかどうかを評価しなければならない(B63項)。企業は、保険契約の境界線の外で見込まれる保険料または保険金に

79

係る金額は、将来の保険契約に関するものであるから、当該金額を負債または資産として認識してはならない（35項）（**図表5**）。

　キャッシュ・フローが、企業が保険契約者に保険料の支払いを強制できる報告期間中または企業が保険契約者にサービスを提供する実質的な義務を有している報告期間中に存在する実質的な権利および義務から生じる場合には、当該キャッシュ・フローは保険契約の境界線内にある。サービスを提供する実質的な義務は、次のいずれかの時点で終了する（34項(a)・(b)）。

> (a)　企業が特定の保険契約者のリスクを再評価する実質上の能力を有していて、その結果、当該リスクを完全に反映する価格又は給付水準を設定できる。
> (b)　次の要件の両方が満たされている。
> 　(ⅰ)　企業が当該契約を含んだ保険契約ポートフォリオのリスクを再評価する実質上の能力を有していて、その結果、当該ポートフォリオのリスクを完全に反映する価格又は給付水準を設定できる。
> 　(ⅱ)　リスクの再評価が行われる日までの保険料のプライシングが、再評価日後の期間に係るリスクを考慮に入れていない。

　契約の境界線の判断においては、企業が実質上の能力を有しているかどうかの評価が重要となる。企業が実質上の能力を有しているのは、以下のいずれかの場合である（B64項）。

> ●企業が、既存契約と同じ特性を有する新規契約と同じ価格を設定するように既存契約の価格を改定することを妨げる制約がない。
> ●企業が、新規契約に対して請求する価格と整合するように既存契約の給付を変更することができる。

　契約の境界線の評価は、各報告期間に行われる。ある報告期間において契約の境界線の外にあったキャッシュ・フローが、状況が変化することにより、翌報告期間には契約の境界線内に含まれると結論付ける可能性はある（BC164項）。

5-2 一般モデル（ビルディング・ブロック・アプローチ）

【図表5】契約の境界線

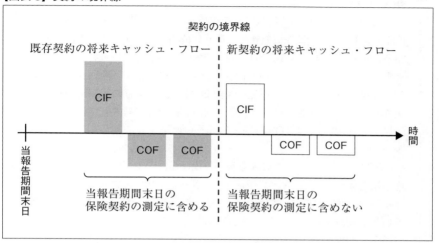

Column　　IFRS的閑話②

実質上の能力（practical ability）という用語は、IFRS第17号以外の基準書においても使用されている。主な基準書の該当する条文は以下のとおり。

◆IFRS第9号

金融資産の認識の中止に関する要求事項において、IFRS第9号は金融資産の支配が譲受人に移転したかどうかを判定する際に、譲受人が譲渡された資産を売却する実質上の能力を有している場合は、譲渡人は譲渡した金融資産に対する支配を保持していないとしている（IFRS第9号B3.2.7項）。譲受人は、譲渡された資産の全体を関連のない第三者に売却でき、かつ、譲渡に関する追加的な制約を課されることなしに一方的にその能力を行使できる場合にのみ、譲渡された資産を売却する実質上の能力を有している（IFRS第9号B3.2.8項）。

第 5 章　当初測定

◆ IFRS 第 10 号

　投資者が投資先に対するパワーを有しているかどうかの評価にあたり、IFRS 第 10 号は投資先に対する実質的な権利を検討することを要求している。権利が実質的であるためには、権利の保有者はその権利を行使する実質上の能力を有していなければならない（IFRS 第 10 号 B22 項）。権利が実質的かどうかは、すべての事実および状況を考慮に入れた判断が要求されるが、IFRS 第 10 号は、その決定を行う際に考慮すべき要素を例示している（IFRS 第 10 号 B23 項(a)～(c)）。

◆ IFRS 第 15 号

　IFRS 第 15 号は、企業による義務の履行が、企業が他に転用できる資産を創出せず、かつ、企業が現在までに完了した履行に対する支払いを受ける強制的な権利を有している場合に、一定の期間にわたり履行義務を充足し収益を認識することを要求している（IFRS 第 15 号 35 項(c)）。企業が資産を他に転用できるかどうかの評価をする際には、当該資産を別の用途に向けることを容易に指図する能力に対する契約上の制限または実務上の制約の影響を考慮しなければならず（IFRS 第 15 号 B6 項）、その契約上の制限は実質的でなければならない（IFRS 第 15 号 B7 項）。IFRS 第 15 号は、顧客に防御的な権利を提供する契約上の制限は、資産を物理的に入れ替えるかまたは他に振り向ける実質上の能力を有する結果になると説明している（IFRS 第 15 号 BC138 項）。また、その関連する設例においても、実質上の能力という言葉を使用している（IFRS 第 15 号設例 15 IE75 項）。

◆ IFRS 第 16 号

　IFRS 第 16 号は、リースの識別において、資産が特定されていることを要求しているが（IFRS 第 16 号 B9 項）、供給者が使用期間全体を通じて資産を入れ替える実質的な権利を有している場合には、顧客が特定された資産を使用する権利を有していない場合があると規定している。供給者が資産を入れ替える権利が実質的であるための条件の 1 つとして、供給者が使用期間全体を通じて代替資産に入れ替える実質上の能力を有している場合を要求している（IFRS 第 16 号 B14 項(a)）。

5-2 一般モデル(ビルディング・ブロック・アプローチ)

② キャッシュ・フローの範囲

IFRS 第17号は、契約の境界線内のキャッシュ・フローとして、以下を例示している（B65項(a)～(m)）。

> (a) 保険契約者からの保険料（保険料調整及び分割払保険料を含む）及び当該保険料から生じる追加的なキャッシュ・フロー
> (b) 保険契約者に対する（又は保険契約者のための）支払。これには、次のものが含まれる。すでに報告されているが未だ支払われていない保険金（すなわち、報告済の保険金請求）、すでに発生しているが保険金請求が未だ報告されていない事故についての発生保険金、及び企業が実質的な義務を有している将来のすべての保険金である（第34項参照）。
> (c) 保険契約者に対する（又は保険契約者のための）支払のうち、基礎となる項目に対するリターンに応じて変動するもの
> (d) デリバティブ（例えば、契約に組み込まれたオプション及び保証）から生じる保険契約者に対する（又は保険契約者のための）支払で、当該オプション及び保証が保険契約から分離されていないもの（第11項(a)参照）
> (e) 当該契約が属するポートフォリオに起因する保険獲得キャッシュ・フローの配分
> (f) 保険金請求処理費用（すなわち、既存の保険契約における保険金請求の調査、処理、解決の際に企業に生じるコストであり、弁護士報酬及び損害査定人の手数料並びに保険金請求調査及び保険金支払処理の内部コストを含む）
> (g) 現物支給される契約上の給付を提供する際に企業に生じるコスト
> (h) 契約の管理及び維持のコスト。保険料請求や契約変更（例えば、転換及び復活）の処理コストなどである。こうしたコストには、特定の保険契約者が保険契約の境界線内の保険料の支払を継続する場合に仲介者に支払われると見込まれる継続的な手数料も含まれる。
> (i) 取引ベースの税金（保険料税、付加価値税及び物品・サービス税など）、及び賦課金（防火設備賦課金及び保証基金賦課金など）のうち、既存の保険契約から直接的に生じるか、又は合理的かつ首尾一貫した基礎で既存の保険契約に起因させることができるもの
> (j) 保険契約者に生じた納税義務を保険者が受託者の立場で果たすために

> 　　　行う支払、及び関連する受取
> (k) 既存の保険契約でカバーされている将来の保険金に関する回収（救助財産や代位求償など）による潜在的なキャッシュ・インフロー、及び別個の資産としての認識要件を満たさない範囲での、過去の保険金に関する回収による潜在的なキャッシュ・インフロー
> (ka) 次のことを行う際に企業に生じるコスト
>   (i) 投資活動の遂行（企業が当該活動を保険契約者にとっての保険カバーからの便益を増進させるために行っている範囲で）。投資活動は、保険事故が発生した場合に保険契約者が便益を得る投資リターンを生み出すことを期待して企業が当該活動を行っているならば、保険カバーからの便益を増進させる。
>   (ii) 直接連動有配当保険契約以外の保険契約の保険契約者に対する投資リターン・サービスの提供（B119B 項参照）
>   (iii) 直接連動有配当保険契約の保険契約者に対する投資関連サービスの提供
> (l) 保険契約の履行に直接起因する固定間接費及び変動間接費（例えば、会計、人事、情報技術及びサポート、建物の減価償却、家賃、維持管理、光熱費などのコスト）の配分。そうした間接費は、規則的かつ合理的で、類似した特性を有するすべてのコストに首尾一貫して適用される方法を用いて契約グループに配分される。
> (m) 他のコストで、契約の条件に基づき保険契約者に個別に請求可能なもの

　一方で、IFRS 第 17 号は、キャッシュ・フローを見積る際に含めてはならないものを規定している（B66 項(a)〜(h)）。

> (a) 投資リターン。投資は区分して認識、測定及び表示される。
> (b) 保有している再保険契約に基づいて生じるキャッシュ・フロー（支払又は受取）。保有している再保険契約は区分して認識、測定及び表示される。
> (c) 将来の保険契約から生じる可能性のあるキャッシュ・フロー、すなわち、既存の契約の境界線外のキャッシュ・フロー（第 34 項から第 35 項参照）

5-2　一般モデル（ビルディング・ブロック・アプローチ）

> (d) 当該契約を含んだ保険契約ポートフォリオに直接起因しないコスト（一部の商品開発や教育訓練のコストなど）に関するキャッシュ・フロー。こうしたコストは発生時に純損益に認識される。
> (e) 契約の履行のために使用される労働又は他の資源の異常な金額の仕損から生じるキャッシュ・フロー。こうしたコストは発生時に純損益に認識される。
> (f) 法人所得税の支払及び受取のうち、保険者が受託者の立場で支払又は受取をするものではないもの又は契約条件に基づいて保険契約者に個別に請求可能ではないもの
> (g) 報告企業の別々の構成部分（保険契約者ファンドや株主ファンドなど）間でのキャッシュ・フロー（当該キャッシュ・フローが、保険契約者に支払われる金額を変化させない場合）
> (h) 保険契約から分離されて他の適用される基準書で会計処理される構成要素から生じるキャッシュ・フロー（第10項から第13項参照）

③　相互扶助

　あるグループの保険契約が別のグループの契約の保険契約者へのキャッシュ・フローに影響を与えることがある。IFRS第17号の本文および付録Bでは同様の呼称は使用されていないが、この影響は相互扶助と呼ばれることがある（BC171項）。

　保険契約の中には、たとえば基礎となる項目の同一の特定プールに対するリターンを他の契約の保険契約者と共有するなど、他の契約の保険契約者へのキャッシュ・フローに影響を与えるものがあるが（B67項）、時にはそうした契約が他のグループの契約の保険契約者へのキャッシュ・フローに影響を与えることがある（B68項）。

　たとえば、あるグループの中の保険契約者に対する支払いが、他のグループの保険契約者に対する保証金額の支払いにより、基礎となる項目に対するリターンへの持分CU350からCU250に減額される場合、第1のグループの履行キャッシュ・フローにはCU100の支払いを含め、第2のグループの履行キャッシュ・フローは保証金額のCU100を除外することになる（B69項）。リスクを

完全に共有する契約については、当該各グループを合わせると、単一の結合されたリスク分担ポートフォリオと同じ成果を与えることになる（BC138項）。

他のグループの契約の保険契約者へのキャッシュ・フローに影響を与えるかまたはその影響を受ける契約グループの履行キャッシュ・フローを決定するために、さまざまな実務的アプローチが使用できる（B70項）。

場合によっては、企業が基礎となる項目の変動およびそれによるキャッシュ・フローの変動を、グループよりも高い集約レベルでしか識別できないことがある。そのような場合には、企業は基礎となる項目の変動の影響を各グループに規則的かつ合理的な基礎で配分しなければならない（B70項）。

④ 実務上の課題

将来キャッシュ・フローの見積りに際しては、過大なコストや労力を掛けずに報告日現在で利用可能なすべての合理的で裏付け可能な情報を考慮しなければならない。この場合、B41項で例示されているような既報告請求（B41項(a)）、過去実績データ（B41項(c)）などは、どこまで考慮しなければならないのか。

B37項では、企業自身の情報システムから入手可能な情報が、過大なコストや労力を掛けない具体例として示されている。しかし、情報システム内に元データとしては収録されているものの、利用するためには過大なコストや労力が掛かる場合はないだろうか。あるいは、過大なコストや労力を掛けないよう、あらかじめ迅速な自動処理を情報システム内に構築しておくことが求められているのか。

わが国の保険商品については、更新可能であるものが多い。また、長期の生命保険契約の中には、契約の途中でさまざまな契約内容変更の選択肢が与えられている場合も多い。保険約款の規定、企業の取扱実態に照らして、境界線の

【図表6】 IFRS第17号で使用する各種割引率

対象となる保険契約負債の構成要素、契約の分類または測定アプローチ	使用する割引率	本書での解説
履行キャッシュ・フローの測定	現在の割引率（36項・B72項(a)）	5－2－2(1)～(3)

5−2 一般モデル（ビルディング・ブロック・アプローチ）

（直接連動有配当保険契約以外の保険契約）契約上のサービス・マージンに対して発生した利息（44項(b)）	契約グループの当初認識日現在で決定した割引率（36項・B72項(b)）	5−2−2(1)〜(3)
（直接連動有配当保険契約以外の保険契約）将来のサービスに係る履行キャッシュ・フローの変動についての契約上のサービス・マージンの調整（44項(c)・B96項(a)・(b)・(d)）	当初認識日現在で決定した割引率（36項・B72項(c)）	5−2−2(1)〜(3)
保険料配分アプローチを適用している、重大な金融要素がある保険契約グループの残存カバーに係る負債（56項）	当初認識日現在で決定した割引率（36項・B72項(d)）	5−2−2(1)〜(3)
保険料配分アプローチを適用している、発生保険金に係る負債（59項(b)・B133項）(注1)	発生保険金請求日現在で決定した割引率（36項・B72項(e)(iii)）	5−2−2(1)〜(3)
金融リスクに関する仮定の変更が保険契約者に支払われる金額に相当な影響を与えない保険契約グループ(注1)	契約グループの当初認識日現在で決定した割引率（36項・B72項(e)(i)・B131項）	5−2−2(1)〜(3)
金融リスクに関する仮定の変更が保険契約者に支払われる金額に相当な影響を与える保険契約グループ(注1)	改定後の予想される金融収益または費用の残額を、契約グループの残りの存続期間にわたり一定の率で配分する割引率(注2)（B72項(e)(ii)・B132項(a)(i)）	9−2−5(2)
	当期に付与される金額および将来の期間に付与されると見込まれる金額に基づく配分を使用(注3)（B132項(a)(ii)）	9−2−5(3)
直接連動有配当保険契約(注1)	基礎となる項目について純損益に含める収益または費用と完全に対応する費用または収益を純損益に含める(注4)（B134項）	9−2−5(4)

87

第 5 章　当初測定

(注1) 企業が保険金融収益または費用を純損益とその他の包括利益に分解することを選択している場合に、純損益に含める保険金融収益または費用の金額を決定するための割引率（88項・89項）。各測定アプローチにおけるビルディング・ブロックの各ブロックに適用される割引率の関係については 9－2－5(1)図表7 を参照。
(注2) 実効利回りアプローチと呼ばれる。具体的な計算例は 9－2－5(2)を参照。
(注3) 予想予定利率アプローチと呼ばれる。具体的な計算例は 9－2－5(3)を参照。
(注4) 当期簿価利回りアプローチと呼ばれる。具体的な計算例は 9－2－5(4)を参照。

判定に関する十分な検討が必要となるかもしれない。

5－2－2　貨幣の時間価値および金融リスクを反映するための調整

　企業は、IFRS 第17号を適用するにあたり、以下（前掲図表6）の割引率を使用しなければならない（B72項(a)～(e)）。

　図表6 表中の割引率のうち、本節の対象となるものは、基礎となる項目に対するリターンに基づいて変動しない保険契約のキャッシュ・フローに共通に適用されるものである（36項）。本節ではこの割引率の決定に特に焦点を当てて解説する。

(1) **ボトムアップ・アプローチ**

　基礎となる項目に対するリターンに基づいて変動しない保険契約のキャッシュ・フローについて、割引率は、信用リスクがないかまたは無視できる金融商品についての適切な通貨におけるイールド・カーブ（保険契約グループの流動性特性を反映するように調整）を反映する。

　流動性の特性に関する調整は、保険契約グループの流動性特性とイールド・カーブの決定に使用する資産の流動性特性との相違を反映しなければならない。これは、イールド・カーブは、いつでも多額のコストを生じることなく容易に売却できる活発な市場で取引されている資産を反映しているが、保険契約は保険事故の発生または契約で定められた日よりも前に支払いを行うことを強制されないことから、活発な市場で取引されている資産よりも流動性が低いためである（B79項）。

　したがって、基礎となる項目に対するリターンに基づいて変動しない保険契

5-2 一般モデル(ビルディング・ブロック・アプローチ)

約のキャッシュ・フローについて、流動性のある無リスクのイールド・カーブを、市場で観察される率の基礎となる金融商品の流動性特性と保険契約の流動性特性との相違を反映するように調整することによって、割引率を決定することができる(B80項)。これをボトムアップ・アプローチと呼ぶ。

(2) トップダウン・アプローチ

ボトムアップ・アプローチに代えて、参照資産ポートフォリオの公正価値測定に内在している現在の市場収益率を反映するイールド・カーブに基づいて決定することができる。企業は、当該イールド・カーブを保険契約に関連性のない要因を除去するように調整しなければならないが、保険契約と参照ポートフォリオの流動性特性の相違についてイールド・カーブを調整することは要求されない(B81項)。これをトップダウン・アプローチと呼ぶ。

IFRS第17号は、トップダウン・アプローチに基づく割引率の決定に際して、その基礎となるイールド・カーブを以下のように行うことを要求している(B82項(a)〜(c))。

(a) 参照ポートフォリオの中の資産について活発な市場での観察可能な市場価格がある場合には、企業は当該価格を使用しなければならない(IFRS第13号の第69項と整合的に)。

(b) 市場が活発でない場合には、企業は、類似した資産についての観察可能な市場価格を、測定対象とする資産についての市場価格と比較可能にするために調整しなければならない(IFRS第13号の第83項と整合的に)。

(c) 参照ポートフォリオの中の資産に市場がない場合には、企業は見積技法を適用しなければならない。そのような資産について、(IFRS第13号の第89項と整合的に)企業は次のようにしなければならない。

  (i) その状況において利用可能な最善の情報を用いて、観察可能でないインプットを設定する。そうしたインプットには、企業自身のデータが含まれる場合があり、IFRS第17号の文脈において、企業は短期的変動よりも長期的な見積りに重点を置く場合がある。

  (ii) それらのデータを市場参加者の仮定に関する合理的に利用可能なすべての情報を反映するように調整する。

第5章 当初測定

上記のように決定した参照資産ポートフォリオのイールド・カーブは、参照資産ポートフォリオの中の資産に対するリターンに基づいて変動しない保険契約について、以下の調整を行わなければならない（B83項(a)・(b)）。

> (a) ポートフォリオの中の資産のキャッシュ・フローの金額、時期及び不確実性と保険契約のキャッシュ・フローの金額、時期及び不確実性の相違についての調整
> (b) 信用リスクについての市場リスク・プレミアムの除外（当該プレミアムは参照ポートフォリオに含まれている資産にのみ関連性がある）

このように2つのアプローチを紹介しているものの、B84項では、実務上は、トップダウン・アプローチとボトムアップ・アプローチでは、同じ通貨であっても異なるイールド・カーブが生じる場合があると述べている（**図表7**参照）。

この限界が認められ、企業は、選択したアプローチに基づいて決定した割引率を、他方のアプローチで決定されたであろう割引率と調整することは要求されない（B84項）。

【図表7】ボトムアップ・アプローチとトップダウン・アプローチの比較

	参照資産ポートフォリオのイールド・カーブ（XX%）
保険契約のキャッシュ・フローとの金額・時期・不確実性の相違についての調整（SS%）	
信用リスクの調整（ZZ%）	トップダウン・アプローチの割引率（XX% − SS% − ZZ%）
	ボトムアップ・アプローチの割引率（YY% + WW%）
非流動性プレミアム（WW%）	この差は調整不要
	無リスクのイールド・カーブ（YY%）

5-2　一般モデル(ビルディング・ブロック・アプローチ)

(3)　割引率の要件

割引率は、二重計算または脱漏を防ぐため、たとえば以下のように、保険契約の測定に使用する他の見積りと整合的でなければならない（B74項(a)～(d)）。

> (a)　基礎となる項目に対するリターンに基づいて変動しないキャッシュ・フローは、そうした変動可能性を反映しない率で割り引かなければならない。
> (b)　基礎となる金融商品項目に対するリターンに基づいて変動するキャッシュ・フローは、次のいずれかとしなければならない。
> 　　ⅰ　その変動可能性を反映する率を用いて割り引く。又は、
> 　　ⅱ　その変動可能性の影響について調整し、行った調整を反映する率で割り引く。
> (c)　名目キャッシュ・フロー（すなわち、インフレーションの影響を含んだキャッシュ・フロー）は、インフレーションの影響を含んだ率で割り引かなければならない。
> (d)　実質キャッシュ・フロー（すなわち、インフレーションの影響を除いたキャッシュ・フロー）は、インフレーションの影響を除いた率で割り引かなければならない。

上記 B74 項(a)・(b)では、基礎となる項目に対するリターンに基づいて変動しないキャッシュ・フローと変動するキャッシュ・フローがそれぞれ例示されているが、IFRS 第 17 号は、見積キャッシュ・フローをそのように分割することを要求していない（B77項）。見積キャッシュ・フローをこの方法で分割しない場合には、企業は見積キャッシュ・フロー全体について適切な割引率を適用しなければならない（たとえば、確率論的なモデル化技法またはリスク中立的な測定技法を使用して）（B77項）。

割引率には、関連性のある要因（すなわち、貨幣の時間価値、キャッシュ・フローの特性および保険契約の流動性特性から生じる要因）のみを含めなければならない。ただし、そのような割引率は、市場では直接観察可能ではない場合もある。したがって、同じ特性を有する金融商品についての観察可能な市場金利が利用可能でない場合、または類似した金融商品についての観察可能な市場金利

が利用可能であるが当該金融商品を当該保険契約と区別する要因を区分して識別していない場合には、企業は適切な率を見積らなければならない。

IFRS第17号は割引率の決定について特定の見積技法を要求していないが、見積技法を適用する際に、以下の規定を設けている（B78項(a)～(c)）。

> (a) 観察可能なインプットの使用を最大限にし（B44項参照）、過大なコストや労力を掛けずに利用可能な、非市場変数に関するすべての合理的で裏付け可能な情報（外部情報と内部情報の両方）を反映する（B49項参照）。特に、使用する割引率は、利用可能な関連性のある市場データと矛盾してはならず、使用する非市場変数は、観察可能な市場変数と矛盾してはならない。
> (b) 市場参加者の観点からの現在の市場状況を反映する。
> (c) 測定対象とする保険契約の特性と観察可能な市場価格が利用可能な金融商品の特性との間の類似性の程度を評価するために、判断を行使し、両者の相違を反映するように当該価格を調整する。

(4) **実務上の課題**

ボトムアップ・アプローチは、エンベディッド・バリューの割引率などでも検討されてきた経緯がよく知られている。

一方、トップダウン・アプローチについては、わが国においてすでに実務が確立されているとは言い難いのではないだろうか。IFRS第17号はどちらの手法も許容しており、かつ両者の相違を調整することも求められていないとは言え、参照ポートフォリオのイールド・カーブからの控除項目を算定する際には、十分な検討が必要になるかもしれない。

5-2-3　非金融リスクに係るリスク調整

(1) **定義と目的**

非金融リスクに係るリスク調整とは、企業が保険契約を履行するにつれて非金融リスクから生じる、キャッシュ・フローの金額および時期に関する不確実性を負担することに対して要求する報酬（compensation）をいう（付録A）。言

5-2 一般モデル(ビルディング・ブロック・アプローチ)

い換えるならば、非金融リスクに係るリスク調整は、非金融リスクの経済的負担についての、企業の認識(perception)を反映することを目的としている(BC213項(b))。

IFRS第17号は、非金融リスクに係るリスク調整を、下記の両者を企業にとって等価にするために、企業が要求する報酬とも説明している(B87項)。

> (a) 非金融リスクから生じる一定範囲の考え得る結果を有する負債の履行
> (b) 保険契約と同じ期待現在価値の固定キャッシュ・フローを生み出す負債の履行

非金融リスクのためCU90となる確率が50%、CU110となる確率が50%の期待現在価値(簡便化のため割引の影響は考慮していない)はCU100となるが、これが上記の、一定範囲の考えうる結果を有する負債に該当する(図表8)。これをCU100で固定された負債の履行と等価にするために企業が要求するであろう報酬が、非金融リスクに係るリスク調整である(B87項)。

本数値例では、企業はあるシナリオでCU110を支払う不確実性に晒されており、この不確実性を負担することに対して企業が要求する報酬が非金融リス

【図表8】企業が晒されるリスク相当額のイメージ

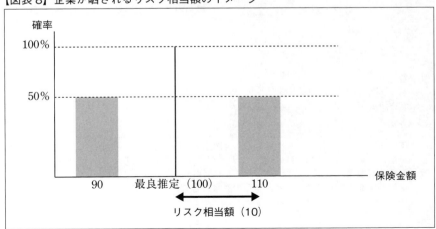

93

クのためのリスク調整であると言える。

IFRS 第17号は、このような企業の非金融リスクの経済的負担に関する有用な情報を提供することを意図している（BC211項(a)）。

(2) 対象となるリスク

IFRS 第17号は、非金融リスクに係るリスク調整の対象となるリスクを個別具体的に提示していないが、その対象を保険リスクおよびその他の非金融リスクであると規定している（B86項）。

IFRS 第17号は、保険リスクを金融リスク以外のリスクで、契約の保有者から移転されるリスクと定義しているが（付録A）、非金融リスクに係るリスク調整は、契約の保有者から移転されないリスクについてもその対象に含めている。

ただし、非金融リスクに係るリスク調整は、保険契約から生じるリスクのみを対象としており、保険契約から生じないリスクは対象に含まれない。

図表9は、非金融リスクに係るリスク調整の対象となるリスクを示したものである。

【図表9】非金融リスクに係るリスク調整の対象となるリスク

リスクの種類			非金融リスクに係るリスク調整の対象
金融リスク			×
非金融リスク	保険リスク		○
	保険リスク以外 (注)	保険契約から生じるリスク	○
		保険契約から生じないリスク	×

(注) IFRS 第17号は、保険リスク以外の非金融リスクの例として、失効リスクや費用リスクを挙げている（B14項・B86項）。これらは保険契約から生じるリスクであり、リスク調整の対象となる。一方で、リスク調整は保険契約から生じないリスク（一般的なオペレーショナル・リスクなど）はその対象に含まれない（B89項）。

5-2 一般モデル（ビルディング・ブロック・アプローチ）

(3) 測定技法

IFRS 第 17 号は、非金融リスクに係るリスク調整の算定に用いる見積技法を特定していないが、非金融リスクに係るリスク調整に反映すべき内容や特性に関するガイダンスを提供している。

まず、非金融リスクに係るリスク調整は、キャッシュ・フローの不確実な金額および時期から生じる非金融リスクの負担に対して企業が要求するであろう報酬を反映するので、以下のものを反映する（B88 項(a)・(b)）。

> (a) 分散効果の程度
> (b) 有利な結果と不利な結果の両方

また、非金融リスクに係るリスク調整は、以下の特性を有することが要求される（B91 項(a)～(e)）。

> (a) 頻度が低く規模の大きいリスクの方が、頻度が高く規模の小さいリスクよりも、非金融リスクに係るリスク調整が高くなる。
> (b) 同様のリスクについて、デュレーションの長い契約の方が、デュレーションの短い契約よりも、非金融リスクに係るリスク調整が高くなる。
> (c) 確率分布の広いリスクの方が、分布の狭いリスクよりも、非金融リスクに係るリスク調整が高くなる。
> (d) 現在の見積り及びその傾向に関して知られていることが少ないほど、非金融リスクに係るリスク調整が高くなる。
> (e) 新たな実績がキャッシュ・フローの金額及び時期に関する不確実性を軽減する範囲で、非金融リスクに係るリスク調整が減少し、その逆も成り立つ。

IFRS 第 17 号は、非金融リスクに係るリスク調整の測定単位を規定していない。したがって、非金融リスクに係るリスク調整は、保険契約ポートフォリオや保険契約グループ（第3章参照）の単位で測定することを要求されず、非金融リスクの負担についての企業の見方と整合的に測定することになる（BC213 項(b)）。

(4) 実務上の課題

IFRS 第17号は、非金融リスクに係るリスク調整の決定に関して信頼水準技法以外の技法を使用している場合には、使用した技法および当該技法の結果に対応する信頼水準を開示することを求めている（119項）。

企業が信頼水準技法以外の測定技法を使用する場合、開示に必要となる信頼水準技法に基づくリスク調整の金額を別途測定する必要がある。

5-2-4　契約上のサービス・マージン

契約上のサービス・マージンは、保険契約グループに係る資産または負債の構成要素であり、企業が将来においてサービスを提供するにつれて認識することになる未稼得利益を表すものである。

企業は、保険契約グループの当初認識時の契約上のサービス・マージンを、下記から収益も費用も生じない金額で測定しなければならない（38項）。

(a) 履行キャッシュ・フローに係る金額の当初認識
(b) その日におけるグループの中の契約から生じるキャッシュ・フロー
(c) 当初認識日における下記の認識の中止
　(i) 保険獲得キャッシュ・フローについて認識した資産の当初認識日における認識の中止（4-3参照）
　(ii) 当該契約グループに関連するキャッシュ・フローについて過去に認識した他の資産または負債

なお、上記の合計が正味のアウトフローである場合には、当初認識日において不利な契約となる。不利な契約のグループに係る正味アウトフローについては損失を純損益に認識しなければならず、保険契約負債の帳簿価額は履行キャッシュ・フローと同額となり、契約上のサービス・マージンはゼロとなる（47項）。

5-2 一般モデル（ビルディング・ブロック・アプローチ）

設例 1　一般モデルに基づく当初認識時の測定

【当初認識時の測定】
- 20X1年度期首、A社はカバー期間3年の保険契約を100件発行した。
- すべての保険契約は20X1年度期首の時点において当初認識され、またカバー期間も同時点において開始する。
- 発行した保険契約の保険料は1件当たり9である（合計900）。保険料はすべて当初認識後直ちに受領する（一時払い）。
- 当初認識時点において、A社は非金融リスクに係るリスク調整を120と見積った。
- 当初認識時点における割引率は5％である。
- 簡便化のため、保険獲得キャッシュ・フローなど、本設例に記載されていない事項は考慮しない。

【ケース1】
　当初認識時において、A社は保険契約1件当たりの保険金を6と見積った（合計600）。

　保険金は各年度の末日時点において発生し、その金額は各年度において200と見積られた。各年度末に発生する保険金の当初認識時点での現在価値は545である。

【ケース2】
　当初認識時において、A社は保険契約1件当たりの保険金を12と見積った（合計1,200）。

　保険金は各年度の末日時点において発生し、その金額は各年度において400と見積られた。各年度末に発生する保険金の当初認識時点での現在価値は1,089である。

【図表10】当初認識時点の保険契約グループの帳簿価額

借方（貸方）	ケース1	ケース2
将来キャッシュ・インフローの現在価値の見積り(a)	900	900
将来キャッシュ・アウトフローの現在価値の見積り(b)	(545)	(1,089)
将来キャッシュ・フローの現在価値の見積り(c=a+b)	355	(189)
非金融リスクに係るリスク調整(d)	(120)	(120)

第５章　当初測定

履行キャッシュ・フロー（e=c+d）	235	(309)
契約上のサービス・マージン（f）	(235)	―
当初認識時の保険契約負債（g=e+f）	―	(309)
純損益への影響		
保険サービス費用（h=－g）	―	309
当期に認識した損失（i=h）	―	309

【図表11】保険料受領後の保険契約グループの帳簿価額

借方（貸方）	ケース１	ケース２
将来キャッシュ・インフローの現在価値の見積り（a）	―	―
将来キャッシュ・アウトフローの現在価値の見積り（b）	(545)	(1,089)
将来キャッシュ・フローの現在価値の見積り（c=a+b）	(545)	(1,089)
非金融リスクに係るリスク調整（d）	(120)	(120)
履行キャッシュ・フロー（e=c+d）	(665)	(1,209)
契約上のサービス・マージン（f）	(235)	―
当初認識直後の保険契約負債（g=e+f）	(900)	(1,209)

5-3 保険料配分アプローチ

　本節においては、5-1-3で触れた保険料配分アプローチについて解説する（図表12）。同節で触れたとおり、IFRS第17号は、一定の条件を満たす場合、一般モデルによる測定を単純化した保険料配分アプローチを適用することを認めている。

　5-1-3でも触れたとおり、保険料配分アプローチでは、保険契約グループが不利でない限り、一般モデルにおける保険契約負債の測定を構築するため

【図表12】本節の対象となる契約および測定モデル

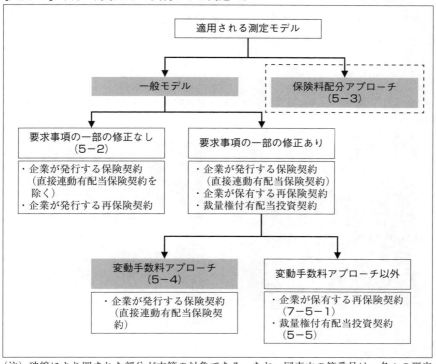

（注）破線により囲まれた部分が本節の対象である。なお、図表中の節番号は、各々の測定モデルの当初測定に関するIFRS第17号の要求事項の解説を記載した節を示している。

第5章 当初測定

に使用される構成要素(すなわち将来キャッシュ・フローの見積り、貨幣の時間価値および金融リスクを反映させるための調整、非金融リスクに係るリスク調整、契約上のサービス・マージン)を明示的に識別しないが、黙示的に含んでいる(図表13)。

保険料配分アプローチが適用されるのは、残存カバーに係る負債であり、発生保険金に係る負債には適用されない。発生保険金に係る負債には一般モデルが適用されるが、その定義上、将来キャッシュ・インフローが見込まれないことから、契約上のサービス・マージンは認識されないものと考えられる。

ただし、IFRS第17号は、保険料配分アプローチが適用される保険契約グループに関する発生保険金に係る負債の測定について、一般モデルの要求事項の一部を簡便化している(6−3参照)。

保険料配分アプローチが適用される保険契約グループの当初認識は、IFRS第17号の一般的な要求事項に従う。保険契約の当初認識については**第4章**参照。

【図表13】 一般モデルと保険料配分アプローチの残存カバーに係る負債の構成要素

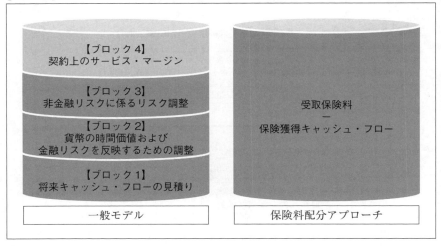

5-3-1　適用条件

　保険契約グループの契約開始時点において、以下のいずれかの条件に該当する場合、かつその場合にのみ、保険契約グループの測定において単純化された保険料配分アプローチを適用することができる（53項(a)・(b)）。保険料配分アプローチの適用は強制ではなく、任意である。

> (a) 保険料配分アプローチを適用した場合の残存カバーに係る負債の測定が、一般モデルの要求事項を適用した場合の測定と重要な差異がないと企業が合理的に予想している場合
> (b) 保険契約グループの中の各契約のカバー期間が1年以内である場合

　カバー期間が1年以内の保険契約グループは、直ちに保険料配分アプローチを適用することが認められ、上記(a)の条件を満たすことは要求されない。上記(a)の条件は、契約開始時点において、履行キャッシュ・フローについて、残存カバーに係る負債の測定に影響を与えるような重大な変動可能性が予測される場合には、充足されないと判断される。

　履行キャッシュ・フローの変動可能性は、たとえば、下記に従って増大される（54項）。

> (a) 将来キャッシュ・フローが契約に組み込まれたデリバティブに関係している度合
> (b) 契約のグループのカバー期間の長さ

5-3-2　当初認識時の測定

(1) 概　要

　保険料配分アプローチを適用する場合、企業の残存カバーに係る負債の当初認識時の帳簿価額は、次のような方法で測定することが求められている（55項(a)）。

> (a) 当初認識時では、当該負債の帳簿価額は次のようになる。
>   (i) 当初認識時に受け取った保険料（もしあれば）
>   (ii) 減算：その日における保険獲得キャッシュ・フロー（第59項(a)を適用して企業が当該支払を費用として認識することを選択する場合を除く）
>   (iii) 加算又は減算：その日における下記の認識の中止から生じた金額
>   1. 第28C項を適用して、保険獲得キャッシュ・フローに係る資産
>   2. B66A項で定めているように、当該契約グループに関連したキャッシュ・フローについて過去に認識した他の資産又は負債

(2) 保険獲得キャッシュ・フローの会計処理

保険料配分アプローチを適用する際には、グループの中の各契約の当初認識時におけるカバー期間が1年以内であることを条件に、保険獲得キャッシュ・フローを当該コストの発生時に費用として認識することを会計方針として選択できる（59項(a)）。

(3) 割引率

グループの中の保険契約に重大な金融要素がある場合には、残存カバーに係る負債の帳簿価額を、当初認識日現在で決定した割引率（5－2－2図表6参照）を用いて、貨幣の時間価値および金融リスクの影響を反映するために調整しなければならない。

当初認識時において、カバーの各部分の提供時点と関連する保険料の支払期日との間が1年以内であると予想される場合には、残存カバーに係る負債を貨幣の時間価値および金融リスクの影響を反映するために調整することを要求されない（56項）。

(4) 不利な契約

保険料配分アプローチが適用される保険契約グループは、当初認識時において不利ではないと仮定しなければならない。

ただし、事実および状況により不利であることが示唆されている場合は除く。当初認識時に不利でない契約がその後不利となる可能性が大きいかどうかの評価を、該当する事実および状況の変化の可能性を評価することによって行わなければならない（18項）。

設例 2　保険料配分アプローチによる当初認識時の測定

【当初認識時の測定】
- 20X1年度期首、B社はカバー期間12か月の保険契約を発行した。
- すべての保険契約は20X1年度期首の時点において当初認識され、またカバー期間も同時点において開始する。
- 発行した保険契約の保険料は合計6,000。保険料はすべて当初認識時点において受領する。
- カバーの各部分の提供と関連する保険料の支払期限との間の期間は1年以内である。したがって、残存カバーに係る負債の帳簿価額は、貨幣の時間価値および金融リスクの影響を反映するために調整されない。
- B社は、保険獲得キャッシュ・フローを費用処理する会計方針の選択を行っている。
- 契約が不利であることを示す事実および状況はないものと仮定する。

　以上の前提に基づけば、20X1年度期首時点における残存カバーに係る負債の帳簿価額は6,000である。

5-3-3　実務上の課題

　保険料配分アプローチの適用条件のうち、前述のカバー期間が1年以内という条件についての判定は形式的に実施できる。

　しかし、もう一方の条件については、一般モデルにおける測定結果との差異をどのように予想するか、また、どのような場合に重要と考えるかについて、検討を行う必要がある。特に、一般モデルと保険料配分アプローチを比較した場合に、適用される割引率の違いや負債が取り崩されるパターンの違いにより生じる差異が重要かどうかを慎重に判断する必要があると考えられる。

第 5 章　当初測定

5-4　変動手数料アプローチ

　IFRS 第 17 号は、変動手数料アプローチが適用される直接連動有配当保険契約の当初測定について、一般モデルの要求事項の一部を修正していない（**図表 14**）。一般モデルの要求事項の一部が修正されるのは、事後測定に関するものである。

　変動手数料アプローチの事後測定については、6-4 参照。

【図表 14】本節の対象となる契約および測定モデル

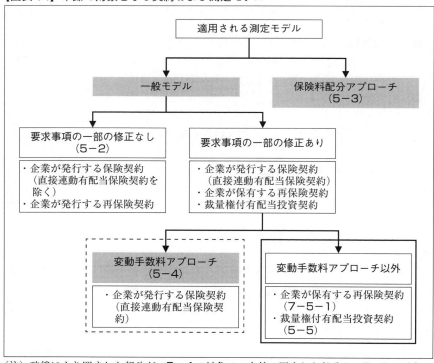

（注）破線により囲まれた部分が、5-4 の対象で、太線で囲まれた部分が、5-5 の対象である。

104

5-5　裁量権付有配当投資契約

5-1-1(3)に記載のとおり、IFRS第17号は、裁量権付有配当投資契約の測定について、以下のとおり、一般モデルの要求事項の一部を修正している（71項(a)～(c)）。なお、これらのうち、当初測定に関連する修正は(b)である。

> (a) 当初認識の日（第25項及び第28項参照）は、企業が契約の当事者になる日である。
> (b) 契約の境界線（第34項参照）は、企業が現在又は将来の日に現金を引き渡す実質的な義務からキャッシュ・フローが生じる場合には、当該キャッシュ・フローが契約の境界線内にあるように修正される。現金を引き渡す約束について、約束した現金及び関連するリスクの金額を完全に反映する価格を設定する実質上の能力を企業が有している場合には、企業は現金を引き渡す実質的な義務を有していない。
> (c) 契約上のサービス・マージンの配分（第44項(e)及び第45項(e)参照）は、企業が契約のグループの存続期間にわたり、当該契約に基づく投資サービスの移転を反映する規則的な方法で契約上のサービス・マージンを認識するように修正される。

第 5 章　当初測定

5-6　保険契約の移転および企業結合

5-6-1　概　　要

　発行された保険契約または保有する再保険契約を、IFRS 第 3 号の範囲に含まれる企業結合または事業（IFRS 第 3 号付録 A）を構成しない保険契約の移転により取得する場合、取引日に契約を締結したかのように会計処理しなければならない（B93 項）。

　取得した契約については保険契約ポートフォリオを識別し、IFRS 第 17 号の一般的な要求事項に従って保険契約グループに分割しなければならない（B93 項）(**第3章参照**)。

5-6-2　測　　定

　当初認識時の契約上のサービス・マージンは、保険料配分アプローチが適用される場合を除き、発行された保険契約または保有する再保険契約のそれぞれの当初認識に関する要求事項（38 項・65 項）に従って測定され、契約に対して受け取ったまたは支払った対価を、当初認識時に受け取ったまたは支払った保険料の代用数値として用いて行う（B94 項・B95 項）。

　契約が不利である場合には、履行キャッシュ・フローが支払ったかまたは受け取った対価を超過する部分を下記のように会計処理しなければならない（B95A 項）。

　なお、契約が不利である場合は、残存カバーに係る負債の損失要素（5-2-4 参照）を設定し、その後の履行キャッシュ・フローの変動を当該損失要素に配分することが要求される（B95A 項・49 項～52 項）。

> 履行キャッシュ・フロー＞契約に対して受け取ったまたは支払った対価
> 　・企業結合の場合はのれんの一部または割安購入益として認識する
> 　・移転の場合は損失として純損益に認識する

　IFRS 第 3 号の範囲に含まれる企業結合または事業を構成しない保険契約の

移転においては、取得する保険契約に関連して、保険獲得キャッシュ・フローに係る資産を取引日現在の公正価値で認識しなければならない（B95E項）。認識する保険獲得キャッシュ・フローの金額は、取得した保険契約グループの測定に含めてはならない（B95F項）。

設例3　IFRS第3号に含まれる企業結合による保険契約獲得の会計処理

【企業結合】
- 20X1年度期首、C社は保険契約をIFRS第3号に含まれる企業結合の一部として取得した。
- C社は取得日（IFRS第3号付録A）において保険契約を当初認識する。
- C社は取得した保険契約に対して60を受け取った。
- 取得した保険契約には保険料配分アプローチは適用されない。
- 簡便化のため、本設例に記載されていないIFRS第17号の要求事項は考慮しない。

【ケース1】
　C社は、当初認識時の履行キャッシュ・フローのうちアウトフロー（または負債）は50と見積った。受領した60と正味アウトフロー50の差額10は、契約上のサービス・マージンとして認識する。

【ケース2】
　C社は、当初認識時の履行キャッシュ・フローのうちアウトフロー（または負債）は70と見積った。受領した60と正味アウトフロー70の差額10は、のれんの一部として認識する。

【図表15】取得日時点の保険契約グループの帳簿価額

借方（貸方）	ケース1	ケース2
取得した保険契約に対して受け取った金額	60	60
履行キャッシュ・アウトフロー	(50)	(70)
小計	10	(10)
契約上のサービス・マージン	(10)	—
当初認識時の保険契約負債	**60**	**70**
純利益（純損失）	—	—

第5章　当初測定

設例4　保険契約の移転の会計処理

【保険契約の移転】
- 20X1年度期首、D社は保険契約をIFRS第3号に含まれる企業結合ではなく移転により取得した。
- D社は移転により取得した保険契約に対して60を受け取った。
- 取得した保険契約には保険料配分アプローチは適用されない。
- 簡便化のため、本設例に記載されていないIFRS第17号の要求事項は考慮しない。

【ケース1】
　D社は、当初認識時の履行キャッシュ・フローのうちアウトフロー（または負債）は50と見積った。受領した60とアウトフロー50の差額10は、契約上のサービス・マージンとして認識する。

【ケース2】
　D社は、当初認識時の履行キャッシュ・フローのうちアウトフロー（または負債）は70と見積った。受領した60とアウトフロー70の差額10は、損失として純損益に認識する。

【図表16】 当初認識時点の保険契約グループの帳簿価額

借方（貸方）	ケース1	ケース2
取得した保険契約に対して受け取った金額	60	60
履行キャッシュ・アウトフロー	(50)	(70)
小計	10	(10)
契約上のサービス・マージン	(10)	―
当初認識時の保険契約負債	**60**	**70**
純利益（純損失）	**―**	**(10)**

第6章

事後測定

6－1　本章の目的
6－2　一般モデル（ビルディング・ブロック・アプローチ）
　　2－1　残存カバーに係る負債
　　2－2　発生保険金に係る負債
　　2－3　契約上のサービス・マージン
　　2－4　不利な契約と損失要素
6－3　保険料配分アプローチ
　　3－1　残存カバーに係る負債
　　3－2　発生保険金に係る負債
　　3－3　不利な契約
6－4　変動手数料アプローチ
　　4－1　適用条件
　　4－2　事後測定
　　4－3　リスク軽減
6－5　裁量権付有配当投資契約

設例1～5
IFRS的閑話③

第6章　事後測定

6−1　本章の目的

　本章では、IFRS第17号が規定する契約に係る各種の測定モデルについて解説する。

　第5章では保険契約グループの当初認識時の測定について解説したが、本章では以下の区分に従い、当初認識後の事後測定について解説する。

> ●一般モデル（6−2）
> ●保険料配分アプローチ（6−3）
> ●変動手数料アプローチ（6−4）
> ●裁量権付有配当投資契約（6−5）

　第5章でも述べたとおり、IFRS第17号が規定する測定モデルと、適用範囲に含まれる契約の分類の関係をまとめると、**6−2図表1**のとおりとなる。

　以下、**図表1**に沿って、各測定モデルの概要について解説する。
　IFRS第17号は、原則としてすべての保険契約について共通の測定モデルを適用することを要求しているが、一部の契約については、一般モデルの要求事項の一部を修正したモデルが適用される。
　IFRS第17号における契約の分類と一般モデルの要求事項の一部の修正の有無の関係については、**5−1−1**および同節中の**図表2**を参照のこと。

6−2 一般モデル（ビルディング・ブロック・アプローチ）

5−2と同様に、本節では5−1−1(1)で触れた保険契約の測定の一般モデルについて解説する（図表1）。

5−2に倣って、本節でも、一般モデルをビルディング・ブロック・アプローチという呼称を一般モデルと共に使用することとする。

【図表1】本節の対象となる契約および測定モデル

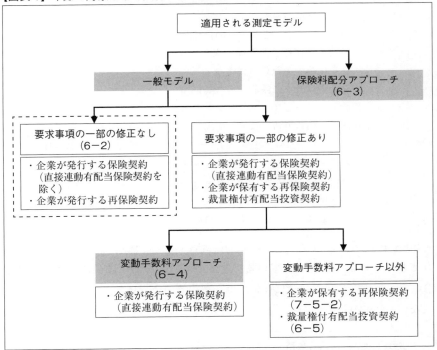

（注）破線により囲まれた部分が本節の対象である。図表中の節番号は、各々の測定モデルの事後測定に関するIFRS第17号の要求事項の解説を記載した節を示している。

第6章　事後測定

5-2でも記載したとおり、本節でも以下の契約を対象として、その当初認識後の事後測定について解説する。

> ●企業が発行する保険契約（直接連動有配当保険契約を除く）
> ●企業が発行する再保険契約

IFRS第17号は、保険契約の当初認識後の事後測定について、以下の合計金額で測定することを要求している（40項(a)・(b)）。

> (a) 残存カバーに係る負債（以下で構成される）
>   (i) 将来のサービスに係る履行キャッシュ・フロー（さらに以下で構成される）（6-2-1）
>   ―将来キャッシュ・フローの見積り
>   ―貨幣の時間価値および将来キャッシュ・フローに係る金融リスクを反映するための調整
>   ―非金融リスクに係るリスク調整
>   (ii) 契約上のサービス・マージン（6-2-3）
> (b) 発生保険金に係る負債（以下で構成される）（6-2-2）
>   ・過去のサービスに係る履行キャッシュ・フロー（さらに以下で構成される）
>   ―将来キャッシュ・フローの見積り
>   ―貨幣の時間価値および将来キャッシュ・フローに係る金融リスクを反映するための調整
>   ―非金融リスクに係るリスク調整

IFRS第17号は、残存カバーに係る負債および発生保険金に係る負債を、それぞれ以下のように定義している（付録A）。残存カバーに係る負債とは異なり、発生保険金に係る負債については、契約上のサービス・マージンは認識されない（図表2）。

> ●残存カバーに係る負債
>   企業が以下のことを行う義務
>   (a) 企業がまだ発生していない保険事故を調査してそれについて既存の保険契約に基づいて正当な保険金を支払うこと（すなわち、保険カバーの

6-2 一般モデル（ビルディング・ブロック・アプローチ）

【図表2】保険契約負債の事後測定の各ブロック

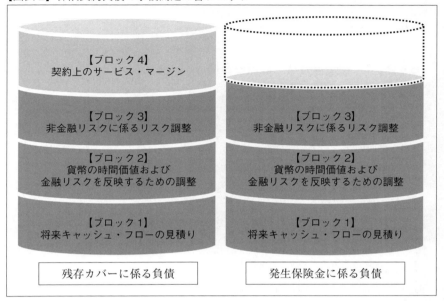

　　未経過部分に関連する義務）
(b) 既存の保険契約に基づいて、上記(a)に含まれず、かつ、以下のいずれかに関連する金額を支払うこと
　　(i) まだ提供されていない保険契約サービス（すなわち、保険契約サービスの将来の提供に関連する義務）
　　(ii) 保険契約サービスの提供に関連していない投資要素またはその他の金額で、発生保険金に係る負債に振り替えられていないもの
●発生保険金に係る負債
　企業が以下のことを行う義務
(a) 企業がすでに発生している保険事故を調査してそれについて正当な保険金を支払うこと（すでに発生しているが保険金請求がまだ報告されていない事故、および他の発生した保険費用を含む）
(b) 上記(a)に含まれず、かつ、下記のいずれかに関連する金額を支払うこと
　　(i) すでに提供されている保険契約サービス

第6章　事後測定

　　(ⅱ)　保険契約サービスの提供に関連していない投資要素またはその他の金額で、残存カバーに係る負債ではないもの

6-2-1　残存カバーに係る負債

　残存カバーに係る負債の帳簿価額の下記の変動については、収益および費用を認識しなければならない（41項(a)〜(c)）。

(a)　当期のサービス提供による残存カバーに係る負債の減額を保険収益に認識
(b)　不利な契約のグループに係る損失および当該損失の戻入れを保険サービス費用に認識
(c)　貨幣の時間価値および金融リスクの影響を保険金融収益または費用に認識

　以下、**設例**を使用して解説する。
　以下の**設例**では、41項に従い、残存カバーに係る負債が保険収益に認識される点および貨幣の時間価値の影響が保険金融費用に認識される点に焦点を当てている。41項に該当する仕訳は、その旨を記載した。
　なお、保険収益の測定については、**9-2-2(2)設例1**および**設例2**に詳しく解説している。
　残存カバーに係る負債の本節の**設例1**は、一部を除き**9-2-2(2)設例1**および**設例2**と同じ仮定を使用している。
　なお、上記の不利な契約のグループに係る損失および当該損失の戻入れについては、**6-2-4**を参照のこと。

設例1　一般モデルに基づく保険契約負債の事後測定および財務諸表（一部）の表示

【20X1年度期首】
■20X1年度期首、A社はカバー期間5年の保険契約を50件発行した。
■すべての保険契約は20X1年度期首の時点において当初認識され、またカバ

6-2 一般モデル（ビルディング・ブロック・アプローチ）

一期間も同時点において開始する。
- 発行した保険契約の保険料は1件当たり200である（合計10,000）。保険料はすべて当初認識時点において受領する。
- 当初認識時点において、A社は保険契約1件当たりの保険金を200と見積った（合計10,000）。保険金は各年度の末日時点において発生し、その金額は各年度において2,000と見積られた。発生した保険金は直ちに支払われるものとする。
- 各年度末に発生する保険金の当初認識時点での現在価値は以下のとおり。割引率は後述のとおり5%とする。

保険金発生時点	当初認識時点での現在価値
20X1年度末	1,905
20X2年度末	1,814
20X3年度末	1,728
20X4年度末	1,645
20X5年度末	1,567
合　　計	8,659

- 当初認識時点において、A社は非金融リスクに係るリスク調整を400と見積った。A社は5年間のカバー期間にわたり、均等にリスクから解放されるものと仮定する。また、A社はリスク調整について、保険金融収益または費用を分解せず、その変動全体を保険収益に含めている（81項）。また、割引率の変動によるリスク調整への影響は考慮しないものとする。
- 当初認識時点における割引率は5%である。各報告年度の末日時点での割引率は以下のように変動すると仮定する。A社は、保険金融収益または費用を純損益とその他の包括利益に分解する会計方針の選択を行うものとする（88項）。

	割　引　率
当初認識時点	5%
20X1年度末	4%
20X2年度末	3%
20X3年度末	2%

20X4年度末	1%

■当初認識時点の契約上のサービス・マージンは941である。
　941＝保険料10,000－保険金の現在価値8,659－リスク調整400
■各年度に配分されるカバー単位の数は同一と仮定する（B119項）。
■20X1年度〜20X3年度は、すべての事象が当初認識時の予想のとおり発生した。
■20X4年度は、支払保険金が当初認識時の予想より200少なかった。20X4年度期末、A社は将来キャッシュ・フローの見積りを見直す。
■簡便化のため、投資要素、保険獲得キャッシュ・フローおよび損失要素等、本設例に記載されていない事項は考慮しない。

【20X1年度期末】

【図表3】財政状態計算書および財務業績の計算書

財政状態計算書	借方（貸方）
現　　金	8,000
保険契約負債	(8,370)
利益剰余金	202
その他の包括利益累計額	168

財務業績の計算書	借方（貸方）
保険収益	(2,278)
保険サービス費用	2,000
保険金融費用	480
当期損失	202
その他の包括利益	168
当期包括利益	370

（注）本章の設例の財政状態計算書および財務業績の計算書は読者の便宜のために作成されたものであり、IAS第1号、IFRS第17号、IFRS第18号およびその他の関連する基準書の要求事項とは必ずしも整合していない。

6-2 一般モデル(ビルディング・ブロック・アプローチ)

【図表4】残存カバーに係る負債の変動表

借方（貸方）	発生見込時期	20X1年度期首	キャッシュ・インフロー	保険金融費用	保険収益	小　計	その他の包括利益(注1)	20X1年度期末(注2)
将来キャッシュ・インフロー（保険料）	20X1年度期首	10,000	(10,000)			0		0
将来キャッシュ・アウトフロー（保険金）	20X1年度	(1,905)		(95)	2,000	0		0
	20X2年度	(1,814)		(91)		(1,905)	(18)	(1,923)
	20X3年度	(1,728)		(86)		(1,814)	(35)	(1,849)
	20X4年度	(1,645)		(82)		(1,728)	(50)	(1,778)
	20X5年度	(1,567)		(78)		(1,645)	(64)	(1,710)
リスク調整		(400)			80	(320)		(320)
契約上のサービス・マージン		(941)		(47)	198	(790)		(790)
合　　計(注3)		0	(10,000)	(480)	2,278	(8,202)	(168)	(8,370)

(注1) 前述のとおり、リスク調整は割引率変動の影響を考慮していない。
(注2) 将来キャッシュ・フローは割引率4%で計算（B72項(a)）。
(注3) 一部各合計額は端数処理により一致していない。

【図表5】20X1年度仕訳

【保険契約の当初認識】
（借方）現金　　　　　　　　　　　10,000
（貸方）保険契約負債（CF）　　　　8,659
（貸方）保険契約負債（RA）　　　　400
（貸方）保険契約負債（CSM）　　　941

【保険金の発生（発生保険金に係る負債の認識）】
（借方）保険サービス費用　　　　　2,000
（貸方）保険契約負債（CF）　　　　2,000

【保険金の支払い】
（借方）保険契約負債（CF）　　　　2,000
（貸方）現金　　　　　　　　　　　2,000

【保険金融費用の認識（純損益）】
（借方）保険金融費用　　　　　　　480
（貸方）保険契約負債（CF）　　　　433
（貸方）保険契約負債（CSM）　　　47

　保険契約負債を構成するCFおよびCSMについて貨幣の時間価値に基づく利息を認識する。本仕訳が、前述41項(c)の貨幣の時間価値および金融リスクの影響を表す。なお、契約上のサービス・マージンの発生利息については、6-2-3(2)で解説している。

【保険金融費用の認識（その他の包括利益）】
（借方）その他の包括利益　　　　　168

第6章 事後測定

(貸方) 保険契約負債 (CF)　　　168
割引率の変動の影響による保険契約負債の増加をその他の包括利益に認識する。
【保険収益の認識 (9-2-2(2)設例1 参照)】
(借方) 保険契約負債 (CF)　　　2,000
(借方) 保険契約負債 (RA)　　　80
(借方) 保険契約負債 (CSM)　　198
(貸方) 保険収益　　　　　　　　2,278
保険契約負債 (残存カバーに係る負債) の解放による保険収益の認識。本仕訳が、前述41項(a)の当期のサービスの提供による残存カバーに係る負債の減額を表す。

【20X2年度期末】

20X2年度期末の仕訳は、当初認識および金額を除き20X1年度と同じであることから、記載を省略する。

【図表6】財政状態計算書および財務業績の計算書

財政状態計算書	借方（貸方）
現　　金	6,000
保険契約負債	(6,520)
利益剰余金	309
その他の包括利益累計額	211

財務業績の計算書	借方（貸方）
保険収益	(2,288)
保険サービス費用	2,000
保険金融費用	395
当期損失	107
その他の包括利益	43
当期包括利益	150

6-2 一般モデル(ビルディング・ブロック・アプローチ)

【図表7】残存カバーに係る負債の変動表

借方（貸方）	発生見込時期	20X2年度期首	キャッシュ・インフロー	保険金融費用	保険収益	小計	その他の包括利益(注1)	20X2年度期末(注2)
将来キャッシュ・インフロー（保険料）	20X1年度期首	0				0		0
将来キャッシュ・アウトフロー（保険金）	20X1年度	0				0		0
	20X2年度	(1,905)		(95)	2,000	0		0
	20X3年度	(1,814)		(91)		(1,905)	(37)	(1,942)
	20X4年度	(1,728)		(86)		(1,814)	(71)	(1,885)
	20X5年度	(1,645)		(82)		(1,728)	(103)	(1,830)
リスク調整		(320)			80	(240)		(240)
契約上のサービス・マージン		(790)		(40)	208	(623)		(623)
合　　計(注3)		(8,202)	0	(395)	2,288	(6,309)	(211)	(6,520)

(注1) 前述のとおり、リスク調整は割引率変動の影響を考慮していない。
(注2) 将来キャッシュ・フローは割引率3%で計算（B72項(a)）。
(注3) 一部各合計額は端数処理により一致していない。

【20X3年度期末】

20X3年度期末の仕訳は、当初認識および金額を除き20X1年度と同じであることから、記載を省略する。

【図表8】財政状態計算書および財務業績の計算書

財政状態計算書	借方（貸方）
現　　金	4,000
保険契約負債	(4,478)
利益剰余金	314
その他の包括利益累計額	164

財務業績の計算書	借方（貸方）
保険収益	(2,298)
保険サービス費用	2,000
保険金融費用	303
当期損失	5
その他の包括利益	(47)
当期包括利益	(42)

第6章　事後測定

【図表9】残存カバーに係る負債の変動表

借方（貸方）	発生見込時期	20X3年度期首(注1)	キャッシュ・インフロー	キャッシュ・インフロー	保険金融費用	保険収益	小　計	その他の包括利益(注2)	20X3年度期末(注3)
将来キャッシュ・インフロー（保険料）	20X1年度期首	0					0		0
将来キャッシュ・アウトフロー（保険金）	20X1年度	0					0		0
	20X2年度	0					0		0
	20X3年度	(1,905)			(95)	2,000	0		0
	20X4年度	(1,814)			(91)		(1,905)	(56)	(1,961)
	20X5年度	(1,728)			(86)		(1,814)	(108)	(1,922)
リスク調整		(240)				80	(160)		(160)
契約上のサービス・マージン		(623)			(31)	218	(436)		(436)
合　計		(6,309)	0		(303)	2,298	(4,315)	(164)	(4,479)

（注1）前述のとおり、リスク調整は割引変動の影響を考慮していない。
（注2）将来キャッシュ・フローは割引率2%で計算（B72項(a)）。
（注3）一部各合計額は端数処理により一致していない。

【20X4年度末】
■20X4年度の実際の保険金の支払いは1,800であった。これは、20X1年度期首の当初認識時点において予想した2,000よりも200少ない。
■A社は、20X5年度についての将来キャッシュ・アウトフローの見積りを見直し、2,000ではなく1,800を支払うと予想した。差額の200は当初認識時の割引率を使用して現在価値を測定し（B96項(b)）、同額を契約上のサービス・マージンについて調整する（44項(c)）。

【図表10】財政状態計算書および財務業績の計算書

財政状態計算書	借方（貸方）
現　　金	2,200
保険契約負債	(2,186)
利益剰余金	(82)
その他の包括利益累計額	68

財務業績の計算書	借方（貸方）
保険収益	(2,404)
保険サービス費用	1,800

6-2 一般モデル（ビルディング・ブロック・アプローチ）

保険金融費用	208
当期損失	(396)
その他の包括利益	(96)
当期包括利益	(492)

【図表11】残存カバーに係る負債の変動表

借方 (貸方)	発生見込時期	20X4年度期首	キャッシュ・インフロー	保険金融費用	見積りの見直し(注1)	保険収益	小計	その他の包括利益(注2)	20X4年度期末(注3)
将来キャッシュ・インフロー（保険料）	20X1年度期首	0					0		0
将来キャッシュ・アウトフロー（保険金）	20X1年度	0					0		0
	20X2年度	0					0		0
	20X3年度	0					0		0
	20X4年度	(1,905)		(95)		2,000	0		0
	20X5年度	(1,814)		(91)	190	0	(1,714)	(68)	(1,782)
リスク調整		(160)		0	0	80	(80)		(80)
契約上のサービス・マージン		(436)		(22)	(190)	324	(324)		(324)
合計(注4)		(4,315)	0	(208)	0	2,404	(2,118)	(68)	(2,186)

(注1) 前述のとおり、将来キャッシュ・フローの見積変更額200を当初認識時の割引率5%を使用して測定した割引現在価値を表す。
(注2) 前述のとおり、リスク調整は割引率変動の影響を考慮していない。
(注3) 将来キャッシュ・フローは割引率1%で計算（B72項(a)）。
(注4) 一部各合計額は端数処理により一致していない。

【図表12】20X4年度仕訳

【保険金の発生（発生保険金に係る負債の認識）】	
（借方）保険サービス費用	1,800
（貸方）保険契約負債（CF）	1,800
【保険金の支払い】	
（借方）保険契約負債（CF）	1,800
（貸方）現金	1,800
【将来キャッシュ・フローの見積り見直し】	
（借方）保険契約負債（CF）	190
（貸方）保険契約負債（CSM）	190
【保険金融費用の認識（純損益）】	

第6章　事後測定

（借方）保険金融費用		208
（貸方）保険契約負債（CF）		186
（貸方）保険契約負債（CSM）		22
【保険金融費用の認識（その他の包括利益）】		
（借方）その他の包括利益		68
（貸方）保険契約負債（CF）		68
【保険収益の認識】		
（借方）保険契約負債（CF）		2,000
（借方）保険契約負債（RA）		80
（借方）保険契約負債（CSM）		324
（貸方）保険収益		2,404

【20X5年度末】

20X5年度は、20X4年度の予想のとおりに事象が発生した。

【図表13】財政状態計算書および財務業績の計算書

財政状態計算書	借方（貸方）
現　　金	400
保険契約負債	0
利益剰余金	(400)
その他の包括利益累計額	0

財務業績の計算書	借方（貸方）
保険収益	(2,220)
保険サービス費用	1,800
保険金融費用	102
当期利益	(318)
その他の包括利益	(68)
当期包括利益	(386)

6-2 一般モデル(ビルディング・ブロック・アプローチ)

【図表14】残存カバーに係る負債の変動表

借方(貸方)	発生見込時期	20X5年度期首	キャッシュ・インフロー	保険金融費用	保険収益	小　計	その他の包括利益	20X5年度期末
将来キャッシュ・インフロー(保険料)	20X1年度期首	0				0		0
将来キャッシュ・アウトフロー(保険金)	20X1年度	0				0		0
	20X2年度	0				0		0
	20X3年度	0				0		0
	20X4年度	0				0		0
	20X5年度	(1,714)		(86)	1,800	0		0
リスク調整		(80)			80	0		0
契約上のサービス・マージン		(324)		(16)	340	0		0
合　計		(2,118)	0	(102)	2,220	0	0	0

【図表15】20X5年度仕訳

【保険金の発生（発生保険金に係る負債の認識）】
(借方) 保険サービス費用　　　　1,800
(貸方) 保険契約負債（CF）　　　1,800
【保険金の支払い】
(借方) 保険契約負債（CF）　　　1,800
(貸方) 現金　　　　　　　　　　1,800
【保険金融費用の認識（純損益）】
(借方) 保険金融費用　　　　　　102
(貸方) 保険契約負債（CF）　　　86
(貸方) 保険契約負債（CSM）　　16
【保険金融費用の認識（その他の包括利益）】
(借方) 保険契約負債（CF）　　　68
(貸方) その他の包括利益　　　　68
【保険収益の認識】
(借方) 保険契約負債（CF）　　　1,800
(借方) 保険契約負債（RA）　　　80
(借方) 保険契約負債（CSM）　　340
(貸方) 保険収益　　　　　　　　2,220

　上記**設例1**について、保険契約の各ビルディング・ブロックと財務業績の計算書の各科目の関係について示したものが、次頁**図表16**および**図表17**である。

123

第6章　事後測定

【図表16】保険収益と各ビルディング・ブロックの関係

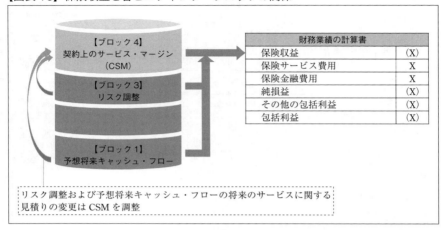

【図表17】保険金融収益または費用と各ビルディング・ブロックの関係

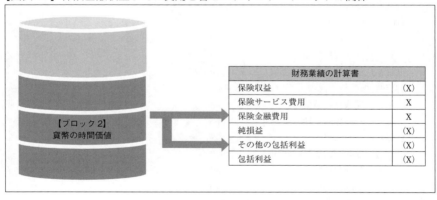

6-2 一般モデル（ビルディング・ブロック・アプローチ）

6-2-2 発生保険金に係る負債

発生保険金に係る負債の帳簿価額の下記の変動については、収益および費用を認識しなければならない（42項(a)～(c)）。

> (a) 当期に発生した保険金および費用による負債の増加を保険サービス費用に認識（投資要素を除く）
> (b) 発生保険金および発生した費用に係る履行キャッシュ・フローの事後の変動を保険サービス費用に認識
> (c) 貨幣の時間価値および金融リスクの影響を保険金融収益または費用に認識

発生保険金に係る負債の測定は、残存カバーに係る負債の測定と同様に、IFRS第17号の一般的な要求事項に従う。すなわち、発生保険金に係る負債の

【図表18】残存カバーに係る負債および発生保険金に係る負債の変動と財務業績の計算書の科目

	保険収益	保険サービス費用	保険金融収益または費用(注)
残存カバーに係る負債の変動	当期のサービスの提供による負債の減額（41項(a)）	不利な契約のグループに係る損失および当該損失の戻入れ（41項(b)）（6-2-4参照）	貨幣の時間価値および金融リスクの影響（41項(c)）
発生保険金に係る負債の変動	なし	当期に発生した保険金および費用による負債の増加（42項(a)）および発生保険金および発生した費用に係る履行キャッシュ・フローの事後変動（42項(b)）	貨幣の時間価値および金融リスクの影響（42項(c)）

(注) 保険金融収益または費用を純損益とその他の包括利益に分解する会計方針の選択を行う場合、保険金融収益または費用の一部をその他の包括利益に認識する（88項・89項）。なお、後述の保険料配分アプローチが適用される保険契約グループの発生保険金に係る負債では、当該保険契約グループの当初認識時の割引率ではなく、発生保険金請求日現在で決定した割引率を使用するが（B72項(e)(ⅲ)）、一般モデルにおける発生保険金に係る負債の測定に使用する割引率には同様の単純化を認める規定はない。

第6章　事後測定

測定は、将来キャッシュ・フロー、貨幣の時間価値、リスク調整について、企業の固有の現在の見積りを反映する。

ただし、発生保険金に係る負債については、その見積りの変更による履行キャッシュ・フローの変動と財務業績の計算書に影響する科目が一部異なっている（前頁図表18）。

以下、**設例**を使用して解説する。上記42項に該当する仕訳は、その旨を記載した。なお、上記の不利な契約のグループに係る損失および当該損失の戻入れについては、6-2-4を参照のこと。

設例2　一般モデルに基づく発生保険金に係る負債の事後測定および財務諸表（一部）の表示

【20X1年度期末】

■20X1年度期末、B社は発生保険金を認識した。B社は2年後の20X3年度期末に当該保険金600の支払いが発生すると見込んでいる。20X3度期末に発生する保険金の現在価値は以下のとおり。割引率は後述のとおり5%とする。当該保険金に関するリスク調整は40であった。

保険金発生時点	20X1年度末時点での現在価値
20X3年度末	544

■B社はリスク調整について、保険金融収益または費用を分解せず、その変動全体を保険サービス費用に含めている（81項）。また、割引率の変動によるリスク調整への影響は考慮しないものとする。さらに、B社は保険金支払時にリスクから解放されるものとする。

■各報告年度の末日時点での割引率は以下のように変動すると仮定する。B社は、保険金融収益または費用を純損益とその他の包括利益に分解する会計方針の選択を行うものとする（88項）。

	割引率
20X1年度末	5%
20X2年度末	4%
20X3年度末	3%

6-2 一般モデル(ビルディング・ブロック・アプローチ)

■簡便化のため、すでに発生しているが、保険金請求がまだ報告されていない事故および他の発生した保険費用に係る負債(いわゆるIBNR負債)については考慮しない。また、投資要素等、本設例に記載されていない事項は考慮しない。

【図表19】20X1年度仕訳

【保険金の発生(発生保険金に係る負債の認識)】	
(借方) 保険サービス費用	584
(貸方) 保険契約負債(CF)	544
(貸方) 保険契約負債(RA)	40
本仕訳が、42項(a)の当期に発生した保険金および費用による増加を表す。	

【20X2年度期末】

■B社は、20X3年度についての将来キャッシュ・アウトフローの見積りを見直し、600ではなく650を支払うと予想した。差額の50は当初認識時の割引率を使用して現在価値を測定し、48となる。同額は保険サービス費用として認識する。

【図表20】財政状態計算書および財務業績の計算書

財政状態計算書	借方(貸方)
保険契約負債	(665)
利益剰余金	659
その他の包括利益累計額	6

財務業績の計算書	借方(貸方)
保険サービス費用	48
保険金融費用	27
当期損失	75
その他の包括利益	6
当期包括利益	81

第6章 事後測定

【図表21】発生保険金に係る負債の変動表

借方（貸方）	発生見込時期	20X1年度期末	保険金融費用	キャッシュ・アウトフロー	見積りの見直し	小　計	その他の包括利益	20X2年度期末
将来キャッシュ・アウトフロー（保険金）	20X3年度	(544)	(27)		(48)	(619)	(6)	(625)
リスク調整		(40)				(40)		(40)
合　計		(584)	(27)		(48)	(659)	(6)	(665)

【図表22】20X2年度仕訳

【将来キャッシュ・フローの見積り見直し】
(借方) 保険サービス費用　　　48
(貸方) 保険契約負債（CF）　　48

本仕訳が、42項(b)の発生保険金および発生した費用に係る履行キャッシュ・フローの事後の変動を表す。

【保険金融費用の認識（純損益）】
(借方) 保険金融費用　　　　　27
(貸方) 保険契約負債（CF）　　27

本仕訳が、42項(c)の貨幣時間価値および金融リスクの影響を表す。

【保険金融費用の認識（その他の包括利益）】
(借方) その他の包括利益　　　6
(貸方) 保険契約負債（CF）　　6

【20X3年度期末】

■ B社は20X2年度末の見積りのとおり、保険金650を支払った。

【図表23】財政状態計算書および財務業績の計算書

財政状態計算書	借方（貸方）
保険契約負債	0
利益剰余金	650
その他の包括利益累計額	0

財務業績の計算書	借方（貸方）
保険サービス費用	(40)
保険金融費用	31
当期損失	(9)

6-2 一般モデル（ビルディング・ブロック・アプローチ）

その他の包括利益	(6)
当期包括利益	(15)

【図表24】発生保険金に係る負債の変動表

借方（貸方）	発生見込時期	20X2年度期末	保険金融費用	キャッシュ・アウトフロー	見積りの見直し	小計	その他の包括利益	20X3年度期末
将来キャッシュ・アウトフロー（保険金）	20X3年度	(619)	(31)	650		0		0
リスク調整		(40)		40		0		0
合計		(659)	(31)	690	0	0	0	0

【図表25】20X3年度仕訳

【保険金の支払い】
（借方）保険サービス費用　　　650
（貸方）現金　　　　　　　　　650
【発生保険金の変動およびリスクからの解放】
（借方）保険契約負債（CF）　　650
（借方）保険契約負債（RA）　　 40
（貸方）保険サービス費用　　　690
【保険金融費用の認識（純損益）】
（借方）保険金融費用　　　　　 31
（貸方）保険契約負債（CF）　　 31
【保険金融費用の認識（その他の包括利益）】
（借方）保険契約負債（CF）　　　6
（貸方）その他の包括利益　　　　6

【図表26】保険サービス費用と各ビルディング・ブロックの関係

129

第6章　事後測定

6-2-3　契約上のサービス・マージン

本節では、一般モデルに関する契約上のサービス・マージンの事後測定について解説する。変動手数料アプローチにおける契約上のサービス・マージンの事後測定については、6-4を参照のこと。

各報告期間末日現在の契約上のサービス・マージンの帳簿価額は、報告期間期首現在の帳簿価額を以下について調整した額として測定される（44項(a)〜(e)）。なお、下記の履行キャッシュ・フローの増加または減少への損失要素への配分については、6-2-4を参照のこと。

(a) グループに加えられた新しい契約の影響：6-2-3(1)
(b) 当報告期間中に契約上のサービス・マージンの帳簿価額に対して発生計上した利息：6-2-3(2)
(c) 将来のサービスに係る履行キャッシュ・フローの変動（下記の範囲を除く）：6-2-3(3)
　(i) 履行キャッシュ・フローの増加が契約上のサービス・マージンの帳簿価額を上回り損失が生じる範囲
　(ii) 履行キャッシュ・フローの減少が残存カバーに係る負債の損失要素に配分される範囲
(d) 為替差額の影響：6-2-3(4)
(e) 保険収益として認識した金額：6-2-3(5)

以下、各調整項目について解説する。

(1) グループに加えられた新しい契約の影響

保険契約グループの当初認識時点に関するIFRS第17号の要求事項については、4-1で解説している。

3-2-2(2)でも解説したように、発行の時点が1年超離れた契約は、同じグループに含めてはならない（22項）。

一方、報告期間末日までに発行された契約は、当該グループに含めなければならない。企業は報告期間末日後に当該グループにおいて追加的に契約を発行

することがあるが、当該契約は発行された報告期間に当該グループに加えなければならない（28項）。

(2) 契約上のサービス・マージンの帳簿価額に対して発生計上した利息

　契約上のサービス・マージンの帳簿価額には利息を認識しなければならない（44項(b)）。利息を認識する際の割引率は、保険契約グループの当初認識日現在で決定した割引率である（B72項(b)）。利息の認識に関する会計処理の例については、6－2－1設例1を参照のこと。

　なお、本節では、その要求事項の一部を修正しない一般モデルについて解説しているが、契約上のサービス・マージンは、それ以外の測定モデルが適用される契約においても認識される。

　以下、保険契約の測定モデルと各測定モデルにおける契約上のサービス・マージンの発生利息の認識時に使用する割引率をまとめると、次頁**図表27**のとおりとなる。

　なお、**図表27**は、**9－2－5(1)図表8**のうち、契約上のサービス・マージンに関する部分を抜粋したものである。

　前述のとおり、企業は報告期間末日後に保険契約グループにおいて追加的に契約を発行することがあり、当該契約は発行された報告期間に当該グループに加えられる。この場合、**4－2－3**でも述べたとおり、保険契約グループに属する契約が当該報告期間の後に追加的に発行されることで、割引率を変更する必要が生じる。このような場合、追加が行われた報告期間の期首から変更後の割引率を適用するものとされている（28項）。

　この場合、保険契約グループの発行される期間の加重平均で割引率を設定する会計方針の選択が認められている（B73項）。保険契約グループに事後的に保険契約が追加された場合、割引率は前報告期間に遡って修正されることはない。

【図表27】契約上のサービス・マージンの発生利息の認識に使用される割引率

	一般モデル（ビルディング・ブロック・アプローチ）		変動手数料アプローチ(注1)	保険料配分アプローチ	
	直接連動有配当保険契約以外の保険契約		直接連動有配当保険契約（企業が基礎となる項目を保有する場合）	残存カバーに係る負債	発生保険金に係る負債
	金融リスクに関連する仮定の変更が保険契約者に支払う金額に相当な影響を与えない契約のグループ	金融リスクに関連する仮定の変更が保険契約者に支払う金額に相当な影響を与える契約のグループ			
契約上のサービス・マージン(注2)	当初認識時に定めた割引率を用いて規則的に配分（B131項）	当初認識時に定めた割引率を用いて規則的に配分（B132項(c)(i)）	将来キャッシュ・フローと整合的に決定（B132項(c)(ii)）	契約上のサービス・マージンは明示的に認識されない	契約上のサービス・マージンは認識されない

(注1) 変動手数料アプローチを適用するための条件として、基礎となる項目の識別されたプールを保有している必要はない（B106項）。ただし、当期簿価利回りアプローチを適用するためには、基礎となる項目を保有していなければならない（B134項）。基礎となる項目を保有していない場合、直接連動有配当保険契約以外の保険契約のうち、金融リスクに関連する仮定の変更が保険契約者に支払う金額に相当な影響を与えるかどうかの判断を行う必要があると考えられる。
(注2) 直接連動有配当保険契約以外の保険契約については、履行キャッシュ・フローと契約上のサービス・マージンが使用する割引率が異なっている。

(3) 将来のサービスに係る履行キャッシュ・フローの変動
① 概　要

　直接連動有配当保険契約以外の保険契約について、将来のサービスに関する履行キャッシュ・フローの変動は、契約上のサービス・マージンを調整する。これらの変動は以下のもので構成される（B96項(a)～(d)）。

6-2 一般モデル（ビルディング・ブロック・アプローチ）

> (a) 将来のサービスに関して当期に受け取った保険料から生じた実績調整および保険獲得キャッシュ・フローや保険料ベースの税金などの関連するキャッシュ・フロー
> (b) 残存カバーに係る負債の将来キャッシュ・フローの現在価値の見積りの変動
> (c) 当期に支払われると見込まれた投資要素と当期に支払われることとなった実際の投資要素との差額
> (ca) 当期に返済されると見込まれた保険契約者貸付金と当期に返済されることとなった実際の保険契約者貸付金との差額
> (d) 将来のサービスに関する非金融リスクに係るリスク調整の変動（ただし、リスク調整の変動を非金融リスクに係る変動と貨幣の時間価値および貨幣の時間価値の変動の影響とに分解する場合は、契約上のサービス・マージンを非金融リスクに係る変動について調整する）

なお、履行キャッシュ・フローの増加または減少への損失要素への配分については、6-2-4を参照のこと。

一方で、以下の変動は、契約上のサービス・マージンを調整してはならない（B97項(a)～(c)）。

> (a) 貨幣の時間価値および貨幣の時間価値の変動の影響ならびに金融リスクおよび金融リスクの変動の影響（保険金融収益または費用に認識）
> (b) 発生保険金に係る負債の履行キャッシュ・フローの見積りの変更（保険サービス費用に認識、6-2-2設例2参照）
> (c) 実績調整（前述のB96項(a)に記載した、保険料から生じる実績調整等は除く）

② 保険契約者に支払うキャッシュ・フローに対する企業の裁量権

直接連動有配当保険契約以外の保険契約の一部は、保険契約者に支払うべきキャッシュ・フローに対する裁量権を企業に与えていることがある。

裁量的なキャッシュ・フローの変動は、将来のサービスに関連するものとみなされ、契約上のサービス・マージンの調整の対象となる（B98項）。裁量的なキャッシュ・フローの変動は、貨幣の時間価値および金融リスクに関する仮

定の変更の影響と区別しなければならない（B99項）。両者が区別できない場合は、金融リスクに関する仮定の変更として取り扱う（B100項）。

IFRS第17号は設例6（IE56項～IE71項）の中で、上記のB98項～B100項の要求事項について説明をしている。その設例は直接連動有配当保険契約以外の保険契約を対象として（変動手数料アプローチは適用されない）、保険契約者に対して、死亡時または満期時に勘定残高に相当する金額を支払うことを想定している。当該勘定残高は、資産プールのリターン（r_t%）から一定割合（a%）を控除した金額で利息（r_t% − a%）が付されることになっている。したがって、勘定残高は資産プールのリターンにより変動し、保険契約者に対して支払われる金額もそれにより変動する（たとえばr_{t+1}% − a%）。

一方で、保険契約の発行者は、資産プールのリターンから控除される一定割合（a%）の決定について裁量権を有している。よって、資産プールからのリターンが一定であっても、保険契約の発行者がその裁量権を行使して当該一定割合を変更（たとえばa%からb%に変更）することで、勘定残高に付される利息の額は変動（たとえば$r_t = r_{t+1}$のときr_t% − a% ≠ r_{t+1}% − b%）し、結果として保険契約者に支払われる金額も変動することになる。

このように、保険契約者に対する支払い（つまりその原資となる勘定残高）は、資産プールのリターン（r_t%→r_{t+1}%）および当該リターンから控除される一定割合の変動（a%→b%）の両方によって変動する。IFRS第17号の設例6においては、前者（r_t%→r_{t+1}%）を貨幣の時間価値および金融リスクの影響として保険金融収益または費用に認識し、後者（a%→b%）を将来キャッシュ・フローの見積りの変更として、契約上のサービス・マージンを調整している。

(4) 為替差額の影響

外貨建ての契約上のサービス・マージンは、IAS第21号に従い、貨幣性項目として扱われる（30項）。

IFRS第17号はIAS第21号の要求事項を修正していないため（**第12章参照**）、外貨建ての契約上のサービス・マージンの換算については、IAS第21号の一般的な要求事項に従うものと考えられる。すなわち、報告期間末日の契約

6-2 一般モデル(ビルディング・ブロック・アプローチ)

上のサービス・マージンの外貨建残高は、同時点における為替レートにより換算され、換算差額は純損益に認識される。

設例 3　外貨建保険契約負債の換算

- C社の機能通貨（IAS第21号8項）は日本円である。
- 20X1年度期首時点、契約上のサービス・マージンの帳簿残高は米国ドル建で$133,000である（図表28）。
- 契約上のサービス・マージンに適用される割引率は5%とする。
- 為替レートは以下のとおりとする。
  ・20X1年度期首：119.79円
  ・20X1年度平均レート：120.06円
  ・20X1年度期末：120.32円

【図表28】契約上のサービス・マージンの変動表

	米国ドル建の金額 （単位：ドル）	為替レート （円）	日本円建の金額 （単位：円）
20X1年度期首	$133,000	119.79	¥15,932,070
保険金融費用	$6,650	120.06	¥798,399
為替差損益	—	—	¥72,219
20X1年度期末	$139,650	120.32	¥16,802,688

【図表29】20X1年度仕訳

```
（借方）保険金融費用              798,399
（貸方）保険契約負債（CSM）      798,399
保険金融費用の認識（$6,650 × 120.06円）
（借方）為替差損                  72,219
（貸方）保険契約負債（CSM）      72,219
契約上のサービス・マージンの20X1年度期末為替レートによる換算
　（$139,650 × 120.32円 − （¥15,932,070 + ¥798,399））
```

(5) 保険収益として認識した金額

契約上のサービス・マージンは、当期のサービスの移転による金額を保険収益として認識しなければならない。この金額は以下のように決定される（B119項(a)〜(c)）。

> (a) 保険契約グループの中のカバー単位を識別する。
> (b) 当期の末日現在の契約上のサービス・マージンを、当期に提供されたカバー単位と将来に提供されると見込まれるカバー単位に同等に配分する。
> (c) 当期に提供されたカバー単位に配分した金額を純損益に認識する。

保険契約グループの中のカバー単位の数は、当該グループの中の契約で提供される保険契約サービスの量であり、各契約について、契約に基づいて提供されている給付の量とカバーの予想期間を考慮して決定される（B119項(a)）。

契約上のサービス・マージンの純損益への認識は、期待キャッシュ・フローのパターンまたはリスクの解放によって生じる非金融リスクに係るリスク調整の変動を考慮しない。IASBは、期待キャッシュ・フローのパターンと非金融リスクに係るリスク調整の解放は企業の履行義務の充足を決定する際に関連性のある要因ではないと考えている（BC279項(a)）。

また、契約上のサービス・マージンは、将来のサービスに関する履行キャッシュ・フローの変動によって行われる修正後に配分される。すなわち、契約上のサービス・マージンは、6－2－3冒頭に記載したような調整の後で、カバー単位に従って純損益に認識される。IASBは、最新の仮定について調整した契約上のサービス・マージンの金額を配分することが、当期に提供したサービスから稼得される利益および将来において稼得される利益に関する目的適合性の最も高い情報を提供すると考えている（BC279項(b)）。

カバー単位に基づく契約上のサービス・マージンの純損益の認識については、**6－2－1設例1** および **9－2－2(2)設例1・設例2** を参照のこと。

なお、これらすべての設例は、保険金が契約ごとに同一であるため、カバー単位は、保険金額または保険契約者の数のいずれに基づく場合であっても同じ

6-2-4　不利な契約と損失要素

5-2-4でも述べたとおり、保険契約が正味のアウトフローである場合は、当初認識時において不利な契約となる。不利な契約のグループに係る正味アウトフローについては損失を純損益に認識しなければならず、保険契約負債の帳簿価額は履行キャッシュ・フローと同額となり、契約上のサービス・マージンはゼロとなる（5-2-4参照）。当初認識時の不利な契約の例については、5-2-4 設例1を参照のこと。

保険契約グループは、下記の金額が契約上のサービス・マージンを上回る場合には、事後測定の際に不利（またはさらに不利）となっている。契約上のサービス・マージンを上回る金額は、損失として純損益に認識しなければならない（48項）。

> (a) 将来キャッシュ・フローの見積りの変更及び非金融リスクに係るリスク調整から生じた、当該グループに配分された履行キャッシュ・フローの将来のサービスに係る不利な変動
> (b) 直接連動有配当保険契約グループについては、基礎となる項目の公正価値に対する企業の持分の金額の減少（6-4参照：筆者注）

このように、当初認識時または事後測定において契約が不利となった場合、残存カバーに係る負債の損失について損失要素を設定しなければならない。この損失要素は、不利な契約に係る損失の戻入れとして純損益に表示される金額を決定するもので、保険収益の算定からは除外される（49項）。

保険契約グループについて損失要素を識別した場合、以下の配分を行う必要がある（50項(a)・(b)・51項(a)～(c)）。

> **50項**
> (a) 残存カバーに係る負債の事後的な変動を下記の両者の間で配分する
> 　(i) 残存カバーに係る負債の損失要素

第6章　事後測定

　　　(ii) 残存カバーに係る負債（損失要素を除く）

なお、両者の間で配分される金額には、以下のものが含まれる。

51 項

(a) 保険サービス費用が発生したために、残存カバーに係る負債から解放された保険金および費用に関する将来キャッシュ・フローの現在価値の見積り

(b) リスクからの解放により純損益に認識した非金融リスクに係るリスク調整の変動

(c) 保険金融収益または費用

50 項

(b) 将来キャッシュ・フローの見積りの変更および非金融リスクに係るリスク調整から生じた、保険契約グループに配分された履行キャッシュ・フローの将来のサービスに係る減少、および基礎となる項目の公正価値に対する企業の持分の事後的な増加は、損失要素がゼロに減額されるまでは損失要素のみに配分する。当該配分額が損失要素を超過する額についてのみ、契約上のサービス・マージンを修正しなければならない。

　なお、IFRS 第 17 号は設例 8（IE81 項～ IE98 項）の中で、損失要素が発生した後に契約上のサービス・マージンを認識する例を記載している。

　また、本書においても、損失要素の識別および保険サービス費用の認識については、**9－2－2(5)設例5** において例を示している。**9－2－2(5)設例5** では保険収益の認識に焦点を当てていたが、財政状態計算書および財務業績の計算書ならびに関連する仕訳を以下**設例4** に記載する。

6-2 一般モデル(ビルディング・ブロック・アプローチ)

設例 4　不利な契約の事後測定(損失要素の会計処理)および財務諸表(一部)の表示

【20X1年度】
■ 9-2-2(5)設例5と同じ仮定を使用する。
■ 保険金は当初認識時の予想のとおり発生したものとする。

【図表30】財政状態計算書、財務業績の計算書および関連する仕訳

財政状態計算書	借方(貸方)
現　金	6,000
保険契約負債	(7,412)
利益剰余金	1,412

財務業績の計算書	借方(貸方)
保険収益	(1,837)
保険サービス費用	2,816
保険金融費用	433
当期損失	1,412

【保険契約の当初認識および保険料の受領ならびに損失の認識】
　　(借方) 現金　　　　　　　　　8,000
　　(借方) 保険サービス費用　　　1,059
　　(貸方) 保険契約負債(CF)　　　8,659
　　(貸方) 保険契約負債(RA)　　　　400
【保険金の支払いの認識】
　　(借方) 保険サービス費用　　　2,000
　　(貸方) 現金　　　　　　　　　2,000
【残存カバーに係る負債から解放された保険金に関する将来キャッシュ・フローの現在価値の見積り(51項(a))およびリスクからの解放により純損益に認識したリスク調整(51項(b))】
　　(借方) 保険契約負債(CF)　　　　234
　　(借方) 保険契約負債(RA)　　　　　9
　　(貸方) 保険サービス費用　　　　243

第6章　事後測定

【損失要素に関する保険金融費用の認識（51項(c)）】
　　（借方）保険金融費用　　　　　　　51
　　（貸方）保険契約負債（CF）　　　　51
【保険収益の認識（損失要素以外の残存カバーに係る負債の減少）】
　　（借方）保険契約負債（CF）　　　1,766
　　（借方）保険契約負債（RA）　　　　71
　　（貸方）保険収益　　　　　　　 1,837
【損失要素以外の残存カバーに係る負債の金融費用の認識】
　　（借方）保険金融費用　　　　　　382
　　（貸方）保険契約負債（CF）　　　382

6-3 保険料配分アプローチ

5-3と同様に、本節では、5-1-3で触れた保険料配分アプローチについて解説する（図表31）。同節で触れたとおり、IFRS第17号は、一定の条件を満たす場合、一般モデルによる測定を単純化した保険料配分アプローチを適用することを認めている。

残存カバーに係る負債については、当初認識時に測定した帳簿価額を出発として加減算を行うことにより事後測定を行うこととなるが、発生保険金に係る

【図表31】本節の対象となる契約および測定モデル

```
                    適用される測定モデル
                    ┌──────────┴──────────┐
                一般モデル          保険料配分アプローチ
                    │                    (6-3)
        ┌───────────┴───────────┐
    要求事項の一部の修正なし    要求事項の一部の修正あり
         (6-2)                    
・企業が発行する保険契約      ・企業が発行する保険契約
 （直接連動有配当保険契約を    （直接連動有配当保険契約）
  除く）                      ・企業が保有する再保険契約
・企業が発行する再保険契約    ・裁量権付有配当投資契約
                    ┌───────────┴───────────┐
              変動手数料アプローチ    変動手数料アプローチ以外
                  (6-4)
        ・企業が発行する保険契約   ・企業が保有する再保険契約
         （直接連動有配当保険契     (7-5-2)
          約）                    ・裁量権付有配当投資契約
                                   (6-5)
```

(注) 破線により囲まれた部分が本節の対象である。上記図表中の節番号は、各々の測定モデルの事後測定に関するIFRS第17号の要求事項の解説を記載した節を示している。

第6章 事後測定

【図表32】残存カバーに係る負債の一般モデルと保険料配分アプローチの比較

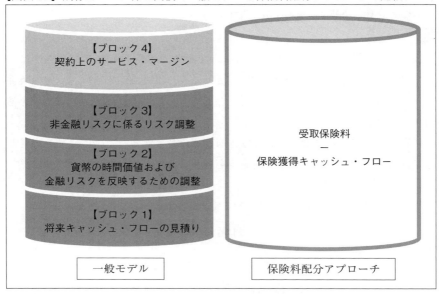

【図表33】発生保険金に係る負債の一般モデルと保険料配分アプローチの比較

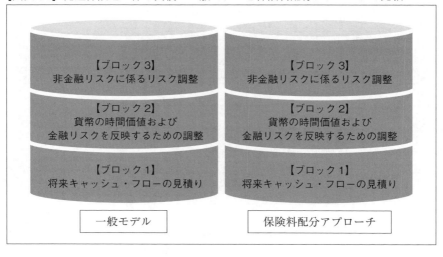

6-3 保険料配分アプローチ

負債については、原則としてビルディング・ブロック・アプローチと同様の方法による測定が求められている（図表32・図表33）。

6-3-1 残存カバーに係る負債

(1) 事後測定における帳簿価額の測定方法

保険料配分アプローチを適用した場合には、各報告期間の末日において、当該負債の帳簿価額は、当該報告期間の期首現在の帳簿価額に以下の項目を加減した金額となる（55項(b)）（次頁図表34）。

> (b)
> (i) 加算：当期に受け取った保険料
> (ii) 減算：保険獲得キャッシュ・フロー（カバー期間が1年以内の場合に、当該支払いを発生時に費用認識する選択をした場合を除く）
> (iii) 加算：当報告期間に費用として認識した保険獲得キャッシュ・フローの償却に係る金額（カバー期間が1年以内の場合に、当該支払いを発生時に費用認識する選択をした場合を除く）
> (iv) 加算：金融要素の調整（6-3-1(2)参照）
> (v) 減算：当該期間に提供したサービスについて保険収益として認識した金額（6-3-1(3)参照）
> (vi) 減算：支払ったかまたは発生保険金に係る負債に振り替えた投資要素

(2) グループ内の保険契約に重大な金融要素がある場合

5-3-2(2)でも触れたように、グループの中の保険契約に重大な金融要素がある場合には、企業は、残存カバーに係る負債の帳簿価額を、貨幣の時間価値および金融リスクの影響を反映するために調整しなければならない（56項）。この場合に用いる割引率については、当初認識時に決定した割引率を用いることとされており、現在の割引率を用いることは要求されていない（B72項(d)）。

ここで、当初認識時において、カバーの各部分の提供時点とそれに関連した保険料の支払期日との間の期間が1年以内であると企業が予想している場合には、企業は、残存カバーに係る負債を貨幣の時間価値および金融リスクの影

143

第6章 事後測定

【図表34】保険料配分アプローチにおける残存カバーに係る負債の事後測定

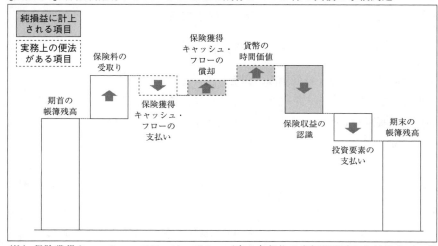

（注）保険獲得キャッシュ・フローは、グループ内の各契約の当初認識時におけるカバー期間が1年以内であることを条件に、当該コストの発生時に費用として認識することを選択できる（5-3-2(2)参照）。

を反映するために調整することを要求されない。

　たとえば、1年超の契約について、毎年度始に1年分の保険料が支払われるような場合については、貨幣の時間価値および金融リスクの影響を反映するために調整することを要求されないが、全期間分の保険料が契約開始時に一時払いされるような場合には、重大な金融要素があるとみなされ、貨幣の時間価値および金融リスクの影響を反映するための調整が必要となる。

(3) 保険収益の認識

　前述のとおり、保険契約負債の帳簿価額については、当期に提供したカバーに係る保険収益の金額について取り崩すこととされている。

　ここでの当期に認識すべき保険収益とは、当期に配分した予想される保険料の受取りの金額であるとされている（投資要素を控除し、重大な金融要素がある場合には貨幣の時間価値および金融リスクの影響を反映するために調整する）（B126

6-3 保険料配分アプローチ

【図表35】予想される保険料の受取りの配分

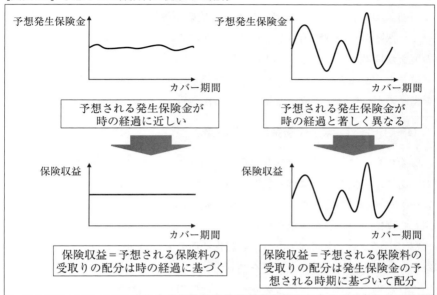

項)。そのため、企業は、予想される保険料の受取りを各カバー期間に配分しなければならないが、これは下記の方法のいずれかで配分することとされている(図表35)。

> (a) 時の経過に基づいて配分
> (b) カバー期間中のリスクの解放の予想されるパターンが、時の経過と著しく異なる場合には、発生保険金および給付(発生した保険サービス費用)の予想時期に基づいて配分

上記の配分の基礎について、事実および状況が変化した場合には、必要に応じて上記の間で変更しなければならない(B127項)。

保険料配分アプローチに基づく保険収益の認識については、**9-2-2(6)設例7**を参照。

(4) 実務上の課題

当初認識時および事後測定における負債の帳簿価額の測定において、「受け取った保険料」が調整項目とされているが、ここで「受け取った」という文言の解釈が問題となる。すなわち、「受け取った保険料」とは、報告日時点で実際にキャッシュを受け取ったもののみを指すのか、支払期限が到来した保険料を指すのか、また受け取ると見込まれる保険料を指すのかが、問題となる。

6-3-2　発生保険金に係る負債

保険料配分アプローチは残存カバーに係る負債の測定を簡便的に取り扱うものであり、発生保険金に係る負債については、ビルディング・ブロック・アプローチと同様に測定しなければならず、履行キャッシュ・フローの考え方を適用して測定することが要求される。

割引率についても同様であり、各報告期間の末日においては、現在の割引率を用いて発生保険金に係る負債を割り引くことが要求される場合があるが、そのような場合における保険金融収益または費用を純損益とその他の包括利益に分解することを選択することも、ビルディング・ブロック・アプローチと同様に認められている（B133項）。

ただし、保険料配分アプローチの適用時にこの選択を行う場合には、純損益における保険金融収益または費用を定める割引率については、発生保険金請求日現在で決定した割引率を用いて決定しなければならないとされている（B72項(e)(iii)）。この点について、当初認識時の割引率を用いるビルディング・ブロック・アプローチとは差異がある（9-2-5(1)図表8参照）。

なお、保険料配分アプローチの場合には、割引計算について簡便的な取扱いが認められており、保険金請求の発生日から1年以内に支払うかまたは受け取ると見込まれる場合には、将来キャッシュ・フローを貨幣の時間価値および金融リスクの影響について調整することは要求されない（59項(b)）。

6−3−3　不利な契約

(1) 契約が不利である場合の取扱い

　保険料配分アプローチを適用する保険契約グループについて、カバー期間中のいずれかの時点で、事実および状況が、保険契約グループが不利であることを示している場合には、企業は下記の両者の差額を計算しなければならない（57項）。

> (a) 保険料配分アプローチを適用した残存カバーに係る負債の帳簿価額
> (b) 残存カバーに係る履行キャッシュ・フロー（ビルディング・ブロック・アプローチ）

　上記の(b)で記述された履行キャッシュ・フローが(a)に記述された帳簿価額を上回る範囲で、損失を純損益に認識すると共に、残存カバーに係る負債を増額しなければならない（58項）（次頁図表36）。

　なお、ここでの履行キャッシュ・フローとは、ビルディング・ブロック・アプローチと同様の方法で算定されるものである。ただし、保険金請求から支払いまで1年以内であり、貨幣の時間価値および金融リスクの影響について調整していない場合には、そのような調整を履行キャッシュ・フローに含めてはならないとされている（57項(b)）。

　6−2−2設例2では発生保険金に係る負債の例を記載している。

(2) 実務上の課題

　保険料配分アプローチを適用した場合には、残存カバーに係る負債については簡便的な方法により測定が行われるため、ビルディング・ブロック・アプローチにおける履行キャッシュ・フローの算定は不要となる。

　しかし、保険契約グループが不利となった場合には、上述のとおり履行キャッシュ・フローの算定が必要となる。そのため、保険料配分アプローチを適用する保険契約グループにおける残存カバーに係る負債に対しても、履行キャッシュ・フローを算定できるような体制の構築が必要となるかもしれない。

第6章 事後測定

【図表36】契約が不利になった場合

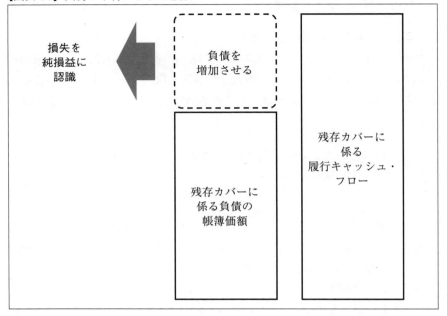

6-4　変動手数料アプローチ

　5-4でも触れたとおり、IFRS第17号は、変動手数料アプローチが適用される直接連動有配当保険契約の当初測定について、一般モデルの要求事項の一部を修正していないが、事後測定については、その一部について一般モデルと異なる規定を定めている（次頁図表37）。

6-4-1　適用条件

　5-1-2でも触れたとおり、変動手数料アプローチは、直接連動有配当保険契約に適用される。直接連動有配当保険契約は、以下の条件を満たす場合、変動手数料アプローチが適用される（B101項(a)～(c)）。

> (a) 契約条件で、基礎となる項目の明確に識別されたプールに対する持分に保険契約者が参加する旨を定めている（B105項からB106項参照）。
> (b) 企業が保険契約者に基礎となる項目に対する公正価値リターンの相当な持分に等しい金額を支払うと予想している（B107項参照）。
> (c) 保険契約者に支払う金額の変動の相当な部分が、基礎となる項目の公正価値の変動に応じて変動すると企業が予想している（B107項参照）。

　上記の条件を満たす場合、直接連動有配当保険契約の保険契約者に対する義務は、基礎となる項目の公正価値と同額を保険契約者に支払う義務から、保険契約で提供される将来のサービスと交換に企業が当該基礎となる項目の公正価値から差し引く変動手数料を控除したものとして表されることになる（B104項）。

　企業が発行する保険契約が上記の条件を満たすかどうかは、契約開始時における予想を用いて評価しなければならない。契約条件が変更される場合を除き（第8章参照）、上記の条件を満たすかどうかは、事後的に評価することはできない（B102項）。

　変動手数料アプローチが適用されるかどうかの評価は、相互扶助（5-2-1

第6章 事後測定

【図表37】本節の対象となる契約および測定モデル

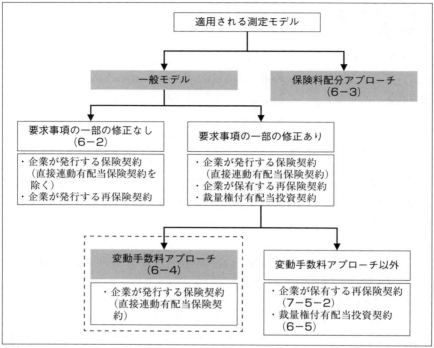

(注) 破線により囲まれた部分が本節の対象である。上記図表中の節番号は、各々の測定モデルの事後測定に関するIFRS第17号の要求事項の解説を記載した節を示している。

(5)③参照）の影響を考慮しなければならない（B103項）。

(1) 基礎となる項目の明確に識別されたプールに対する持分

保険契約の一部は、保険契約者に支払うべきキャッシュ・フローに対する裁量権を企業に与えていることがあるが、裁量権の存在自体は、上記の変動手数料アプローチを適用するための条件を満たすことを阻害しない。ただし、基礎となる項目への連動は強制可能でなければならない（B105項）。

また、変動手数料アプローチを適用するためには、企業は基礎となる項目の識別されたプールを保有することは強制されない。ただし、基礎となる項目は

明確に識別されている必要があり、IFRS 第 17 号は、以下の場合には基礎となる項目が存在していない旨のガイダンスを提供している（B106 項(a)～(b)）。

> (a) 企業が基礎となる項目を、遡及的影響を持って変更できる場合
> (b) 企業全体の業績および予想を反映するリターンが保険契約者に提供されるが、識別された基礎となる項目がない場合（例として、予定利率または配当支払い）

(2) 基礎となる項目に対する公正価値リターンの相当な持分の支払いおよび公正価値の変動に応じた変動

IFRS 第 17 号は、「相当」（substantial）について定義していない。しかし、直接連動有配当保険契約の目的は、企業が投資関連サービスを提供して、基礎となる項目を参照して決定される手数料を報酬として受け取ることにある。「相当」という用語は、この直接連動有配当保険契約の目的の中で解釈する必要がある（B107 項(a)）。

また、公正価値の変動可能性は、保険契約の存続期間にわたり、現在価値の確率加重平均ベースで評価しなければならず、最善または最悪のシナリオに基づく評価ではない（B107 項(b)）。

6-4-2 事後測定

5-1-2 でも触れたとおり、IFRS 第 17 号は、契約に基づくサービスの提供から稼得される利益の将来の変動を描写するために、契約上のサービス・マージンの所定の変動を認識することを要求しているが、直接連動有配当保険契約に係る契約上のサービス・マージンについてはより多くの変動を認識することを要求している。

また、その他の一般モデルに関する要求事項の一部についても修正されている。

第6章 事後測定

(1) 保険契約負債

　変動手数料アプローチにおいても、保険契約は履行キャッシュ・フローと契約上のサービス・マージンの金額で測定される。履行キャッシュ・フローは、前述のとおり、基礎となる項目の公正価値から企業が受領する変動手数料を差し引いた金額として表される（B104項）。

　各報告期間末日現在の契約上のサービス・マージンの帳簿価額は、報告期間期首現在の帳簿価額を以下について調整した額として測定される（45項(a)～(e)）。

> (a) グループに加えられた新しい契約の影響
> (b) 基礎となる項目の公正価値に対する企業の持分の金額の変動（以下を除く）（6－4－2設例5参照）（B112項）
>   (i) リスク軽減が適用される範囲（6－4－3参照）
>   (ii) 基礎となる項目の公正価値に対する企業の持分の金額の減少が契約上のサービス・マージンの帳簿価額を上回り損失が生じる範囲
>   (iii) 基礎となる項目の公正価値に対する企業の持分の金額の増加が上記の損失を解消する範囲
> (c) 将来のサービスに係る履行キャッシュ・フローの変動（下記を除く）
>   (i) リスク軽減が適用される範囲
>   (ii) 履行キャッシュ・フローの増加が契約上のサービス・マージンの帳簿価額を上回り損失が生じる範囲
>   (iii) 履行キャッシュ・フローの減少が残存カバーに係る負債の損失要素に配分される範囲
> (d) 為替差額の影響
> (e) 保険収益として認識した金額

　契約上のサービス・マージンに対する調整項目のうち、変動手数料アプローチと一般モデルでは、前者が基礎となる項目の公正価値の変動に対する企業の持分について調整されるのに対し、一般モデルでは発生利息の認識が要求される（6－2－3参照）点で異なっている。基礎となる項目の公正価値と同額を保険契約者に支払う義務は、契約上のサービス・マージンを修正しない（B111

項)。

IFRS 第17号は、設例9（IE100項〜IE112項）の中で、契約上のサービス・マージンを調整する変動手数料の内容について説明している。設例9は、以下のIFRS 第17号の要求事項に基づき記載されている（図表38）。

(2) 保険収益

変動手数料アプローチにおける保険収益の認識は IFRS 第17号の一般的な要求事項に従う。詳細は9－2－2(7)を参照のこと。

【図表38】契約上のサービス・マージンを調整する変動手数料の内容

項　目	契約上のサービス・マージンの調整の要否
基礎となる項目の公正価値の変動	
(a)保険契約者に支払う義務（B111項）	不可
(b)企業（保険契約の発行者）の持分（B112項）	要(注)
基礎となる項目に対するリターンに基づいて変動しない履行キャッシュ・フロー	
(c)貨幣の時間価値および金融リスクの影響の変動（B113項(b)）	要(注)
(d)上記以外の履行キャッシュ・フローの変動（B113項(a)）	要(注)

(注) 設例9では、上記(d)はないものと仮定されている。なお、IFRS 第17号は、これら契約上のサービス・マージンの調整項目を個別に識別して把握することを要求していない（B114項）。この場合、設例9では、基礎となる項目の公正価値の変動の総額（CU1,500）から、本図表中の(a)を控除することで（CU1,403）、(b)〜(d)（ただし(d)はゼロ）の合計額（CU97 = CU1,500 − CU1,403）を計算し、当該金額で契約上のサービス・マージンを調整している。

参考までに、設例9では、(b)は CU30（CU30 = 基礎となる項目の公正価値 CU15,000 x 基礎となる項目のリターン10％x 手数料2％）、(c)は CU67（CU67 = CU97 − CU30）、(d)はゼロである。なお、設例9では CU1,403 の計算方法が明示されていないことから、その内容は不明である。

第6章　事後測定

(3) 保険金融収益または費用

変動手数料アプローチにおいても、保険金融収益または費用を純損益およびの他の包括利益に分解する会計方針の選択が認められる。詳細は９−２−５(4)を参照のこと。なお、**図表39**は、９−２−５(1)**図表8**のうち、変動手数料アプローチに関する部分を抜粋したものである。

【図表39】変動手数料アプローチの発生利息の認識に使用される割引率

	変動手数料アプローチ（注）
	直接連動有配当保険契約 （企業が基礎となる項目を保有する場合）
将来キャッシュ・フロー	当期簿価利回りアプローチ（B134項）
非金融リスクに係るリスク調整	将来キャッシュ・フローと整合的に決定するものと考えられる
契約上のサービス・マージン	将来キャッシュ・フローと整合的に決定（B132項(c)(ii)）

(注) 変動手数料アプローチを適用するための条件として、基礎となる項目の識別されたプールを保有している必要はない（B106項）。ただし、当期簿価利回りアプローチを適用するためには、基礎となる項目を保有していなければならない（B134項）。基礎となる項目を保有していない場合、直接連動有配当保険契約以外の保険契約のうち、金融リスクに関連する仮定の変更が保険契約者に支払う金額に相当な影響を与えるかどうかの判断を行う必要があると考えられる。

設例5　変動手数料アプローチに基づく保険契約負債の事後測定および財務諸表（一部）の表示

【20X1年度期首】
■20X1年度期首、D社はカバー期間5年の直接連動有配当保険契約を50件発行した。
■すべての保険契約は20X1年度期首の時点において当初認識され、またカバー期間も同時点において開始する。
■発行した保険契約の保険料は1件当たり200である（合計10,000）。保険料はすべて当初認識時において受領する。

6-4 変動手数料アプローチ

■当初認識時点において、D社は保険金支払合計額の現在価値を9,000と見積った。保険金支払額は、各契約の勘定残高に基づき決定される。すなわち、保険契約者は、カバー期間中に死亡した場合、またはカバー期間の満期時のいずれかの時点において、勘定残高に相当する金額を受領する。なお、勘定残高は以下のように計算される。勘定残高は投資要素に該当すると仮定する。当該投資要素は保険契約から分離されない。
　・期首残高
　・加算：受領保険料（あれば）
　・加算：資産プールの公正価値
　・減算：死亡保険金または満期保険金の支払い

■なお、本設例では、各年度末に保険契約者1名が死亡するものとし、死亡保険金は直ちに支払われるものとする。各年度において支払われる死亡保険金および満期保険金は以下のとおりとする。保険金の支払時には金融資産を売却し、売却による利得または損失は生じないものとする。

	死亡保険金または満期保険金の支払額
20X1年度	220
20X2年度	242
20X3年度	266
20X4年度	293
20X5年度	14,817

■当初認識時点において、D社は非金融リスクに係るリスク調整を400と見積った。D社は、5年間のカバー期間にわたり、均等にリスクから解放されるものと仮定する。また、D社はリスク調整について、保険金融収益または費用を分解せず、その変動全体を純損益に含めている。

■当初認識時点の契約上のサービス・マージンは600である。
　600＝保険料10,000－保険金等の現在価値9,000－リスク調整400

■資産プールの公正価値のリターンは、カバー期間にわたり以下のように変動すると仮定する。資産プールは純損益を通じて公正価値で測定される。

	公正価値リターン
20X1年度	10%
20X2年度	10%

第6章　事後測定

20X3年度	10%
20X4年度	10%
20X5年度	10%

【20X1年度期末】
■D社は保険金融収益または費用を純損益とその他の包括利益に分解せず、その全額を純損益に認識する。また、D社は、公正価値リターンの3%を手数料として受領するものとする。

【図表40】財政状態計算書および財務業績の計算書

財政状態計算書	借方（貸方）
金融資産	10,780
保険契約負債	(10,569)
利益剰余金	(211)

財務業績の計算書	借方（貸方）
保険収益	(211)
金融収益	(1,000)
保険金融費用	1,000
当期利益	(211)

【図表41】残存カバーに係る負債の変動表

借方（貸方）	20X1年度期首	キャッシュ・インフロー	キャッシュ・アウトフロー	公正価値リターン	保険収益	20X1年度期末
将来キャッシュ・インフロー（保険料）	10,000	(10,000)				0
将来キャッシュ・アウトフロー（保険金）	(9,000)		220	(970)		(9,750)
リスク調整	(400)				80	(320)
契約上のサービス・マージン	(600)			(30)	131	(499)
合計	0	(10,000)	220	(1,000)	211	(10,569)

6-4 変動手数料アプローチ

【図表42】20X1年度仕訳

【保険契約の当初認識】
- (借方) 現金　　　　　　　　　　　　10,000
- (貸方) 保険契約負債 (CF)　　　　　　9,000
- (貸方) 保険契約負債 (RA)　　　　　　400
- (貸方) 保険契約負債 (CSM)　　　　　600

【金融資産の購入】
- (借方) 金融資産　　　　　　　　　　10,000
- (貸方) 現金　　　　　　　　　　　　10,000

【保険金の支払い】
- (借方) 保険契約負債 (CF)　　　　　　220
- (貸方) 金融資産　　　　　　　　　　220

【資産プールの公正価値変動の認識】
- (借方) 金融資産　　　　　　　　　　1,000
- (貸方) 金融収益　　　　　　　　　　1,000

【資産プールの公正価値の変動による保険契約負債の変動（契約上のサービス・マージンの調整は、1,000×3%で計算し、45項(b)に従って認識したもの）】
- (借方) 保険金融費用　　　　　　　　1,000
- (貸方) 保険契約負債 (CF)　　　　　　970
- (貸方) 保険契約負債 (CSM)　　　　　30

【保険収益の認識（CSMの131は、(期首残高600＋公正価格リターンの企業持分30)×(当期のカバー単位50÷カバー単位総数240)で計算し、カバー単位は保険契約者数として決定）】
- (借方) 保険契約負債 (RA)　　　　　　80
- (借方) 保険契約負債 (CSM)　　　　　131
- (貸方) 保険収益　　　　　　　　　　211

【20X2年度～20X5年度】

■保険契約の当初認識を除いて20X1年度と同じ仕訳であることから、記載を省略する。

仕訳（省略）。

6-4-3 リスク軽減

　保険契約を発行する企業は、当該契約から生じるリスクに晒されている。特に保険契約者に対して支払うべき金額が、その裏付けとなる投資資産から受け取る金額と乖離する場合には、保険契約者に支払う金額が裏付けとなる投資資産により充当することができないかもしれない。企業はこのようなリスクを軽減するために、デリバティブを使用している場合がある（BC250項）。なお、2020年6月、IASBはIFRS第17号を修正し、それまでデリバティブに限定されていたリスク軽減の手段を、再保険契約および純損益を通じて公正価値で測定する非デリバティブ金融商品に拡大している（B115項など）。

　6-4-2に述べたとおり、変動手数料アプローチが適用される場合、基礎となる項目の公正価値の変動の一部が契約上のサービス・マージンを調整することになる。一方で、デリバティブは純損益を通じて公正価値で測定されることから、保険契約負債の変動とデリバティブの公正価値の変動について会計上のミスマッチが生じる。

　IFRS第17号は、デリバティブを使用してリスク軽減を行っている企業を想定して、会計上のミスマッチを解消するための手段を提供している。すなわち、以下の条件を満たす場合、企業は変動手数料アプローチを適用した場合に要求される、基礎となる項目の公正価値の変動に対する契約上のサービス・マージンの調整を認識しないことを選択することができる（B115項）。基礎となる項目の公正価値の変動に対する契約上のサービス・マージンの調整をしない場合、リスク管理目的およびリスク管理戦略を文書化する必要がある。

　当該目的および戦略を適用するためには以下の条件をすべて満たす必要がある（B116項）。

> (a) 保険契約とデリバティブ、純損益を通じて公正価値で測定する非デリバティブ金融商品、又は保有している再保険契約との間に経済的相殺が存在する（すなわち、保険契約とそれらのリスク軽減項目の価値は、軽減しようとしているリスクの変動に同様の方法で反応するので、一般的

> には反対方向に動く）。企業は、経済的相殺を評価する際に、会計上の測定の相違を考慮してはならない。
> (b) 信用リスクは経済的相殺を左右しない。

　上記の条件のうち最後の2項目は、IFRS第9号のヘッジ会計の要件と類似している（IFRS第9号6.4.1(c)(i)・(ii)）。

　IFRS第9号は「経済的関係」という用語を使用し、ヘッジ手段とヘッジ対象の価値が反対方向に向いていることだと説明している（IFRS第9号B6.4.4項）。

　信用リスクに関しては、たとえばヘッジ手段としてデリバティブを指定した場合、その取引相手方の信用リスクの影響により、デリバティブの公正価値の変動がヘッジ対象の価値の変動と反対方向とならず、経済的関係が阻害されるような状況では、ヘッジ会計を適用することができない規定がある（IFRS第9号B6.4.7項）。

　IASBは、IFRS第17号の開発の過程で、IFRS第9号のヘッジ会計の規定では、前述の会計上のミスマッチの問題を解消できない可能性を検討した。IFRS第9号はヘッジ対象の構成要素を識別してヘッジ対象として指定することを認めているが、当該構成要素は別個に識別して信頼性を持って測定できなければならない。保険契約に含まれる構成要素はこの条件を満たさない可能性があることに、IASBスタッフは留意し、前述の規定の開発に至った経緯がある（2015年9月アジェンダ・ペーパー2E9項〜11項）。

　上記のいずれかの条件が満たされなくなった場合、その日からリスク軽減の会計処理を中止しなければならない。ただし、過去に純損益に認識した変動については修正しない（B118項）。

> Column　　　　　IFRS 的閑話③

　IFRS 第 9 号は、リスク管理戦略とリスク管理目的を明確に区別している。IAS 第 39 号においても同様の用語は使用されていたが（IAS 第 39 号 88 項(a)）、IFRS 第 9 号においてその内容が明確化されている。
　リスク管理戦略とは、企業がリスクをどのように管理するかを決定する、最高レベルで設定されるものであり、通常、企業が晒されているリスクを特定し、企業がそれにどのように対応するかを示している。また、リスク管理戦略は長期にわたって機能し、当該戦略が機能している間に生じる状況の変化に対応する若干の柔軟性を含んでいる場合がある（IFRS 第 9 号 B6.5.24 項）。リスク管理戦略の例として、企業が保有する外貨建の負債性金融資産の為替リスクのエクスポージャーのうち 20％をヘッジすることが挙げられる。一方、リスク管理目的とは、特定のヘッジ関係のレベルで適用されるものである（同前）。例として、前述の 20％の為替エクスポージャーをヘッジするために、為替予約をヘッジ手段として指定して、特定の債券をヘッジ対象として指定し、IFRS 第 9 号 6.4.1 項の要求事項に従ってヘッジ会計の適用要件を充足するようにヘッジ会計を適用することを目的とする場合が挙げられる。したがって、リスク管理戦略はリスク管理目的の上位に位置する。
　IFRS 第 9 号においてリスク管理戦略およびリスク管理目的の設定はきわめて重要である。たとえば、将来においてヘッジ関係がリスク管理目的に合致しなくなる場合、ヘッジ会計の中止のトリガーとなる可能性がある（IFRS 第 9 号 B6.5.26 項(a)）。
　IFRS 第 17 号 B115 項〜 B118 項は IFRS 第 9 号のヘッジ会計に関する要求事項を基礎として開発された経緯があるが、両基準書の要求事項は必ずしも同一ではなく、IFRS 第 17 号のリスク軽減に関連する前述の条文の適用にあたっては、両基準書の要求事項の異同点について分析することが必要となるであろう。

6-5 裁量権付有配当投資契約

5-1-1(3)に記載のとおり、IFRS 第17号は、裁量権付有配当投資契約の測定について、以下のとおり、一般モデルの要求事項の一部を修正している（71項(a)～(c)）。なお、これらのうち、事後測定に関連する修正は(c)である。

(a) 当初認識の日は、企業が契約の当事者になる日である。
(b) 契約の境界線は、企業が現在または将来の日に現金を引き渡す実質的な義務からキャッシュ・フローが生じる場合には、当該キャッシュ・フローが契約の境界線内にあるように修正される。現金を引き渡す約束について、約束した現金および関連するリスクの金額を完全に反映する価格を設定する実質上の能力を企業が有している場合には、企業は現金を引き渡す実質的な義務を有していない。
(c) 契約上のサービス・マージンの配分は、企業が契約のグループの存続期間にわたり、当該契約に基づく投資サービスの移転を反映する規則的な方法で契約上のサービス・マージンを認識するように修正される。

第7章

再保険契約

7-1 概　　要
7-2 重大な保険リスク
7-3 集約レベル
7-4 認識および認識の中止
7-5 測　　定
　　5-1 当初測定
　　5-2 事後測定
　　5-3 保険料配分アプローチ
　　5-4 変動手数料アプローチ

設例1～2

第 7 章　再保険契約

7-1　概　要

再保険契約とは、ある企業（再保険者）が他の企業に対し、当該他の企業が発行した1つまたは複数の保険契約（基礎となる保険契約）から生じる保険金について補償するために発行する保険契約である（付録A）。

企業が保険契約を再保険会社に出再する再保険契約（以下、「保有する再保険契約」）は、IFRS第17号の適用範囲に含まれる（3項(b)）。保有している再保険契約については、出再された保険契約（以下、「元受保険契約」）とは別個の契約として会計処理を行い、そこから生じる再保険資産について、元受保険契約に係る負債と相殺してはならない（9-1、9-2-4参照）。

再保険契約を保有している企業は、基礎となる保険契約者に支払うべき金額を再保険者から受け取ると見込んでいる金額だけ減額する権利を通常は有しておらず、元受保険契約と再保険契約を区分して会計処理することで、両方の契約からの企業の権利および義務ならびに関連する収益および費用の忠実な表現が提供されることになる（BC298項）。

【図表1】元受保険契約と再保険契約との関係

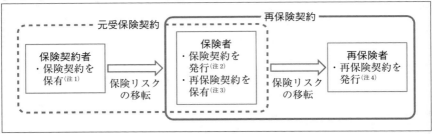

(注1) 保有している保険契約はIFRS第17号の適用範囲外
(注2) 発行する保険契約はIFRS第17号の適用範囲内
(注3) 保有する再保険契約はIFRS第17号の適用範囲内（発行する保険契約の規定を一部修正してIFRS第17号が適用される）
(注4) 発行する再保険契約はIFRS第17号の適用範囲内（発行する保険契約と同様の取扱い）

7-1 概　要

　元受保険契約と再保険契約との関係は**図表1**のとおりである。

　保有している再保険契約について、基本的には発行する保険契約と同様のアプローチが適用される（BC296項）。

　一方で、元受保険契約と再保険契約を区分して会計処理することで、両方の契約の間に会計上のミスマッチを生じさせる可能性があることから（BC298項）、元受保険契約に関する要求事項の一部は、再保険契約について調整されている。

　以下、次の項目について、元受契約に関する一般的な要求事項の再保険契約への適用を解説する。

●重大な保険リスク（7-2）
●集約レベル（7-3）
●認識および認識の中止（7-4）
●測定（7-5）

7-2 重大な保険リスク

再保険契約が保険契約の定義（付録A）を満たすためには、再保険者に対し重大な保険リスクを移転している必要があるが（2-2-4参照）、一部の再保険契約には必ずしも再保険者に重大な保険リスクが移転しておらず、重大な損失の可能性に晒されていないものがあり、この場合IFRS第17号の保険契約の定義に含まれる保険リスクの移転という条件を満たさない可能性がある。

2011年5月、IASBはU.S.GAAPの旧財務報告書基準書第113号（SFAS113）「短期契約および長期契約に関する会計処理および報告」11項（ASC944-20-15-53）の条文を取り込み、この懸念に対応することを暫定決定したが（2011年5月IASB会議　アジェンダ・ペーパー3J 36項）、後述するIFRS第17号の規定はこの暫定決定を反映したものである。

再保険契約が発行者を重大な損失の可能性に晒していない場合において、当該契約が、再保険者に基礎となる保険契約のうち再保険の付保された部分に関する保険リスクのほとんどすべてを移転するときは、重大な保険リスクを移転するものとみなされる（B19項）。

これにより、再保険契約全体でみると損失が発生する経済的シナリオが存在しない場合であっても、個別の元受保険契約においては重大な追加給付が発生する場合は、当該再保険契約は重大な保険リスクを移転するものとみなされる。

7−3　集約レベル

　前述のとおり、保険契約ポートフォリオの識別およびグループ分けに関するIFRS 第 17 号の一般的な要求事項は、企業が保有する再保険契約にも適用される（3−2−2(7)参照）。一部の再保険契約については、保険契約グループが単一の契約で構成される場合がある（61 項）。

　なお、保有する再保険契約は不利にはなり得ない（68 項）。したがって、不利な契約のグループは、保有する再保険契約には存在しない（29 項(b)）。

7−4 認識および認識の中止

　企業は、元受保険契約に関する認識の一般的な要求事項（**第4章**参照）に代えて、保有する再保険契約を次のうちいずれか早いほうの時点で認識しなければならない（62項）。これに従えば、基礎となる保険契約グループが不利の場合は、保有する再保険契約グループの認識時点が、そのカバー期間の開始時点よりも早い時点となる場合がある（同前）。ただし、保有する再保険契約が比例的なカバーを提供している場合には、認識時点が保有している再保険契約のカバー期間の開始時よりも遅くなる場合がある（62A項）。

> **62項**
> (a) 保有している再保険契約グループのカバー期間の開始時
> (b) 基礎となる保険契約の不利なグループを認識した日（関連する保有する再保険契約を当該日以前に締結している場合）
>
> **62A項**
> 　ただし、上記(a)にかかわらず、比例的なカバーを提供する再保険契約、かつ、基礎となる保険契約の当初認識日が保有している再保険契約グループのカバー期間の開始時よりも遅い場合は、基礎となる保険契約の当初認識日に認識する。

この規定により、以下の効果が生じる（BC305項・BC305A項）。

> **BC305項**
> (a) 保有している再保険契約が比例的なカバーを適用する場合、企業が少なくとも1つの基礎となる契約を認識するまでは、再保険契約グループは認識されないこととなる。
> (b) 保有している再保険契約グループが保険契約グループから生じる所定の金額を超える損失の総額をカバーする場合には、保有している再保険契約グループの認識時期は、基礎となる契約の認識時期ではなく、再保険契約グループのカバー期間の開始時に認識される。

BC305A 項

企業が基礎となる不利な保険契約を認識する際に、それが企業が保有している再保険契約グループを認識するはずだった時期よりも早い場合には、保有している再保険契約を認識する。

なお、再保険契約の締結により、関連する基礎となる保険契約の認識は中止されない。

関連する基礎となる保険契約、すなわち元受保険契約は、契約上の義務が履行、解約または期間満了により消滅するが、再保険契約により元受保険契約に基づく義務を履行する責任はなくならないためである（BC306 項）。

7-5 測定

7-5-1 当初測定

(1) 将来キャッシュ・フロー

　企業は、保有する再保険契約グループに係る将来キャッシュ・フローの現在価値の見積りを、基礎となる保険契約グループに係る将来キャッシュ・フローの現在価値の見積りと整合的な仮定を使用して測定しなければならない（63項）。

　保有する再保険契約グループに係る将来キャッシュ・フローの見積りには、企業が再保険カバーを受ける実質的な権利を有している場合、将来企業が発行すると見込んでいる保険契約に関するキャッシュ・フローが含まれる（BC309A項）。これは、従来の実務からの変更となる（BC309F項）。企業は、未だ発行されていない基礎となる保険契約のキャッシュ・フローを、保有する再保険契約グループに係る将来キャッシュ・フローの見積りに含めることになる。

　保有する再保険契約グループに係る将来キャッシュ・フローの現在価値の見積りには、再保険契約の発行者（再保険者）の不履行リスクの影響を含めなければならない（63項）。再保険契約を保有している企業は、再保険者が債務不履行となったり、保険事故について正当な請求が存在するかどうか異議を唱えたりするかもしれないというリスクに直面しているからである。

　不履行リスクの影響は予想信用損失により反映されるが、その見積りは期待値を基礎としなければならない（BC308項）。これは、IFRS第9号の購入および組成した信用減損金融資産との間で整合的な会計処理となる（BC309項）。

(2) リスク調整

　非金融リスクに係るリスク調整については、再保険契約の保有者が移転しようとしているリスクの金額を表すように、算定しなればならない（64項）。すなわち、基礎となる保険契約のリスク調整のうち再保険契約により出再される

金額が計上されることとなる。

当該金額については、再保険契約考慮後のリスク純額と、再保険契約考慮前のリスク総額との差額として算定することが考えられる。

(3) 契約上のサービス・マージン

元受保険契約の契約上のサービス・マージンは、再保険契約においては未稼得利益ではなく、当該契約購入による正味のコストまたは正味の利得として捉えられる（65項）。

したがって、元受保険契約の契約上のサービス・マージンに関する要求事項は、保有する再保険契約については以下のように修正される。すなわち、契約上のサービス・マージンは以下の金額の合計額に等しい金額で測定される（65項）。

なお、基礎となる不利な契約について損失を認識する場合には、保有する再保険契約当初認識時に損失回収要素を設定することが要求される（66B項）。損失回収要素は契約上のサービス・マージンを修正し、その結果として収益が認識される（66A項）。

65項
(a) 履行キャッシュ・フロー
(b) 保有している再保険契約グループに係るキャッシュ・フローについて過去に認識した資産または負債の認識を中止した金額
(c) 当初認識時に発生したキャッシュ・フロー
(d) 損失回収要素の設定（66A項・66B項）

保有している再保険契約から回収される損失（損失回収要素）の金額は以下の積によって算定される（B119項D）。

(a) 基礎となる保険契約グループについて認識する損失
(b) 基礎となる保険契約に係る保険金のうち、保有している再保険契約から回収すると企業が見込んでいる比率

第7章　再保険契約

　保有する再保険契約の契約上のサービス・マージン（図表2）は、原則として資産または負債となる。ただし、再保険カバーの購入の正味コストが、保有する再保険契約グループの購入前に発生したものである場合は、そうしたコストは直ちに純損益に認識しなければならない（65A項）。

　前述7-3のとおり、保有する再保険契約は不利とはならないことから、損失要素（49項）の設定は要求されない。

【図表2】契約上のサービス・マージン

（注1）再保険契約が当該契約の購入前に発生した事象を対象としている場合は純損益に認識。
（注2）図表中において、損失回収要素は明示的に示していない。

設例1　保有する再保険契約の当初測定（不利な契約）

【20X1年度】
■ 20X1年度期首、A社はカバー期間3年の保険契約および同期間の再保険契約を購入した。

- 基礎となる保険契約は20X1年度期首の時点において当初認識され、また再保険契約も同時点で認識される。
- 基礎となる保険契約の保険料は1,110である。保険料はすべて基礎となる保険契約の当初認識時点において受領する。
- A社は、基礎となる保険契約の保険金を1年当たり300と見積った（合計900）。保険金は各年度の末日時点において発生し、発生した保険金は直ちに支払われるものとする。
- 基礎となる保険契約の一部は不利である。A社は基礎となる保険契約について、不利な契約のグループおよび収益性のあるグループをそれぞれ設定する。
- 再保険契約の保険料は315である。再保険料は再保険契約の当初認識時点において支払われる。
- 再保険契約は、基礎となる保険契約に係る保険金請求の30%をカバーする。
- A社は、再保険契約について単一のグループを設定する。
- 簡便化のため、リスク調整、貨幣の時間価値、再保険者の不履行リスク等、本設例に記載されていない事項は考慮しない。（図表3）。

【図表3】財政状態計算書および財務業績の計算書

財政状態計算書	借方（貸方）
現　　金	585
再保険契約資産	228
保険契約負債	(800)
利益剰余金	(13)

財政業績の計算書	借方（貸方）
保険収益	(370)
保険サービス費用	360
支払った再保険料の配分	105
再保険者から回収した金額	(108)
当期利益	(13)

(注)　本章の設例の財政状態計算書および財務業績の計算書は読者の便宜のために作成されたものであり、IAS第1号、IFRS第17号、IFRS第18号およびその他の関連する基準書の要求事項とは必ずしも整合していない。

第7章 再保険契約

【図表4】保険契約および再保険契約の変動表

(合計) 元受契約の残存カバーに係る負債

借方（貸方）	発生見込時期	20X1年度期首	キャッシュ・インフローまたはアウトフロー	見積りの見直し	保険サービス損益	20X1年度期末
将来キャッシュ・インフロー（保険料）	20X1年度期首	1,110	(1,110)	0	0	0
将来キャッシュ・アウトフロー（保険金）	20X1年度	(300)	0	0	300	0
	20X2年度	(300)	0	0	0	(300)
	20X3年度	(300)	0	0	0	(300)
契約上のサービス・マージン		(300)	0	0	100	(200)
合　　計		(90)	(1,110)	0	400	(800)

(内訳) 元受契約の残存カバーに係る負債（損失要素除く）

借方（貸方）	発生見込時期	20X1年度期首	キャッシュ・インフローまたはアウトフロー	見積りの見直し	保険サービス損益	20X1年度期末
将来キャッシュ・インフロー（保険料）	20X1年度期首	900	(900)			0
将来キャッシュ・アウトフロー（保険金）	20X1年度	(200)			200	0
	20X2年度	(200)				(200)
	20X3年度	(200)				(200)
契約上のサービス・マージン		(300)			100	(200)
合　　計		0	(900)	0	300	(600)

(内訳) 元受契約の残存カバーに係る負債（損失要素）

借方（貸方）	発生見込時期	20X1年度期首	キャッシュ・インフローまたはアウトフロー	見積りの見直し	保険サービス損益	20X1年度期末
将来キャッシュ・インフロー（保険料）	20X1年度期首	210	(210)			0

7-5 測定

将来キャッシュ・アウトフロー（保険金）	20X1年度	(70)			70	0
	20X2年度	(70)				(70)
	20X3年度	(70)				(70)
損失要素	20X1年度	(30)			30	0
	20X2年度	(30)				(30)
	20X3年度	(30)				(30)
合計		(90)	(210)	0	100	(200)

保有する再保険契約

借方（貸方）	発生見込時期	20X1年度期首	キャッシュ・インフローまたはアウトフロー	見積りの見直し	保険サービス損益	20X1年度期末
将来キャッシュ・インフロー（再保険金）	20X1年度	90			(90)	0
	20X2年度	90				90
	20X3年度	90				90
将来キャッシュ・アウトフロー（再保険料）	20X1年度期首	(315)	315			0
契約上のサービス・マージン		45			(15)	30
損失回収要素		27			(9)	18
合計		27	315	0	(114)	228

【図表5】20X1年度仕訳

【基礎となる保険契約：当初認識】
（借方）現金　　　　　　　　　　　　　1,110
（借方）保険サービス費用　　　　　　　　　90
（貸方）保険契約負債（損失要素除く）　1,110
（貸方）保険契約負債（損失要素）　　　　　90
【基礎となる保険契約：保険金の発生・支払い】
（借方）保険サービス費用　　　　　　　　300
（貸方）現金　　　　　　　　　　　　　　300
【基礎となる保険契約：保険収益の認識・損失要素の戻入れ】
（借方）保険契約負債（CF）　　　　　　　270
（借方）保険契約負債（CSM）　　　　　　100

第7章　再保険契約

（借方）保険契約負債（損失要素）	30
（貸方）保険収益	370
（貸方）保険サービス費用	30
【再保険契約：当初認識・損失回収要素の設定】	
（借方）再保険契約資産（CF）	315
（借方）再保険契約資産（損失回収要素）	27
（貸方）現金	315
（貸方）再保険者から回収した金額	27
【再保険契約：再保険金の発生・受領】	
（借方）現金	90
（貸方）再保険者から回収した金額	90
【再保険契約：純損益項目の認識】	
（借方）支払った再保険料の配分	105
（借方）再保険者から回収した金額	9
（貸方）再保険契約資産（CF）	90
（貸方）再保険契約資産（CSM）	15
（貸方）再保険契約資産（損失回収要素）	9

(注)　IFRS第17号 IE 138A項～IR 138 O項の設例12Cを基に一部抜粋・加筆・修正・翻訳して筆者作成。

7-5-2　事後測定

　企業は、報告期間末日における再保険契約の契約上のサービス・マージンを、以下の項目について調整したものとして測定しなければならない（66項）。

- (a)　保険契約グループに加えられた新しい契約の影響
- (b)　契約上のサービス・マージンに対して発生した利息
- (ba)　損失回収要素の設定または修正に伴う収益の認識
- (bb)　損失回収要素の戻入れ
- (c)　以下を除く、将来のサービスに関連する履行キャッシュ・フローの変動
    - (i)　基礎となる保険契約の契約上のサービス・マージンを修正しない、

基礎となる保険契約の履行キャッシュ・フローの変動
　(ⅱ) 保険料配分アプローチを適用している基礎となる保険契約が不利な場合
(d) 為替差額の影響
(e) 当期に受けたサービスにより純損益に認識した金額（**第9章参照**）

　損失回収要素の設定および修正に関するIFRS第17号の規定は、事後測定においても適用される（7－5－1⑶参照）。

　なお、基礎となる保険契約の契約上のサービス・マージンは負とはならないが、再保険契約の契約上のサービス・マージンは、履行キャッシュ・フローの変動の結果として調整される金額に原則として制限はない（BC314項）。

　ただし、元受保険契約が不利になった場合に純損益に認識される金額は、再保険契約の契約上のサービス・マージンを調整しない（66項(c)(ⅱ)・BC315項）。

　予想信用損失の変動（7－5－1⑴参照）は契約上のサービス・マージンを調整しない（BC309項）。

　以下、**設例**を参照されたい。

設例2　保有する再保険契約の事後測定（不利な契約）

【20X2年度】
■以下に記載する事項を除き、**設例2**は**設例1**の前提を使用する。
■20X2年度末日において、A社は、基礎となる保険契約グループの保険金が20X3年度において10%増加すると見積った。結果として、基礎となる保険契約グループの将来キャッシュ・アウトフローが300から330に増加した。
■基礎となる保険契約の将来キャッシュ・アウトフローの見積変更に伴い、A社は保有する再保険契約の将来キャッシュ・インフローについても見積りを変更し、90から99に増加した（図表6）。

【図表6】財政状態計算書および財務業績の計算書

財政状態計算書	借方（貸方）
現　　金	375

第7章 再保険契約

再保険契約資産	120
保険契約負債	(420)
利益剰余金	(75)

財政業績の計算書	借方（貸方）
保険収益	(360)
保険サービス費用	280
支払った再保険料の配分	103
再保険者から回収した金額	(85)
当期利益	(62)

(注) 本章の設例の財政状態計算書および財務業績の計算書は読者の便宜のために作成されたものであり、IAS第1号、IFRS第17号、IFRS第18号およびその他の関連する基準書の要求事項とは必ずしも整合していない。

【図表7】保険契約および再保険契約の変動表
（合計）元受契約の残存カバーに係る負債

借方（貸方）	発生見込時期	20X2年度期首	キャッシュ・インフローまたはアウトフロー	見積りの見直し	保険サービス損益	20X2年度期末
将来キャッシュ・インフロー（保険料）	20X1年度期首	0	0	0	0	0
将来キャッシュ・アウトフロー（保険金）	20X1年度	0	0	0	0	0
	20X2年度	(300)	0	0	300	0
	20X3年度	(300)	0	(30)	0	(330)
契約上のサービス・マージン		(200)	0	20	90	(90)
合計		(800)	0	(10)	390	(420)

（内訳）元受契約の残存カバーに係る負債（損失要素除く）

借方（貸方）	発生見込時期	20X2年度期首	キャッシュ・インフローまたはアウトフロー	見積りの見直し	保険サービス損益	20X2年度期末
将来キャッシュ・インフロー（保険料）	20X1年度期首	0				0

7-5 測　定

		20X1 年度	0				0
将来キャッシュ・アウトフロー（保険金）		20X2 年度	(200)			200	0
		20X3 年度	(200)		(20)		(220)
契約上のサービス・マージン			(200)		20	90	(90)
合　　計			(600)	0	0	290	(310)

(内訳) 元受契約の残存カバーに係る負債（損失要素）

借方（貸方）	発生見込時期	20X2 年度期首	キャッシュ・インフローまたはアウトフロー	見積りの見直し	保険サービス損益	20X2 年度期末
将来キャッシュ・インフロー（保険料）	20X1 年度期首	0				0
将来キャッシュ・アウトフロー（保険金）	20X1 年度	0				0
	20X2 年度	(70)			70	0
	20X3 年度	(70)				(70)
損失要素	20X1 年度	0				0
	20X2 年度	(30)			30	0
	20X3 年度	(30)		(10)		(40)
合　　計		(200)	0	(10)	100	(110)

保有する再保険契約

借方（貸方）	発生見込時期	20X2 年度期首	キャッシュ・インフローまたはアウトフロー	見積りの見直し	保険サービス損益	20X2 年度期末
将来キャッシュ・インフロー（再保険金）	20X1 年度	0				0
	20X2 年度	90			(90)	0
	20X3 年度	90		9		99
将来キャッシュ・アウトフロー（再保険料）	20X1 年度期首	0				0
契約上のサービス・マージン		30		(4)	(13)	13
損失回収要素		18		(2)	(8)	8
合　　計		228	0	3	(111)	120

【図表8】20X2年度仕訳

【基礎となる保険契約：保険金の発生・支払い】	
（借方）保険サービス費用	300
（貸方）現金	300
【基礎となる保険契約：将来キャッシュ・フローの見積り見直し】	
（借方）保険サービス費用	10
（借方）保険契約負債（CSM）	20
（貸方）保険契約負債（CF）	20
（貸方）保険契約負債（損失要素）	10
【基礎となる保険契約：保険収益の認識・損失要素の戻入れ】	
（借方）保険契約負債（CF）	270
（借方）保険契約負債（CSM）	90
（借方）保険契約負債（損失要素）	30
（貸方）保険収益	360
（貸方）保険サービス費用	30
【再保険契約：再保険金の発生・受領】	
（借方）現金	90
（貸方）再保険者から回収した金額	90
【再保険契約：将来キャッシュ・フローの見積り見直し】	
（借方）再保険契約資産（CF）	7
（貸方）再保険契約資産（CSM）	4
（貸方）再保険者から回収した金額	3
【再保険契約：純損益項目の認識】	
（借方）支払った再保険料の配分	103
（借方）再保険者から回収した金額	8
（借方）再保険契約資産（CF）	90
（貸方）再保険契約資産（CSM）	13
（貸方）再保険契約資産（損失回収要素）	8

（注）IFRS第17号 IE 138 A項～IR 138 O項の設例12Cを基に一部抜粋・加筆・修正・翻訳して筆者作成。

7-5-3　保険料配分アプローチ

再保険契約の開始時に以下のいずれかに該当する場合、企業は保険料配分アプローチを適用することができる（69項）。

> (a) 保有する再保険契約の測定に関する要求事項（7-5-1および7-5-2参照）を適用した結果と重要な相違がないと企業が合理的に予想している。
> (b) 保有している再保険契約グループの中の各契約のカバー期間が1年以内である。

企業が、残存カバーに係る資産の測定に影響を与える履行キャッシュ・フローの重大な変動可能性を企業が予想している場合は、保険料配分アプローチを適用することができない。

たとえば、履行キャッシュ・フローの変動可能性は、以下に従って増大する（70項）。

> (a) 将来キャッシュ・フローが契約に組み込まれたデリバティブに関係している度合
> (b) 保有している再保険契約グループのカバー期間の長さ

損失回収要素の設定および修正に関するIFRS第17号の要求事項（7-5-1および7-5-2参照）は、保有する再保険契約を保険料配分アプローチに基づき測定する場合にも適用される（70A項）。

7-5-4　変動手数料アプローチ

保有する再保険契約は直接連動有配当保険契約とはなり得ず、変動手数料アプローチの要求事項は適用されない（29項(b)・B109項）。

第 8 章

条件変更および認識の中止の概要

8 − 1　条件変更
8 − 2　認識の中止
　　2 − 1　認識の中止の条件
　　2 − 2　認識の中止の会計処理
8 − 3　実務上の課題──転換制度の取扱い

設例 1 〜 3

第8章　条件変更および認識の中止の概要

8-1　条件変更

　保険契約は、たとえば契約の当事者間の合意または規制の変更によって、その条件が変更されることがある。カバー期間の延長や短縮、保険料の引上げとの交換での給付の増額はその例であるが、これは契約の当初の条件として有する権利を行使するのとは異なる（BC317項）。契約の条件に当初より含まれている権利の行使は、契約の条件変更ではない。

　保険契約の条件が変更される場合、以下のいずれかの条件が満たされるとき、条件変更前の保険契約は認識が中止され、条件変更後の保険契約が新しい契約として認識される（72項）。

> (a)　変更後の条件が契約開始時点より含まれていた場合、以下のいずれかに該当する。
>   (i)　条件変更後の契約がIFRS第17号の適用範囲（**第2章参照**）から除外される。
>   (ii)　保険契約から異なる構成要素が分離され（**2-5参照**）、結果として異なる保険契約が生じる。
>   (iii)　条件変更後の契約の境界線（**5-2-1参照**）が著しく異なっている。
>   (iv)　条件変更後の契約が異なるグループ（**第3章参照**）に含まれる。
> (b)　条件変更後に直接連動有配当保険契約の定義を満たさなくなった。またはその逆。
> (c)　条件変更後に保険料配分アプローチの適格要件を満たさなくなった。またはその逆。

　すなわち、条件変更により適用される会計処理が著しく異なることになれば、保険契約の認識の中止が要求されることになる。

　前述の条件のいずれも満たさない場合、条件変更により適用される会計処理が著しく異ならないことになる。

　この場合、条件変更により生じるキャッシュ・フローの変動は、履行キャッ

シュ・フローの見積りの変動として会計処理される（73項）。すなわち、条件変更により会計処理が著しく異ならない場合は、履行キャッシュ・フローの見積りの変更と同じ方法で会計処理されることになる（BC320項）。

履行キャッシュ・フローの見積りの変動の会計処理は**第6章**を参照。

8-2 認識の中止

8-2-1 認識の中止の条件

保険契約が消滅する場合、企業はもはやリスクに晒されなくなり、保険契約を充足するために経済的資源を移転することを要求されなくなる（75項）。この場合、企業は保険契約を財政状態計算書からの認識を中止しなければならない。

IFRS第17号は、保険契約が以下のいずれかに該当する場合、その認識を中止することを要求している（74項）。

> (a) 保険契約が消滅する場合、すなわち保険契約で定められた義務が消滅、免除または取り消される場合
> (b) 前述の条件変更（8-1参照）に該当する場合

8-2-2 認識の中止の会計処理

(1) 一般的な要求事項

保険契約の認識の中止は、以下のように会計処理される（76項）。

> (a) 履行キャッシュ・フローは、認識が中止された権利および義務に係る将来キャッシュ・フローとリスク調整を除去するように修正される。
> (b) 契約上のサービス・マージンは、上記の履行キャッシュ・フローの変動について修正される。ただし、契約上のサービス・マージンの一般的な要求事項と同様に、損失要素に配分される金額は修正から除かれ、契約上のサービス・マージンは負にならない。
> (c) カバー単位の数は、認識の中止が行われるカバー単位を反映するように修正される。

保険契約は、企業が契約上の義務を履行するか、解約または期間満了により消滅する（後述の第三者への移転および一定の条件変更を含む）まで、認識の中

止が行われない（BC306項）。

認識の中止により履行キャッシュ・フローが取り崩されるが、その金額のすべてが直ちに純損益に影響するのではなく、当該取崩額について契約上のサービス・マージンを修正する（ただし、前述のように、損失要素に配分される金額については修正されず、契約上のサービス・マージンは負にならない）。

残存カバーに係るカバー単位の数は、保険契約グループから認識が中止されるカバー単位を反映するように修正される。当期に純損益に保険収益として認識される契約上のサービス・マージンは、当該修正後のカバー単位を基礎とする。

設例1　認識の中止の会計処理（一般）

■20X1年度期首、A社は発行する保険契約グループの一部について認識を中止した。認識が中止された権利および義務に係る将来キャッシュ・フローおよびリスク調整の合計額（履行キャッシュ・フロー）は100であった。
■損失要素はないものと仮定する（保険契約グループは不利でない）。

認識の中止の仕訳は以下のとおり。
　　（借方）保険契約負債（FCF）　　100
　　（貸方）保険契約負債（CSM）　　100

(2) 第三者への移転および条件変更による認識の中止の会計処理

保険契約の認識の中止が、当該契約の第三者への移転または条件変更によるものである場合、前述の(1)にかかわらず、契約上のサービス・マージンは以下のように修正される（77項）。

なお、第三者への移転および条件変更のいずれの場合も、履行キャッシュ・フローの会計処理は、前述の(1)に従う。

① 第三者への移転の場合

以下の差額について、契約上のサービス・マージンを調整する（77項）。

> **77項**
> (a)
>   (i) 認識の中止による保険契約グループの帳簿価額の変動
>   (ii) 第三者が請求する保険料

設例 2　認識の中止の会計処理（保険契約の第三者への移転）

- 20X1年度期首、B社は発行する保険契約グループの一部を第三者であるC社に移転した。移転された権利および義務に係る履行キャッシュ・フローは100であった。
- C社は保険料としてB社に90を請求した。
- 損失要素はないものとする（保険契約グループは不利でない）。

認識の中止の仕訳は以下のとおり。
（借方）保険契約負債（FCF）　100
（貸方）現金　　　　　　　　　90
（貸方）保険契約負債（CSM）　10

② 条件変更の場合

以下の差額について、契約上のサービス・マージンを調整する（77項）。

> **77項**
> (a)
>   (i) 認識の中止による保険契約グループの帳簿価額の変動
>   (iii) 条件変更後の保険契約を新たに締結したと仮定した場合の保険料から、条件変更により追加で請求される保険料を控除した額

認識される新契約は、条件変更後の保険契約を新たに締結したと仮定した場合の保険料を受け取ったものとして測定する（77項(b)）。

設例 3　認識の中止の会計処理（条件変更）

■ 20X1 年度期首、D 社は発行する保険契約グループの一部について条件変更を行った。当該条件変更は、条件変更前の契約を認識中止し、条件変更後の契約を新契約として認識する。条件変更前の契約の履行キャッシュ・フローは 100 であった。条件変更後の保険契約を新たに締結した場合の仮想的な保険料は 90 であると見積られた。
■ 条件変更により追加で請求される保険料はなかった。
■ 損失要素はないものとする（保険契約グループは不利でない）。

本取引の仕訳は以下のとおり。
　　（借方）保険契約負債（FCF）　100
　　（貸方）保険契約負債（FCF）　 90
　　（貸方）保険契約負債（CSM）　 10

第 8 章　条件変更および認識の中止の概要

8-3　実務上の課題——転換制度の取扱い

　保険契約者が現在の契約を活用して、新たな保険を契約する方法として転換制度があり、生命保険会社で多く活用されている。

　転換制度により、現在の契約の積立部分等を転換価格として新しい契約の一部に充当する方法で、元の契約は消滅することとなる。転換制度を保険契約の条件変更の要件を満たすものとして取り扱うか、当該要件を満たさないものとして取り扱うかにより、会計処理に違いが生じることに留意する必要がある。

第9章

表 示

9-1 財政状態計算書
9-2 財務業績の計算書
　2-1 概　要
　2-2 保険収益
　2-3 保険サービス費用
　2-4 保有している再保険契約から生じる収益または費用
　2-5 保険金融収益または費用
　2-6 保有している再保険契約から生じる保険金融収益または費用
9-3 IFRS 第 18 号の概要
　3-1 純損益計算書における小計の表示
　3-2 経営者が定義した業績指標
　3-3 情報の集約および分解に関する要求事項の改善
　3-4 その他の修正

設例 1 〜 12

第9章　表　　示

9-1　財政状態計算書

　IFRS 第17号は、保険契約ポートフォリオを識別したうえで、3つのグループに分けることを要求している（3-2-2参照）。

　財政状態計算書においては、各保険契約ポートフォリオの帳簿価額は以下のように区分して表示しなければならない（78項、IAS 第1号54項（da）・(ma)、IFRS 第18号 103項(f)・(p)）。

> **78項**　企業は、財政状態計算書において、下記のポートフォリオの帳簿価額を区分して表示しなければならない。
> (a)　資産である発行した保険契約
> (b)　負債である発行した保険契約
> (c)　資産である保有している再保険契約
> (d)　負債である保有している再保険契約

　また、資産ポジションにある保険契約グループと、負債ポジションにある保険契約グループは相殺してはならない（BC328項）。

　さらに、発行した保険契約すなわち元受保険契約と、保有している再保険契約すなわち出再保険契約は区分して表示しなければならない（BC329項）。

　IFRS 第17号においては、保険契約グループの認識の前の時点において、保険獲得キャッシュ・フローを資産として認識することがある（4-2-2参照）。

　この場合、資産として認識された保険獲得キャッシュ・フローは、関連する保険契約ポートフォリオまたは再保険契約ポートフォリオに含めて表示しなければならない（79項）。

9-2 財務業績の計算書

9-2-1 概　要

IFRS 第 17 号は、純損益およびその他の包括利益の計算書を財務業績の計算書と称している（80 項）。

IAS 第 1 号は財務業績の計算書という呼称を用いていないが、IFRS 第 17 号公表前には、2015 年 5 月公表の公開草案「財務報告に関する概念フレームワーク」では同様の呼称が使用されていた。なお、2018 年 3 月公表の「財務報告に関する概念フレームワーク」においても同様の呼称が使用されているが、2024 年 4 月公表の IFRS 第 18 号では財務業績の計算書という呼称が使用されている。

財務業績の計算書には、次の金額を表す科目を含めなければならない（12－4－3参照）（次頁図表1）。

なお、IASB は 2024 年 4 月に IFRS 第 18 号「財務諸表における表示及び開示」を公表している。以下の**図表1**は必ずしも IAS 第 1 号および IFRS 第 18 号の要求事項のすべてを反映しておらず、**第6章**の各**設例**にある財務業績の計算書の様式を再掲したものである。なお、IFRS 第 18 号の要求事項の概要については **9-3** で解説している。

- 保険収益（IAS 第 1 号 82 項(a)(ii)、IFRS 第 18 号 75 項(c)(i)）（9-2-2）
- 保険サービス費用（IAS 第 1 号 82 項（ab）、IFRS 第 18 号 75 項(c)(ii)）（9-2-3）
- 保有している再保険契約から生じる収益または費用（IAS 第 1 号 82 項（ac）、IFRS 第 18 号 75 項(c)(iii)）（9-2-4）
- 保険金融収益または費用（IAS 第 1 号 82 項（bb）、IFRS 第 18 号 75 項(c)(iv)）（9-2-5）
- 保有している再保険契約から生じる金融収益または費用（IAS 第 1 号 82 項（bc）、IFRS 第 18 号 75 項(c)(v)）（9-2-6）

第9章　表　示

【図表1】財務業績の計算書のイメージ

財務業績の計算書	
保険収益	(X)
保険サービス費用	X
保険金融費用	X
当期利益	(X)
その他の包括利益	(X)
当期包括利益	(X)

　保険収益と保険サービス費用は保険サービス損益を構成するが、IFRS第17号は保険サービス損益を保険金融収益または費用と区分して表示することを要求している（80項）。さらに、保有している再保険契約からの収益または費用は、発行している保険契約と区分して表示しなければならない（82項）。

　以下、上記の各科目に関するIFRS第17号の主な要求事項について解説する。なお、6-2-1設例1では数値例を用いて財務業績の計算書および財政状態計算書の例を掲載している。

9-2-2　保険収益

(1) 概　要

　IFRS第17号は、発行した保険契約グループから生じた保険収益を純損益に表示することを要求している（83項）。企業は、保険契約に基づきサービスを保険契約者に対して提供するが、保険収益は、当該サービスの提供と交換に企業が権利を得ると見込まれる対価を反映した金額として描写される（83項）。

　企業が権利を得ると見込まれる対価には、以下の金額が含まれる（B121項）。

> (a)　サービスの提供に関連する金額（9-2-2(2)参照）
> 　(ⅰ)　保険サービス費用（非金融リスクに係るリスク調整と残存カバーに係る負債の損失要素に配分した金額を除く）
> 　(ⅰa)保険契約者に個別に請求可能な法人所得税に係る金額
> 　(ⅱ)　リスク調整（残存カバーに係る負債の損失要素に配分した金額を

>   (iii) 契約上のサービス・マージン
>   (b) 保険獲得キャッシュ・フローに関連する金額（9-2-2(3)参照）

 すなわち、財務業績の計算書に表示される保険収益は上記の金額の合計である。本節では、保険収益を構成する上記の各項目を、以下の各項で解説する。

(2) サービスの提供に関連する金額の認識

 残存カバーに係る負債は、将来キャッシュ・フローの見積り、貨幣の時間価値および金融リスク、非金融リスクに係るリスク調整、契約上のサービス・マージンの4つのブロックから構成されるが（第5章参照）、原則として貨幣の時間価値および金融リスクを除く、各ブロックの減少額が上記のサービスの提供に関連するとして認識される。

 IFRS第17号は、保険収益のうちサービスの提供に関連する金額の認識について2つのアプローチを記載している。いずれのアプローチによっても認識される保険収益の金額に差はない。

 以下、各々解説する。なお、アプローチ1はB123項、アプローチ2はB124項に基づくものである。

① アプローチ1（B123項）

 企業がある報告期間に提供するサービスに係る保険収益は、残存カバーに係る負債の減少額として認識される（B123項）。

 ただし、残存カバーに係る負債の減少額は、ある企業がある報告期間に提供するサービスに関連しない部分等が含まれる場合があり、当該部分は保険収益の認識から除外しなければならない。提供するサービスに関連しない部分等には例として以下のものが含まれる（B123項）。

>   (a) 提供されたサービスに関連しない変動。例として、
>   (i) 受け取った保険料によるキャッシュ・インフローから生じた変動

第 9 章 表　　示

> (ii)　投資要素に関連する変動
> (ii a)保険契約者に対する貸付金によるキャッシュ・フローから生じた変動
> (iii)　第三者に代わって回収した取引ベースの税金に関連する変動
> (iv)　保険金融収益または費用
> (v)　保険獲得キャッシュ・フロー
> (vi)　第三者に移転された負債の認識の中止
>
> (b) 提供されたサービスに関連する変動であるが、企業が対価を見込んでいないもの。すなわち、損失要素の増減。

設例 1　保険収益の測定（B123項に基づくアプローチ）

【20X1年度期首】
■20X1年度期首、A社はカバー期間5年の保険契約を50件発行した。
■すべての保険契約は20X1年度期首の時点において当初認識され、またカバー期間も同時点において開始する。
■発行した保険契約の保険料は1件当たり200である（合計10,000）。保険料はすべて当初認識時点において受領する。
■当初認識時点において、A社は保険契約1件当たりの保険金を200と見積った（合計10,000）。保険金は各年度の末日時点において発生し、その金額は各年度において2,000と見積られた。
■各年度末に発生する保険金の当初認識時点での現在価値は以下のとおり。割引率は後述のとおり5％とする。

保険金発生時点	当初認識時点での現在価値
20X1年度末	1,905
20X2年度末	1,814
20X3年度末	1,728
20X4年度末	1,645
20X5年度末	1,567
合　　計	8,659

9-2 財務業績の計算書

- 当初認識時点において、A社は非金融リスクに係るリスク調整を400と見積った。A社は5年間のカバー期間にわたり、均等にリスクから解放されるものと仮定する。また、A社はリスク調整について、保険金融収益または費用を分解せず、その変動全体を保険収益に含めている（9-2-5参照）。
- 当初認識時点における割引率は5％である。簡便化のため、割引率は将来にわたって変動せず一定とする。
- 当初認識時点の契約上のサービス・マージンは941である（941＝保険料10,000－保険金の現在価値8,659－リスク調整400）。
- 簡便化のため、投資要素、保険獲得キャッシュ・フローおよび損失要素等、本設例に記載されていない事項は考慮しない。

【20X1年度期末】
- 20X1年度の財務業績の計算書において、A社は2,278の保険収益を認識した。

保険収益は以下のように計算される。

(a) 20X1年度期首残存カバーに係る負債	0
(b) 20X1年度期末残存カバーに係る負債	8,202
(c)＝(b)－(a) 残存カバーに係る負債の増加額	8,202
(d) 受取保険料によるキャッシュ・インフロー	10,000
(e) 保険金融費用	480
(f)＝(c)－(d)－(e) 保険収益（残存カバーに係る負債の減少額）	－2,278

20X1年度においては、残存カバーに係る負債が8,202増加しているが、この増加には受取保険料によるキャッシュ・インフロー（10,000）および保険金融費用（480）に起因するものを含んでおり、両者を除外する必要がある。

結果、残存カバーに係る負債の増加は2,278の減少に転じ、これが保険収益として認識される金額となる（B123項）。

これは、次頁**図表2**の太枠の箇所から計算することができる。

第9章 表　示

【図表2】残存カバーに係る負債の変動表

借方（貸方）	発生見込時期	20X1年度期首	キャッシュ・インフロー	保険金融費用	保険収益	20X1年度期末
将来キャッシュ・インフロー（保険料）	20X1年度期首	10,000	(10,000)			0
将来キャッシュ・アウトフロー（保険金）	20X1年度	(1,905)		(95)	2,000	0
	20X2年度	(1,814)		(91)		(1,905)
	20X3年度	(1,728)		(86)		(1,814)
	20X4年度	(1,645)		(82)		(1,728)
	20X5年度	(1,567)		(78)		(1,645)
リスク調整		(400)			80	(320)
契約上のサービス・マージン		(941)		(47)	198	(790)
合　　計		0	(10,000)	(480)	2,278	(8,202)

② アプローチ2（B124項）

　保険収益は異なるアプローチによっても把握することができる。すなわち、報告期間における残存カバーに係る負債の減少額ではなく、当報告期間における残存カバーに係る負債の変動額のうち、企業が対価を受け取ると見込んでいるサービスに関連するものとして分析することができる。

　企業が対価を受け取ると見込んでいるサービスに関連する、残存カバーに係る負債の変動額には、以下のものが含まれる（B124項）。

(a) 当期の保険サービス費用（以下を除く）
　(i) 損失要素に配分した金額
　(ii) 投資要素の返済
　(iii) 第三者に代わって回収した取引ベースの税金
　(iv) 保険獲得費用
　(v) 非金融リスクに係るリスク調整に関連する金額
(b) 当期リスク調整の変動（以下を除く）
　(i) 保険金融収益または費用

(ⅱ) 将来のサービスに関連する契約上のサービス・マージンの修正
　　　(ⅲ) 損失要素に配分した金額
　(c) 当期の純損益に認識した契約上のサービス・マージン
　(d) その他の金額（たとえば、将来のサービスに関連しない受け取った保険料の実績調整）

設例2　保険収益の測定（B124項に基づくアプローチ）

【20X1年度期首】
■設例1と同じ仮定を使用する。
【20X1年度期末】
■設例1と同じ仮定を使用する。

保険収益は以下のように計算される。

(a) 20X1年度に生じた保険サービス費用	2,000
(b) リスク調整の変動	80
(c) 当期の純損益に認識する契約上のサービス・マージン	198
(d)＝(a)＋(b)＋(c) 保険収益	2,278

　20X1年度の財務業績の計算書においてA社が保険収益として認識する金額は2,278と同額であるが、B124項に従えば、次頁図表3の太枠の合計額として計算される。20X1年度に生じた保険サービス費用2,000は、20X1年度期首時点で見込まれた、同年度における保険金見込額である。
　リスク調整の変動80は、20X1年度においてリスクからの解放を表す。
　また、すべての契約がカバー期間の5年間のすべてについて同じ金額の給付を提供すると見込まれることから、20X1年度に保険収益として認識される契約上のサービス・マージンの金額198は、20X1年度期首において認識した941に保険金融費用47を加算した金額988を5年間で除したものである。

第 9 章 表　示

【図表 3】残存カバーに係る負債の変動表

借方（貸方）	発生見込時期	20X1 年度期首	キャッシュ・インフロー	保険金融費用	保険収益	20X1 年度期末
将来キャッシュ・インフロー（保険料）	20X1 年度期首	10,000	(10,000)			0
将来キャッシュ・アウトフロー（保険金）	20X1 年度	(1,905)		(95)	2,000	0
	20X2 年度	(1,814)		(91)		(1,905)
	20X3 年度	(1,728)		(86)		(1,814)
	20X4 年度	(1,645)		(82)		(1,728)
	20X5 年度	(1,567)		(78)		(1,645)
リスク調整		(400)			80	(320)
契約上のサービス・マージン		(941)		(47)	198	(790)
合　計		0	(10,000)	(480)	2,278	(8,202)

(3) 保険獲得キャッシュ・フロー

保険獲得キャッシュ・フローは保険収益を構成する（B121 項(b)）。

保険料のうち保険獲得キャッシュ・フローの回収に関連する部分は、時間の経過に基づいて規則的な方法で各期間に配分し、保険収益に含められる。なお、企業は同じ金額を保険サービス費用として認識しなければならない（B125 項）。

設例 3　保険獲得キャッシュ・フローと保険収益の測定

【20X1 年度期首】
■20X1 年度期首、B 社はカバー期間 5 年の保険契約を 50 件発行した。
■すべての保険契約は 20X1 年度期首の時点において当初認識され、またカバー期間も同時点において開始する。
■発行した保険契約の保険料は 1 件当たり 220 である（合計 11,000）。保険料はすべて当初認識時点において受領する。
■当初認識時点において、B 社は保険契約 1 件当たりの保険金を 200 と見積った（合計 10,000）。保険金は各年度の末日時点において発生し、その金額は各年度において 2,000 と見積られた。

9-2 財務業績の計算書

- また、同時点において、保険獲得キャッシュ・フローは200と見積られた。200全額は保険契約が属するポートフォリオに直接起因するキャッシュ・フローであり、すべて当初認識時に支払われる。
- 当初認識時点において、B社は非金融リスクに係るリスク調整を400と見積った。B社は5年間のカバー期間にわたり、均等にリスクから解放されるものと仮定する。
- また、B社はリスク調整について、保険金融収益または費用を分解せず、その変動全体を保険収益に含めている（9-2-5参照）。
- 当初認識時点の契約上のサービス・マージンは400である（400＝保険料11,000－保険金10,000－保険獲得キャッシュ・フロー200－リスク調整400）。
- 簡便化のため、貨幣の時間価値、投資要素および損失要素等、本設例に記載されていない事項は考慮しない。

【20X1年度期末】
- 20X1年度の財務業績の計算書において、B社は2,200の保険収益を認識した。

保険収益は以下のように計算される。

(a) 20X1年度に生じた保険サービス費用	2,000
(b) リスク調整の変動	80
(c) 当期の純損益に認識する契約上のサービス・マージン	80
(d)＝(a)＋(b)＋(c) サービスの提供に関連する金額	2,160
(e) 保険獲得キャッシュ・フロー	40
(f)＝(d)＋(e) 保険収益	2,200

20X1年度の財務業績の計算書においてB社が保険収益として認識する金額は2,200である。なお、本設例ではB124項のアプローチに従って解説する。

20X1年度に生じた保険サービス費用2,000は、20X1年度期首時点で見込まれた、同年度における保険金見込額である。

リスク調整の変動80は、20X1年度においてリスクからの解放を表す。

また、すべての契約がカバー期間の5年間のすべてについて同じ金額の給付を提供すると見込まれることから、20X1年度に保険収益として認識される契約上のサービス・マージンの金額80は、20X1年度期首において認識した金額

400を5年間で除したものである。

参考までに、残存カバーに係る負債の変動を**図表4**に示す。「保険収益」の列に示される金額2,200が、保険収益のうちサービスの提供に関連する金額を示している。

【図表4】残存カバーに係る負債の変動表

借方（貸方）	発生見込時期	20X1年度期首	キャッシュ・インフローまたはアウトフロー	保険収益	保険サービス費用	20X1年度期末
将来キャッシュ・インフロー（保険料）	20X1年度期首	11,000	(11,000)			0
将来キャッシュ・アウトフロー（保険金）	20X1年度	(2,000)		2,000		0
	20X2年度	(2,000)				(2,000)
	20X3年度	(2,000)				(2,000)
	20X4年度	(2,000)				(2,000)
	20X5年度	(2,000)				(2,000)
将来キャッシュ・アウトフロー（保険獲得キャッシュ・フロー）	20X1年度期首	(200)	200	40	(40)	0
リスク調整		(400)		80		(320)
契約上のサービス・マージン		(400)		80		(320)
合　　計		0	(10,800)	2,200	(40)	(8,640)

(4) 投資要素の除外

これまで保険収益を構成するサービスの提供に関連する金額および保険獲得キャッシュ・フローの認識について解説してきたが、純損益に表示される保険収益は、投資要素を除外しなければならない（85項）。

別個である投資要素は主契約である保険契約から分離することが要求されるが（2-5-3参照）、ここで言う保険収益から除外される投資要素は主契約から分離されない投資要素を指している（13項）。

なお、財務業績の計算書とは異なり、投資要素を財政状態計算書に認識され

9-2 財務業績の計算書

ている保険契約負債から除外することを要求する IFRS 第 17 号の規定はない。

設例 4　保険収益からの投資要素の除外

【20X1 年度期首】
■設例 1 と同じ仮定を使用する。ただし、保険契約者に対する支払額のうち投資要素 1,000 が含まれていると仮定し、純損益に表示される保険収益から除外されると見積る。
【20X1 年度期末】
■設例 1 と同じ仮定を使用する。

保険収益は以下のように計算される。

(a) 20X1 年度に生じた保険サービス費用	2,000
(b) リスク調整の変動	80
(c) 当期の純損益に認識する契約上のサービス・マージン	198
(d)=(a)+(b)+(c) サービスの提供に関連する金額（投資要素除外前）	2,278
(e) 投資要素	1,000
(f)=(d)－(e) 保険収益	1,278

20X1 年度の財務業績の計算書において A 社が保険収益として認識する金額は 1,278 である。投資要素除外前のサービスの提供に関連する金額は、**設例 1**に記載のとおりであるが、当該金額は投資要素 1,000 を含んでいることから、これを保険収益から除外する。

参考までに、残存カバーに係る負債の変動を**図表 5** に示す。「保険収益」の列に示される金額 2,278 が、保険収益のうちサービスの提供に関連する金額（投資要素除外前）を示している。

【図表 5】残存カバーに係る負債の変動表

借方（貸方）	発生見込時期	20X1 年度期首	キャッシュ・インフロー	保険金融費用	保険収益（投資要素除外前）	20X1 年度期末
将来キャッシュ・インフロー（保険料）	20X1 年度期首	10,000	(10,000)			0

203

第9章 表　示

将来キャッシュ・アウトフロー（投資要素）	20X1年度	(952)		(48)	1,000	0
	20X2年度	(907)		(45)		(952)
	20X3年度	(864)		(43)		(907)
	20X4年度	(823)		(41)		(864)
	20X5年度	(784)		(39)		(823)
将来キャッシュ・アウトフロー（保険金）	20X1年度	(952)		(48)	1,000	0
	20X2年度	(907)		(45)		(952)
	20X3年度	(864)		(43)		(907)
	20X4年度	(823)		(41)		(864)
	20X5年度	(784)		(39)		(823)
リスク調整		(400)			80	(320)
契約上のサービス・マージン		(941)		(47)	198	(790)
合　計		0	(10,000)	(480)	2,278	(8,202)

(5) 不利な契約と損失要素の除外

損失要素は保険収益の算定から除外される（49項）。

当該規定と整合的に、IFRS第17号は、残存カバーに係る負債の損失要素の増減（B123項(b)）や履行キャッシュ・フローの事後的な変動のうち損失要素に配分される金額（B124項(a)(i)・(b)(iii)）を保険収益の認識から除くことを要求している（9-2-2(2)参照）。なお、本節では保険収益の認識に焦点を当てて解説しているが、6-2-4では財政状態計算書、財務業績の計算書および関連する仕訳を記載している。

設例5　不利な契約と保険収益の測定・その1

【20X1年度期首】
■20X1年度期首、C社はカバー期間5年の保険契約を50件発行した。
■すべての保険契約は20X1年度期首の時点において当初認識され、またカバ

一期間も同時点において開始する。
■発行した保険契約の保険料は1件当たり160である（合計8,000）。保険料はすべて当初認識時点において受領する。
■当初認識時点において、C社は保険契約1件当たりの保険金を200と見積った（合計10,000）。保険金は各年度の末日時点において発生し、その金額は各年度において2,000と見積られた。
■各年度末に発生する保険金の当初認識時点での現在価値は以下のとおり。割引率は後述のとおり5%とする。

保険金発生時点	当初認識時点での現在価値
20X1年度末	1,905
20X2年度末	1,814
20X3年度末	1,728
20X4年度末	1,645
20X5年度末	1,567
合　　計	8,659

■当初認識時点において、C社は非金融リスクに係るリスク調整を400と見積った。C社は5年間のカバー期間にわたり、均等にリスクから解放されるものと仮定する。また、C社はリスク調整について、保険金融収益または費用を分解せず、その変動全体を保険収益に含めている（9-2-5参照）。
■当初認識時点における割引率は5%である。簡便化のため、割引率は将来にわたって変動せず一定とする。
■当初認識時点の損失要素は1,059である（1,059＝保険料8,000－保険金の現在価値8,659－リスク調整400）。
■簡便化のため、投資要素および保険獲得キャッシュ・フロー等、本設例に記載されていない事項は考慮しない。

【20X1年度期末】
■20X1年度中の残存カバーに係る負債の変動額は2,080であった。

　C社は、当該変動を、損失要素とそれ以外の残存カバーに係る負債に規則的に配分する（50項(a)）。IFRS第17号はその規則的な配分方法について具体的な方法を規定していないが、本設例では、IFRS第17号設例8脚注(a)に倣って、

11.69％という比率に基づいている。

これは、当初認識時の損失要素1,059と、将来キャッシュ・アウトフローの現在価値の見積りにリスク調整を加算した額9,059（8,659 + 400）との比率として計算したものである（IE93項脚注(a)）(注)。

> (注) なお、IFRS第17号設例3B脚注(b)では、履行キャッシュ・フローの変動を損失要素に配分するにあたり、保険金融費用と損失要素それぞれについて異なる比率を用いている例が記載されている（IE40項）。

したがって、C社は、履行キャッシュ・フローの変動を、以下のように配分する。
・残存カバーに係る負債からの解放額：234（2,000 × 11.69％）
・リスクからの解放によるリスク調整の変動額：9（80 × 11.69％）

20X1年度の財務業績の計算書において、C社は1,837の保険収益を認識した。保険収益は以下のように計算される。

保険サービス費用は、20X1年度の発生保険金に係る保険サービス費用2,000から、損失要素に配分された234を除外した金額である。同様に、リスク調整の変動は、リスク解放額80から損失要素に配分された9を除外した金額である。

(a) 20X1年度に生じた保険サービス費用	1,766
(b) リスク調整の変動	71
(c)＝(a)+(b) 保険収益	1,837

一方で、C社は243の保険サービス費用を認識した。これは、損失要素に配分された20X1年度の発生保険金に係る保険サービス費用234およびリスク調整9の合計額である。

参考までに、残存カバーに係る負債の変動を図表6に示す。

【図表6】残存カバーに係る負債の変動表

（合計）残存カバーに係る負債

借方（貸方）	発生見込時期	20X1年度期首	キャッシュ・インフローまたはアウトフロー	保険金融収益または費用	保険サービス損益	20X1年度期末
将来キャッシュ・インフロー（保険料）	20X1年度期首	8,000	(8,000)			0
将来キャッシュ・アウトフロー（保険金）	20X1年度	(1,905)		(95)	2,000	0
	20X2年度	(1,814)		(91)		(1,905)
	20X3年度	(1,728)		(86)		(1,814)

9-2 財務業績の計算書

		20X4年度	(1,645)		(82)		(1,728)
		20X5年度	(1,567)		(78)		(1,645)
リスク調整			(400)			80	(320)
合　計			(1,059)	(8,000)	(433)	2,080	(7,412)

（内訳）残存カバーに係る負債の損失要素

借方（貸方）	発生見込時期	20X1年度期首	キャッシュ・インフローまたはアウトフロー	保険金融収益または費用	保険サービス損益	20X1年度期末
将来キャッシュ・アウトフロー（保険金）	20X1年度	(223)		(11)	234	0
	20X2年度	(212)		(11)		(223)
	20X3年度	(202)		(10)		(212)
	20X4年度	(192)		(10)		(202)
	20X5年度	(183)		(9)		(192)
リスク調整		(47)			9	(37)
損失要素		(1,059)		(51)	243	(866)

（内訳）残存カバーに係る負債（損失要素を除く）

借方（貸方）	発生見込時期	20X1年度期首	キャッシュ・インフローまたはアウトフロー	保険金融収益または費用	保険収益	20X1年度期末
将来キャッシュ・インフロー（保険料）	20X1年度期首	8,000	(8,000)			0
将来キャッシュ・アウトフロー（保険金）	20X1年度	(1,682)		(84)	1,766	0
	20X2年度	(1,602)		(80)		(1,682)
	20X3年度	(1,526)		(76)		(1,602)
	20X4年度	(1,453)		(73)		(1,526)
	20X5年度	(1,384)		(69)		(1,453)
リスク調整		(353)			71	(283)
合　計		0	(8,000)	(382)	1,837	(6,545)

第9章 表　示

設例6　不利な契約と保険収益の測定・その2

【20X2年度】
- 20X1年度は**設例5**と同じ仮定を使用する。
- 20X2年度末、C社は20X3年度〜20X5年度にわたる各年度の保険金見積額を2,000ではなく1,600と見積った。将来キャッシュ・フローの見積減少額1,200（400×3年）の現在価値は1,089（381＋363＋346）である。

　50項(b)(i)に従い、C社は将来キャッシュ・フローの減少を、損失要素がゼロになるまで、当該損失要素の変動に充当する。

　C社は将来キャッシュ・フロー見積変更前の損失要素の全額について損失の戻入れとして純損益に665を認識した。20X3年度〜20X5年度に係る保険金見積額の変動額の現在価値1,089との差額425（1,089－665）は契約上のサービス・マージンとして認識する。

　20X2年度の財務業績の計算書において、C社は1,943の保険収益を認識した。保険収益は以下のように計算される。

　保険サービス費用は、20X2年の発生保険金に係る保険サービス費用2,000から、損失要素に配分された234を除外した金額である。同様にリスク調整の変動は、リスク解放額80から損失要素に配分された9を除外した金額である。契約上のサービス・マージンは、前述の425のうち20X2年度に配分される金額106（425÷4）である。

(a) 20X2年度に生じた保険サービス費用	1,766
(b) リスク調整の変動	71
(c) 契約上のサービス・マージンの認識	106
(d)＝(a)＋(b) 保険収益	1,943

　上記損失要素の戻入れに加えて、C社は243の保険サービス費用を認識した。これは、損失要素に配分された20X2年度の発生保険金に係るサービス費用234およびリスク調整9の合計額である。

　参考までに、残存カバーに係る負債の変動を**図表7**に示す。

208

9-2 財務業績の計算書

【図表7】残存カバーに係る負債の変動表
（合計）残存カバーに係る負債

借方（貸方）	発生見込時期	20X2年度期首	キャッシュ・インフローまたはアウトフロー	保険金融収益または費用	見積りの見直し	保険サービス損益	20X2年度期末
将来キャッシュ・インフロー（保険料）	20X1年度期首	0					0
将来キャッシュ・アウトフロー（保険金）	20X1年度	0					0
	20X2年度	(1,905)		(95)		2,000	0
	20X3年度	(1,814)		(91)	381		(1,524)
	20X4年度	(1,728)		(86)	363		(1,451)
	20X5年度	(1,645)		(82)	346		(1,382)
リスク調整		(320)				80	(240)
小　　計		(7,412)	0	(355)	1,089	2,080	(4,597)
契約上のサービス・マージン					(425)	106	(318)
合　　計		(7,412)	0	(355)	665	2,186	(4,916)

（内訳）残存カバーに係る負債の損失要素

借方（貸方）	発生見込時期	20X2年度期首	キャッシュ・インフローまたはアウトフロー	保険金融収益または費用	見積りの見直し	保険サービス損益	20X2年度期末
将来キャッシュ・アウトフロー（保険金）	20X1年度	0					0
	20X2年度	(223)		(11)		234	0
	20X3年度	(212)		(11)	223		0
	20X4年度	(202)		(10)	212		0
	20X5年度	(192)		(10)	202		0
リスク調整		(37)			28	9	0
合　　計		(866)	0	(41)	665	243	0

第9章 表　　示

(内訳) 残存カバーに係る負債 (損失要素を除く)

借方 (貸方)	発生見込時期	20X2年度期首	キャッシュ・インフローまたはアウトフロー	保険金融収益または費用	見積りの見直し	保険サービス損益	20X2年度期末
将来キャッシュ・インフロー (保険料)	20X1年度期首	0					0
将来キャッシュ・アウトフロー (保険金)	20X1年度	0					0
	20X2年度	(1,682)		(84)		1,766	0
	20X3年度	(1,602)		(80)			(1,682)
	20X4年度	(1,526)		(76)			(1,602)
	20X5年度	(1,453)		(73)			(1,526)
リスク調整		(283)				71	(212)
小　計		(6,545)	0	(313)	0	1,837	(5,022)
契約上のサービス・マージン						106	106
合　計		(6,545)	0	(313)	0	1,943	(4,916)

(6) 保険料配分アプローチにおける保険収益

　保険料配分アプローチにおける保険収益は、予想される受取保険料のうち、当期に配分された額で表される。

　企業は以下のようにして、予想される受取保険料を各保険契約のサービス期間に配分しなければならない (B126項)。

> (a) 時の経過に基づいて配分する。ただし、
> (b) カバー期間中のリスクの解放の予想されるパターンが、時の経過と著しく異なる場合には、発生した保険サービス費用の予想される時期に基づいて配分する。

　企業は、事実および状況が変化した場合には、必要に応じて上記 ((a)・(b))

の配分の基礎を両者の間で変更しなければならない（B127 項）。

なお、保険料配分アプローチを適用する場合、残存カバーに係る負債の当初認識時の帳簿価額は、受け取った（received）保険料で測定されるが（5－3－2 参照）、保険収益の認識は、予想（expected）される受取保険料を基礎としており、負債の測定に関して規定した 55 項と保険収益の認識について規定した B126 項では測定の基礎となる保険料が異なっている。

設例 7 保険料配分アプローチに基づく保険収益の測定

【20X1 年度期首】
- 20X1 年度期首（年度末は 20X2 年 3 月）、D 社はカバー期間 12 か月の保険契約を発行した。
- すべての保険契約は 20X1 年度期首の時点において当初認識され、またカバー期間も同時点において開始する。
- 発行した保険契約の保険料は合計 6,000。保険料はすべて当初認識時点において受領する。
- カバー期間にわたり均等に保険金請求が発生し、リスクから解放されるものと仮定する。また、契約が不利であることを示す事実および状況はないものと仮定する。
- 簡便化のため、投資要素および保険獲得キャッシュ・フロー等、本設例に記載されていない事項は考慮しない。

【20X1 年度半期】
- 20X1 年 9 月に終了する 6 か月間の報告期間について、D 社は保険収益 3,000 を認識した。

　本設例では、カバー期間中のリスクからの解放の予想されるパターンが、時の経過と著しく異ならないことから、予想される受取保険料は時の経過に基づいて各カバー期間に配分される。
　したがって、保険収益は、6,000 の 50%（3,000）に等しい。

(7) **変動手数料アプローチにおける保険収益**

　変動手数料アプローチ（5−4および6−4参照）が適用される直接連動有配当保険契約に関する保険収益にも、IFRS第17号の一般的な要求事項が適用される。すなわち、前述(1)〜(5)で解説したIFRS第17号の規定は、変動手数料アプローチにおいても適用される。

　したがって、保険獲得キャッシュ・フローは保険収益を構成するが、投資要素および損失要素は保険収益から除外しなければならない。

　なお、変動手数料アプローチにおいては、契約上のサービス・マージンの調整項目がビルディング・ブロック・アプローチの一般モデルと異なっている。変動手数料アプローチにおける契約上のサービス・マージンの調整については、6−4−2を参照。

9−2−3　保険サービス費用

(1) **概　　要**

　IFRS第17号は、発行した保険契約グループから生じた保険サービス費用を純損益に表示することを要求している（84項）。

　保険サービス費用には以下の項目が含まれる（103項）。

103項

(b)

　(i)　発生保険金および他の発生した保険サービス費用（投資要素を除く）（設例8）

　(ii)　保険獲得キャッシュ・フローの償却

　(iii)　発生保険金に係る負債に関連した履行キャッシュ・フローの変動（設例9）

　(iv)　不利な契約に係る損失およびそうした損失の戻入れ（**設例5・設例6**）

設例 8　発生保険金の会計処理（当初認識）

【20X1年度期末】
■20X1年度期末、E社は発生保険金600を認識した。当該保険金に関するリスク調整は40であった。

　　（借方）保険サービス費用　　　640
　　（貸方）発生保険金に係る負債　640

設例 9　発生保険金の会計処理（事後測定）

【20X1年度期末】
■設例8と同じ仮定を使用する。

　20X2年度期末、E社は発生保険金に係る負債に関連した履行キャッシュ・フローの見積りを変更し、700とした。同時にリスク調整を45と見積った。
　　（借方）保険サービス費用　　　105
　　（貸方）発生保険金に係る負債　105

(2) 投資要素の除外

保険収益と同様に、純損益に表示される保険サービス費用は、投資要素を除外しなければならない（85項）。

9-2-4　保有している再保険契約から生じる収益または費用

保有している再保険契約からの収益または費用は、保険金融収益または費用を除いて（9-2-6参照）、以下のいずれかの方法により財務業績の計算書に表示される（86項）。

- ●単一の金額として表示する
- ●再保険者から回収した金額と支払保険料を区分して表示する

第9章 表　　示

　再保険者から回収した金額と支払保険料を区分して表示する場合には、以下の要求事項に従わなければならない（86項）。

> (a) 基礎となる保険契約の保険金請求を条件とする再保険キャッシュ・フローは、保有している再保険契約に基づいて補てんされると見込まれる保険金の一部として扱う。
> (b) 基礎となる保険契約の保険金請求を条件としない再保険キャッシュ・フロー（たとえばある種の出再手数料）は、再保険者に支払うべき保険料の控除として扱う。
> (ba) 66項(c)(i)・(ii)および66A項・66B項（7－5－2参照）を適用し回収をした損失に関連して認識された金額を、再保険者から回収した金額として扱う。
> (c) 支払保険料の配分を収益の減額として表示しない。

　一部の再保険契約では、基礎となる保険契約の実績に応じて再保険料または出再手数料等の金額が変動するという契約上の取決めが存在するが、IFRS第17号は、そうした契約上の取決めから発生するキャッシュ・フローを、保険金の一部として扱うことを要求している。すなわち、当該キャッシュ・フローは、他のキャッシュ・フローと同じ方法で認識されることになる。

　こうした契約上の取決めはロス・センシティブ条項（loss sensitive feature）と呼ばれることがある。一方で、ロス・センシティブ条項ではない契約上の取決めから発生するキャッシュ・フローは、保険料の見積りと同様に扱われる（2012年4月 IASB Update）。

9－2－5　保険金融収益または費用

(1) 概　　要

　保険金融収益または費用は、以下の項目から構成される（87項）。

(a) 貨幣の時間価値および貨幣の時間価値の変動の影響
(b) 金融リスクおよび金融リスクの変動の影響
(c) ただし直接連動有配当保険契約の変動のうち、契約が不利であるために当該変動が契約上のサービス・マージンを修正しない場合は、当該金額は保険金融収益または費用からは除外され、保険サービス費用に含められる。

このように、貨幣の時間価値および金融リスクならびにその変動は原則としてすべて純損益に含められるが、企業は会計方針の選択により、当該金額を純損益とその他の包括利益に区分して表示することができる。この会計方針の選択は、保険契約ポートフォリオ単位で行われる（B129項）。

なお、リスク調整については、保険金融収益または費用を保険サービス損益と分解することを要求されない（81項）。

企業が会計方針の選択を行った場合、純損益に含められる金額は、保険契約に適用される測定モデルにより、以下のアプローチに分類される。

本節では、以下のアプローチに焦点を当て、解説する（次頁図表8）。直接連動有配当保険契約以外の保険契約に係る保険金融収益または費用については、**6－2－1設例1**（残存カバーに係る負債）および**6－2－2設例2**（発生保険金に係る負債）、保険料配分アプローチに係る保険金融収益または費用については**6－3－1(1)**および**6－3－2**を参照のこと。

① 実効利回りアプローチ（9－2－5(2)）
② 予想予定利率アプローチ（9－2－5(3)）
③ 当期簿価利回りアプローチ（9－2－5(4)）

【図表8】保険金融収益または費用の規則的配分方法

	一般モデル (ビルディング・ブロック・アプローチ)		変動手数料アプローチ(注1)	保険料配分アプローチ	
	直接連動有配当保険契約以外の保険契約		直接連動有配当保険契約(企業が基礎となる項目を保有する場合)	残存カバーに係る負債	発生保険金に係る負債
	金融リスクに関連する仮定の変更が保険契約者に支払う金額に相当な影響を与えない契約のグループ	金融リスクに関連する仮定の変更が保険契約者に支払う金額に相当な影響を与える契約のグループ			
将来キャッシュ・フロー	当初認識時に定めた割引率を用いて規則的に配分(B131項)	以下のいずれかの方法による(B132項(a)) ●実効利回りアプローチ ●予想予定利率アプローチ	当期簿価利回りアプローチ(B134項)	当初認識時に決定した割引率(B72項(b))	保険金請求日現在で決定した割引率を使用(B133項)
非金融リスクに係るリスク調整(注2)	当初認識時に定めた割引率を用いて規則的に配分(B131項)	将来キャッシュ・フローと整合的に決定(B132項(b))	将来キャッシュ・フローと整合的に決定するものと考えられる	リスク調整は明示的に認識されない	保険金請求日現在で決定した割引率を使用(B133項)
契約上のサービス・マージン(注3)	当初認識時に定めた割引率を用いて規則的に配分(B131項)	当初認識時に定めた割引率を用いて規則的に配分(B132項(c)(i))	将来キャッシュ・フローと整合的に決定(B132項(c)(ii))	契約上のサービス・マージンは明示的に認識されない	契約上のサービス・マージンは認識されない

(注1) 変動手数料アプローチを適用するための条件として、基礎となる項目の識別されたプールを保有している必要はない(B106項)。ただし、当期簿価利回りアプローチを適

用するためには、基礎となる項目を保有していなければならない（B134項）。基礎となる項目を保有していない場合、直接連動有配当保険契約以外の保険契約のうち、金融リスクに関連する仮定の変更が保険契約者に支払う金額に相当な影響を与えるかどうかの判断を行う必要があると考えられる。

(注2) 非金融リスクに係るリスク調整の変動は、保険サービス損益と保険金融収益または費用に分解することは強制されない（81項）。

(注3) 直接連動有配当保険契約以外の保険契約については、履行キャッシュ・フローと契約上のサービス・マージンが使用する割引率が異なっている。

(2) 実効利回りアプローチ

実効利回りアプローチは、直接連動有配当保険契約以外の保険契約で、金融リスクに関連する仮定の変更が保険契約者に支払う金額に相当な影響を与える契約に適用される（B132項(a)(i)）。

なお、直接連動有配当保険契約であっても、企業が基礎となる項目を保有していない場合には、後述の当期簿価利回りアプローチに代えて、本アプローチまたは予想予定利率アプローチが適用される（89項）。

以下、**設例10**[1]を参照。

設例10　実効利回りアプローチの計算例

■保険契約グループの当初認識日現在、企業は第3年度末に保険契約者にCU1,890を支払うと見込んでおり、その現在価値はCU1,420である（IE155項(c)）。

契約当初認識日現在の一定率である年10％は、$(CU1,890 ÷ CU1,420)^{1/3} - 1$として計算される。

したがって、第1年度末の保険契約負債の帳簿価額に含まれる将来キャッシュ・フローの現在価値の見積りはCU1,562であり、CU1,420 × 1.1として計算される（IE160項）。

1）本設例の記載は、読者の便宜のために、IFRS第17号の設例15A（IE152項〜IE164項）の一部について筆者が要約したものである。実効利回りアプローチの詳細な計算方法の正確な理解については、設例本文を必ず参照のこと。

第9章　表　示

　第1年度末に、市場金利が10％から5％に下落する。
　したがって、企業は第3年度末に保険契約者にCU1,802を支払うように、将来キャッシュ・フローに関する予想を改定する（IE161項(c)）。
　第1年度末における、CU1,802の現在価値はCU1,635であり、CU1,802÷1.05^2＝CU1,635として計算される（IE163項脚注(a)）。
　第1年度において純損益およびその他の包括利益に含められる、履行キャッシュ・フローから生じる保険金融収益または費用は下記のとおりである（IE164項脚注(a)～(c)）。

　　(a)純損益に：CU142（CU1,562 − CU1,420）
　　(b)その他の包括利益に：CU73（CU215 − CU142）
　　(c)包括利益合計に：CU215（CU1,635 − CU1,420）

(3)　予想予定利率アプローチ

　実効利回りアプローチと同様に、予想予定利率アプローチも、直接連動有配当保険契約以外の保険契約で、金融リスクに関連する仮定の変更が保険契約者に支払う金額に相当な影響を与える契約に適用される（B132項(a)(ii)）。
　以下、**設例11**[2]を参照。

設例11　予想予定利率アプローチの計算例

■保険契約グループの当初認識日現在、企業は第3年度末に保険契約者にCU1,890を支払うと見込んでおり、その現在価値はCU1,420である（IE171項）。

　企業は保険契約者の勘定残高に毎年8％（予想される予定利率）を付与することを予想する（IE166項）。
　第1年度末に、市場金利が10％から5％に下落する（IE168項）。これに伴

───────────────
2）本設例の記載は、読者の便宜のために、IFRS第17号の設例15B（IE165項～IE172項）の一部について筆者が要約したものである。予想予定利率アプローチの詳細な計算方法の正確な理解については、設例本文を必ず参照のこと。

い、予想される予定利率を、第2年度は8％、第3年度は3％を付与するように改定し、企業は第3年度末に保険契約者にCU1,802を支払うように、将来キャッシュ・フローに関する予想を改定する（IE168項(b)・(c)）。第1年度末における、CU1,802の現在価値はCU1,635であり、$CU1,802 \div 1.05^2 = CU1,635$として計算される（IE171項脚注）。

第1年度の発生計上利率は10％となるが、それは以下のように計算される（IE169項(a)～(e)）。

第1年度～第3年度の予想される予定利率の積を求める。

$1.20 = 1.08 \times 1.08 \times 1.03$

予想改定後の第3年度末における将来キャッシュ・フローはCU1,802であり、当初認識時点の負債の帳簿価額CU1,420の係数1.269だけ増加する。

$1.08K \times 1.08K \times 1.03K = 1.269$

をKについて解くとK = 1.0184となる。

第1年度の発生計上利子率は

$1.08 \times 1.0184 - 1$

として計算される。

第1年度において純損益およびその他の包括利益に含められる、履行キャッシュ・フローから生じる保険金融収益または費用は下記のとおりである（IE172項脚注(a)～(c)）。

> (a)純損益に：CU142（CU1,562 − CU1,420）（$CU1,562 = CU1,420 \times 1.08 \times K$）
> (b)その他の包括利益に：CU73（CU215 − CU142）
> (c)包括利益合計に：CU215（CU1,635 − CU1,420）

(4) 当期簿価利回りアプローチ

当期簿価利回りアプローチは、直接連動有配当保険契約について基礎となる項目を保有している場合に適用される（B134項）。

企業が会計方針の選択により、貨幣の時間価値および金融リスクならびにその変動を純損益およびその他の包括利益に区分する場合、純損益に含められる金額は、基礎となる項目について純損益に認識された金額と同額としなければならない（B134項）。

第9章 表　示

> **設例12** 当期簿価利回りアプローチの計算例
>
> ■F社は負債性金融商品（以下、「金融資産」）を保有し、その他の包括利益を通じて公正価値で測定する（IFRS第9号4.1.2A項）。当該金融資産の償却原価は200、公正価値は280である。
> ■F社は投資収益（実効金利）として20を純損益に認識した。
>
> 　保険負債の帳簿価額の変動のうち、貨幣の時間価値および金融リスクに係る履行キャッシュ・フローの変動について、F社は、投資収益と等しい金額20を純損益に認識する。保険金融費用の残額は、その他の包括利益に認識される。

9-2-6　保有している再保険契約から生じる保険金融収益または費用

　保有している再保険契約から生じる保険金融収益または費用は、基礎となる保険契約から生じる保険金融収益または費用とは区別して表示しなければならない（IAS第1号82項(bc)、IFRS等第18号75項(c)(v)）。

9-3　IFRS 第 18 号の概要

2024 年 4 月、IASB は IFRS 第 18 号「財務諸表における表示及び開示」を公表した。IFRS 第 18 号 2027 年 1 月 1 日以後開始する事業年度から適用される。早期適用は認められる（IFRS 第 18 号 C1 項）。

IFRS 第 18 号の公表により IAS 第 1 号は廃止され（IFRS 第 18 号 C8 項）、IAS 第 1 号は IFRS 第 18 号に置き換えられる。

IFRS 第 18 号の開発に至った背景は、財務業績の報告の改善に対する利害関係者、特に財務諸表利用者からの強い要望に応えるためであった（IFRS 第 18 号 BC2 項）。利害関係者との会合や実施した調査では IAS 第 1 号の以下の事項に関連する要求事項への改善の必要性が明らかになっていた（IFRS 第 18 号 BC3 項）。

●純損益計算書における小計
　IAS 第 1 号は純損益を表示することは要求していたが、特定の小計を表示することは要求していなかった。これにより、小計の表示および計算について、同一業種の企業間でも不統一となるような多様な実務を生じさせていた。IAS 第 1 号を適用する企業が同一名称の小計を表示することもあったが、それに含まれる収益および費用にはばらつきがあった。このような多様な実務は、財務諸表利用者による情報の理解と比較を困難にしていた（IFRS 第 18 号 BC3 項(a)）。

●集約および分解
　基本財務諸表および注記における情報の集約および分解に関する IAS 第 1 号の要求事項は理解されないことがあり、上手く適用されておらず、多様な実務を生じさせていた。適用のばらつきから、財務諸表利用者が関連性のある情報にたどり着いて理解することが困難となっていた。多額の費用が「その他の費用」として注記に開示され、財務諸表利用者がその内訳を理解するために必要な情報が提供されていないこともあった（IFRS 第 18 号 BC3 項(b)）。

●経営者が定義した業績指標

第9章 表　示

> 　企業は自社の経営者が定義した業績指標（代替的業績指標または非GAAP指標と称されることがある）を提供することがある。財務諸表利用者はこうした指標が業績の分析または将来業績の予想に有用であると考えている。しかし、財務諸表利用者からは、こうした指標に関する情報にたどり着いて理解することが困難であるとの懸念が示されていた。こうした指標は財務諸表の外で報告されることが多く、保証の対象とされていないことが多い（IFRS 第 18 号 BC3 項(c)）。

　IFRS 第 18 号はこうした利害関係者からのフィードバックなどに応えるように開発された基準書であるが、IAS 第 1 号のすべての要求事項が修正されたわけではなく、その修正の主な対象となったのは純損益計算書および関連する注記である。純損益計算書および関連する注記を除く、その他の IAS 第 1 号の要求事項は、たとえば財政状態計算書の要求事項に関する限定的な修正はあるものの、そのまま IFRS 第 18 号に引き継がれている。

　また、IFRS 第 18 号の公表により、IAS 第 7 号が定めるキャッシュ・フロー計算書の要求事項の一部が限定的に修正されている。IFRS 第 18 号により修正された主な要求事項は以下の 3 点である。本節ではこの 3 点の修正された要求事項について解説すると共に（9-3-1 ～ 9-3-3 参照）、財政状態計算書およびキャッシュ・フロー計算書の要求事項に関する限定的な修正についても解説を行う（9-3-4 参照）。

> ●純損益計算書における小計の表示（9-3-1）
> ●経営者が定義した業績指標（9-3-2）
> ●情報の集約および分解に関する要求事項の改善（9-3-3）

　なお、本節では紙面の都合から IFRS 第 18 号の要求事項の全体について触れることはせず、上述の IAS 第 1 号からの主な修正点に焦点を当てることとする。また、IFRS 第 18 号は IFRS 第 17 号の要求事項を変更していないが、IFRS 第 17 号が表示を要求する収益および費用について、IFRS 第 18 号の要求事項を適用した場合の純損益計算書における表示についても記載している（9-3-1(4)参照）。本節ではこの記載についても可能な限り触れることとする。

9-3-1 純損益計算書における小計の表示

　IFRS第18号では、純損益計算書に含まれる収益および費用は、同基準書が定める5つの区分（営業区分、投資区分、財務区分、法人所得税区分、非継続事業区分）のいずれかに分類することが要求される（IFRS第18号47項）。また、IFRS第18号では純損益計算書に2つの小計の表示が導入された（IFRS第18号69項）。以下、それぞれ解説する。

(1) 純損益計算書における区分（Category）

　IFRS第18号では、純損益計算書に含まれる収益および費用を営業区分、投資区分、財務区分、法人所得税区分、非継続事業区分の5つの区分のいずれかに分類することが要求されている（IFRS第18号47項）。法人所得税区分はIAS第12号を適用して純損益計算書に含まれる税金費用または税金収益が分類され（IFRS第18号67項）、非継続事業区分はIFRS第5号が要求する非継続事業から生じる集計および費用が分類される（IFRS第18号68項）。本節では、この2つの区分を除く残りの3つの区分である営業区分、投資区分、財務区分に焦点を当てて解説をする。なお、純損益計算書に含まれる収益および費用とこれらの区分を対応させると次頁図表9のようになる。

① 営業区分

　営業区分には、投資区分、財務区分、法人所得税区分、非継続事業区分の4つの区分のいずれにも分類されないすべての収益および費用が分類される（IFRS第18号52項）。IFRS第18号の要求事項を適用して他の区分に分類されないすべての収益および費用が営業区分に含まれることになるが、これにはボラティリティが高いまたは非経常的な収益または費用も含まれる（IFRS第18号B42項）。

第9章 表　　示

【図表9】純損益計算書に含まれる収益および費用と区分の対応

区　　分	純損益計算書
営業区分	収益
	売上原価
	売上総利益
	その他の営業収益
	販売費
	研究開発費
	一般管理費
	のれんの減損損失
	その他の営業費用
	営業利益
投資区分	関連会社および共同支配企業の純利益に対する持分相当額および処分益
	財務および法人所得税前純損益
財務区分	借入金およびリース負債利息費用
	年金負債利息費用
	税引前純利益
法人所得税区分	法人所得税費用
	純利益

（出所）Project Summary, Figure 1, page 5 を翻訳して筆者作成。

② 投資区分

投資区分には、原則として以下の資産から生じる収益および費用が含まれる（IFRS 第 18 号 53 項(a)～(c)）。

●関連会社、共同支配企業および非連結子会社への投資
●現金および現金同等物
●その他の資産（ただし、個別にかつ企業の他の資源から概ね独立したリターンを生じさせる場合のみ）

これらの資産から生じる収益および費用が投資区分に分類される。こうした収益は具体的には以下の取引から生じるが（IFRS 第 18 号 54 項(a)～(c)）、例とし

て利息、配当、不動産賃借料、減価償却費、減損損失(戻入れ)、公正価値利得および損失、認識中止および売却目的への分類や再測定から生じる収益および費用が含まれる(IFRS第18号B47項)。

> ●当該資産が生み出す収益
> ●当該資産の当初認識および事後測定から生じる収益および費用(認識の中止を含む)
> ●当該資産の取得および処分に直接起因する増分費用(たとえば取引コストおよび売却コスト)

③ 財務区分

財務区分に含まれる収益および費用を分類するためには、負債を以下のいずれかに区別することが要求される。

> ●資金調達のみを伴う取引から生じる負債(IFRS第18号59項(a))
> このような取引では、企業は現金、金融負債の消滅、企業自身の資本性金融商品の受領という形でファイナンスを受け、後日現金または自身の資本性金融商品と交換に負債を返済することになる(IFRS第18号B50項(a)〜(b))。
> こうした取引から生じる負債には、借入金や社債のように現金で決済される負債性金融商品、サプライヤー・ファイナンス契約に基づく負債、企業の株式の引き渡しを通じて決済される社債、現金と交換に企業の資本性金融商品を購入する義務が含まれる(IFRS第18号B51項(a)〜(d))。
> ●上記以外の負債(すなわち、資金調達のみを伴うことがない取引から生じる負債)(IFRS第18号59項(b))
> こうした負債には、現金で決済される財またはサービスに係る負債、契約負債、リース負債、確定給付年金負債、廃棄または原状回復引当金、訴訟引当金が含まれる(IFRS第18号B53項)。

上記IFRS第18号59項(a)にある資金調達のみを伴う取引から生じる負債に係る金額で、以下の項目は財務区分に分類される(IFRS第18号60項(a)〜(b))。

第 9 章 表　　示

　なお、これらの負債から生じる収益および費用で財務区分に分類されるものの例として、利息費用、公正価値利得または損失、負債に分類される発行株式の配当、負債の認識中止から生じる収益および費用がある（IFRS 第 18 号 B52 項(a)〜(d)）。

> ●負債の当初認識、事後測定、認識の中止から生じる収益および費用
> ●負債の発行および消滅に直接起因する増分費用（たとえば取引コスト）

　さらに、上記 IFRS 第 18 号 59 項(b)にある資金調達のみを伴うことがない取引から生じる負債については、以下の項目を財務区分に分類する（IFRS 第 18 号 61 項(a)〜(b)）。これらの負債から生じる収益および費用で財務区分に分類されるものの例として、財またはサービスの購入から生じる負債の利息費用（IFRS 第 9 号を適用）、重大な金融要素を含む契約負債の利息費用（IFRS 第 15 号を適用）、リース負債の利息費用（IFRS 第 16 号を適用）、確定給付負債の利息費用（IAS 第 19 号を適用）、引当金の割引戻しおよび割引率の変更の影響が（IAS 第 37 号を適用）がある（IFRS 第 18 号 B54 項(a)〜(d)）。

> ●利息収益および利息費用（ただし、他の基準書の要求事項を適用する目的で識別される場合のみ）
> ●金利変動から生じる収益および費用（ただし、他の基準書の要求事項を適用する目的で識別される場合のみ）

　以下の収益および費用は財務区分に分類されず、営業区分に分類される（IFRS 第 18 号 64 項）。

> ● IFRS 第 9 号を適用して発行する有配当性投資契約から生じる収益および費用
> ● IFRS 第 17 号の適用により認識される保険金融収益費用

　なお、これまで解説した、負債を資金調達のみを伴う取引から生じる負債とそれ以外に分類して財務区分に分類する収益および費用を識別する IFRS 第 18

9-3 IFRS第18号の概要

【図表10】財務区分に分類される収益および費用

財務区分	資金調達のみを伴う取引から生じる負債	左記以外の負債（すなわち、資金調達のみを伴うことがない取引から生じる負債）
	●負債の当初認識、事後測定、認識の中止から生じる収益および費用 ●負債の発行および消滅に直接起因する増分費用（たとえば取引コスト）	●利息収益および利息費用（ただし、他の基準書の要求事項を適用する目的で識別される場合のみ） ●金利変動から生じる収益および費用（ただし、他の基準書の要求事項を適用する目的で識別される場合のみ）

(注1) この区分はデリバティブおよび指定されたヘッジ手段には適用されない。
(注2) 主契約に負債性金融負債を含む混合契約から生じる収益および費用の区分については別途適用指針の定めがある。
(注3) IFRS第9号を適用して発行する有配当性投資契約から生じる収益および費用、ならびにIFRS第17号の適用により認識される保険金融収益費用は営業区分に分類される。

号の要求事項は、デリバティブおよび指定されたヘッジ手段には適用されない（IFRS第18号63項）。また、IFRS第18号は主契約に負債性金融負債を含む混合契約から生じる収益および費用の区分について、別個の適用指針を設けている（IFRS第18号62項・B56項～B57項）。本紙では紙面の都合からこれらの解説は省略する。

以上、財務区分に分類される収益および費用についてまとめると**図表10**のようになる。

④ 特定の主要な事業活動を有する企業の場合の区分

IFRS第18号は純損益計算書に含まれる収益および費用を営業区分、投資区分、財務区分のいずれかに分類するにあたり、企業が特定の主要な事業活動を有しているかどうかの評価を行うことを要求している（IFRS第18号49項）。上記9-3-1(1)①～③のIFRS第18号の要求事項は、特定の主要な事業活動を有しない企業に適用される。特定の主要な事業活動とは、以下の2点である。企業はこの特定の主要な事業活動の片方または両方を有している場合があ

第9章 表　　示

る（IFRS第18号BC95項・IE13項）。

> ●特定の種類の資産への投資
> ●顧客へのファイナンスの提供

　特定の主要な事業活動を有する企業は、それ以外の企業が投資区分または財務区分に分類する一部の収益および費用について営業区分に分類することになる（IFRS第18号50項）。以下、解説する。
　まず投資区分については、前述(1)②に記載した当該区分に分類される収益および費用が生じる資産により、異なる要求事項が定められている（図表11）。

> ●関連会社、共同支配企業および非連結子会社への投資
> 　その投資が主要な事業活動として行われている場合には、当該投資が持分法により会計処理されているか否かにより区分が異なる。持分法で会計処理されている場合は投資区分に、されていない場合は営業区分に分類される（IFRS第18号55項）。すなわち、当該投資が持分法により会計処理されている場合は、特定の主要な事業活動を有するか否かに拘わらず、生じる収益および費用は投資区分に分類されるが、持分法により会計処理されていない場合は、特定の主要な事業活動の有無により区分が異なることになる。
> ●現金および現金同等物
> 　現金および現金同等物から生じる収益および費用は、特定の主要な事業活動を有する企業の場合も原則として投資区分に分類される。ただし、特定の主要な事業活動の種類および当該活動との関連性から営業区分に分類される場合がある。
> 　主要な事業活動として特定の種類の資産への投資を行っており、その資産が金融資産である場合で、かつ当該金融資産が個別にかつ企業の他の資源から概ね独立したリターンを生じさせている場合には、当該金融資産から生じる収益および費用は営業区分に分類される（IFRS第18号56項(a)）。
> 　このような金融資産への投資を行っていないが、顧客へのファイナンスの提供を主要な事業活動として有している場合は、現金および現金同等物が顧客へのファイナンスの提供に関連しているか否かにより区分が異なる。

関連する場合は、営業区分に分類される（IFRS 第 18 号 56 項(b)(i)）。関連しない場合は、営業区分または投資区分のいずれかを会計方針として選択する（IFRS 第 18 号 56 項(b)(ii)）。なお、顧客へのファイナンスの提供に関連しているか否かを区別できない場合は、すべての収益および費用を営業区分に分類する（IFRS 第 18 号 57 項）。

●その他の資産（個別にかつ企業の他の資源から概ね独立したリターンを生じさせる場合）

　該当する資産への投資を主要な事業活動として有している場合は、当該資産から生じる収益および費用を営業区分に分類する（IFRS 第 18 号 58 項）。

【図表 11】特定の主要な事業活動を有する企業の投資区分の分類

収益および費用が生じる資産	特定の主要な事業活動を有しない企業（9-3-1(1)②）	特定の主要な事業活動を有する企業（9-3-1(1)④）
関連会社、共同支配企業および非連結子会社への投資	投資区分	●投資区分（持分法で会計処理されている場合） ●営業区分（持分法で会計処理されていない場合）
現金および現金同等物	投資区分	●営業区分（個別にかつ企業の他の資源から概ね独立したリターンを生じさせる金融資産への投資を主要な事業活動として有している場合） ●営業区分（顧客へのファイナンスの提供を主要な事業活動として有しており、現金および現金同等物が顧客へのファイナンスの提供に関連している場合） ●営業区分または投資区分のいずれかを会計方針として選択（顧客へ

第9章 表　示

		のファイナンスの提供を主要な事業活動として有しており、現金および現金同等物が顧客へのファイナンスの提供に関連していない場合） ●投資区分（上記のいずれにも該当しない場合）
その他の資産（個別にかつ企業の他の資源から概ね独立したリターンを生じさせる場合）	投資区分	●営業区分（該当する資産への投資を主要な事業活動として有している場合）

　次に財務区分については、特定の主要な事業活動を有しない企業と同様に（前述(1)③）、資金調達のみを伴う取引から生じる負債とそれ以外の負債により収益および費用の区分が異なる（**図表12**）。

> ●資金調達のみを伴う取引から生じる負債（IFRS第18号65項(a)）
> 　収益および費用の区分は、さらに該当する負債が主要な事業活動としての顧客へのファイナンスの提供に関連するか否かにより異なる。顧客へのファイナンスの提供に関連する場合は、営業区分に分類される（IFRS第18号65項(a)(i)）。関連しない場合は、営業区分または財務区分のいずれかを会計方針として選択する（同項(a)(ii)）。なお、顧客へのファイナンスの提供に関連しているか否かを区別できない場合は、すべての収益および費用を営業区分に分類する（IFRS第18号66項）。
> ●上記以外の負債（すなわち、資金調達のみを伴うことがない取引から生じる負債）（IFRS第18号65項(b)）
> 　IFRS第18号61項に記載されている、資金調達のみを伴うことがない取引から生じる負債に係る利息収益および利息費用、ならびに金利変動から生じる収益および費用は、財務区分に分類する（IFRS第18号65項(b)(i)）。それ以外の収益および費用は営業区分に分類する（同項(b)(ii)）。

【図表12】特定の主要な事業活動を有する企業の財務区分の分類

収益および費用が生じる負債	特定の主要な事業活動を有しない企業（9-3-1⑴③）	特定の主要な事業活動を有する企業（9-3-1⑴④）
資金調達のみを伴う取引から生じる負債	財務区分	●営業区分 ●営業区分または財務区分のいずれかを会計方針として選択（顧客へのファイナンスの提供を主要な事業活動として有しており、現金および現金同等物が顧客へのファイナンスの提供に関連していない場合）
上記以外の負債（資金調達のみを伴うことがない取引から生じる負債）	●財務区分（他の基準書の要求事項を適用する目的で識別される利息収益および利息費用ならびに金利変動から生じる収益および費用） ●営業区分（上記以外）	●財務区分（資金調達のみを伴うことがない取引から生じる負債に係る利息収益および利息費用、ならびに金利変動から生じる収益および費用） ●営業区分（財務区分に分類されない収益および費用）

（注）それぞれの区分の対象となる収益および費用については、9-3-1⑴③および④を参照のこと。

⑤ その他

IAS第21号に基づき認識する為替差額は、当該為替差額を生じさせた項目から生じる収益および費用と同じ区分に分類する（IFRS第18号B65項）。

(2) IFRS 第 18 号で導入された小計（Subtotal）

① 特定の主要な事業活動を有しない企業

IFRS 第 18 号が表示を要求する合計および小計は以下の3点で、このうち IFRS 第 18 号で新たに導入された小計は営業損益と財務および法人所得税前純損益の2点である。純損益の表示は、IFRS 第 18 号においても IAS 第 1 号 81A 項から変更なく要求されている（IFRS 第 18 号 69 項(c)）。

> ●営業損益（IFRS 第 18 号 69 項(a)）
> ●財務および法人所得税前純損益（IFRS 第 18 号 69 項(b)）
> ●純損益（IFRS 第 18 号 69 項(c)）

ここで営業損益は、前述(1)で解説する営業区分に分類されるすべての収益および費用から構成される（IFRS 第 18 号 70 項）。財務および法人所得税前純損

【図表 13】製造業である企業の純損益計算書の例　　　　　　　　（単位：千 CU）

	20X2	20X1
収益	XXX	XXX
製品および仕掛品の棚卸高変動額	(XXX)	(XXX)
使用した原材料	(XXX)	(XXX)
従業員給付	(XXX)	(XXX)
減価償却費および減損損失	(XXX)	(XXX)
その他の営業費用	(XXX)	(XXX)
営業利益	XXX	XXX
関連会社および共同支配企業の純利益に対する持分相当額	XXX	XXX
財務および法人所得税前純損益	XXX	XXX
借入金およびリース負債利息費用	(XXX)	(XXX)
年金負債利息費用	(XXX)	(XXX)
税引前純利益	XXX	XXX
法人所得税費用	(XXX)	(XXX)
純利益	XXX	XXX

（出所）IFRS18 Illustrative Examples IE10 を一部変更・翻訳して筆者作成。

益は、営業損益および投資区分（前述(1)参照）に分類されるすべての収益および費用から構成される（IFRS第18号71項）。純損益は純損益に含まれる収益から費用を控除した合計額で、5つのすべての区分に分類されたすべての収益および費用から構成される（IFRS第18号72項）。

IFRS第18号は特定の主要な事業活動を有しない企業の純損益計算書の例として、製造業者である企業の純損益計算書を示している（IFRS第18号IE10項）。なおこの例では、費用を性質別に分類して表示している（図表13）。

② 特定の主要な事業活動を有する企業

前述(2)①の特定の主要な事業活動を有しない企業への要求事項は、特定の主要な事業活動を有する企業にも適用される。ただし、特定の主要な事業活動を有する企業については、一定の条件に該当する場合、財務および法人所得税前純損益を小計として表示することが認められない（IFRS第18号73項）。一定の条件には、具体的には以下の事項が含まれ、すべてを満たす場合に財務および法人所得税前純損益を小計として表示することが認められなくなる。

> ●企業が特定な主要な事業活動として顧客へのファイナンスの提供を行っている（IFRS第18号49項(b)・65項）。
> ●資金調達のみを伴う取引から生じる負債がある（IFRS第18号59項(a)・65項(a)）。
> ●資金調達のみを伴う取引から生じる負債が、顧客へのファイナンスの提供に関連していない（IFRS第18号65項(a)(ii)）。
> ●上記4つのすべての条件を満たす場合に、上記の資金調達のみを伴う取引から生じる負債から生じる収益および費用について、営業区分または財務区分のいずれかに表示する会計方針の選択を行い、営業区分を選択している（IFRS第18号65項(a)(ii)・73項）。

なお、財務および法人所得税前純損益を小計として表示することが認められない企業であっても、営業区分の後かつ財務区分の前に小計を追加して表示することができる。ただし、この小計には財務区分の金額を除外していることを示唆するような名称、たとえば財務前純利益といった名称を付してはならない

(IFRS 第 18 号 73 項・74 項)。

IFRS 第 18 号は特定の主要な事業活動を有する企業の純損益計算書の例として、銀行である企業の純損益計算書を示している（IFRS 第 18 号 IE13 項）。この例では、財務および法人所得税前純損益が小計として表示されていない。なお、前提として顧客へのファイナンスの提供に関連しない、資金調達のみを伴う取引から生じる負債に係る収益および費用を営業区分に分類する会計方針の選択が行われている（IFRS 第 18 号 IE13 項(c)）（図表14）。

【図表14】投資銀行兼リテール銀行である企業の純損益計算書の例　　（単位：千 CU）

	20X2	20X1
利息収益	XXX	XXX
利息費用	(XXX)	(XXX)
正味利息収益	XXX	XXX
報酬および手数料収益	XXX	XXX
報酬および手数料費用	(XXX)	(XXX)
正味報酬および手数料収益	XXX	XXX
正味トレーディング収益	XXX	XXX
正味投資収益	XXX	XXX
信用減損損失	(XXX)	(XXX)
従業員給付	(XXX)	(XXX)
減価償却費	(XXX)	(XXX)
その他の営業費用	(XXX)	(XXX)
営業利益	XXX	XXX
関連会社および共同支配企業の純利益に対する持分相当額	XXX	XXX
年金負債およびリース負債利息	(XXX)	(XXX)
税引前純利益	XXX	XXX
法人所得税費用	(XXX)	(XXX)
純利益	XXX	XXX

（出所）IFRS18 Illustrative Examples IE13 を一部変更・翻訳して筆者作成。

(3) 純損益計算書に表示または注記に開示される項目

　IFRS 第 18 号は、原則として IAS 第 1 号 82 項に列挙されていた純損益計算書に表示される科目を引き継いでいるが、その一部を変更している。具体的には、IFRS 第 18 号は、IAS 第 1 号で列挙されていた金融費用を削除し、営業費用を科目として追加した（IFRS 第 18 号 75 項・BC236 項）。なお、IFRS 第 17 号が要求する純損益計算書の表示科目はそのまま IFRS 第 18 号に修正なく引き継がれている（IFRS 第 18 号 75 項(c)）。

　IAS 第 1 号と同様に、IFRS 第 18 号においても営業区分に含まれる費用について、その性質および機能の両方または一方を用いて分類することが要求される（IFRS 第 18 号 78 項）。機能別による費用が営業区分に表示される場合、以下の科目の合計額と、これに関連する営業区分に含まれる科目の金額を注記に開示しなければならない（IFRS 第 18 号 83 項）。

> ●減価償却費（IAS 第 16 号、IAS 第 40 号、IFRS 第 16 号で開示が要求される金額）
> ●償却費（IAS 第 38 号で開示が要求される金額）
> ●従業員給付（IAS 第 19 号および IFRS 第 2 号で認識された金額）
> ●減損損失および戻入れ（IAS 第 36 号で開示が要求される金額）
> ●棚卸資産の減損および戻入れ（IAS 第 2 号で開示が要求される金額）

　IFRS 第 18 号 IE7 項ではこの開示要求の例を示している（次頁**図表15**）。

【図表 15】機能別費用の開示の例　　　　　　　　　　　　（単位：千 CU）

	20X2	20X1
減価償却費		
売上原価	XXX	XXX
研究開発費	XXX	XXX
一般管理費	XXX	XXX
減価償却費合計	XXX	XXX
償却費		
研究開発費	XXX	XXX
償却費合計	XXX	XXX
従業員給付		
売上原価	XXX	XXX
販売費	XXX	XXX
研究開発費	XXX	XXX
一般管理費	XXX	XXX
従業員給付合計	XXX	XXX
減損損失		
研究開発費	XXX	XXX
のれんの減損損失	XXX	XXX
減損損失合計	XXX	XXX
棚卸資産減損		
売上原価	XXX	XXX
棚卸資産減損合計	XXX	XXX

（出所）IFRS18 Illustrative Examples IE7 を一部変更・翻訳して筆者作成。

(4) 保険者である企業の純損益計算書の例

　IFRS 第 18 号は、主要な事業活動として金融資産への投資を行っている保険者の純損益計算書の例を掲載している（図表 16）。

9-3 IFRS第18号の概要

【図表16】 主要な事業活動として金融資産への投資を行っている保険者の純損益計算書の例

(単位：千CU)

	20X2	20X1
保険収益	XXX	XXX
保険サービス費用	(XXX)	(XXX)
保険サービス損益	XXX	XXX
投資収益	XXX	XXX
信用減損損失	(XXX)	(XXX)
保険金融費用	(XXX)	(XXX)
正味金融損益	XXX	XXX
その他の営業費用	(XXX)	(XXX)
営業利益	XXX	XXX
関連会社および共同支配企業の純利益に対する持分相当額	XXX	XXX
財務および法人所得税前純損益	XXX	XXX
借入金および年金負債利息費用	(XXX)	(XXX)
税引前純利益	XXX	XXX
法人所得税費用	(XXX)	(XXX)
純利益	XXX	XXX

（出所）IFRS18 Illustrative Examples IE12 を一部変更・翻訳して筆者作成。

9-3-2　経営者が定義した業績指標

経営者が定義した業績指標とは、収益および費用の小計で以下に該当するものをいう（IFRS 第 18 号 117 項、付録 A）。

> ●企業が、財務諸表の外で一般とのコミュニケーション（public communication）において使用している。
> ●企業が、その全体の財務業績の一側面に関する経営者の見方を、財務諸表利用者に伝えるために使用している。
> ● IFRS 第 18 号 118 項に列挙されておらず、IFRS 会計基準によって表示または開示が要求されていない。

第9章 表　　示

　企業が財務諸表の外で一般とのコミュニケーションにおいて使用するものは、企業の全体の財務業績の一側面に関する経営者の見方を財務諸表利用者に伝えるために使用されていると推定される（IFRS第18号119項）。この推定は反証することができるが、合理的で裏付けのある情報に基づかなければならない（IFRS第18号120項）。

　IFRS第18号は一般とのコミュニケーションを定義していない。しかし、口頭による声明、その原稿、ソーシャルメディアへの投稿は一般とのコミュニケーションには該当しない。こうした形式でのコミュニケーションは、すでに他の形式に含まれていることが見込まれるためで、またこうした種類のコミュニケーションは監視が困難であるとの懸念が一部の利害関係者から寄せられていた（IFRS第18号BC336項）。

　また、以下の小計は経営者が定義した業績指標ではない（IFRS第18号118項・B123項）。さらに、各基準書が定める合計または小計を調整した指標は、経営者が定義した業績指標に該当するが、これ以外のもの、たとえばフリー・キャッシュ・フローや顧客維持率は該当しない（IFRS第18号BC331項）。

- ●売上総利益（収益から売上原価を控除したもの）および類似の小計（例として、保険サービス損益、正味金融損益（投資収益から保険金融収益および費用を差し引いたもの）がある）
- ●減価償却費、償却費およびIAS第36号の適用範囲に含まれる減損損失前の営業損益
- ●営業損益および持分法で会計処理されるすべての投資から生じる収益および費用
- ●顧客へのファイナンスの提供に関連しない、資金調達のみを伴う取引から生じる負債に係る収益および費用を営業区分に分類する会計方針の選択を行う場合（9-3-1(2)②参照）、営業損益および投資区分に分類されるすべての収益および費用から構成される小計
- ●法人所得税前純損益
- ●非継続事業純損益

企業は、経営者が定義した業績指標に関して、以下の事項を開示しなければならない（IFRS 第 18 号 122 項・123 項(a)～(d)・124 項）。

> ●経営者が定義した業績指標は企業全体の財務業績の一側面に関する経営者の見方を提供するものであり、他の企業が提供する類似の名称または記述を持つ指標とは必ずしも比較可能ではないという声明（IFRS 第 18 号 122 項）
> ●経営者が定義した業績指標によって伝えられる、経営者の見解による財務業績の一側面の記述（IFRS 第 18 号 123 項(a)）
> ●経営者が定義した業績指標の計算方法（IFRS 第 18 号 123 項(b)）
> ●経営者が定義した業績指標と最も直接的に比較可能な合計または小計との調整表（IFRS 第 18 号 123 項(c)）
> ●上記調整表で開示される各項目に係る法人所得税の影響および非支配持分の影響（IFRS 第 18 号 123 項(d)）
> ●法人所得税の影響の計算方法（IFRS 第 18 号 123 項(e)）
> ●経営者が定義した業績指標の計算方法の変更、追加、使用の中止、法人所得税の影響の計算方法の変更をした場合、当該変更、追加、使用の中止を財務諸表利用者が理解できるような説明、理由、比較情報の修正再表示（IFRS 第 18 号 124 項）

9-3-3　情報の集約および分解に関する要求事項の改善

　情報の集約および分解に関する要求事項の適用の前提として、IFRS 第 18 号は項目（item）と科目（line item）を定義している。項目とは、資産、負債、資本性金融商品または剰余金、収益、費用、キャッシュ・フロー、もしくはこれらを集約または分解したものである。科目とは、基本財務諸表に個別に表示される項目である。基本財務諸表に個別に表示されない項目に関する重要性がある情報は注記に開示される（IFRS 第 18 号 41 項）。項目について、IFRS 第 18 号は以下の要求事項を定めている。

第9章　表　示

> - 資産、負債、資本、収益、費用またはキャッシュ・フローを共有する特徴に基づき項目を分類して集約する（IFRS第18号41項(a)）
> - 共有しない特徴に基づき項目を分解する（IFRS第18号41項(b)）
> - 項目を集約または分解して、有用な体系化された要約を提供する際の基本財務諸表の役割を充足する科目を表示する（IFRS第18号41項(c)）
> - 項目を集約または分解して、重要性がある情報を提供する際の注記の役割を充足する情報を注記に開示する（IFRS第18号41項(d)）
> - 財務諸表における集約および分解により重要性がある情報が不明瞭にならないようにする（IFRS第18号41項(e)）

　すなわち、項目はその特徴を共有するか否かに基づき集約または分解されるが、具体的には以下のステップを踏むことになる（IFRS第18号B17項）。なお、このステップは順序に決まりはない（IFRS第18号B18項）。

> - 個別の取引または事象から生じる資産、負債、資本、収益、費用およびキャッシュ・フローを識別する（IFRS第18号B17項(a)）
> - 資産、負債、資本、収益、費用およびキャッシュ・フローをその特徴に基づき分類して集約し、基本財務諸表の科目に表示および注記に開示する（IFRS第18号B17項(b)）
> - 基本財務諸表および注記において、共有しない特徴に基づき分解する（IFRS第18号B17項(c)）

　集約および分解において考慮する特徴には、性質、機能、継続性（persistence）、測定基礎、測定または結果の不確実性、規模、地理的所在地または規制環境、税金の影響、当初認識または事後測定のいずれに関連するか、が含まれる（IFRS第18号B78項）。

9-3-4　その他の修正

(1)　財政状態計算書

　純損益計算書と同様に、IFRS第18号は、原則としてIAS第1号54項に列

挙されていた財政状態計算書に表示される科目を引き継いでいるが、その一部を変更している。具体的には、IFRS 第 18 号は、IAS 第 1 号で列挙されていた科目にのれんを追加した（IFRS 第 18 号 103 項(d)・BC314 項）。なお、IFRS 第 17 号が要求する財政状態計算書の表示科目はそのまま IFRS 第 18 号に修正なく引き継がれている（IFRS 第 18 号 103 項(f)・(p)）。

(2) キャッシュ・フロー計算書

IFRS 第 18 号の公表により、IAS 第 7 号が修正された。主な修正は、営業活動によるキャッシュ・フローおよび利息と配当の表示である。以下、解説する。

① 営業活動によるキャッシュ・フロー

間接法を採用する場合、営業損益を調整する方法が要求される（IAS 第 7 号 18 項(b)）。IFRS 第 18 号公表前は純損益を調整する方法であったが、純損益計算書の営業損益が出発点となった。

② 利息および配当

純損益計算書における要求事項である、特定の主要な事業活動（9-3-1(1)④）の有無により異なる表示が要求されるようになった。ただし、支払配当については、当該事業活動の有無に関らず、常に財務活動によるキャッシュ・フローとして表示される（IAS 第 7 号 33A 項）。

特定の主要な事業活動を有しない企業の場合、支払利息は財務活動によるキャッシュ・フローに、受取利息と受取配当は投資活動によるキャッシュ・フローに分類される（IAS 第 7 号 34A 項(a)・(b)）。

特定の主要な事業活動を有する企業の場合、IFRS 第 18 号における配当収益、利息収益および利息費用の区分を参照し、それぞれ単一の区分（営業活動、投資活動、財務活動のいずれか）に分類しなければならない（IAS 第 7 号 34B 項）。なお、IFRS 第 18 号の適用にあたっては、配当収益、利息収益および利息費用が複数の区分に分類することがあるが、この場合キャッシュ・フロー計算書で

第9章 表　示

は複数の区分に関連する活動から1つの活動を選択して分類する会計方針の選択が要求される（IAS第7号34D項）（図表17）。

【図表17】利息および配当の表示

	特定の主要な事業活動を有しない企業	特定の主要な事業活動を有する企業
受取利息	投資活動によるキャッシュ・フロー	IFRS第18号における配当収益、利息収益および利息費用の区分を参照し、それぞれ単一の区分に表示
支払利息	財務活動によるキャッシュ・フロー	
受取配当	投資活動によるキャッシュ・フロー	
支払配当	財務活動によるキャッシュ・フロー	財務活動によるキャッシュ・フロー

第 10 章

開　示

10 －1　本章の目的
10 －2　保険契約について財務諸表で認識された金額の説明
　　2 －1　保険契約負債の性質別調整表
　　2 －2　保険契約負債の構成要素別調整表
　　2 －3　保険獲得キャッシュ・フローに係る資産の調整表の開示
　　2 －4　保険収益の内訳
　　2 －5　契約上のサービス・マージンの認識時点
　　2 －6　保険金融収益または費用の説明
　　2 －7　経過措置の金額
　　2 －8　保険料配分アプローチを適用した保険契約の開示
10 －3　重要な判断およびこれらの判断についての変更
　　3 －1　IFRS 第 17 号の要求事項
　　3 －2　IFRS 第 17 号の適用における重要な判断
　　3 －3　IFRS 第 17 号における会計方針の選択等
10 －4　保険契約から生じるリスクの性質と程度
　　4 －1　概　　要
　　4 －2　リスクの集中
　　4 －3　保険リスクおよび市場リスク（感応度分析）
　　4 －4　保険リスク（クレーム・ディベロップメント）
　　4 －5　信用リスク
　　4 －6　流動性リスク
10 －5　実務上の課題

第10章 開　示

10−1　本章の目的

　IFRS 第 17 号の開示の目的は、保険契約が財政状態計算書、財務業績の計算書およびキャッシュ・フロー計算書に及ぼす影響について、財務諸表の利用者が評価するための基礎となる情報を提供することにある。この目的を達成するために、企業は以下に関する定性的情報および定量的情報を開示しなければならない（93 項）。

> (a) 保険契約について財務諸表に認識した金額
> (b) 重要な判断およびこれらの判断についての変更
> (c) 保険契約から生じるリスクの性質および程度

　また、開示目的を満たすために、どの粒度で開示するかを検討する必要がある（94 項）。すなわち、大量の重要でない細目を含めたり、特性の異なる項目を集約したりすることにより、有用な情報が不明瞭とならないように、情報を集約または分解しなければならない（95 項）。

　適切となる可能性のある開示の分解基礎の例として、以下が挙げられる（96 項）。

> (a) 契約の種類（たとえば、主要な商品ライン）
> (b) 地理的領域（たとえば、国または地域）
> (c) IFRS 第 8 号「事業セグメント」で定義される報告セグメント

10-2 保険契約について財務諸表で認識された金額の説明

IFRS第17号では、財務業績の計算書に計上された収益および費用や、キャッシュ・フローによって、保険契約資産および負債の帳簿価額の純額が当期にどれだけ変動したかを、財務諸表の利用者が識別できるのに十分な情報を開示することが求められており、これは調整表により開示される。

資産である契約のポートフォリオの合計と負債である契約のポートフォリオの合計は分解して表示しなければならない（99項(b)）。また、調整表は発行した保険契約と保有する再保険契約を区別して開示される（98項）。

10-2-1 保険契約負債の性質別調整表

企業は、残存カバーに係る負債（不利な契約とそれ以外の契約を区分）と発生保険金に係る負債の期首残高から期末残高に至る調整表を開示しなければならない（100項）（次頁図表1）。

当調整表においては、サービスに関連する以下のそれぞれの金額を区別して開示しなければならない（103項）。

(a) 保険収益
(b) 保険サービス費用
　(i) 発生保険金（投資要素を除く）および他の発生した保険サービス費用
　(ii) 保険獲得キャッシュ・フローの償却
　(iii) 過去のサービスに関する変動（すなわち、発生保険金に係る負債に関連した履行キャッシュ・フローの変動）
　(iv) 将来のサービスに関する変動（すなわち、不利な契約グループに係る損失およびその戻入れ）
(c) 保険収益および保険サービス費用から控除された投資要素（当期の保険料の一部であるものを除く保険料の払戻しを含む）

なお、調整表の開示にあたっては、当期に提供したサービスに関連しない以

第10章 開　示

下の金額も区分して開示しなければならない（105項）。

> **105項**
> (a) 当期のキャッシュ・フロー
> (b) 保有している再保険契約の発行者による不履行リスクの変動の影響
> (c) 保険金融収益または費用
> (d) 保険契約の帳簿価額の純額の変動を理解するために必要となる可能性のある追加的な表示科目

【図表1】 保険契約負債の変動（残存カバーに係る負債と発生保険金に係る負債の分析）

		残存カバーに係る負債		発生保険金に係る負債	計
		不利な契約以外	不利な契約		
保険契約負債 20X0		161,938	15,859	1,021	178,818
保険収益		(9,856)			(9,856)
保険サービス費用		1,259	(623)	7,985	8,621
	発生保険金等		(840)	7,945	7,105
	新契約費の償却	1,259			1,259
	不利な契約に係る損益		217		217
	発生保険金に係る負債の変動			40	40
投資要素		(6,465)		6,465	―
保険サービス業績		(15,062)	(623)	14,450	(1,235)
保険金融費用		8,393	860	55	9,308
包括利益の計算書の変動合計		(6,669)	237	14,505	8,073
キャッシュ・フロー	保険料の受取り	33,570			33,570
	保険金等の支払い			(14,336)	(14,336)
	新契約費の支払い	(401)			(401)

10-2 保険契約について財務諸表で認識された金額の説明

キャッシュ・フロー合計	33,169	—	(14,336)	18,833
保険契約負債 20X1	188,438	16,096	1,190	205,724

（出所）IASB「Effects Analysis（May 2017）」Appendix B Illustration 4 Table 2 を筆者翻訳。

10-2-2　保険契約負債の構成要素別調整表

　企業は、将来キャッシュ・フローの見積現在価値、非金融リスクに係るリスク調整、契約上のサービス・マージンを区分した期首残高から期末残高に至る調整表についても開示しなければならない（101項）（**図表2**）。

【図表2】保険契約負債の変動（構成要素の分析）

		見積り将来キャッシュ・フローの現在価値	リスク調整	契約上のサービス・マージン	計
保険契約負債 20X0		163,962	5,998	8,858	178,818
現在のサービスに係る変動		35	(604)	(923)	(1,492)
	サービスの提供により生じたサービス・マージンの解放			(923)	(923)
	リスク調整の変動		(604)		(604)
	実績調整	35			35
将来のサービスに係る変動		(784)	1,117	(116)	217
	新契約に係る変動	(2,329)	1,077	1,375	123
	契約上のサービス・マージンに係る見積りの変動	1,452	39	(1,491)	—
	不利な契約に係る見積りの変動	93	1		94

第10章 開　示

	見積り将来キャッシュ・フローの現在価値	リスク調整	契約上のサービス・マージン	計
過去のサービスに係る変動	47	(7)		40
発生保険金に係る負債の調整	47	(7)		40
保険サービス業績	(702)	506	(1,039)	(1,235)
保険金融費用	9,087	−	221	9,308
包括利益の計算書の変動合計	8,385	506	(818)	8,073
キャッシュ・フロー合計	18,833			18,833
保険契約負債 20X1	191,180	6,504	8,040	205,724

（出所）IASB「Effects Analysis（May 2017）」Appendix B Illustration 4 Table 3 を筆者翻訳。

　当該調整表において、該当がある場合には、サービスに関連する以下のそれぞれの金額を区別して開示しなければならない（104項）。

> (a) 将来のサービスに関連する変動
> 　(i) 契約上のサービス・マージンを調整する金額
> 　(ii) 契約上のサービス・マージンを調整しない金額（すなわち、不利な契約のグループの損失とそのような損失の戻入額）
> 　(iii) 当期に当初認識された契約の影響
> (b) 現在のサービスに関連する変動
> 　(i) サービスの移転を反映するように純損益に認識された契約上のサービス・マージンの金額
> 　(ii) 将来のサービスまたは過去のサービスに関連しない非金融リスクに係るリスク調整の変動
> 　(iii) 実績調整（非金融リスクに係るリスク調整に関連する金額を除く）
> (c) 過去のサービスに関連する変動（すなわち、発生保険金に関連する履行キャッシュ・フローの変動）

10-2 保険契約について財務諸表で認識された金額の説明

　上記の当期に当初認識された保険契約および保有している再保険契約の影響については、以下に分解して開示する必要がある（107項）（図表3）。

　当該開示は、保険契約の移転または企業結合で取得した契約および不利である契約のグループを区分しなければならない（108項）。

> **107項**
> (a) 将来キャッシュ・アウトフローの見積現在価値（保険獲得キャッシュ・フローの金額を区別して示す）
> (b) 将来キャッシュ・インフローの見積現在価値
> (c) 非金融リスクに係るリスク調整
> (d) 契約上のサービス・マージン

　なお、性質別調整表と同様に（10-2-1参照）、当期に提供したサービスに関連しない金額も区分して開示しなければならない（105項）。

【図表3】当期に当初認識された契約の分析

20X1年に当初認識された契約			うち、他の企業から取得した契約	うち、不利な契約グループ
見積り将来キャッシュ・インフローの現在価値		(33,570)	(19,155)	(1,716)
見積り将来キャッシュ・アウトフローの現在価値	保険獲得キャッシュ・フロー	401	122	27
	保険金支払いおよびその他の費用	30,840	17,501	1,704
リスク調整		1,077	658	108
契約上のサービス・マージン		1,375	896	－
総額		123	22	123

（出所）IASB「Effects Analysis（May 2017）」Appendix B Illustration 4 Table 4 を筆者翻訳。

第10章 開　示

10-2-3　保険獲得キャッシュ・フローに係る資産の調整表の開示

　本章の図表には開示例として含めていないが、IASBは2020年6月公表のIFRS第17号の修正において、資産として計上される保険獲得キャッシュ・フローについても、期首残高から期末残高に至る調整表を開示する要求事項を追加した（105A項）。当該調整表においては、減損損失や減損損失の戻入れを区別して開示しなければならない（105B項）。

　なお、資産として計上される契約獲得キャッシュ・フローがいつ認識の中止がされると見込んでいるかを、適切な期間帯を使用して定量的に開示する必要がある（109A項）。

10-2-4　保険収益の内訳

　企業は、当期に認識された保険収益について、以下の構成要素ごとの内訳を開示しなければならない（106項）（図表4）。

　これは、9-2-2の保険収益の構成要素と関連する。

106項
(a) 残存カバーに係る負債の変動に関連する金額
　(i) 当期中に発生した保険サービス費用
　(ii) 非金融リスクに係るリスク調整の変動
　(iii) 当期におけるサービスの移転により純損益に認識した契約上のサービス・マージンの金額
　(iv) その他の金額（たとえば、将来のサービスに関連しない受け取った保険料の実績調整）
(b) 保険料のうち、保険獲得キャッシュ・フローの回収に関連する部分の配分額

10-2-5　契約上のサービス・マージンの認識時点

　企業は、保険料配分アプローチが適用される契約以外の保険契約に対して、報告期間の末日において残存する契約上のサービス・マージンをいつ純損益に

10-2 保険契約について財務諸表で認識された金額の説明

【図表4】保険収益の分析

		20X1
残存カバーに係る負債に係るもの		8,597
	予測された発生保険金等	7,070
	サービス提供により生じた契約上のサービス・マージンの解放	923
	リスク調整の変動	604
保険獲得キャッシュ・フローに係るもの		1,259
保険収益		9,856

(出所) IASB「Effects Analysis（May 2017）」Illustration 4 Table 5 を筆者翻訳。

認識すると見込んでいるかを、適切な期間帯を使用して定量的に開示しなければならない（109項）。

10-2-6 保険金融収益または費用の説明

企業は、報告期間における保険金融収益または費用の総額を開示し、説明しなければならない。特に、財務諸表の利用者が、純損益およびその他の包括利益に認識された金融収益または費用の源泉を評価できるように、保険金融収益または費用と保有する資産からの投資収益との関係を説明しなければならない（110項）。

また、直接連動有配当契約について、企業は基礎となる項目の構成要素を説明し、公正価値を開示しなければならない（111項）。加えて直接連動有配当契約について、デリバティブを使用して企業が晒されているリスクを軽減している場合に（6-4-3参照）、企業がある履行キャッシュ・フローの変動に対して契約上のサービス・マージンを調整しない選択をしたならば、当期における契約上のサービス・マージンの調整に対する影響を開示しなければならない（112項）。

さらに直接連動有配当契約について、保険金融収益または費用を純損益とその他の包括利益に分解する基礎を変更した場合、以下を開示しなければならな

い（113 項）。

> (a) 企業が分解表示の基礎を変更しなければならない理由
> (b) 影響を受けるそれぞれの財務諸表の表示科目への調整金額
> (c) 変更日に適用された当該変更に対する保険契約グループの帳簿価額

10-2-7　経過措置の金額

　企業は、移行日現在で修正遡及アプローチまたは公正価値アプローチ（第11章参照）で測定した保険契約が、その後の各期間の契約上のサービス・マージンおよび保険収益に与える影響を、財務諸表利用者が識別できるようにする開示を提供しなければならない（114 項）。

　具体的には、保険契約負債の構成要素別調整表（10-2-2 参照）の開示における契約上のサービス・マージン、および保険契約負債の性質別調整表（10-2-1 参照）の開示における保険収益については、以下を区分して開示しなければならない（114 項）。

> (a) 移行日現在で存在していた、修正遡及アプローチを適用した保険契約
> (b) 移行日現在で存在していた、公正価値アプローチを適用した保険契約
> (c) 他のすべての保険契約

　移行日現在で修正遡及アプローチまたは公正価値アプローチを適用した保険契約については、その測定をどのように決定したのかを説明する開示が要求される（115 項）。また、保険金融収益または費用を純損益とその他の包括利益に分解する会計方針の選択を行った場合（9-2-5 参照）、企業は、保険契約グループに関連する、その他の包括利益を通じて公正価値で測定する金融資産について、その他の包括利益に含めた累計額の期首残高から期末残高への調整表を開示しなければならない。

　この調整表には、当期にその他の包括利益に認識した金額や、過去に組替調整を行った金額を含めなければならない（116 項）。

10-2-8　保険料配分アプローチを適用した保険契約の開示

これまで解説した前述の開示に関する要求事項10-2-1～10-2-5のうち、以下の項目のみが保険料配分アプローチに適用される（97項）。

●保険契約負債の性質別調整表（10-2-1）
●保険獲得キャッシュ・フローに係る資産の調整表（10-2-3）

したがって、以下の開示は保険料配分アプローチを適用した保険契約には要求されない。

●保険契約負債の構成要素別調整表（10-2-2）
●当期に当初認識した発行した保険契約および保有している再保険契約の影響（10-2-2）
●保険収益の内訳（10-2-4）
●契約上のサービス・マージンの認識時点（10-2-5）

ただし、保険料配分アプローチを使用する場合は、適用した適格条件や貨幣の時間価値および金融リスクの影響の反映の有無および保険獲得キャッシュ・フローの会計処理方法について開示しなければならない（97項）。

さらに、保険料配分アプローチであっても、残存カバーに係る負債および発生保険金に係る負債について貨幣の時間価値および金融リスクの影響を反映した場合（56項・59項(b)）、前述の保険金融収益または費用に関する開示（10-2-6参照）が要求される。

第10章 開　示

10−3　重要な判断およびこれらの判断についての変更

10−3−1　IFRS 第 17 号の要求事項

　企業は、IFRS 第 17 号を適用する際に行った重要な判断および当該判断の変更を開示しなければならず、特に次の項目などのインプット、仮定、および使用された見積技法を開示しなければならない（117 項）。

> (a) 保険契約の測定に用いた手法および当該手法に対するインプットの見積りに関するプロセス（実務上不可能な場合を除いて、それらのインプットに関する定量的情報も含む）
> (b) 契約の測定に用いた手法およびインプットの見積りに関するプロセスの変更、それぞれの変更の理由および影響を受ける契約の種類
> (c) 下記を行うために使用したアプローチ
>   (i) 非金融リスクに係るリスク調整の決定
>   (ii) 割引率の決定
>   (iii) 投資要素の決定
>   (iv) 保険カバーと投資リターン・サービスまたは保険カバーと投資関連サービスによって提供される給付の相対的な重み付けの決定

　保険金融収益または費用を純損益とその他の包括利益に分解して表示することを選択する場合、企業は純損益に認識される保険金融収益または費用の算定に用いた手法の説明を開示しなければならない（118 項）。

　これに加え、企業は、非金融リスクに係るリスク調整を決定するために使用した信頼水準（非金融リスクに係るリスク調整の算定について信頼水準技法以外の技法を使用している場合には、当該技法の結果と一致する信頼水準）（119 項）、およびキャッシュ・フローの割引に使用されたイールド・カーブ（またはイールド・カーブの範囲）を開示しなければならない（120 項）。

10-3 重要な判断およびこれらの判断についての変更

10-3-2 IFRS 第 17 号の適用における重要な判断

10-3-1 で解説したとおり、IFRS 第 17 号はその基準書の適用の際に行った重要な判断等について、具体的な開示の要求事項を規定しているが、開示の要求の有無にかかわらず、IFRS 第 17 号の適用にあたっては多くの判断が要求される。以下に、その主な規定を挙げる（**図表5**）。なお、**図表5**は網羅的ではない。

【図表5】判断を要する主な規定

判断を要する項目	関連する主な条文
契約が IFRS 第 17 号の定める保険契約の定義を満たすか否か	付録A、2項、B18項
保険契約が直接連動有配当保険契約の条件を満たすか否か	B101項、B102項
一組または一連の契約を全体で1つとして扱うことが必要か	9項
保険契約から組込デリバティブ、投資要素、別個の財またはサービスを分離する必要があるか	10項、11項、12項
保険契約ポートフォリオの識別	14項
保険契約ポートフォリオの不利である契約のグループ、当初認識後に不利となる可能性が大きくない契約のグループ、残りの契約のグループへの分割	16項、17項、47項
保険料配分アプローチを適用する契約について、不利であることを示唆する事実および状況があるか	18項
保険料配分アプローチを適用しない契約について、当初認識時に不利でない契約がその後に不利となる可能性が大きくないかどうかの評価	19項
履行キャッシュ・フローをグループまたはポートフォリオよりも高い集約レベルで見積る場合	24項、33項

第10章 開　示

判断を要する項目	関連する主な条文
不利な保険契約グループに、保有している再保険契約グループでカバーされている不利な保険契約と、カバーされていない不利な保険契約の両方が含まれる場合、保険契約グループについて認識した損失について保有している再保険契約グループに関連する部分を決定するための、規則的かつ合理的な配分方法の決定	66A項、66B項、B119E項
契約の境界線の決定	34項
保険獲得キャッシュ・フローの保険契約グループへの規則的かつ合理的な配分	28A項
保険獲得キャッシュ・フローの回収可能性の評価	28E項
保険契約の移転または企業結合により保険契約または保有する再保険契約を取得した場合、契約に対して受け取ったまたは支払った対価の決定	B94項
IFRS第3号の範囲に含まれる企業結合により取得した保有する再保険契約に係る損失回収要素の決定	B95B項、B95C項、B95D項
事業を構成しない保険契約の移転またはIFRS第3号の範囲に含まれる企業結合により取得した保険契約について、保険獲得キャッシュ・フローに係る資産の公正価値での認識	B95E項
一般モデル（ビルディング・ブロック・アプローチ）による残存カバーに係る負債の測定と、保険料配分アプローチによる測定に重要な差異がないかどうかの評価	53項(a)
保険料配分アプローチにおいて、カバー期間中のリスクの解放の予想されるパターンが時の経過と著しく異なる場合の発生した保険サービス費用の予想される時期	B126項(b)
過大なコストや労力を掛けずに利用可能なすべての合理的で裏付け可能な情報の偏りのない使用	33項(a)、B37項
将来キャッシュ・フローの金額、時期、不確実性に関する見積り	33項、B41項

10-3 重要な判断およびこれらの判断についての変更

市場変数の見積りにおける観察可能なインプットの最大限の使用	33項、B44項
複製資産または複製資産ポートフォリオの公正価値の使用による、履行キャッシュ・フローの測定	33項、B46項
複製資産または複製ポートフォリオが存在する場合で、異なる技法を使用する場合、複製ポートフォリオ技法がキャッシュ・フローの測定に重要な相違を生じさせる可能性の評価	33項、B47項
資産に対するリターンに基づいて変動するキャッシュ・フローと他のキャッシュ・フローとの間に重大な相互依存関係がある場合、観察可能な市場変数との整合性という目的を最もよく満たす技法の決定	33項、B48項
契約の履行に直接関連するキャッシュ・フローの決定	B65項
基礎となる項目の変動およびそれによるキャッシュ・フローの変動をグループよりも高い集約レベルで識別した場合、各グループへの規則的かつ合理的な基礎での配分	B70項
保険契約者に支払うべきキャッシュ・フローに対する裁量権の識別	B98項
グループの契約が発行される期間にわたる加重平均割引率の決定	B73項
割引率の決定にトップダウン・アプローチを使用する場合、参照資産ポートフォリオの識別	B81項～B85項
割引率の決定にボトムアップ・アプローチを使用する場合、最終流動性点（Last Liquid Point）および非流動性プレミアム等の決定	B80項
リスク調整の評価技法の決定	37項、B92項
保有している再保険契約に係るリスク調整の決定	64項
契約上のサービス・マージンの純損益に認識する金額の決定のためのカバー単位の識別および相対的ウェイトの決定	44項(e)、45項(e)、66項(e)、B119項

257

第10章 開　示

判断を要する項目	関連する主な条文
裁量権付有配当投資契約について、投資サービスの移転を反映する契約上のサービス・マージンの認識	71項(c)
不利なグループに係る損失を認識した場合、残存カバーに係る負債の履行キャッシュ・フローの事後的な変動の損失要素およびそれ以外の残存カバーに係る負債への規則的な配分	50項(a)、52項
基礎となる不利な保険契約について損失を認識する場合、保有している再保険契約の契約上のサービス・マージンの修正および認識する収益の金額の決定	66A項、B119D項
保険料配分アプローチを適用し、保険契約グループが不利である場合、追加で認識する残存カバーに係る負債の決定	57項、58項
保有している再保険契約に保険料配分アプローチを適用する場合で、基礎となる不利な保険契約について損失を認識する場合、保有している再保険契約の残存カバーに係る負債の帳簿価額の修正および認識する収益の金額の決定	66A項、70A項
保険獲得キャッシュ・フローに関連した保険収益の決定	B125項
保有している再保険契約からの収益および費用を再保険者から回収した金額と支払保険料の配分に区分する場合、両者に含まれる金額の決定	86項
非金融リスクに係るリスク調整の変動を保険サービス損益と保険金融収益または費用に分解する場合、両者の金額の決定	81項
直接連動有配当保険契約において、基礎となる項目の公正価値に対する企業の持分の変動および基礎となる項目に対するリターンに基づいて変動しない履行キャッシュ・フローの変動を区分して契約上のサービス・マージンを修正する場合、区分した両者の金額の決定	B112項、B113項、B114項

10-3 重要な判断およびこれらの判断についての変更

リスク軽減オプションを選択する場合、履行キャッシュ・フローに与える金融リスクの影響の変動の一部または全部を反映するために、契約上のサービス・マージンの変動を認識しない金額の決定	B115項
当期の保険金融収益または費用を分解する場合、見込まれる保険金融収益または費用の合計額を規則的に配分して純損益に含める方法の決定	88項、89項、90項
保険契約の条件変更が認識の中止を伴うかどうかの判断	72項
移行時のアプローチを決定する際の実務上不可能の判断	C5項
修正遡及アプローチを適用する場合、過大な労力やコストを掛けずに利用可能な合理的で裏付け可能情報の入手	C6項
修正遡及アプローチを適用する場合、特に割引率決定、リスク調整の決定および不利な契約の識別における判断	C8項
修正遡及アプローチを適用する場合、保険契約グループの識別、直接連動有配当保険契約の定義の適用、直接連動有配当保険契約以外の保険契約についての裁量的キャッシュ・フローの識別、裁量権付有配当投資契約の識別における判断	C9項
公正価値アプローチを適用する場合の公正価値の測定	C20項
移行時の金融資産の再指定における、IFRS第17号の範囲に含まれる保険契約との関連の判断	C29項(a)

10-3-3　IFRS第17号における会計方針の選択等

　10-3-2に記載した、IFRS第17号の適用における多くの判断と同様に、IFRS第17号は多くの会計方針またはその他の選択（会計方針の選択等）を認めている。IFRS第17号には企業による会計方針およびIFRS第18号公表後のIAS第8号27A項の選択等について開示を要求する明文の規定はないが、IAS第1号117項は、重要な会計方針の開示を明示的に要求している。以下に、IFRS第17号が認める、主な規定を挙げる（次頁図表6）。なお、図表6は網羅的ではない。

第10章 開　示

【図表 6】会計方針の選択等が認められる主な項目

項　目	関連する主な条文
金融保証契約について IFRS 第 9 号または IFRS 第 17 号のいずれを適用するかの選択（選択は契約ごとで取消不能）	7 項(e)
定額報酬でのサービス契約について、IFRS 第 17 号ではなく IFRS 第 15 号を適用する選択（選択は契約ごとで取消不能）	8 項
保険事故に対する補償を当該契約によって創出された保険契約者の義務を決済するために要する金額に限定している契約について IFRS 第 9 号または IFRS 第 17 号のいずれを適用するかの選択（選択は保険契約ポートフォリオごとで取消不能）	8A 項
保険契約グループの細分化	16 項、21 項
法律または規則により保険契約者に対して異なる価格または給付水準を設定する実質上の能力が具体的に制限されている場合、それらの契約を同一のグループに含めることの選択	20 項
発行の時点が 1 年超離れた契約を、より細分化する選択	22 項
履行キャッシュ・フローをグループまたはポートフォリオよりも高い集約レベルで見積る選択	24 項
保険料配分アプローチを適用する選択	53 項
保有している再保険契約に保険料配分アプローチを適用する選択	69 項
保険料配分アプローチを適用する場合で、カバーの提供時点と保険料の支払期日との間の期間が 1 年以内と予想される場合、残存カバーに係る負債を貨幣の時間価値および金融リスクの影響を反映するために調整しない選択	56 項
保険獲得キャッシュ・フローを発生時に費用として認識する選択	59 項
発生保険金に関連する将来キャッシュ・フローを貨幣の時間価値および金融リスクの影響について調整しない選択	59 項

10-3 重要な判断およびこれらの判断についての変更

グループの契約が発行される期間にわたり加重平均割引率を使用する選択	B73 項
割引率の決定におけるボトムアップ・アプローチまたはトップダウン・アプローチの選択	B80 項、B81 項
基礎となる項目に対するリターンに基づいて変動するキャッシュ・フローについて、変動可能性を反映した割引率または変動可能性の影響について行うキャッシュ・フローの調整を反映した割引率のいずれを使用するかの選択	B74 項(a)、B75 項
過去の期中財務諸表において行った会計上の見積りの取扱いを変更すべきかどうかの選択	B137 項
保有している再保険契約からの収益および費用を再保険者から回収した金額と支払保険料の配分に区分するかどうかの選択	86 項
非金融リスクに係るリスク調整の変動を保険サービス損益と保険金融収益または費用に分解するかどうかの選択	81 項
リスク軽減オプションを適用するかどうかの選択	B115 項
当期の保険金融収益または費用を分解するかどうかの選択（OCI オプション）	88 項、89 項、90 項
直接連動有配当保険契約において、基礎となる項目の公正価値に対する企業の持分の変動および基礎となる項目に対するリターンに基づいて変動しない履行キャッシュ・フローの変動を区分するかどうかの選択	B112 項、B113 項、B114 項
保険料配分アプローチを適用する場合で、発生保険金に係る負債について、当期の保険金融収益または費用を分解するかどうかの選択（OCI オプション）	B133 項
IFRS 第 17 号を早期適用するかどうかの選択	C1 項
IAS 第 8 号 28 項(f)が要求する定量的情報を開示するかどうかの選択	C3 項

第10章 開　示

項　　目	関連する主な条文
保険獲得キャッシュ・フローに係る資産の回収可能性の評価を移行日前に適用するかどうかの選択	C4項
修正遡及アプローチまたは公正価値アプローチの選択	C5項
移行時におけるリスク軽減オプション（B115項）の適用の選択	C5A項
保険獲得キャッシュ・フローについて遡及適用が実務上不可能な場合、修正遡及アプローチまたは公正価値アプローチの選択	C5B項
適用開始日の直前事業年度の期首よりも古い期間について表示するかどうかの選択	C25項、C26項
IFRS第17号を最初に適用する事業年度の末日よりも5年以上前に発生したクレーム・ディベロップメントを開示するかどうかの選択	C28項
金融資産の再指定の選択および過去の期間の修正再表示の選択	C29項、C31項

10−4 保険契約から生じるリスクの性質と程度

10−4−1 概　要

　IFRS第17号では、保険契約から生じる将来キャッシュ・フローの性質、金額、時期および不確実性を、財務諸表利用者が評価できるようにする情報を開示することが求められる（121項）。これらの開示は、保険契約から生じる保険リスクと金融リスクおよびそれらの管理方法に焦点を当てている。

　財務リスクには、典型的には信用リスク、流動性リスクおよび市場リスクが含まれるが、これらに限定されるわけではない（122項）。

(1) リスク管理に関する開示

　企業は、IFRS第17号の範囲に含まれる保険契約から生じるリスクの各種類について以下の事項を開示しなければならない（124項）。

> (a) リスクに対するエクスポージャー及びそれがどのように生じるのか
> (b) リスクの管理に関しての企業の目的、方針及びプロセス、並びに当該リスクを測定するために用いた方法
> (c) (a)又は(b)の前期からの変化

(2) リスクの定量的情報

　企業は、IFRS第17号の範囲に含まれる保険契約から生じるリスクの各種類について以下の事項を開示しなければならない（125項）。

> (a) 報告期間の末日現在での当該リスクに対するエクスポージャーに関する定量的情報の要約。この開示は、内部で企業の経営幹部に提供されている情報に基づかなければならない。
> (b) 10−4−2〜10−4−6で要求される開示

また、企業は、企業の営業における規制上の枠組みの影響に関する情報（最低資本要件や要求される金利保証など）を開示しなければならない（126項）。

10-4-2 リスクの集中

企業は、IFRS第17号の範囲内の契約から生じるリスクの集中に関する情報を開示しなければならない。これには、経営者がどのように集中を決定するかの記述、およびそれぞれの集中を識別する共通の特性（たとえば、保険事故の種類、地理的領域または通貨）の記述が含まれる。

金融リスクの集中は、たとえば、きわめて多数の契約に同水準で効力を生じる金利保証から生じる可能性がある。また金融リスクの集中は、たとえば、企業が製薬会社に製造物責任補償を提供し、当該会社への投資も保有している場合など、非金融リスクの集中から生じる場合がある（127項）。

10-4-3 保険リスクおよび市場リスク（感応度分析）

企業は、保険契約から生じるリスク変数の変動に対する感応度についての情報を開示しなければならず、次の事項を開示しなければならない（128項）。

(a) 報告期間末日現在において合理的に可能性のあったリスク変数の変動の影響を純損益および資本がどのように受けるかを示す感応度分析
　(i) 保険リスクについて、保有している再保険によるリスク軽減の前後における、発行した保険契約への影響
　(ii) 各種市場リスクについて、保険契約から生じるリスク変数の変動に対する感応度と、企業が保有する金融資産から生じるリスク変数の変動に対する感応度の関係の説明
(b) 感応度分析に使用した手法および仮定
(c) 感応度分析に使用した手法と仮定の前期からの変更およびその理由

なお、企業がリスク変数の変動によって影響を受ける（純損益および資本の）金額について、前述の感応度分析で特定された分析との差異の程度がわかるような感応度分析を企業が作成しており、かつ、IFRS第17号の範囲内の契約から生じるリスクを管理するためにその感応度分析を使用している場合には、前

述の感応度分析で特定された分析の代わりにその感応度分析を用いることができる。

その場合、企業は次の事項についても開示しなければならない（129項）。

> (a) その感応度分析の作成に使用した手法、および、提供する情報の基礎となる主なパラメータと仮定の説明
> (b) 使用した手法の目的、および、提供する情報に生じうる制約の説明

10-4-4 保険リスク（クレーム・ディベロップメント）

企業は、実際の保険金と保険金の割引前金額の従前の見積りとの比較（クレーム・ディベロップメント）を開示しなければならない。

クレーム・ディベロップメントについての開示は、報告期間の末日現在で、保険金支払いの金額および時期がまだ確定していない最も古い重要な保険金請求が発生した期間から開始しなければならない。ただし、報告期間の末日から10年を超えて遡る必要はない。

また、保険金支払いの金額および時期についての不確実性が1年以内に解消されるクレーム・ディベロップメントに関する情報を開示する必要はない（130項）。

10-4-5 信用リスク

保険契約から生じる信用リスクについて、企業は次の事項を開示しなければならない（131項）。

> (a) 発行した保険契約および保有する再保険契約のそれぞれについて、報告期間の末日現在の信用リスクへの最大エクスポージャーを最もよく表す金額
> (b) 保有する再保険契約の資産の信用度に関する情報

第 10 章　開　示

10-4-6　流動性リスク

　保険契約から生じる流動性リスクについて、企業は次の事項を開示しなければならない（132 項）。

(a) 流動性リスクをどのように管理しているのかの記述
(b) 負債計上された発行した保険契約のポートフォリオおよび負債計上された保有する再保険契約のポートフォリオのそれぞれの満期分析（分析は下記のいずれかの形による）
　(i) 残存する契約上の割引前正味キャッシュ・フローの見積時期ごとの分析
　(ii) 財政状態計算書に認識された金額の見積時期ごとの分析
(c) 要求払いの金額

10-5 実務上の課題

　IFRS 第 17 号が適用された後、企業が何をベースに純損益および資本の管理を行うのかによって、開示しうる感応度分析も変わってくる。すなわち、**第14章**に記載のとおり、保険会社が算定する数値としては、IFRS 第 17 号ベースの数値以外にも、ソルベンシー規制や EV に基づく数値が存在する。

　そのため、まずはこれらのどの数値を基に純損益および資本の管理を行うのかを決定する必要がある。そのうえで、IFRS 第 17 号の数値に基づき感応度分析を開示する（128 項）のか、それに代替する感応度分析としてソルベンシー規制や EV に基づき感応度分析を開示するオプション（129 項）を採用するのかを決定することとなる。

第11章

発効日および経過措置

11-1 IFRS第17号の移行アプローチの概要
 1-1 発効日および移行日
 1-2 遡及アプローチ
 1-3 初度適用企業の取扱い
11-2 修正遡及アプローチ
 2-1 契約開始日または当初認識日において行われたであろう保険契約または保険契約グループの評価
 2-2 直接連動有配当保険契約以外の保険契約についての契約上のサービス・マージンまたは損失要素に関連する金額
 2-3 直接連動有配当保険契約についての契約上のサービス・マージンまたは損失要素に関連する金額
 2-4 保険金融収益または費用
11-3 公正価値アプローチ
 3-1 契約開始日または当初認識日において行われたであろう保険契約または保険契約グループの評価
 3-2 契約上のサービス・マージンまたは損失要素に関連する金額
 3-3 保険金融収益または費用
11-4 比較情報
11-5 金融資産の再指定
 5-1 事業モデルの再評価
 5-2 公正価値オプション
 5-3 資本性金融商品のその他の包括利益を通じて公正価値で測定するオプション（FVTOCI指定）
 5-4 開　示
11-6 実務上の課題
 6-1 代替的方法の選択
 6-2 実務上不可能の解釈
 6-3 公正価値アプローチにおける保険契約グループの公正価値
 6-4 保険金融収益または費用を分解表示した場合の影響額の開示
11-7 その後の議論

設例1〜3

第11章　発効日および経過措置

11−1　IFRS第17号の移行アプローチの概要

　IFRS第17号は、企業が当該基準書を初めて適用するための具体的な要求事項をその付録Cに含めている。付録CはIFRS第17号の不可欠な一部を構成する。

　企業はIFRS第17号への移行時にIFRS第17号を保険契約の当初認識時点まで遡って遡及適用することが原則として要求されるが（以下「遡及アプローチ」）、遡及アプローチに代わる代替的アプローチが、遡及アプローチが実務上不可能である場合に認められている。IFRS第17号は、代替的アプローチとして、修正遡及アプローチおよび公正価値アプローチの2つを規定している。

11−1−1　発効日および移行日

　IFRS第17号は、2023年1月1日以後に開始する事業年度に適用しなければならない。早期適用は認められる。ただし、IFRS第17号を早期適用するためには、IFRS第9号を同時に適用しなければならない。また、早期適用する場合には、その旨を開示しなければならない（C1項）。

　IFRS第17号は、後述する経過措置の目的上、以下の用語を定義している（C2項）。

> (a)　適用開始日：企業がIFRS第17号を最初に適用する事業年度の期首
> (b)　移行日：適用開始日の直前の事業年度の期首

　日本の保険会社の事業年度に当てはめると、2023年1月1日以後に開始する事業年度は、2023年4月1日から開始するので、2024年3月期がIFRS第17号を最初に適用する事業年度となる。これに従えば、適用開始日は2023年4月1日、移行日は2022年4月1日となる。

11−1−2　遡及アプローチ

　前述のとおり、実務上不可能でない限り、企業はIFRS第17号を遡及的に

適用しなければならない（C3項）。

IFRS第17号を遡及的に適用するために、企業は次のようにしなければならない（C4項）。

> (a) 各保険契約グループを、IFRS第17号がずっと適用されていたかのように、識別し、認識して測定する。
> (aa) 保険獲得キャッシュ・フローに係る資産を、IFRS第17号が常に適用されていたかのように識別し、認識し、測定する（ただし、企業は第28E項における回収可能性の評価を移行日前に適用することを要求されない）。
> (b) IFRS第17号がずっと適用されていたならば存在しないであろう既存の残高の認識の中止を行う。
> (c) 結果として生じる正味差額を資本に認識する。

IFRS第17号を最初に適用することで保険契約の測定が修正されるだけでなく、既存の契約にのみ関連する繰延新契約費および一部の無形資産などの項目を除去する必要がある。結果として生じる正味の差額は資本に認識される。

2020年6月、審議会は、IFRS第17号を修正し、企業が保険獲得キャッシュ・フローに関する資産をIFRS第17号が常に適用されていたかのように認識し、測定することを明確化した。ただし、企業は、移行日前に当該資産の回収可能性を評価することを要求されていない（C4項(aa)）。

(1) 完了した契約の取扱い

IFRS第15号を遡及適用する場合、完了した契約について修正再表示をする必要はない（IFRS第15号C5項(a)）。また、IFRS第16号では、過去にIAS第17号およびIFRIC第4号を適用してリースとして識別されなかった契約にIFRS第16号を適用する必要はない（IFRS第16号C3項(b)）。しかしIFRS第17号には同様の規定はなく、移行日前に認識の中止が行われた保険契約についてもIFRS第17号を遡及的に適用することが要求される（BC390項）。

第11章　発効日および経過措置

(2) 遡及アプローチの例外

　IFRS第17号の遡及適用には一部例外が存在する。まず、IAS第8号28項(f)は、ある基準書の適用開始により当期または過去の期間が影響を受ける場合、実務上可能な範囲で、影響を受ける当期および過去の各期間について、財務諸表の各表示科目に対する修正額を開示することを要求しているが、IFRS第17号の遡及適用により当該開示が要求されることはない（C3項(a)）。

　また、IFRS第17号は、企業がデリバティブ等を使用して当該企業が晒されているリスクを軽減している場合の会計処理を規定しているが（6-4-3参照）、当該規定については移行日より前の期間に適用することはできず、遡及適用が認められていない。ただしリスク軽減関係をオプション適用日以前に指定する場合に限り、移行日以降に適用することができる（C3項(b)）。

　これは、リスク軽減の取扱いが任意であるために企業がこの選択肢をどのリスク軽減関係に適用するのかを後から選択することが可能になるなど、事後的判断（企業が過去においてどのようなことを予想したであろうかについて仮定を置くこと）によるリスクを生じさせる可能性への懸念に対応したものである（BC393項）。

(3) 代替的アプローチの選択

　冒頭に記載のとおり、IFRS第17号の遡及適用が実務上不可能な場合、企業は以下のいずれかのアプローチを適用しなければならない（C5項(a)・(b)）。

　なお、企業は、合理的で裏付け可能な情報を入手できない場合、修正遡及アプローチではなく、公正価値アプローチを適用しなければならない（C6項(a)）。

　(a)　修正遡及アプローチ（11-2）
　(b)　公正価値アプローチ（11-3）

　ただし、企業は、次の場合に限り、IFRS第17号を遡及適用することができる直接連動有配当保険契約のグループについて、公正価値アプローチを適用することを選択することができる（C5A項）。

11-1 IFRS第17号の移行アプローチの概要

> (a) 企業がB115項のリスク軽減オプションを移行日から将来に向かって保険契約グループに適用することを選択している。かつ、
> (b) 企業が移行日前に、一連の保険契約から生じる金融リスクを軽減するために、保有するデリバティブ、純損益を通じて公正価値で測定する非デリバティブ金融商品、または再保険契約を使用している。

また保険獲得キャッシュ・フローに係る資産についても遡及適用することが実務上不可能な場合に限り、修正遡及アプローチか公正価値アプローチを適用することができる（C5B項）。

図表1にも示すように、こうしたIFRS第17号への移行時のアプローチは、保険契約グループごとに判断される（C5項）。

たとえば、次頁**図表2**に示すように、移行日より前の期間に当初認識された各保険契約グループは、以下のように異なるアプローチが適用される可能性がある。

【図表1】移行アプローチの決定

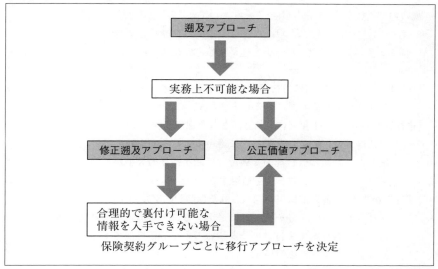

第11章　発効日および経過措置

【図表2】　グループごとの適用アプローチの例

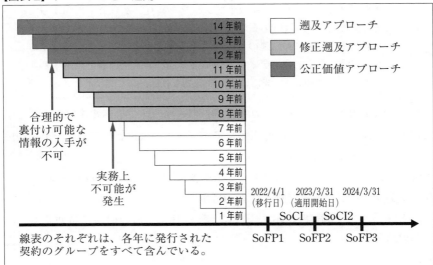

| 設例 1 | 各種移行アプローチの適用例 |

■A社は2022年4月1日を移行日として、IFRS第17号を適用した。IFRS第17号への移行にあたり、A社は過去に当初認識した各保険契約グループについて、以下のアプローチを適用することを決定した。

【移行日から7年前までに当初認識された保険契約グループ】
　　　A社は完全遡及アプローチを適用する。
【移行日から8年～11年前に当初認識された保険契約グループ】
　　　A社はIFRS第17号を遡及的に適用することが実務上不可能であると判断した。ただし、合理的で裏付け可能な情報の入手が可能であることから、修正遡及アプローチを適用する。
【移行日から12年前以前に当初認識された保険契約グループ】
　　　A社はIFRS第17号を遡及的に適用することが実務上不可能であると判断した。合理的で裏付け可能な情報の入手も不可能であることから、公正価値アプローチを適用する。

11-1-3 初度適用企業の取扱い

　他の基準書に含まれている経過措置は、特段の定めのある場合を除き、初度適用企業には適用されない（IFRS 第 1 号 9 項）。初度適用企業とは、最初の IFRS 財務諸表を表示する企業をいう（IFRS 第 1 号付録 A）。

　しかし、IFRS 第 17 号の開発の過程において、IASB は、初度適用企業とその他の企業（IFRS を継続的に適用している企業）との間で異なる移行アプローチを提供する理由を見出せなかった（BC407 項）。そこで IASB は、初度適用企業が IFRS 第 17 号の経過措置の一部を適用できるように、2017 年 5 月の IFRS 第 17 号の公表時に IFRS 第 1 号の規定の一部を修正している（IFRS 第 1 号 B13 項）（12-1 参照）（図表3）。

【図表3】初度適用企業と IFRS 第 17 号の経過措置

IFRS 第 17 号の経過措置規定	初度適用企業による適用の可否
修正遡及アプローチ（C6 項～C19A 項）（11-2 参照）	可
公正価値アプローチ（C20 項～C24B 項）（11-3 参照）	可
比較情報（C25 項～C27 項）（11-4 参照）	不可（注1）
金融資産の再指定（C29 項～C33 項）（11-5 参照）	不可（注2）

(注1) なお、クレーム・ディベロップメントについては、初度適用企業は IFRS 第 17 号を最初に適用する事業年度の末日よりも 5 年以上前に発生した、過去に発表していない情報を開示する必要はない（C28 項、IFRS 第 1 号 B13 項）。
(注2) ただし、初度適用企業は、IFRS 移行日（IFRS 第 1 号付録 A）時点において、金融資産および金融負債について、純損益を通じて公正価値で測定するように指定することができる（IFRS 第 1 号 D19 項～D19A 項）。また、同時点において、資本性金融商品をその他の包括利益を通じて公正価値で測定するように指定することができる（IFRS 第 1 号 D19B 項）。

11−2　修正遡及アプローチ

IFRS 第 17 号は、遡及アプローチを下記の領域において修正している（C7 項）。

- (a) 契約開始日または当初認識日において行われたであろう保険契約または保険契約グループの評価（11−2−1）
- (b) 直接連動有配当保険契約以外の保険契約についての契約上のサービス・マージンまたは損失要素に関連する金額（11−2−2）
- (c) 直接連動有配当保険契約についての契約上のサービス・マージンまたは損失要素に関連する金額（11−2−3）
- (d) 保険金融収益または費用（11−2−4）

企業は、上記の各修正を、遡及アプローチを適用するための合理的で裏付け可能な情報を有していない範囲でのみ使用することができる（C8 項）。

以下、遡及アプローチの各修正項目について解説する。

11−2−1　契約開始日または当初認識日において行われたであろう保険契約または保険契約グループの評価

(1) 保険契約グループの識別

企業は、保険契約ポートフォリオを識別し、さらにこれを分割して保険契約グループを識別しなければならない（3−2 参照）。遡及アプローチにおいては、保険契約グループの当初認識時点において利用可能な情報を用いて保険契約のグルーピングを決定する。

修正遡及アプローチでは、保険契約グループの当初認識時点ではなく、移行日時点において利用可能な情報を用いて保険契約のグルーピングを行う（C9 項(a)）。このようなグルーピングは契約開始日または当初認識日現在の仮定を用いて行うことは実務上不可能であることが多いと考えられることから、グルーピングに要する必要な情報を単純化したものである（BC382 項）。

移行日時点において利用可能な情報を用いてグルーピングを行った場合、発行時点が 1 年超離れた保険契約を異なるグループに分割することを要求すると

いうIFRS第17号の一般的な要求事項（22項）は適用されない（C10項）。この場合、たとえば5年前に発行された契約と10年前に発行された契約は、収益性に基づくグループ（16項）が同一であれば、同一のグループに含まれることになる。

(2) 直接連動有配当保険契約の識別

直接連動有配当保険契約がその適格条件（B101項）を満たすか、すなわち変動手数料アプローチに適格かどうかは、契約開始時において評価される（B102項）。遡及アプローチにおいても、契約開始時点において利用可能な情報を用いて当該評価を実施することが要求される。

一方で、修正遡及アプローチにおいては、前述の保険契約のグルーピングと同様に、移行日時点において利用可能な情報を用いて、当該評価を行うことになる（C9項(b)）。

(3) 直接連動有配当保険契約以外の保険契約についての裁量的なキャッシュ・フローの識別

直接連動有配当保険契約以外の保険契約の一部は、保険契約者に支払うべきキャッシュ・フローに対する裁量性が企業に与えられている場合がある。この場合、企業は契約開始時に、契約に基づくコミットメントを決定すると見込んでいる基礎を特定しなければならない（B98項）。

遡及アプローチにおいても契約開始時点まで遡って、同時点における利用可能な情報を用いて裁量的なキャッシュ・フローを識別しなければならない。一方で、修正遡及アプローチにおいては、やはり、前述の保険契約のグルーピングと同様に、移行日時点において利用可能な情報を用いて、当該評価を行うことになる（C9項(c)）。

(4) 裁量権付有配当投資契約の識別

裁量権付有配当投資契約の発行者は、当該発行者が保険契約も発行している場合には、当該契約にIFRS第17号を適用しなければならない（3項(c)）。

第11章　発効日および経過措置

遡及アプローチにおいては、契約開始時点まで遡って、同時点における利用可能な情報を用いて、契約がIFRS第17号の適用範囲内となる裁量権付有配当投資契約の定義を満たすかを判断しなければならない。

修正遡及アプローチにおいては、移行日時点において利用可能な情報を用いて、当該評価を行うことになる（C9項(d)）。

(5) 移転または企業結合におけるクレームの決済に関する負債

保険契約を企業結合または事業を構成しない保険契約の移転により取得する場合、取引日に契約を締結したかのように会計処理しなければならない（5−6参照）。

遡及アプローチにおいても、取引日に契約を締結したかのように会計処理しなければならない。

修正遡及アプローチにおいては、企業は、事業を構成しない保険契約の移転または企業結合において保険契約が取得される前に発生した保険金の決済に関する負債を、発生保険金に係る負債として分類しなければならない（C9A項）。

11−2−2 直接連動有配当保険契約以外の保険契約についての契約上のサービス・マージンまたは損失要素に関連する金額

遡及アプローチにおいては、移行日時点の契約上のサービス・マージンは、契約開始時点に利用可能な情報を用いて認識されたものに、IFRS第17号の一般的な要求事項に基づく調整（44項）を行うことで測定される。すなわち、直接連動の有配当性を有しない保険契約に対しては、移行日の残存カバーに係る負債の契約上のサービス・マージンまたは損失要素を決定しなければならない。

そのためには、以下の点が必要となる。

> ● 当初認識日における契約上のサービス・マージンまたは損失要素を決定する。
> ● 当初認識日と移行日に残存するカバー単位を比較することなどにより移行日の契約上のサービス・マージンまたは損失要素の残高を算定する。

しかし、多くの場合、このような契約上のサービス・マージンの見積りは事

後的判断でしか決定できず、これは IFRS 第 17 号を遡及適用できないことを意味する（BC383 項）。

IFRS 第 17 号は、保険契約負債を構成する各ブロック（5-2 参照）について、遡及アプローチを修正している。以下、ブロック別に解説する。

(1) 将来キャッシュ・フロー

IFRS 第 17 号は、当初認識時点における将来キャッシュ・フローを、移行日時点における将来キャッシュ・フローを見積って、移行日から当初認識日の間に発生したことが判明しているキャッシュ・フローで修正した額として測定することを規定している（C12 項）。

すなわち、修正遡及アプローチでは、まず移行日時点における将来キャッシュ・フローを見積り、移行日から当初認識日の間に発生したキャッシュ・フローで修正することで、当初認識日における将来キャッシュ・フローを逆算的に測定することになる。

なお、遡及アプローチを適用するための合理的で裏付け可能な情報を有している場合は、移行日ではなく、それよりも早い日現在での将来キャッシュ・フローを見積り、当該日から当初認識日の間に発生したキャッシュ・フローで修正することで、当初認識日における将来キャッシュ・フローを見積ることになる。当該日から移行日までの期間は遡及アプローチが適用されることになる（C12 項）。

(2) 割引率

修正遡及アプローチでは、当初認識日に適用する割引率を以下のように決定する（C13 項）。

(a) 移行日直前の少なくとも 3 年間にわたり、IFRS 第 17 号の一般的な要求事項に従って（5-2-2 参照）見積ったイールド・カーブに近似していた観察可能なイールド・カーブを用いる（そのようなイールド・カーブが存在する場合）

(b) 上記のような観察可能なイールド・カーブが存在しない場合には、当初認識日に（またはその後に）適用する割引率の見積りを、観察可能なイールド・カーブと IFRS 第 17 号の一般的な要求事項に従って見積ったイールド・カーブとの間の平均スプレッドを算定し、当該スプレッドをその観察可能なイールド・カーブに適用することによって行う。このスプレッドは、移行日直前の少なくとも 3 年間にわたる平均としなければならない。

(3) 非金融リスクに係るリスク調整

　当初認識日（または事後測定日）の非金融リスクに係るリスク調整は、移行日における非金融リスクに係るリスク調整に移行日以前の予想されるリスクの解放額を調整することにより決定されなければならない（C14 項）。

　予想されるリスクの解放額は、移行日において企業が発行している類似の保険契約のリスクの解放を参照して決定しなければならない。

(4) 保険獲得キャッシュ・フロー

　移行日後に企業が使用すると見込まれるのと同様の体系的かつ合理的な方法を用いて、移行日前に支払われた保険獲得キャッシュ・フローを次のいずれかに配分しなければならない（C14B 項）。

(a) 移行日に認識される保険契約グループ
(b) 移行日後に認識されると予想される保険契約グループ

　(a)に配分された保険獲得キャッシュ・フローは、当該グループに属すると見込まれる保険契約が移行日に認識されている範囲において契約上のサービス・マージンを調整する。移行日前に支払われたその他の保険獲得キャッシュ・フローは、資産として認識される（C14C 項）。

　企業が上記を行う合理的かつ裏付け可能な情報を有していない場合、移行日においては、保険獲得キャッシュ・フローに係るこれらの金額はゼロとしなければならない（C14D 項）。

11-2　修正遡及アプローチ

(5) 契約上のサービス・マージン

　上記の当初認識日における将来キャッシュ・フロー、貨幣の時間価値およびリスク調整を決定した結果、当初認識日において契約上のサービス・マージンが生じる場合は、移行日における契約上のサービス・マージンを決定するために次のことを行わなければならない（C15項）。

> (a) 企業が当初認識時に適用される割引率を見積るために上記(2)を適用する場合には、その率を契約上のサービス・マージンに係る利息を発生計上するために使用する。
> (b) 移行日前のサービスの移転により純損益に認識する契約上のサービス・マージンの金額を、その日現在の残存カバー単位を移行日前に契約グループに基づいて提供されたカバー単位と比較することによって決定する。

　上記の当初認識日における将来キャッシュ・フロー、貨幣の時間価値およびリスク調整を決定した結果、当初認識日に残存カバーに係る負債の損失要素が生じる場合は、規則的な配分方法を用いることで、移行日前に損失要素に配分された金額を決定しなければならない（C16項）。

　企業は、不利な保険契約グループをカバーする保有する再保険契約グループであって、当該保険契約が発行される前または発行されると同時に締結されたものについては、移行日における残存カバーに係る資産の損失回収要素を設定しなければならない。

　修正遡及アプローチにおいても、企業は、合理的かつ裏付け可能な情報を有する範囲で、次の項目を乗じることにより、損失回収要素を決定しなければならない（C16A項）。

> (a) 移行日における基礎となる保険契約の残存カバーに係る負債の損失要素
> (b) 企業が保有する再保険契約グループから回収することを期待する基礎となる険契約の保険金の割合

　移行日において、企業は、不利な保険契約グループに、保有する再保険契

第11章　発効日および経過措置

グループによってカバーされる不利な保険契約と、保有する再保険契約のグループによってカバーされない不利な保険契約の両方を含めることができる。この場合に損失回収要素を決定するために、企業は、保有する再保険契約グループが対象とする保険契約に関連する保険契約グループの損失要素を決定するために、規則的かつ合理的な配賦基準を用いなければならない（C16B項）。

合理的かつ裏付け可能な情報を有していない場合には、企業は、保有する再保険契約グループについて損失回収要素を特定してはならない（C16C項）。

また企業は、過去の期中財務諸表において行われた会計上の見積りの取扱いを変更しないという会計方針を選択する場合、合理的で裏付け可能な情報を有していない範囲において、当該企業は、移行日前に期中財務諸表を作成していなかったかのように、移行日における契約上のサービス・マージンまたは損失要素を決定しなければならない（C14A項）。

設例2　修正遡及アプローチの適用例（一般モデル）

- 20X3年度、B社はIFRS第17号を最初に適用する。適用開始日は20X3年度期首、移行日は20X2年度期首である。
- B社は、IFRS第17号の遡及適用は実務上不可能であると判断し、移行日現在における契約上のサービス・マージンを測定するために、修正遡及アプローチを適用することを選択した。
- B社は、移行日現在の履行キャッシュ・フローを以下のように見積った。

　　将来キャッシュ・アウトフロー　　600
　　貨幣の時間価値　　　　　　　　　200
　　リスク調整　　　　　　　　　　　100

- 移行日から当初認識日の間に発生したことが判明しているキャッシュ・フローは650である。
- B社は、当初認識日における貨幣の時間価値を250と見積った。
- B社は、移行日前の予想されるリスクからの解放額を30と見積った。
- B社は、移行日前に純損益に認識されていたであろう契約上のサービス・マージンの金額を80と見積った。

11-2 修正遡及アプローチ

上記前提から、移行日時点の契約上のサービス・マージン90は以下のように算定される。

当初認識日時点における契約上のサービス・マージン：170 = 50 + 250 − 130
移行日前に純損益に認識されていた契約上のサービス・マージン：80
移行日時点の契約上のサービス・マージン：90 = 170 − 80

【図表4】移行日時点および当初認識時点の間の保険契約負債の調整

借方（貸方）	移 行 日	調 整 額	当初認識日
将来キャッシュ・フロー	(600)	650	50
貨幣の時間価値	200	50	250
リスク調整	(100)	(30)	(130)
履行キャッシュ・フロー	(500)	670	170
契約上のサービス・マージン (注) 当初認識日残高に修正額を加味して移行日残高を計算する（11-2-2(5)参照）。	(90)	(80)	(170)

【図表5】修正遡及アプローチのイメージ

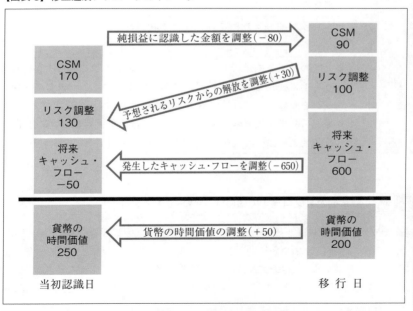

11-2-3　直接連動有配当保険契約についての契約上のサービス・マージンまたは損失要素に関連する金額

IFRS第17号の修正遡及アプローチは、直接連動有配当保険契約についての移行日における契約上のサービス・マージンについて、遡及アプローチを修正し、図表6のように決定することを要求している（C17項・C17A項）。

【図表6】移行日における契約上のサービス・マージンの決定

	調整項目
減　算	移行日現在の基礎となる項目の公正価値の合計
	移行日現在の履行キャッシュ・フロー
加算 または減算	企業が移行日前に保険契約者に請求した金額
	移行日前に支払った金額のうち基礎となる項目に基づいて変動しなかったであろう金額
	移行日前のリスクからの解放により生じた非金融リスクに係るリスク調整の変動
	グループに配分された移行日前に支払われた保険獲得キャッシュ・フロー
合　計	● 上記の結果契約上のサービス・マージンが生じる場合、移行日よりも前に提供されたサービスに関連する契約上のサービス・マージンを減算し、移行日の契約上のサービス・マージンとする。 ● 上記の結果損失要素が生じる場合、当該損失要素をゼロに修正し、損失要素を除いた残存カバーに係る負債を同額だけ増額する。

設例3　修正遡及アプローチの適用例（変動手数料アプローチ）

■ 20X3年度、C社はIFRS第17号を最初に適用する。適用開始日は20X3年度期首、移行日は20X2年度期首である。
■ C社は、IFRS第17号の遡及適用は実務上不可能であると判断し、移行日現在における契約上のサービス・マージンを測定するために、修正遡及アプロ

> ーチを適用することを選択した。
> ■移行日現在の基礎となる項目の公正価値は1,000である。
> ■C社は、移行日現在の履行キャッシュ・フローは950と見積った。
> ■C社は移行日前に手数料として基礎となる項目から30を控除していた。
> ■移行日前に支払われた、基礎となる項目に基づいて変動しなかった金額は20であった。
> ■移行日前のリスクからの解放により生じた非金融リスクに係るリスク調整の変動は15であった。
> ■移行日前に適用されたサービスに係る契約上のサービス・マージンの見積額は15であった。
>
> 上記の結果、当初認識日における契約上のサービス・マージンは45である。
> 　1,000 − 950 + 30 − 20 − 15 = 45
> したがって、移行日現在で見積った契約上のサービス・マージンは30である。
> 　45 − 15 = 30

11-2-4　保険金融収益または費用

　企業がIFRS第17号を遡及的に適用して一部の保険金融収益または費用をその他の包括利益に含めることを選択した場合、その他の包括利益で認識される累積残高を決定するために、過去データを追跡し、各期間のその他の包括利益から純損益への金額の配分について評価する必要がある（BC384項）。

　IFRS第17号では、移行日におけるそれらの金額を決定することができるように、適用する割引率などの決定に関する遡及アプローチが修正されている（次頁図表7〜図表9参照）。

　また企業は、過去の期中財務諸表において行われた会計上の見積りの取扱いを変更しないという会計方針を選択する場合、合理的で裏付け可能な情報を有していない範囲において、当該企業は、移行日前に期中財務諸表を作成していなかったかのように、移行日における保険金融収益または費用を決定しなければならない（C19A項）。

第11章 発効日および経過措置

【図表7】適用する割引率

	保険契約グループに発行時期が1年超離れた契約が含まれている（1年コホート適用なし）	保険契約グループに発行時期が1年超離れた契約が含まれていない（1年コホート適用あり）
当初認識日に適用する割引率	移行日現在で決定することが認められる（C18項(a)）（**図表8**参照）	11－2－2(2)に記載した方法により当初認識日時の割引率を決定した場合は、同一の方法により決定しなければならない（C19項(a)）（**図表8**参照）

【図表8】IFRS第17号で使用する各種割引率と修正遡及アプローチの関係

IFRS第17号の一般的要求事項	一般的要求事項で使用する割引率	修正遡及アプローチの適用	
		1年コホート適用なし（C18項(a)）（図表7に従って割引率を決定）	1年コホート適用あり（C19項(a)）（図表7に従って割引率を決定）
履行キャッシュ・フローの測定	現在の割引率（B72項(a)）	なし	なし
（直接連動有配当保険契約以外の保険契約）契約上のサービス・マージンに対して発生した利息（44項(b)）	契約グループの当初認識日現在で決定した割引率（B72項(b)）	あり	あり

11-2 修正遡及アプローチ

（直接連動有配当保険契約以外の保険契約）将来のサービスに係る履行キャッシュ・フローの変動についての契約上のサービス・マージンの調整（44項(c)・B96項(a)〜(c)）	当初認識日現在で決定した割引率（B72項(c)）	あり	あり
保険料配分アプローチを適用している、重大な金融要素がある保険契約グループの残存カバーに係る負債（56項）	当初認識日現在で決定した割引率（B72項(d)）	あり	あり
保険料配分アプローチを適用している、発生保険金に係る負債[注1]（59項(b)・B133項）	発生保険金請求日現在で決定した割引率（B72項(e)(iii)）	あり	あり
金融リスクに関する仮定の変更が保険契約者に支払われる金額に相当な影響を与えない保険契約グループ[注1]	契約グループの当初認識日現在で決定した割引率（B72項(e)(i)・B131項）[注2]	あり	あり

287

第11章　発効日および経過措置

IFRS第17号の一般的要求事項	一般的要求事項で使用する割引率	修正遡及アプローチの適用	
		1年コホート適用なし（C18項(a)）（図表7に従って割引率を決定）	1年コホート適用あり（C19項(a)）（図表7に従って割引率を決定）
	当期に付与される金額および将来の期間に付与されると見込まれる金額に基づく配分を使用(注3)（B132項(a)(ii)）	図表9 参照	
直接連動有配当保険契約(注1)	基礎となる項目について純損益に含める収益または費用と完全に対応する費用または収益を純損益に含める(注4)（B134項）	図表9 参照	

(注1) 企業が保険金融収益または費用を純損益とその他の包括利益に分解することを選択している場合に、純損益に含める保険金融収益または費用の金額を決定するための割引率（88項）。
(注2) 実効利回りアプローチと呼ばれる。
(注3) 予想予定利率アプローチと呼ばれる。
(注4) 当期簿価利回りアプローチと呼ばれる。

11-2 修正遡及アプローチ

【図表9】移行日現在のその他の包括利益の累積残高

	保険契約グループに発行時期が1年超離れた契約が含まれている（1年コホート適用なし）(注)	保険契約グループに発行時期が1年超離れた契約が含まれていない（1年コホート適用あり）
金融リスクに関連する仮定の変更が保険契約者に支払われる金額に相当な影響を与えない保険契約	ゼロ（C18項(b)(ⅰ)）	11-2-2(2)に記載した方法により当初認識日の割引率を決定した場合は、同一の方法により決定しなければならない（C19項(b)(ⅰ)）
金融リスクに関連する仮定の変更が保険契約者に支払われる金額に相当な影響を与える保険契約		ゼロ（C19項(b)(ⅱ)）
保険料配分アプローチが適用される保険契約		11-2-2(2)に記載した方法により発生保険金の割引率を決定した場合は、同一の方法により決定しなければならない（C19項(b)(ⅲ)）
直接連動有配当保険契約	基礎となる項目についてその他の包括利益に認識した累計額と同額（C18項(b)(ⅱ)）	同左（C19項(b)(ⅳ)）

（注）1年コホートが適用されない保険契約グループであっても、1年コホートが適用される保険契約グループと同じ方法の適用を選択することができる（C18項(b)）。

第 11 章　発効日および経過措置

11-3　公正価値アプローチ

　企業は、修正遡及アプローチを適用するための過大なコストや労力を掛けずに利用可能な合理的で裏付け可能な情報を有していないことがある（BC385項）。この場合、企業は公正価値アプローチを適用しなければならない。
　修正遡及アプローチと同様に、公正価値アプローチにおいても、遡及アプローチを下記の領域について修正している。

> ● 契約開始日または当初認識日において行われたであろう保険契約または保険契約グループの評価（11-3-1）
> ● 契約上のサービス・マージンまたは損失要素に関連する金額（11-3-2）
> ● 保険金融収益または費用（11-3-3）

　以下、公正価値アプローチの各修正項目について解説する。

11-3-1　契約開始日または当初認識日において行われたであろう保険契約または保険契約グループの評価

　公正価値アプローチは、下記の事項について、修正遡及アプローチ（C9項・C9A項）と同じ規定を設けている（C21項・C22A項）。各規定の詳細については、11-2-1を参照。

> **C21 項**
> (a)　保険契約グループの識別
> (b)　直接連動有配当保険契約の識別
> (c)　直接連動有配当保険契約以外の保険契約についての裁量的なキャッシュ・フローの識別
> (d)　裁量権付有配当投資契約の識別
> **C22A 項**
> 　　移転または企業結合におけるクレームの決済に関する負債

　企業は、上記の事項について、当初認識日現在における合理的で裏付け可能

な情報を用いて決定するか、移行日現在で利用可能な合理的で裏付け可能な情報のいずれかを用いて決定することを選択できる（C22項）。

上記のいずれの時点における情報を用いる場合であっても、発行時点が1年超離れた保険契約を異なるグループに分割することは要求されず、同じグループに含めることが認められる（C23項）。

なお、分割を行うための合理的で裏付け可能な情報を有している場合にのみ、保険契約グループを1年以内に発行した契約のみを含むグループに分割しなければならない（C23項）。

11-3-2　契約上のサービス・マージンまたは損失要素に関連する金額

(1) 発行した保険契約

公正価値アプローチは、移行日現在における契約上のサービス・マージンを、同日現在の保険契約負債の公正価値と履行キャッシュ・フローの差額で測定することを要求するものである（C20項）。

IFRS第13号は、金融負債の公正価値が要求払金額を下回らないという、いわゆるデポジット・フロアーの規定を設けているが（IFRS第13号47項）、当該規定はIFRS第17号の移行時に公正価値アプローチを選択する場合には適用されない。

(2) 保有している再保険契約

保有している再保険契約グループについて損失回収要素を設定する場合、その金額は、以下の積によって計算される（C20A項）。これは、基礎となる不利な契約について損失を認識する場合に、保有する再保険契約に損失回収要素を設定するのと同様の規定である（7-5-1(3)・7-5-2参照）。

> (a) 基礎となる保険契約グループについて認識する損失
> (b) 基礎となる保険契約に係る保険金のうち、保有している再保険契約から回収すると企業が見込んでいる比率

(3) 保険獲得キャッシュ・フロー

　保険獲得キャッシュ・フローに係る資産について公正価値アプローチを適用する場合には、企業は、移行日において、以下を取得する権利のために移行日に発生するだろう保険獲得キャッシュ・フローと同額の保険獲得キャッシュ・フローに係る資産を算定しなければならない（C24A項）。

> (a) 移行日前に発行されたが、移行日に認識されない保険契約の保険料から保険獲得キャッシュ・フローを回収する権利
> (b) 移行日に認識されている保険契約および(a)に記載された保険契約の更新である将来の保険契約を獲得する権利
> (c) 移行日後に関連する保険契約のポートフォリオに直接帰属する、被取得企業がすでに支払った保険獲得キャッシュ・フローを再度支払うことなく、(b)に掲げる保険契約を除く将来の保険契約を獲得する権利

　移行日において、企業は、保険契約グループの測定から、保険獲得キャッシュ・フローに係る資産の金額を除外しなければならない（C24B項）。

11-3-3　保険金融収益または費用

　公正価値アプローチにおいても、修正遡及アプローチと同様に、企業がIFRS第17号を遡及的に適用して一部の保険金融収益または費用をその他の包括利益に含めることを選択した場合、移行日におけるその他の包括利益で認識される累積残高を決定するために、適用する割引率などの修正方法が提供されている（図表10～図表12参照）。

【図表10】適用する割引率

	保険契約グループに発行時期が1年超離れた契約が含まれている（1年コホート適用なし）	保険契約グループに発行時期が1年超離れた契約が含まれていない（1年コホート適用あり）
当初認識日に適用する割引率	移行日現在で決定することが認められる（C23項）	

11-3 公正価値アプローチ

【図表11】IFRS第17号で使用する各種割引率と公正価値アプローチの関係

IFRS第17号の一般的要求事項	一般的要求事項で使用する割引率	公正価値アプローチの適用 1年コホート適用なし（C23項）（図表10に従って割引率を決定）	公正価値アプローチの適用 1年コホート適用あり（C23項）（図表10に従って割引率を決定）
履行キャッシュ・フローの測定	現在の割引率（B72項(a)）	なし	なし
（直接連動有配当保険契約以外の保険契約）契約上のサービス・マージンに対して発生した利息（44項(b)）	契約グループの当初認識日現在で決定した割引率（B72項(b)）	あり	あり
（直接連動有配当保険契約以外の保険契約）将来のサービスに係る履行キャッシュ・フローの変動についての契約上のサービス・マージンの調整（44項(c)・B96項(a)～(c)）	当初認識日現在で決定した割引率（B72項(c)）	あり	あり
保険料配分アプローチを適用している、重大な金融要素がある保険契約グループの残存カバーに係る負債（56項）	当初認識日現在で決定した割引率（B72項(d)）	あり	あり

第 11 章　発効日および経過措置

IFRS 第 17 号の 一般的要求事項	一般的要求事項で 使用する割引率	公正価値アプローチの適用	
		1 年コホート適用なし （C23 項） （図表 10 に従って 割引率を決定）	1 年コホート適用あり （C23 項） （図表 10 に従って 割引率を決定）
金融リスクに関する仮定の変更が保険契約者に支払われる金額に相当な影響を与えない保険契約グループ(注1)	契約グループの当初認識日現在で決定した割引率（B72 項(e)(i)・B131 項）	あり	あり
金融リスクに関する仮定の変更が保険契約者に支払われる金額に相当な影響を与える保険契約グループ(注1)	改訂後の予想される金融収益または費用の残額を、契約グループの残りの存続期間にわたり一定の率で配分する割引率(注2)（B72 項(e)(ii)・B132 項(a)(i)）	あり	あり
	当期に付与される金額および将来の期間に付与されると見込まれる金額に基づく配分を使用(注3)（B132 項(a)(ii)）	図表12 参照	

11-3 公正価値アプローチ

| 直接連動有配当保険契約^(注1) | 基礎となる項目について純損益に含める収益または費用と完全に対応する費用または収益を純損益に含める^(注4)（B134項） | 図表12参照 |

(注1) 企業が保険金融収益または費用を純損益とその他の包括利益に分解することを選択している場合に、純損益に含める保険金融収益または費用の金額を決定するための割引率（88項）。
(注2) 実効利回りアプローチと呼ばれる。
(注3) 予想予定利率アプローチと呼ばれる。
(注4) 当期簿価利回りアプローチと呼ばれる。

【図表12】移行日現在のその他の包括利益の累積残高

	保険契約グループに発行時期が1年超離れた契約が含まれている（1年コホート適用なし）	保険契約グループに発行時期が1年超離れた契約が含まれていない（1年コホート適用あり）
直接連動有配当保険契約	基礎となる項目についてその他の包括利益に認識した累計額と同額（C24項(c)）	
上記以外の保険契約	遡及的に決定（合理的で裏付け可能な情報を有している場合に限る）またはゼロ（C24項(a)・(b)）	

295

第11章　発効日および経過措置

11-4　比較情報

　企業は、最低限、2つの財政状態計算書、2つの純損益およびその他の包括利益の計算書、2つの分離した純損益計算書（表示する場合）、2つのキャッシュ・フロー計算書および2つの持分変動計算書ならびに関連する注記を表示しなければならない（IAS 第1号 38A項、IFRS 第18号 32項）。

　企業は、これに加えて、比較情報を表示することができる（IAS 第1号 38C項、IFRS 第18号 B14項）。たとえば、第3の純損益およびその他の包括利益の計算書を表示することができる（IAS 第1号 38D項、IFRS 第18号 B15項）。

　IFRS 第17号は、適用開始日の直前事業年度よりも古い期間（以下、「古い期間」）に遡及適用して比較情報を修正することを認めているが、当該修正は要求されない（C25項）。

　IFRS 第17号は、比較情報について以下の規定を設けている。なお、クレーム・ディベロップメントに関する規定を除き、これらの規定は初度適用企業には適用されない（11-1-3参照）。

> ●古い期間の比較情報を修正する場合は、移行日を「適用開始日の直前の事業年度の期首」ではなく「表示する最も古い修正した比較対象期間の期首」と読み替える（C25項）。
> ●古い期間のいずれの期間についても、IFRS 第17号が規定する開示（**第10章参照**）は要求されない（C26項）。
> ●古い期間について未修正の比較情報および開示を表示する場合には、修正していない情報を明確に特定し、それが異なる基礎で作成されている旨を開示し、その基礎を説明しなければならない（C27項）。
> ●クレーム・ディベロップメントの開示は、5年以上前に発生したが過去に発表していない情報を開示する必要はない。ただし、当該情報を開示しない場合には、その旨を開示しなければならない（C28項）。

　また、IFRS 第9号は、比較情報の修正再表示を免除する規定を設けているが（IFRS 第9号 7.2.15項）、IFRS 第17号には同様の規定はない（BC389項）。

11−5　金融資産の再指定

IFRS 第 17 号の適用前に IFRS 第 9 号を適用していた企業は、以下の取扱いが適用される（C29 項・C32 頁・C33 頁）。

> (a) 事業モデルの再評価（11−5−1）
> (b) 公正価値オプションの指定の取消し（11−5−2）
> (c) 公正価値オプションの指定（11−5−2）
> (d) 資本性金融商品のその他の包括利益を通じて公正価値で測定するオプション（11−5−3）
> (e) 開示（11−5−4）

上記の取扱いは、IFRS 第 17 号の適用開始日に存在する事実および状況に基づいて適用されなければならず、これらの指定および分類は遡及適用しなければならない。その際には、IFRS 第 9 号の経過措置を適用しなければならない。

IFRS 第 17 号と同様に、IFRS 第 9 号も適用開始日を定義しているが（IFRS 第 9 号 7.2.2 項）、IFRS 第 9 号の適用開始日は、IFRS 第 17 号への移行時には、IFRS 第 17 号の適用開始日に読み替える（C30 項）。

上記のとおり、IFRS 第 17 号への移行時における金融資産の指定および分類は遡及適用されるが、過去の期間の修正再表示は要求されない。企業は、事後的判断を使用せずに可能な場合にのみ過去の期間を修正再表示することができる。

企業が過去の期間の修正再表示をしない場合には、適用開始日現在の期首利益剰余金（適切な場合は資本の他の内訳科目）において、以下の両者の差額を認識しなければならない（C31 項）。

> (a) 金融資産の従前の帳簿価額
> (b) 金融資産の適用開始日現在の帳簿価額

第 11 章　発効日および経過措置

11-5-1　事業モデルの再評価

　企業は、公正価値オプション（IFRS 第 9 号 4.1.5 項）が適用される場合を除き、金融資産の管理に関する事業モデルを評価しなければならない（IFRS 第 9 号 4.1.1 項(a)）。

　事業モデルは、契約上のキャッシュ・フローを回収するために保有することを目的とする場合と（IFRS 第 9 号 4.1.2 項(a)）、契約上のキャッシュ・フローの回収と売却の両方によって目的が達成される場合（IFRS 第 9 号 4.1.2A 項(a)）がある。IFRS 第 9 号適用後の分類の変更は、企業のビジネスモデルが変更する場合にのみ生じうる（IFRS 第 9 号 4.4.1 項）。

　しかし、企業はいずれの事業モデルの条件を満たすかどうかを、IFRS 第 17 号の適用開始日において再評価することができる。なお、IFRS 第 17 号の本規定の対象となるのは、保険契約と関連のある活動に関して保有される金融資産のみである（C29 項(a)）。

11-5-2　公正価値オプション

　企業は、金融資産の当初認識時に、会計上のミスマッチが除去または大幅に低減される場合、純損益を通じて公正価値で測定するものとして取消不能の指定をすることができる（IFRS 第 9 号 4.1.5 項）。IFRS 第 17 号の適用により、適用開始日現在において、会計上のミスマッチの条件が満たされなくなった場合は、当該指定を取り消さなければならない（C29 項(b)）。

　一方、IFRS 第 17 号の適用により、会計上のミスマッチの条件が満たされる場合には、当該指定を行うことができる（C29 項(c)）。

11-5-3　資本性金融商品のその他の包括利益を通じて公正価値で測定するオプション（FVTOCI 指定）

　企業は、資本性金融商品の当初認識時に、売買目的保有でもなく企業結合における条件付対価（IFRS 第 3 号 58 項）でもない資本性金融商品について、その事後の公正価値の変動をその他の包括利益に表示するという取消不能の選択を行うことができる（IFRS 第 9 号 5.7.5 項）。

IFRS 第 17 号への移行時には、当該選択による指定やその取消しを行うことが認められる（C29 項(d)・(e)）。

11-5-4　開　　示

IFRS 第 17 号は、上記の金融資産の再指定に関する各規定について、関連する開示を要求している（C32 項・C33 項）。

C32 項
(a)　事業モデルの再評価（11-5-1）を行う場合は適格な金融資産を決定するための基礎
(b)　公正価値オプション（11-5-2）および資本性金融商品の FVTOCI 指定（11-5-3）を行う場合は当該規定の適用前の帳簿価額と適用後の帳簿価額
(c)　IFRS 第 17 号の適用により公正価値オプションの会計上のミスマッチ条件を満たさなくなった場合は該当する金融資産の帳簿価額

C33 項
(a)　IFRS 第 17 号の適用開始時に分類が変更された金融資産に、前述の事業モデルの再評価、公正価値オプション、資本性金融商品の FVTOCI 指定に関する規定をどのように適用したか
(b)　公正価値オプションの指定または指定解除の理由
(c)　事業モデルの再評価により異なる結論に至った理由

11-6 実務上の課題

11-6-1 代替的方法の選択

　遡及アプローチを行うことが実務上不可能な保険契約グループに対しては、修正遡及アプローチまたは公正価値アプローチの選択が企業に認められる。

　2つの選択肢がアプローチ間の金額の比較可能性の欠如を生じさせることを審議会は承知していたが、修正遡及アプローチのコストが遡及アプローチとの類似性を目指すという便益を上回る可能性を考慮しこの結論に至っている（BC373項）。

　経過措置のアプローチにより契約上のサービス・マージンの移行日における帳簿価額やその後の契約上のサービス・マージンの各報告期間での認識パターンすなわち保険収益への影響が異なる点にも留意して、アプローチを検討することが考えられる。

11-6-2 実務上不可能の解釈

　11-1-2で述べたように遡及アプローチを行うことが実務上不可能な保険契約グループに対しては、修正遡及アプローチまたは公正価値アプローチのいずれかを選択しなければならない。

　IAS第8号5項の中では、実務上不可能という用語は以下の特定された意味で用いられている。

> **実務上不可能**
> 5項　企業がある要求事項を適用するためにあらゆる合理的な努力を払った後にも、適用することができない場合には、その要求事項の適用は実務上不可能である。特定の過去の期間について、次のいずれかである場合には、会計方針の変更の遡及適用又は誤謬の遡及的修正再表示を行うことが実務上不可能である。
> (a)　その遡及適用又は遡及的修正再表示の影響を確定できない場合

> (b) その遡及適用又は遡及的修正再表示が、当該期間における経営者の意図が何であったかに関する仮定を必要とする場合
> (c) その遡及適用又は遡及的修正再表示が、金額の重要な見積りを必要とするが、それらの見積りに関する次のような情報を、他の情報と客観的に区別することが不可能である場合
>   (i) 当該金額を認識、測定又は開示すべき日に存在していた状況の証拠を提供し、かつ
>   (ii) 当該過年度に係る財務諸表の発行が承認された時に入手可能であった。

また修正遡及アプローチにおける過大なコストや労力を掛けずに利用可能な情報についても実務上の判断が伴うため課題として挙げられる。

11-6-3 公正価値アプローチにおける保険契約グループの公正価値

公正価値アプローチにおいては、契約上のサービス・マージンまたは損失要素を決定するために保険契約グループの公正価値を算定しなければならない。IFRS第17号は、公正価値の算定方法についての記載はなく、そのため、IFRS第13号公正価値測定の要求事項に従うことになる。

IFRS第13号における公正価値は、測定日時点で市場参加者間の秩序ある取引において、資産を売却するために受け取るであろう価格または負債を移転するために支払うであろう価格（つまり出口価格）と定義されている。保険負債について、こうした取引が想定できるのかということが論点の1つとして挙げられる。

また、IFRS第13号の負債の公正価値は不履行リスクの影響を反映する。そのため不履行リスクを含まないIFRS第17号の保険契約グループの履行キャッシュ・フローの測定とは異なる評価となる可能性がある。

保険契約グループの公正価値については、上記のような論点があり、どのように算定するか、および履行キャッシュ・フローとの違いの分析などが実務上の課題として挙げられる。

11-6-4 保険金融収益または費用を分解表示した場合の影響額の開示

　保険金融収益または費用を純損益とその他の包括利益に分解する選択をした企業は、移行アプローチごとに、保険契約グループに関連するその他の包括利益を通じて公正価値で測定する金融資産について、その他の包括利益に含められている累積残高の期首から期末までの調整表を開示しなければならない（116項）。

11-7 その後の議論

　2021年12月、IASBはIFRS第17号の経過措置に関する一部の規定を修正した「IFRS第17号とIFRS第9号の適用開始—比較情報」を公表した。

　IFRS第4号は、活動が支配的に保険に関連している企業に対して、IFRS第9号適用の一時的な免除を与えており、2023年1月1日より前に開始する事業年度について、IFRS第9号ではなくIAS第39号を適用することを認めている。この一時的免除を利用する企業は、IFRS第9号とIFRS第17号を2023年1月1日以後開始する事業年度に初めて適用する。

　IFRS第9号は比較情報の修正再表示を認めているが要求はしていない。しかし、適用開始日前に認識が中止された項目については、比較情報の修正再表示が認められていない。一方で、IFRS第17号は比較情報の修正再表示を要求していることから、両基準書の経過措置は異なっており、結果として保険契約負債と金融資産の間で会計上のミスマッチが生じる可能性があった。この会計上のミスマッチは、IFRS第9号において比較情報の修正再表示が行われたとしても、適用開始日前に認識が中止された項目については比較情報の修正再表示がされないことから、部分的にしか解消されない。

　IASBは上述の懸念に対して、IFRS第17号の狭い範囲の修正を通じて解決できると考えた（BC398G項）。

　IFRS第17号の主な規定の概要は以下のとおりである。

- IFRS第17号の修正は、IFRS第9号とIFRS第17号を同時に適用し、IFRS第9号について比較情報を修正再表示しない企業に適用が認められる（C28A項）。なお、IFRS第9号について比較情報を修正再表示する場合であっても、認識を中止した金融資産が同期間にある場合は、IFRS第17号の修正を適用することが認められる（同前）。
- IFRS第9号の適用開始時にどのように分類されるかを予想し、決定した予想される分類を使用して、IFRS第9号の分類および測定に関する要求事項が該当する金融資産にずっと適用されていたかのように比較情

第 11 章　発効日および経過措置

　　報を表示する（C28B 項）。
● IFRS 第 9 号の適用開始時にどのように分類されるかの予想は、移行日において利用可能な合理的で裏付け可能な情報を使用する（C28B 項）。
●上記の処理を適用する際に、IFRS 第 9 号の減損に関する要求事項の適用は要求されない（C28C 項）。
●上記適用時の影響額は利益剰余金または適切な場合はその他の資本の構成要素に認識する（C28D 項）。
●上記適用の程度ならびに IFRS 第 9 号の減損に関する要求事項の適用の有無および程度について定性的な情報を開示する（C28E 項(a)）。

第 12 章

他の基準書の結果的修正

12 - 1　本章の目的
12 - 2　IFRS 第 3 号
12 - 3　IFRS 第 7 号
12 - 4　その他の結果的修正
　　　4 - 1　IFRS 第 9 号、IAS 第 16 号、第 28 号、第 32 号、第 40 号
　　　4 - 2　IFRS 第 15 号
　　　4 - 3　IAS 第 1 号
　　　4 - 4　IAS 第 7 号

第 12 章　他の基準書の結果的修正

12−1　本章の目的

　IFRS 第 17 号は IFRS 第 4 号を廃止するが（C34 項）、一方でその公表の結果として、17 の基準書に修正が生じている。

　上記の 17 の基準書の結果的修正の多くは、IFRS 第 4 号への参照を IFRS 第 17 号に置き換える等、各基準書間の整合性を保つために行われたもので、各基準書の要求事項を実質的に修正するものではない。一方で、一部の結果的修正は、該当する基準書の要求事項の修正に至ったものも含まれている。

　本章では、該当する基準書のうち以下の 10 点の基準書について解説する。

　なお、本章に記載する各基準書の条文番号は、IFRS 第 17 号による結果的修正が反映された後のものを記載している。

> ● IFRS 第 3 号（12−2）
> ● IFRS 第 7 号（12−3）
> ● IFRS 第 9 号、IAS 第 16 号、IAS 第 28 号、IAS 第 32 号、IAS 第 40 号（12−4−1）
> ● IFRS 第 15 号（12−4−2）
> ● IAS 第 1 号（12−4−3）
> ● IAS 第 7 号（12−4−4）

12-2 IFRS第3号

　企業結合で取得した識別可能な資産および引き受けた負債の分類または指定は、取得日に存在する契約条件、経済状況、営業方針または会計方針およびその他の適切な条件に基づいて行わなければならない（IFRS第3号15項）。

　IFRS第4号の廃止[1]前は、IFRS第3号15項の例外として、企業結合により取得した保険契約は契約開始日（一定の場合は条件変更の日）における契約条件およびその他の要素に基づいて分類することが要求されていた。しかし、IFRS第17号の公表により、当該例外は削除され、取得日において保険契約を締結したかのようにグループ分け（**第3章**参照）を行い、保険契約を負債または資産（保険獲得キャッシュ・フローに係る資産を含む）として測定することが要求されることとなった（IFRS第3号31A項）。

1）IFRS第17号の公表の結果として、以下の17の基準書に修正が生じている。
- IFRS第1号「国際財務報告基準の初度適用」
- IFRS第3号「企業結合」
- IFRS第5号「売却目的で保有する非流動資産及び非継続事業」
- IFRS第7号「金融商品：開示」
- IFRS第9号「金融商品」
- IFRS第15号「顧客との契約から生じる収益」
- IAS第1号「財務諸表の表示」
- IAS第7号「キャッシュ・フロー計算書」
- IAS第16号「有形固定資産」
- IAS第19号「従業員給付」
- IAS第28号「関連会社及び共同支配企業に対する投資」
- IAS第32号「金融商品：表示」
- IAS第36号「資産の減損」
- IAS第37号「引当金、偶発負債及び偶発資産」
- IAS第38号「無形資産」
- IAS第40号「投資不動産」
- SIC第27号「リースの法形式を伴う取引の実質の評価」

第12章　他の基準書の結果的修正

12-3　IFRS第7号

　従来はIFRS第7号の適用範囲から除外されるものとして、IFRS第4号で定義している保険契約が挙げられていたが、当該範囲除外の対象がIFRS第17号で定義されている保険契約またはIFRS第17号の範囲に含まれる裁量権付有配当投資契約（以下、両者を合わせて「IFRS第17号の範囲内の契約」という）に修正された（IFRS第7号3項）。

　すなわち従来は裁量権のある有配当性を有する投資契約はIFRS第4号の保険契約ではないことからIFRS第7号の適用対象であったが、IFRS第7号の適用範囲からの除外対象がIFRS第17号の範囲内の契約に修正されたことにより、当該投資契約はIFRS第7号の適用対象外になった。

　これに伴い、裁量権のある有配当性を有する投資契約に関する開示がIFRS第7号から削除されている。

　従来は当該投資契約について、公正価値の信頼性を持って測定できない場合、公正価値の開示は要求されないものの、当該契約の帳簿価額と公正価値との間にどの程度の差異が生じうるかについての情報を開示することが要求されていた。

　この点について、上記のとおりIFRS第17号の範囲内の契約について、分離される組込デリバティブおよび投資要素（裁量権付有配当投資契約に該当しない場合）を除き、IFRS第7号の適用対象外となったことに伴い、上記公正価値に関する要求事項は削除された。

　また、IFRS第17号の保険契約の定義を満たすクレジットカード契約またはそれに類似する契約から分離される保険カバー要素（2-3-8参照）、IFRS第17号の保険契約の定義を満たし、同基準を選択適用する融資契約等に関連した保証契約（2-3-10参照）は、IFRS第7号の適用対象外とされた。

12-4　その他の結果的修正

12-4-1　IFRS第9号、IAS第16号、第28号、第32号、第40号

ユニットリンクの投資ファンドや直接連動の有配当性を有する契約（直接連動有配当保険契約また裁量権付有配当投資契約）において企業が保有している基礎となる項目に以下の項目が含まれている場合、これらの項目について純損益を通じて公正価値で測定する選択を認めるよう基準書を修正した。

- 自己の社債（IFRS第9号3.3.5項）
- 自己使用不動産（IAS第16号29A項・29B項）
- 関連会社に対する投資（IAS第28号18項）
- 自己株式（IAS第32号33A項）

なお、企業が保有している基礎となる項目に投資不動産が含まれる場合、当該投資不動産の一部を原価、一部を公正価値で測定することは認められない（IAS第40号32B項）。

IFRS第7号と同様に、IFRS第9号においても、IFRS第17号の保険契約の定義を満たすクレジットカード契約またはそれに類似する契約から分離される保険カバー要素（2-3-8参照）、IFRS第17号の保険契約の定義を満たし、同基準を選択適用する融資契約等に関連した保証契約（2-3-10参照）は、IFRS第9号の適用対象外とされた。

2020年6月公表のIFRS第17号の修正は、IFRS第9号の経過措置についても修正している。具体的には、2020年6月修正後のIFRS第17号の最初の適用をIFRS第9号の最初の適用の後に行う場合、金融負債を、純損益を通じて公正価値で測定する指定の取消しおよび指定に関するIFRS第9号7.2.39項が適用される。すなわち、適用開始日時点において金融負債を、純損益を通じて公正価値で測定する指定をするための条件を満たさなくなった場合、企業は当該指定を取り消さなければならない。一方、同時点において、当該条件を満た

す場合は、企業は指定を行うことができる。

　企業はこれらのIFRS第9号の修正を適用する場合に、比較情報の修正再表示は要求されないが、事後的判断を使用せずに可能である場合に限り、修正再表示が認められる（IFRS第9号7.2.40項）。また、企業は当該修正の適用にあたり、IAS第8号28項(f)が要求する定量的情報の開示は要求されないが（IFRS第9号7.2.41項）、修正の影響を受けた金融資産または金融負債の各クラスについて一定の開示が要求される（IFRS第9号7.2.42項）。

12-4-2　IFRS第15号

　IFRS第17号第8項により、固定料金のサービスの提供を主要な目的としている保険契約について、一定の場合には、それらの契約にIFRS第15号の適用を選択できることが定められたことに伴い、IFRS第15号の適用範囲の箇所が修正されている。

12-4-3　IAS第1号

　表示科目について定められているIAS第1号において、財務諸表に別掲が要求される項目として保険契約関連の項目が追加されている。すなわち、IAS第1号54項において財政状態計算書に別掲が要求される項目として、保険契約資産と保険契約負債が追加された。各科目は保険契約ポートフォリオ単位で表示する。

　また、純損益の部または純損益計算書に別掲すべき項目として、IAS第1号82項に保険収益、保険サービス費用、保有する再保険からの収益または費用、保険金融収益または費用、保有する再保険からの金融収益または費用が追加された。

12-4-4　IAS第7号

　従前は、営業活動によるキャッシュ・フローの例として、保険会社の保険料収入ならびに保険金、年金およびその他の保険契約上の給付金の支払いが挙げられていたが、IFRS第17号の公表に伴い、当該例示は削除された。

第13章

第17号の導入による影響

- 13-1 本章の目的
- 13-2 計算基礎の定期的な見直し
- 13-3 保険獲得キャッシュ・フロー
    - 3-1 保険獲得キャッシュ・フローの識別
    - 3-2 資産としての性質
    - 3-3 1年超離れたグループへの配賦
    - 3-4 柔軟なコスト計算システムの整備
    - 3-5 特性の把握
    - 3-6 開示項目
    - 3-7 日本基準の現行会計との比較
- 13-4 契約上のサービス・マージンのトラッキング
- 13-5 データ管理
    - 5-1 データのトレーサビリティ
    - 5-2 データの管理粒度

第 13 章　第 17 号の導入による影響

13−1　本章の目的

　IFRS 第 17 号はわが国の現行の保険会計とは大きく異なる基準である。その導入にあたっては、財務諸表に与える影響はもちろん、測定日時点あるいは日々の会計実務、そのためのシステム等に対して、さまざまな影響を及ぼすことが予想される。本章ではそれらの影響の一部に焦点を当て、現時点で想定される課題・要検討事項等について触れることにする。

13-2　計算基礎の定期的な見直し

　まず大きな影響要素として保険契約負債の計算基礎の取扱いが考えられる。現行の保険会計においても、保険契約負債の計算基礎は、保険会社の負債評価の根幹にかかわる重要な要素である。IFRS 第 17 号が現行の保険会計と異なる点としてまず挙げられるのは、測定のたびにこの計算基礎を見直す必要があることである。

　IFRS 第 17 号では、キャッシュ・フローの各シナリオおよびその確率を見積る際に、企業は、前報告期間の末日現在で行った見積りを見直して、見積りを更新しなければならない。その際に企業は、更新後の見積りが報告期間末日現在の状況を忠実に表現するかどうか、見積りの変更が当期中の状況の変化を忠実に表現するかどうか、が問われる。

　過大なコストや労力を掛けずにとはいうものの、他方では、利用可能なすべての合理的で裏付け可能な情報を偏りのない方法で織り込むことが求められている。また、測定日時点での将来に関する仮定や外部データも反映するといった要求事項もある。

　これらの要求事項に対して、現行の実務はどの程度応えられるだろうか。市場変数は報告期間末日の市場から情報を得ることが比較的容易であろうが、非市場変数は必ずしも容易とは言えない。具体的な業務を想像すれば、単に報告期間末日現在の外部と内部の情報を得るだけではなく、企業が定めた手法に従って（新）計算基礎（候補）を策定し、それを前報告期間末日の（旧）計算基礎と比較し、影響の程度を分析することによって計算基礎を変更するかしないか判定したうえで、しかるべきプロセスを経てその判定の承認を得る必要があると考えられる。

　このような一連の業務プロセスを前提とすれば、現状でもすでに対応できるだけの能力を有する場合を除いて、コストや労力の許容範囲を見極める必要があるだろう。ただし、どこまでが過大でないのか、どこからが過大なのか、IFRS 第 17 号に明確な基準はない。

第13章 第17号の導入による影響

　IFRS 第 17 号の導入にあたっては、いずれにしても新たなシステム開発を要することであろう。たとえ現行のシステムでは過大なコストや労力を掛ける必要がある要件であっても、新たに開発するシステムではそうした負荷が解消できるかもしれない。むしろ、そのような要件に応えられるだけの処理速度および効率的な処理プロセスが備わったシステムの開発計画を目指すべきであろうか。

　システムへの影響という観点からは、上記のような速度と範囲に対する要件に加えて、データの保存と運用に係る新たな課題もあると考えられる。たとえば、測定のたびに見直される計算基礎を、一定の期間分どのように保存していくのか、データ保存体制の整備が必要であろう。これには、現行の計算基礎にはない新たな項目の追加（例：保険料計算基礎に予定解約率を使用していない保険種類についての解約率）、現行の計算基礎にすでにあるものの新たな次元が追加される項目（例：現行の保険会計では保険期間を通じて一定としていた計算基礎が、IFRS 第 17 号では各保険年度別の設定になる）等への対応も含まれる。

　企業によっては、EV の計算等ですでにこのような実務があるとしても、IFRS 第 17 号の要件をそのまま満たせるのか再検討が必要となるであろうし、計算基礎が会計監査の対象となることからもより厳格な管理が求められるのではないだろうか。

　課題はデータの保存だけではない。実務を想像すれば、測定のたびにこのように多種多様な計算基礎を、保険契約負債の計算システムに漏れなく正しく設定することの負荷は小さくないのではないだろうか。一方、計算基礎が保険契約負債の計算システムに漏れなく正しく設定されていることの重要性は非常に大きく、会計上の絶対不可欠な条件である。この処理の仕方が原始的（例：手入力＋目検証）であるとオペレーショナル・リスクが発現する危険性が高く、処理速度の観点からも何らかの自動化された運用が必要であろう。

　IFRS 第 17 号には規定されていないが、会計監査の観点を含む形式的かつ実態的ないくつかの事項にも検討を要する。具体的には、計算基礎率の見直し手法・基準、および外部と内部の情報の把握から始まる計算基礎率見直しの一連のプロセスに係る規定である。

キャッシュ・フローの見積りの更新に反映させるべき情報を基に（新）計算基礎（候補）を策定する手法および（旧）計算基礎との比較のうえ（新）計算基礎（候補）に更新するか否かを判定する基準は、共に合理的かつ妥当でなければならず、社内承認を得て文書化されていることが望まれる。また、これらの手法・基準の詳細を含め、どういう情報の流れ、処理の経路を辿り、プロセスの各段階および最終的に誰の承認を得てキャッシュ・フローの見積りの更新に至るのかを明確に定めた規定が必要であろう。同時に、実際の見直しの際には、この規定に従ってキャッシュ・フローの見積りが更新されたことを示す証拠も必要である。

　このような証拠および規定は監査証跡としても必要であると考えられ、実務の内容に変更があった場合には、しかるべき承認を得たうえでその変更を反映して規定は改定されなければならない。

第13章　第17号の導入による影響

13-3　保険獲得キャッシュ・フロー

　ここでは、IFRS第17号により導入されるこの保険獲得キャッシュ・フローの会計処理による、会計実務等への影響を考える。

　4-2-2で述べたとおり、IFRS第17号では、保険契約の認識よりも前に支払うか、受け取る保険獲得キャッシュ・フローについて、資産として認識する。そして、保険契約の認識時に当該資産の認識を中止し、それ以後の発生を予測する将来の保険獲得キャッシュ・フローの見積りの現在価値と合算し、保険収益の一部として時間の経過に基づいて規則的な方法で各期間に配分される。また、企業は同じ金額を保険サービス費用として認識する。

　以下では、影響および留意点として考えられる事項について述べる。

13-3-1　保険獲得キャッシュ・フローの識別

　保険獲得キャッシュ・フローに含まれるキャッシュ・フローを整理することが必要である。保険獲得キャッシュ・フローは、保険契約グループの販売、引受けおよび開始のコストにより生じるキャッシュ・フローのうち、当該グループが属する保険契約ポートフォリオに直接起因するものとされており（付録A）、保険契約ポートフォリオに直接起因しないコスト（一部の商品開発や教育訓練のコストなど）は、キャッシュ・フローの見積りに含まれない（B66項）。

　たとえば以下のコストについて、ポートフォリオに直接起因するものであるかそうでないか、保険獲得のためのものかそれとも契約の維持に掛かるものかなどの観点から整理しておくことが考えられる。

- ●コミッション（初年度に掛かるもの、次年度以降に掛かるもの）
- ●商品のシステム開発のための費用
- ●特定の商品のキャンペーン・CMに掛かる費用
- ●テレマーケティングを行うコールセンターのスタッフの人件費

また複数のポートフォリオに掛かる費用や間接費の一部として含まれていると考えられるものについて、適切な配賦基準を定めポートフォリオに配賦することが必要になる可能性がある。そのようなコストとしては、引受部門の人件費などが考えられる。

生命保険会社の場合、内部管理会計としての区分経理において、実績のコストを新契約費・維持費に分類し各区分への配賦を行っていることと思われるが、これらの実務を出発点としてブラッシュアップしていくことが考えられる。

13-3-2　資産としての性質

保険契約の認識前の保険獲得キャッシュ・フローは、資産として管理していくことになる。

もし新契約の獲得のみを目的としたテレマーケティングを行うコールセンターを設立した場合、そのために掛かった多額な費用のすべてまたは一部を資産として計上することが妥当であるのかは論点である。

もちろん、契約ポートフォリオのキャッシュ・フローから回収できない保険獲得キャッシュ・フローは、契約上のサービス・マージンを生じさせず、直ちに費用として認識されるので、それらの多額な金額が資産として計上されるかどうかは、収益性のある新契約が多いことや、将来何年間の新契約に資産である保険獲得キャッシュ・フローを配賦するかにも依存することが考えられる。

13-3-3　1年超離れたグループへの配賦

前述13-3-2で述べたような、資産として認識している保険獲得キャッシュ・フローを各グループに配賦する際に、将来の新契約により形成されるグループにどのように配賦していくかという課題がある。

たとえば、新商品の発売前に掛かる新商品のためのシステム開発費を保険獲得キャッシュ・フローの資産として認識する場合、それを発売時の販売予測に基づき、将来のグループに配賦していくことが考えられる。その際、将来何年間までのグループに配賦するのかおよび何を配賦基準にするかは検討が必要である。

また、配賦に応じた資産残高の償却を管理していくことが必要となる。

13-3-4　柔軟なコスト計算システムの整備

2種類の機能を持ったシステムが必要となることが考えられる。

1つは、保険契約の認識時より前の保険獲得キャッシュ・フローについて実績を基に把握し、資産として残高管理していくシステムである。また、保険契約の認識時より前の保険獲得キャッシュ・フローとした金額について、純損益として処理されないようなシステムとする点にも留意が必要である。

もう1つは、保険契約の認識後に保険契約グループごとの保険獲得キャッシュ・フローの現在価値の見積金額を管理し償却するためのシステムである。合わせて保険契約グループごとに将来の保険獲得キャッシュ・フローの見積りが必要となるため、未対応の場合は、キャッシュ・フローを算出するモデルの改修や、仮定の設定が必要である。

13-3-5　特性の把握

保険契約グループに関する経費が、保険獲得キャッシュ・フローとそれ以外に分かれる。保険獲得キャッシュ・フローは、時間の経過に基づいて規則的な方法で各期間に配分される。

一方、保険獲得キャッシュ・フローに含まれない維持費などは、将来キャッシュ・フローの見積りに含まれ、見積った発生パターンに従い収益に認識されていく。

このため、どちらも経費ではあるが保険収益としての認識パターンが異なることに留意が必要である。

13-3-6　開示項目

第10章で述べたように開示項目の中に保険獲得キャッシュ・フローに関するものがある。これらの開示が保険契約者および投資家などにどのように受け取られるかにも留意する必要がある。

場合に応じては、内容についてさらなる説明をすることも考えられる。

13-3-7 日本基準の現行会計との比較

特に生命保険会社の場合、その事業費は、引受け、医学的検査、調査、保険証券発行のコストなどの新契約の締結に係る経費が契約の初年度に多く発生する。

そのため従来の日本の会計基準においては、新契約高が多いために、初年度に多くの費用が掛かり、結果として当期の利益が圧迫されるということがあり得た。

一方、IFRS 第 17 号においては、こうした新契約費の一部は保険獲得キャッシュ・フローに含められるため、時間の経過に基づいて規則的な方法で各期間に配分されるため、当初に多額の費用として認識されることは少なくなることが想定される。

13-4 契約上のサービス・マージンのトラッキング

　契約上のサービス・マージンの事後測定は、期末時点から将来に向かっての見積情報のみに基づいて計算することはできない。前期に計算した残高が測定の出発点となっている。つまり、測定単位ごとに、今期の見積情報と前期の残高をリンクする必要が生じるであろう。

　一般的実務として、測定単位ごとの将来キャッシュ・フローは、契約ごとに将来キャッシュ・フローを計算し、それらを集約することで求められていることが多い。測定単位は、契約ごとに、当初認識時にポートフォリオと時期と収益性に基づいてグループが決定され、その契約が属するグループは原則的に事後においても継続する。この場合、契約ごとにどのグループに属しているかを把握し、そのグループごとに集約ができることが求められる。

　一方、契約がどのグループに属するかの情報は、会社の会計方針に依存するものであり、従来の契約管理システムに含まれている情報とは限らない。すべての契約に対して、その属するグループの特定が、たとえば、保険種類と契約始期日などから機械的に決定されるならば大きな問題は生じないかもしれない。しかし、当初認識時における収益性の判断などが関係しグループの属性がより複雑になる場合など、必ずしも機械的に特定できるとは限らないであろう。

　また、グループは少なくとも年単位で区切られることから、管理すべきグループの総数は、将来にわたり増加していくであろう。

　この課題への対応策はさまざまあろうが、個々の契約とその当初認識時のグループを特定するための管理データベースを構築することが対応策として想定されよう。管理データベースの設計としては、個々の契約を一意に特定できるキーとグループの識別子とのリンクを蓄積する方法やグループを特定する条件を蓄積する方法などが考えられるが、将来キャッシュ・フローの計算システムの制約や契約上のサービス・マージンの計算システムの仕組みと合わせて設計すべきであろう。

13-5 データ管理

　現行の日本基準と同じであるが、IFRS第17号を適用した決算業務も、決算基準日より1～2か月程度の期間内に業務を完了することが要求され、また、そのような要求を満たすため、当該業務のシステム化を検討する保険会社が多いものと考えられる。
　ここでは、システム化にあたって検討すべきテーマのうち、まず初めに、現行よりも計算処理を複雑にする要因を次のとおり把握（図表1～図表3）し、データ管理の側面から留意すべき点を解説したい。

【図表1】計算順序への依存性

影響度（例）	概　　要	検討すべき具体的事例
中	契約上のサービス・マージンの非負性（44項および45項） 集約計算（グループ単位から表示単位までの集約）の前に非負性の評価計算を行う必要がある。順序を替えて集約計算を先に処理し、表示単位で非負性の評価計算を行った場合の計算結果とは一致しない場合がある。	EVの計算実務では、会社全体や商品群単位といった粗い単位での集約計算を完了した状態でキャッシュ・フローがシステムから出力されることがあり、これをそのままでは契約上のサービス・マージンの計算処理に適用できない場合がある。非負性の評価計算のため、集約レベルをグループ単位の集約に細分化したキャッシュ・フローを出力するためのシステム開発が必要である。

| 大 | 他の基準書の処理順序の関係（B104項など）
　IFRS第17号は、IFRS第9号やIFRS第13号など他の基準書による計算結果に基づく処理を要求している。 | 直接連動有配当保険契約で、基礎となる項目が金融商品で構成されている場合では、IFRS第9号の公正価値評価計算処理が完了しなければ、基礎となる項目の公正価値リターンを評価することができない場合がある。そのような契約に対応するためのシステム開発にあたっては、IFRS第9号の処理の後にIFRS第17号の処理が行われるように処理順序を定義する必要がある。 |

【図表2】過去処理への依存性

影響度（例）	概　　要	検討すべき具体的事例
中	契約上のサービス・マージンの変動のうち当期のサービスの移転による保険収益（44項(e)および45項(e)ならびにB119項） 　当期および残存カバー期間により配分して算定するものとされている。	毎期の配分計算の結果、当期末の契約上のサービス・マージンの金額が算定されている。 通常、前期末の契約上のサービス・マージンを保持すれば、当期の計算のみでよいが、たとえば、エラー訂正において完全遡及計算が想定されるのであれば、前年度以前の過年度の配分計算を行う必要がある。
大	過去の一部期間が不利な契約であった場合の上記の保険収益	上記の計算は、契約上のサービス・マージンの配分ロジックだけであるが、過去に不利な契約に該当した場合は、その期間については損失要素の配分ロジックに切り替えて処理する必要がある。

13-5 データ管理

【図表3】計算単位(粒度)の不一致

影響度(例)	概　　要	検討すべき具体的事例
中	再保険契約グループと基礎となる保険契約グループの粒度が一致しない場合の規則的な配分(66項(c)(ii))	基礎となる保険契約グループが不利となっている場合、再保険契約グループにおける履行キャッシュ・フローの変動を規則的な配分により純損益で認識する額があり、その配分を定義する必要がある。
大	実際にキャッシュ・フローが発生する粒度と保険契約グループの粒度が一致しない場合のキャッシュ・フローの配分(33項)	主契約と特約を別々の保険契約ポートフォリオで管理する方針では、保険契約グループも主契約と特約で別々に管理される。そのとき、たとえば、実績の解約返戻金を主契約管理番号(証券番号)より細かい粒度で把握できない場合、キャッシュ・フローの配分を定義して、それぞれの保険契約グループにする必要がある。

　これらの要因により、たとえば、次のようなシステム化による対応を検討することになるものと考えられる。

> ●細かい計算単位(粒度)による計算結果を保持するデータベースの開発
> ●処理順序を含む計算結果の再現、あるいは、データの訂正のための記録を保持するデータベースの開発
> ●キャッシュ・フローの配賦のための計算エンジンの開発

　これらは、やみくもに工数をかけて開発するべきものではなく、たとえば、以下のような観点から目的適合性を考慮し、その背景となる要求水準を特定したうえで、必要な範囲の開発を目指すべきものと考えられる。

第13章　第17号の導入による影響

> ●データのトレーサビリティ
> ●データの管理粒度

13-5-1　データのトレーサビリティ

　業務フローの視点と時間的範囲の視点の両方でトレーサビリティを一定程度満たすシステム開発が求められるものと考えられる。

　業務フローの視点は、たとえば、監査上、あるいは、内部統制上の要求水準に関連するものと考えられる。IFRS第17号を適用した財務諸表の監査を受ける際は、監査人からバックグラウンドデータの提出を求められる場合がある。キャッシュ・フロー計算モデルの内部統制に関連したサンプル検証を行う際は、差異が生じた場所の特定が求められる場合がある。

　時間的範囲の視点とは、たとえば、業務上のエラーが生じた場合、あるいは、保険契約者の要請により保険契約を過去に向かって訂正した場合において、どこまで過去に遡及することが求められるかということである。遡及期間をあとから精緻化するのは実務上容易ではないと考えられるため、システム開発の段階で、あらかじめ遡及期間について、業務関係者間で明確にコンセンサスを得ておくことが望ましいものと考えられる。

13-5-2　データの管理粒度

　IFRS第17号では、保険契約ポートフォリオや保険契約グループをはじめ、会計処理方針の決定に際して、さまざまな定義を目的適合性に照らして行う必要があり、計算単位（粒度）の定義も行う必要がある。現行の日本基準よりも、細かい計算単位（粒度）を必要とされる場合は、それを保持するためのテーブルが必要となるだけではなく、細かい粒度に配分（配賦）するロジックの構築も必要となる場合がある。

　これらを達成するために、従来よりも計算基盤に対して、計算能力が要求されるのであれば、所定のスケジュール内で処理が完了するための計算能力の確保が要求される。

第14章

経営管理としての意義および留意点

- 14－1 本章の目的
- 14－2 保険の仕組み
- 14－3 IFRS第17号の意義
    - 3－1 企業活動と投資活動の連環
    - 3－2 保険負債の経済価値ベース評価
    - 3－3 フォワードルッキングな指標の意味
- 14－4 現行会計との相違
- 14－5 保険事業の財務健全性規制
    - 5－1 米国のソルベンシー規制
    - 5－2 欧州のソルベンシー規制
    - 5－3 中国のソルベンシー規制
    - 5－4 日本のソルベンシー規制
    - 5－5 グローバルベースのソルベンシー規制
- 14－6 エンベディッド・バリュー
    - 6－1 経緯と意義
    - 6－2 計算方法
- 14－7 経済価値ベースの制度間の相違
    - 7－1 各制度の特徴
    - 7－2 IFRS第17号とソルベンシーⅡの比較
- 14－8 モデルガバナンス
    - 8－1 モデルガバナンスの重要性
- 14－9 IFRS財団の動向
- 14－10 実務的活用の意義と課題

第 14 章　経営管理としての意義および留意点

14-1　本章の目的

　IFRS 第 17 号が公表され、保険という機能や制度を反映した経済価値ベースの会計基準から算出された数値が、経営管理の指標や契約者、投資家等のステークホルダーへの開示情報として活用されている。

　IFRS 第 17 号の枠組みは、現行会計と根本的に異なったものである。不確実性を扱う保険事業の経営にとって、IFRS 第 17 号はどのような意義を持つのであろうか。また契約者保護の観点から保険の機能・制度の健全性を確保する規制当局の財務健全性規制とはどのような関係になるのか。

　保険制度の特徴を理解し、保険制度を有機的に機能させるために、IFRS 第 17 号はどのような役割を果たすであろうか。

　保険業界の財務健全性規制は、2007 年以降の金融危機の教訓を踏まえて強化されてきた。また、デジタル革命が保険のビジネスモデルを抜本的に変革しようとしている。さらに気候変動を含む ESG 要素について対応を進めている。このような変化が激しい経営環境下、将来のキャッシュ・フローに着目した経済価値ベースの枠組みは、どのような付加価値をもたらすのであろうか。

　IFRS 第 17 号の登場の意義を実務的観点から整理するため、本章では、保険負債に関する経済的価値評価の枠組みについて、グローバル、米・欧・中・日におけるこれまでの経緯や特徴を概観する。

14-2　保険の仕組み

あらためて、保険の経済的・社会的意義について整理しておきたい。

保険は、「経済主体（個人・法人）が社会生活や社会活動上の目的を達成する過程で遭遇する偶然な事故（危険）による経済的損失を補償（保障）するための手段であり、このサービスを経済的合理性のある費用で提供する社会的仕組みである」と説明される。

つまり保険は、多数の者（保険契約者）が保険料を出し合いプールを構成し、契約者に保険事故が発生し、生じた損失を埋め合わせるために、そのプールから保険金が支払われる制度である。

この制度を民間経済制度として維持するためには、保険の価格（保険料）に2つの要件が必要である。

1つ目は、保険契約者に支払うことを期待されている保険金コストと保険会社が保険制度を運営するために必要となる運営管理コストを用意するのに十分な保険料であること、2つ目は、資本市場において、リスクを伴う保険事業に出資する投資家に対して、期待収益を提供しうる保険料であることである。これらを満たす保険料のことを、「公正保険料（fair premium）」と呼んでいる。

個々の保険契約者にとって不確実であったとしても、多数の人から成る集団を捉えれば、一定期間における保険事故による損失は確率論的に安定的に管理できることを前提としている。これを大数の法則と呼ぶ。

そこで、一定期間に保険会社が支払わなければならない保険金の総額を予測し、これに見合う保険料を保険契約者から徴収すれば、保険料の総額から保険金の総額を差し引いた収支は中期的に均衡することとなる（「収支相等の原則」と呼ぶ）。

第 14 章　経営管理としての意義および留意点

14-3　IFRS 第 17 号の意義

14-3-1　企業活動と投資活動の連環

　企業活動を記録し報告するのが会計である。ただ、資金調達がグローバル化したにもかかわらず、各国の会計基準が異なっているため、投資家が企業の経営状況を把握する際に困難をきたしている。

　もし全世界で、ある 1 つの会計基準が使われるならば、このような問題は解決され、投資家がさまざまな国の企業の業績を比較することを可能とし、財務報告の透明性を高めることとなろう。このような考えから、IASB によって、IFRS が策定され、欧州で 2005 年に義務化され、多くの法域で IFRS の適用が拡大した。IFRS 財団によると、2023 年 9 月時点で、168 の国、地域で IFRS が採用されている。

　日本取引所グループ（JPX）の調べによると、2024 年 7 月末時点の日本の上場企業の IFRS 適用済会社数は 272 社、IFRS 適用決定会社は 7 社としている。

　実際の企業活動を資本や資金（キャッシュ）との関係で考えてみたい。経営は、その社会的機能を果たし、経営目標を達成するために、自らの戦略を投資家に示し、キャッシュを調達する。その場合、キャッシュを提供する投資家が株式や社債へ投資する見返りは、将来支払われる配当や利息という形で報われることとなる。これらを実現するためには、企業が生み出す将来キャッシュ（経済価値の源泉）を十分確保していく必要がある。このように、キャッシュを仲立ちにして、企業活動と投資活動は結び付いている。IFRS 第 17 号は経済価値に着目して企業の業績を開示する枠組みという意味で、「経済価値ベースの枠組み」と呼ばれている。

　取得原価を基礎とし一部資産評価に時価を取り入れた現行会計の貸借対照表（BS）と経済価値ベースの BS は、基本的に異なる枠組みから作られる。イメージを図示すると、**図表 1** のとおりである。

14-3 IFRS第17号の意義

【図表1】現行会計と経済価値ベースのBS

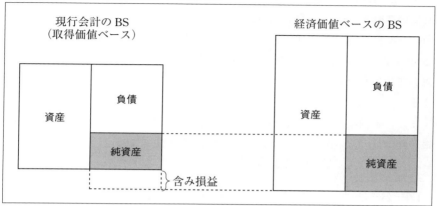

【図表2】経済価値ベースの構造（期待値とリスク）

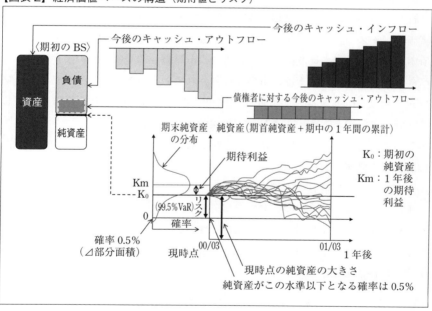

第14章　経営管理としての意義および留意点

　企業活動は将来に対する働きかけである。企業の将来価値は現時点では確定していない。それ故、経営者にとっても、投資家にとっても最も可能性の高い値（ベスト・エスティメイト、あるいは統計的期待値）とその期待値から乖離する可能性（probability）は、重要な指標となる。経営は、期待値を事業計画において活用したり、乖離度合い（＝リスク量）をリスク管理の指標として使用する。

　また、金融機関や保険会社を監督する規制当局においては、これらの指標を財務健全性のモニタリング指標の1つとして使用している。

　期待値とリスク量の関係は、図表2（前頁）のとおりイメージできる。

14-3-2　保険負債の経済価値ベース評価

　保険会社の経済価値ベースのBSについて考えてみたい。

　資産については、市場価格（時価）が存在するものも多く、これを使って経済価値ベースの評価が可能である。しかしM&A等の特殊な例を除き、保険負債のように市場で直接取引されない場合、市場整合的評価はどのように考えるべきであろうか。たとえば、市場で取引されている金融商品のキャッシュ・フローで複製（replication）が可能な保険負債の場合は、その市場価格を利用して評価が可能であろう。しかし、その複製は簡単ではない。

　このような場合は、保険負債が生み出す将来キャッシュ・フローの生成能力に着目して価値を評価することとなる。これが、保険負債の評価においてキャッシュ・フローに着目する理由である。

　IFRS第17号では、保険負債を経済価値ベースで評価する。ただ、保険会社が扱う将来の危険事故はランダムに発生するため、将来の保険金支払いにかかわるキャッシュ・フローを合理的に定量化する際、多数のシナリオの確率加重平均で期待値を把握する。

14-3-3　フォワードルッキングな指標の意味

　経済価値ベースへの移行は、ステークホルダーとのコミュニケーションや、消費者・投資家の意思決定・行動にも変化を及ぼす。現行会計は、発生した費

用と実現した収益という、すでに確定した数値を基礎にしている。

　しかし、経済価値ベースの枠組みは、将来のキャッシュ・フローの予測値に依拠している。換言すれば、将来の合理的な可能性に基づき思考すること（フォワードルッキングな判断・思考）に軸足を置いていることとなる。

　IFRS第17号には2つの明確な目的がある。

　1つ目は、すべての会社がIFRS第17号を適用して一貫性と比較可能性を持つことである。一貫性のある財務データを比較することによって、投資家は適切な判断を行うことが可能となる。

　2つ目は、透明性である。IFRS第17号では、これまでの章で説明したとおり、保険契約を一般モデル（ビルディング・ブロック・アプローチ：BBA）、または保険料配分アプローチ[1]と呼ばれる簡便的な方法で測定する。

　BBAは各構成要素（ブロック1～4）の積上げ（ビルディング）によって測定する。

　ブロック1（予想将来キャッシュ・フロー）では、保険料・保険金・給付金・費用等の予想将来キャッシュ・フローの確率加重平均を計算する。これには、契約の境界線内のすべてのキャッシュ・フローを含む。

　ブロック2（貨幣の時間価値）では、予想将来キャッシュ・フローに貨幣の時間価値と当該キャッシュ・フローに関連する金融リスクを反映する。

　ブロック3（リスク調整）は、保険契約を履行するにつれて非金融リスクから生じるキャッシュ・フローの金額と、時期に関する不確実性の負担に対して企業が要求する対価を反映する。

　ブロック4は、契約上のサービス・マージンと呼ばれ、将来のサービス提供に伴って認識する未稼得の利益である。これは当初認識時点で収益を認識せず、その後の期間の経過と共に実現するよう処理するものである。

---

[1] 保険料配分アプローチとは、簡単に述べると、保険料を保険期間にわたって時間の経過を基礎として配分する方法（5-3、6-3参照）。

14-4 現行会計との相違

　現行会計では、原則取得原価主義で資産・負債を評価する。したがって、BS 上の純資産は会社の市場での財産価値を示すものではない。一定期間中に発生した費用と実現した収益を基本に当期の実現利益（期間損益）を開示する。ここで使用される数値（費用、収益）は確定値である。

　しかしながら、保険事故の発生時期・頻度あるいはその損害強度は不確実である。そのため、責任準備金[2]や支払準備金[3]等の制度を保険業法、施行規則等によって導入し、保険負債の特性を期間損益に反映するようにしている。

　日本の現行保険会計は、会計原則（GAAP）と監督会計（Statutory Accounting）が一体となっている。保険負債は契約計上時の条件が固定されているロック・イン方式である。

　これに対し、経済価値ベースの枠組みは、現在保有する資産・負債を、評価時点の市場整合的な価値で評価するものである。IFRS 第 17 号では、保険会社が常に最新の情報で、この計算方法を用いることを要求している（BC17 項）。

　保険負債も毎期洗い替える必要がある。長期の保険契約を IFRS 第 17 号で再評価しようとすると、たとえば、金利が高かった時期に契約した既存の保険契約（予定利率が現在より高い）は、低金利の影響で負債が契約時より大きく評価され、結果純資産が圧縮されるといったように、前提条件の変化が価値評価に反映されることとなる。

2）保険会社が、将来の保険金や給付金を支払うために、保険業法上、積立てが義務付けられているもの。
3）支払義務が発生しているが、保険金を支払っていないものを決算期に積立てが義務付けられているもの。

14-5 保険事業の財務健全性規制

規制は、市場の失敗を矯正し、国民や企業の安心・安全・信頼を確保するために必要なものである。保険事業は、金融事業と同様、国民経済にとって密接かつ重要な制度であり、原則免許事業となっている。

しかし、保険規制は、国際的に統一されたものはなく、国・地域ごとに異なっている。ここでは、まず各国の状況を整理したうえで、グローバルベースの論議についても整理しておきたい。

14-5-1 米国のソルベンシー規制

(1) 米国固有の保険監督の特徴

米国は、州ベースの監督・規制となっている。これまで保険規制を巡る国際論議で、意見の対立を生んだ欧州と米国であるが、その原因の1つは、米国の複雑な保険監督の仕組みにも由来している。その特徴を簡単に整理すると次のとおりである。

現在の米国の保険規制は、主として州の管轄で行われている。1851年にニューハンプシャー州で初めて州の保険局長が任命された。その後1945年にマッカラン・ファーガソン法（McCarran-Fergason Act)[4]を通じて議会で正式に州監督が成文化された。このような各州の保険規制は、連邦保険局（FIO）から監督において重複が多く高コストにつながっている、と批判されているのも事実であるが、他国にはない米国の特徴である。

米国の保険規制に対して影響力を持つ組織の中には、厳密には規制当局ではないものもある。

たとえば、米国の50の州、5つの米国領土およびコロンビア特別区といった各管轄区域の保険規制当局が加盟している全米保険監督官協会（NAIC）は

---

[4] 1945年に制定された連邦法で、同法において連邦議会は各州が引き続き保険事業の監督を行うことを宣言した。その結果、保険会社には連邦反トラスト法の限定的な適用除外が認められた。

第14章 経営管理としての意義および留意点

民間の非営利組織である。NAIC は各管轄区域の保険監督当局によって基準設定組織と認められているにもかかわらず、法律上認められた監督当局ではない。NAIC は、特定の問題について州の規制当局の過半数が妥当と考える対応方法を反映する「モデル法」を採択する等の活動を通じて影響力を発揮している。

しかしながら、それが法として成立するためには 50 の各州の州議会がそれぞれ別々にモデル法を可決し、各州の知事がこれに署名しなければ効力を持たない仕組みとなっている。

2007 年以降の金融危機の発生と 2010 年のドッド・フランク法（Dodd-Frank Act）の成立以降、連邦準備理事会（FRB）に一部の保険会社を直接規制する権限が追加された。これにより、FRB は銀行および貯蓄金融機関の持株会社（保険会社も含まれる）に対する規制権限に加えて、システム上重要な保険会社（Non-bank SIFI[5]）に指定された保険会社を規制することとなった。なお、その指定自体は金融安定監視協議会（FSOC）が行う。

一方、連邦保険局（FIO）はドッド・フランク法により設立された米国財務省の一部門である。保険規制・監督権限は持っていないが、国際的な交渉力の強化や情報収集の機能を有している。国際的な場面で、実際に米国を代表して協議に参加しており、グローバルに整合的な保険監督を促進する目的で設立された保険監督者国際機構（IAIS）には、FIO、NAIC、FRB、各州当局が加盟している状況にある。

米国では、各州が規制、監督権限を有するが、複数の州にまたがり事業を展開する保険会社に対する規制・監督のため、各州の保険監督官が協力体制を構築している。また、各州は NAIC のモデル法や規制モデル等を採用することによって、各州の整合性を図っている。

---

[5] 米国の国内法によって指定されたシステム上重要な保険会社という意味で Domestic を付け D-SIIs と呼ばれる。金融安定理事会（FSB）によって G-SIIs 評価プロセスを経て指定されるグローバルな金融システム上重要な保険会社（G-SIIs）とは区別されている。

(2) 米国の規制資本

　保険会社は、その公共性から免許事業となっている。監督当局は、保険事業が健全な形で運営され、契約者保護が確保されるよう、保険会社の監視を行っている（これを「ミクロ・プルーデンス」[6]と呼ぶ）。ミクロ・プルーデンスの重要な手段の1つとして規制資本の設定と、その水準の確保に関するモニタリングがある。

　保険事故は発生頻度・時期、損害強度において不確実性を有するため、それに備え十分な資本を担保しておかなければならない。健全性規制の観点から設定された資本要件が「規制資本」である。これまで重要な危機が発生するたびに規制資本が強化されてきた歴史がある。

　保険会社の財務健全性を判断する基準がソルベンシー・マージン比率である。これは、保険金等の支払能力が充実しているか（財務的に健全か）否かを判断する目的で導入されたものである。分子に保険金等の支払余力（マージン）を、分母に危険（リスク）を置き計算した比率である。同比率は、監督当局の介入の基準とリンクしており、保険監督における早期警戒システムとしても機能している。

(3) ソルベンシー規制の強化

　米国では、1980年代半ばから1990年代初めにかけ、賠償責任に関する保険危機の発生や、ハリケーンや地震による災害の続発により、保険会社の破綻が相次いだ。これらを受け、NAICはソルベンシー規制の強化の検討を始め、1992年12月にRBCモデル法が採択され、生命保険会社に対し1993年の中間報告から、損害保険会社には1994年から、健康保険会社には1998年からリスクベースの自己資本要件（RBC）の算出が義務付けられた。

　RBC以前は、各州の監督当局が、固定最低自己資本要件を定めていた。同資本要件には、保険会社の財政状況は反映されていなかった。

　RBCは、保険会社の規模やリスク特性を考慮したうえで、業務を遂行する

6）監督当局による金融システムの監視を、「マクロ・プルーデンス」と呼んでいる。

第14章　経営管理としての意義および留意点

ための最低資本を反映したものである。リスク量は、各州保険法で定められたSAPに基づく保険会社単体ベースの財務数値にリスク係数を乗じて算出するといったリスク・ファクター方式が採用されている。このような方法で算出した保有リスクの合計額を分母に、自己資本を分子としてソルベンシー・マージン比率が計算される。

　その計算式は、リスクを6つに分類したうえで、**図表3**の方式で算出することになっている。また、事業（生命保険、損害保険、健康保険、共済組合）ご

【図表3】RBCの枠組み

RBCの算出方法	
■R0	資産リスク（関連保険会社投資）
■R1	資産リスク（確定利付債券）
■R2	資産リスク（株式投資）
■R3	信用リスク（再保険以外の信用リスクおよび再保険回収リスクの1/2）
■R4	支払備金リスク、再保険回収リスクの1/2、収保拡大リスク
■R5	保険料リスク、収保拡大リスク

$RBC = R0 + \sqrt{R1^2 + R2^2 + R3^2 + R4^2 + R5^2}$
RBC基準＝調整総資本／（RBC×50％）（統制基準）

保険会社に対する措置とRBC基準

保険会社の資本水準	措　置
RBC基準が150％から200％	保険会社は問題の原因と改善方法に関する計画を説明した計画書を保険監督官に提出しなければならない。
RBC基準が100％から150％	保険監督官は保険会社を検査し、必要に応じて改善措置を講じる必要がある。
RBC基準が70％から100％	保険監督官は保険会社の更生または清算のための措置を講じる権限が認められている。
RBC基準が70％未満	保険監督官は保険会社の経営権を剥奪する。

とに、経営環境が異なるため、それぞれ個別に RBC モデルが開発されている。

　RBC は、その後会社の実情や市場環境の変化を反映し、1990 年 12 月に金利リスクに対しキャッシュ・フローテストを導入した。2005 年には、最低保証付きの特別勘定商品について確率論的プロジェクション（動態的モデル）を導入している。さらに、責任準備金に対する原則主義ベースの導入（後述）に伴う将来シミュレーションによる計測といったように進化させてきている。

　NAIC は、2008 年 6 月から、資本規制、国際会計基準、保険負債評価、再保険、グループ・ソルベンシーの 5 分野における各国の規制について情報収集と、米国のソルベンシー規制を中心とする枠組みの近代化を図る目的で、ソルベンシー近代化イニシアティブ（SMI）を進めた。その後 SMI タスクフォースを立ち上げ、IAIS（後述）の保険コア原則も参照しつつ、米国保険財務ソルベンシーの枠組みおよびコア原則を文書化した。

　NAIC は、2011 年 11 月にリスクおよびソルベンシーの自己評価ガイダンスマニュアルを採択、2012 年 9 月に ORSA モデル法を採択している。2015 年より、長期的な事業サイクル管理を意識して 1～5 年の財務リソースの水準について毎年 ORSA の作成を要請している。NAIC は、ORSA を「保険会社が現在の事業計画に関連する重大なリスクを特定し、リスクに対応する資本リソースの十分制を検証する、社外秘の内部評価である」と定義している。また、ORSA においては、既存の事業会社の観点に加え、グループレベルのリスクと資本という観点の評価も加えられている。

　2007 年以降の金融危機を契機としてドッド・フランク法が成立し、FRB にシステム上重要なノンバンク金融会社（Non-bank SIFI; 一部の保険会社も含まれる）に対する連邦による直接規制権限が追加された。これらの資本要件として、①システム上重要な保険会社（SIIC）に適用される連結アプローチ（consolidated approach）、②銀行や貯蓄金融機関を所有する保険会社（IDIHC）のためのビルディング・ブロック・アプローチ（building-block approach）の 2 つのアプローチを採用している。

(4) 米国の保険会計

　米国の保険会計は、FASB が定める基準書を含む GAAP と州保険庁が用いる法定会計原則（SAP）の 2 つの基準がある。GAAP は、投資家や債権者・利害関係者等に会計情報を提供することを目的にしており、SAP は、契約者への保険金支払いを確保する目的で、保守主義原則・継続性原則・費用収益の認識基準に基づく会計情報である。FASB では U.S.GAAP 保険会計の改正に向けた取組みを進めている（第15章参照）。

　SAP における責任準備金については、NAIC が定める責任準備金法によって、その最低水準が定められている。最低責任準備金については、これまで監督官式責任準備金評価方式（CRVM）という各社統一的な基礎率や算式を用いるルール・ベース・アプローチが採られていた。

　定額保険を巡る競争激化の中で責任準備金（Statutory Reserve）の不足を懸念した NAIC は、1988 年「生命保険契約評価モデル規制（通称XXX（トリプル・エックス）規制）」を提案した。同提案は、10 年以上の論議の中で修正され、2000 年 1 月 1 日以降多くの州で導入された。同規制は、定額保険、無失効保証付きユニバーサル保険に適用される。

　NAIC は、同規制の意図を明確にするため、2003 年にアクチュアリアル・ガイドライン 38（Actuarial Guideline 38：通称AXXX（エー・トリプル・エックス））規制を導入した。

　しかしながら、上記規制を過剰と感じる保険会社によって、規制の抜け穴を突く商品が開発され、当局が追加で規制をかけるという動きが繰り返される中、ルールベースのアプローチでは、適時に規制を整備することは難しいとの考えから、個社の経験に基づいた原則主義ベースの責任準備金制度（PBR）が検討されることとなった。

(5) 原則主義ベースの責任準備金制度の導入

　2009 年に NAIC での標準責任準備金法の改正が採択され、PBR が採用された。PBR は、多数のシナリオに基づく将来シミュレーションを行い、確率論的に責任準備金やリスク量計算を行うものである。2012 年に細部を規定した

「責任準備金評価マニュアル（Valuation Manual）」と解約失効時の解約返戻金の最低水準を定める「標準不没収価格法」の改正が採択された。その後、各州での採択が進み、2016年に要件を満たし、2017年から施行された。3年の移行期間を経た2020年の新契約から強制的に適用されている。

PBRは、原則主義ベースに基づく評価方法であるが、ルールベースの純保険料式責任準備金が介在する形になっている。また、経済シナリオや死亡率前提のマージンの設定方法が細かく規定されている等、完全な原則主義ベースのアプローチではなく、ルールベースと原則主義ベースが組み合わさった基準と言える。PBR導入に合わせてリスク量計測についての原則主義的アプローチは、2007年にNAICの生保RBCワーキンググループが設置され検討が進められたものであるが、その後の整備状況についてモニタリングがなされている。

14-5-2　欧州のソルベンシー規制

(1) ソルベンシーⅠからⅡへ

欧州連合（EU）域内では、1970年代よりソルベンシー規制が適用されていた。加盟国に対してその内容の法制化に拘束力を持つ欧州レベルの法令である「指令（Directive）」に基づき、域内で共通のソルベンシー規制が実施されている。

EU金融市場の整備が進められる中で、1999年に「金融サービス・アクション・プラン」が策定され、保険会社のソルベンシー規制もこの中で検討された。ソルベンシー規制の改革については、「当面実行すべき課題（ソルベンシーⅠ）」と「長期的に検討すべき課題（ソルベンシーⅡ）」に区分され、前者について2002年に損保ソルベンシー指令および生保ソルベンシー指令として発動した。

ソルベンシーⅠで要求される規制資本は、生保では、数理的準備金や危険保険金額に一定割合を乗じた額の合計を、また、損保では、年間保険料と平均損害額に対する一定割合のいずれか大きい額で設定されていた。

これに対して、ソルベンシーⅡは、リスク管理と規制資本管理の一貫性を欧州全体で実現することを目的に2016年から導入された。全体の規制構造とし

て、銀行のバーゼルⅡと同様3つの柱からなるアプローチで構成されている（図表4参照）。3つの柱は、それぞれが相互に関連し、監督の効果を上げる仕組みとなっている。

(2) ソルベンシーⅡ第1の柱

第1の柱は、監督当局による規制資本に基づくモニタリングが規定されている。必要資本要件（SCR）の設定・評価方法と、企業の適格な資本資源の決定方法が示されている。資産、負債を経済価値ベースで評価し、前者から後者を控除する形で、適格自己資本（Eligible Own Fund）が算出される（これを「トータルバランスシートアプローチ」と呼ぶ）。

保険負債の評価は、技術的準備金とリスクマージンの評価に分かれる。技術的準備金は予期される損失（ベストエスティメイト）を評価しようとする。技術的準備金の評価では、直接観察される市場価格が利用可能であり、十分に流動性があり、かつ透明性のある市場における価格であれば、その価格を活用した評価は市場整合的なもの（mark to market）と考えられる。

一方、市場での十分な取引がなく使用できる価格がない場合は、ヘッジ不可能リスクと呼ばれ、その負債が持つキャッシュ・フローをモデルで再現し、その価値と整合的に評価するアプローチ（mark-to-model）が採られる。そして、

【図表4】 ソルベンシーⅡの3つの柱の概要

第1の柱	第2の柱	第3の柱
（定量要件・規制資本）	（定性要件・監督規制）	（開示要件）
■ 資産・負債の評価	■ リスク管理態勢	■ 比較可能性
■ 自己資本の適格性	■ ガバナンス態勢	■ 透明性
■ 必要資本	■ ORSA	■ 一般への開示
■ 内部モデル	■ 監督当局の権限	■ 監督当局への報告

（ソルベンシーⅡ）

ヘッジ不可能なリスクに対しては、リスクにかかわる資本コストをリスクマージンとして評価する。

リスクマージンの考え方は、出口価値の考え方に立ち、合理的な投資家が債務をテイクオーバーするために、ベストエスティメイトを超過するコストを資本コスト法で算出するものである。つまり、保険者もしくは潜在的なバイヤーがランオフまで債務を保持することで被る将来的な規制資本のコストを評価している。

保険者に重大な予期せぬ損失（上記の保険負債を超える損失）が発生した場合にもそれを吸収し、事業を継続することにより保険契約者への保険金支払いを確保する資本水準（SCR）の維持を要求している。SCRは、99.5％ VaR（200年に1度の確率で発生する損失を考慮したリスク量）を基準として算出され、監督当局はSCRを早期警戒指標としてモニタリングする。一方、保険事業のための最低資本必要額（MCR）は、85％ VaR（約6.67年に1度の確率で発生する損失を考慮したリスク量）を基準として算出される。この水準を下回ると保険事業を継続できない。

SCRの計算の方法として、標準式（Standard Formula）と内部モデル（Internal Model）が規定されている。標準式は、保険会社各社のポートフォリオの固有の特性を勘案しないで算出を行う方法であり、いわば保険市場の平均的なリスク評価方法として提示されている。なお、監督当局の承認の下で、標準式を採用しつつパラメータを会社固有のデータに基づき調整する方式も認められている（USP）。

内部モデル方式は、完全内部モデル（Full-Internal Model）と部分内部モデル（Partial-Internal Model）に分けられる。内部モデルは監督機関の承認の下で使用が許可される。

ここで内部モデルとは、将来のシナリオに基づき将来キャッシュ・フロー等のプロジェクションを行うことにより、期待値やリスク量を計算するモデルのことである。

ソルベンシーⅡのBSとSCR、MCRの関係は次頁**図表5**のように整理される。

(3) ソルベンシーⅡ第2の柱

第2の柱は、定性的要件として経営による健全性管理を要請している。監督当局は、保険会社に対し、ガバナンスとリスク管理の整備を要請し、経営自らが資本の十分性評価を行い、リスクテイク戦略等の妥当性を総合的に検証することを要請している。

具体的には、将来3～5年間の事業計画を遂行したときのリスクや資本について分析し、ORSA[7]を実施する。年に1度ORSA Reportを監督当局に提出し、四半期ごとに主要な数値の変化を報告する必要がある（四半期および年次の定量的報告テンプレート：QRT）。

第2の柱の主要な要素であるORSAは、第1の柱と第3の柱と密接に連動

【図表5】ソルベンシーⅡのBS

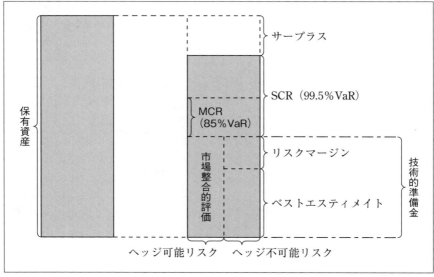

---

7) ORSAは、IAISの保険基本原則（ICPs）にも組み込まれており、国際的に要請されている枠組みと言える。ORSAは、保険会社の事業計画に関連するリスクの内部評価とも言え、保険会社が事業推進に伴うリスクに対応するための資本資源を有しているかどうかを判断し、取締役会と経営は、ORSAについて責任を負うことが求められ、ORSAには、合理的に予測可能な関連する重要リスクをすべて含めなければならないとされている。

しており、SCR や MCR の適切性を確認するためのユース・テストの 1 つと位置付けられている。これは、ソルベンシーⅡが適用される保険会社すべてに適用される[8]。監督当局にとって ORSA は、保険会社のソルベンシーに関する監督上の不可欠な報告と位置付けている。それ故、たとえば、欧州保険年金監督局（EIOPA）は、ORSA をレビューし 4 つの主要な改善点に言及している。1 番目は、取締役会が ORSA プロセスにもっと関与する必要があること、2 番目は、潜在的に重要なリスクを網羅的に評価すること（定量・定性を含む）、3 番目は、標準式からの偏差の妥当性が適切に評価されるべきであること、4 番目は、ストレステストシナリオの質を改善することである。

また、ドイツ当局は、報告書内の数値がタイムリーなデータに基づいていない場合の懸念を表明し、ORSA がリスク管理や資本管理などの戦略的意思決定における重要性を指摘している。

(4) ソルベンシーⅡ第 3 の柱

第 3 の柱は情報開示について規定している。監督当局に対する非公開の年次報告書が ORSA であるのに対し、一般への情報開示としてソルベンシー財務状況報告書（SFCR）の開示が要請されている。これは、市場による監督のための情報開示の位置付けである。SFCR は、ソルベンシーⅡの枠組みから評価し資本の状況に関する包括的な描写がなされたもので、保険会社の事業と業績、組織とガバナンス、リスクマネジメント、リスクプロファイル、ソルベンシーⅡの評価方法やアプローチ、資本状況や必要資本の状況を開示するものである。

各国当局も開示された SFCR についてコメントを発表している。

たとえば英国とドイツ当局は、単なる事実としての数字の変化を述べるだけでなく、その意味するところを十分説明し、第三者の読み手が全体像を理解できるよう、SFCR の透明性を改善し、実質的な比較可能性を向上させていく必

---

[8] 米国の ORSA は、主にグループ監督の一環として用いられて、グループ全体のソルベンシー評価を行うことが目的である。このため、実施対象は、一定規模の保険会社となっている。EU ソルベンシーⅡの目的と完全に同じとは言えない。

要があると指摘している。

　また、英国当局は、さらに具体的に、ソルベンシー資本要件のカバー率の変化に関し、何が変化の要因であるか、内部モデルの変更およびリスク評価の前提の変化の要因は何かを確認するための分析をなし、ソルベンシー比率の背後にあるものについて、保険契約者および投資家等に対して十分な説明が必要である。これは、内部モデルやマッチング調整（後述参照）のような専門的で複雑な領域においては特にそうである。そうしないと、危機の際の数字に対する信頼を失う危険がありうると述べている。

(5)　ソルベンシーⅡへの移行に伴う経過措置と導入後のレビュー

　EIOPAはソルベンシーⅡへの移行にあたり、経過措置（LTG）として、ボラティリティ調整（VA）、マッチング調整（MA）、その他の経過手段（transitional measures：リスクフリーレートの期間構造の補外、ソルベンシー・マージン比率（SMR）が満たない場合の回復期間の延長）を設定した。これはソルベンシーⅡの導入を検討しているタイミングで、市場金利が低下したことも影響している。すなわち、市場整合的BSの評価にあたり、割引率の低下に伴う負債価値の拡大から純資産が低下し、適正なSMRの維持が困難となったため、ソルベンシーⅡへの移行以前の契約の負債評価に対して、移行措置を導入したものである（経過期間は16年）。

　リスクフリー金利の補外は、負債の現在価値評価における割引率に適用されるリスクフリーカーブに対して終局金利（UFR）を使って修正するものである。流動性のある最長期（最終流動性点：LLP）のリスクフリー・ゼロクーポン・レートからUFRまでスムーズにシフトするようにリスクフリーカーブを設定する。つまり、リスクフリーカーブのパラレルシフトへ対応するものである。これは個社の資産ポートフォリオに直接リンクするものではなく、EIOPAが想定した参照資産ポートフォリオを前提に、各国のリスクフリー金利ごとにLLPとUFR水準を定期的に検証し改定案を提示し、欧州委員会が決定する運営となる。

　VAは、その他経過措置と一緒に適用することができるもので、正規循環的

な投資行動を防止する観点から、債券スプレッドのボラティリティの影響を緩和するために、リスクフリーの金利構造を調整するものである。

　MAは、VAとは異なる概念で、SCRの適用におけるスプレッド・リスクへの対応として生命保険会社が利用可能なものである。つまり、資産と負債がマッチングしている場合に、資産スプレッドの変動に応じてリスクフリーの金利期間構造を調整し、金利変動の相殺効果を認める考え方である。MAの根底には、保険が長期保障性を有し、負債の取引市場がなく満期まで保有し、負債にマッチさせて資産運用ポートフォリオを組む構造となっている場合、資産も満期保有を前提としているため、カウンターパーティが倒産しない限り、短期的なクレジット・スプレッドの変動は、実質的な影響を及ぼすものではないとの考えがある。これらの措置は、ソルベンシーⅡの移行時において、短期的市場変動によるバランスシートの変動に対しプロシクリカルな投資行動[9]を助長しないために必要とされている。

　ソルベンシーⅡは2016年に導入後も随時見直しが行われてきているが、欧州委員会（EC）は、EIOPAに対して、2019年2月に指令2009/138/EC（ソルベンシーⅡ指令）のレビューに関する助言要請を行った。EIOPAは、2019年10月15日に、ソルベンシーⅡの2020年レビューにおける技術的助言に関するコンサルテーション・ペーパーを公表し市中協議に付し、2020年12月にソルベンシーⅡの改定にかかわる意見書をECに提出した。

　ECは、2021年9月に影響評価を含むレビューの提案を行い、ソルベンシーⅡ指令の改正と保険再建・破綻処理指令（IRRD）の立法提案を行った。2023年12月にその提案内容は最終決定された。今後各加盟国が2025年6月までにこれらの改革を採択し、2026年1月から適用されていく予定である。

---

[9] たとえば、クレジット市場が悪化したときに、これらの基準や規制に基づいた与信先や保有している金融商品の評価の悪化により、保険会社がリスクの削減のため資産売却を加速した結果、実体経済と金融機関の財務リスクをさらに悪化させるという影響が生ずる。このような、景気循環増幅効果のことをプロシクリカリティ（procyclicality）と呼ぶ。

14-5-3　中国のソルベンシー規制

(1) 保険監督体制

　世界2位の規模を持つ中国保険市場において、保険業界の監督を行う組織は、2018年3月21日まで保険監督管理委員会（保監会：the China Insurance Regulatory Commission：CIRC）であった。保監会は国務院（政府）の直属機関であり、国務院の承認を得て、中国の保険に関する法律、法令などにより中国の保険市場の監督を進め、保険業の法制遵守体制を構築してきた。

　1998年の設立後、1999年末から各省や自治区、自治体などに関連支部機関を設立し、全国規模の保険監督組織を構築した。2003年に、国務院は保監会を中国国務院の直属副部級機関から直属正部級機関に変更し、各省や自治区、自治体などにある36の支部組織を保監局と名称変更させた。

　保険監督組織を強化することにより、①「保監会」の保険監督能力の向上、②保険会社運営の統一基準化、③保険業の健全性向上、を進めていった。

　2018年3月21日、国務院の機構改革の一環として、銀行業監督管理委員会（銀監会）と保険監督管理委員会（保監会）は統合し、銀行保険監督管理委員会（銀保監会）が設立された。

(2) ソルベンシー規制

　2003年3月24日中国保監会は「保険会社ソルベンシー額度及び監管指標管理規定」と、同規定に基づく「保監会令（2003）1号」を発表した。実際のソルベンシーの計算方法は、「保監会令（2003）1号」に基づき計算される。

　その後、2008年7月10日中国保監会は「保険会社ソルベンシー管理規定（「保監会令（2008）1号」）」と「保監会令（2008）1号」を発表した。

　続いて2012年3月29日に、「中国第2世代ソルベンシー監督制度体系構築計画」を発表し、欧州のソルベンシーⅡに類似の新しい健全性指標の導入の検討を進め、2016年に新監督制度へ移行した。これは、第2世代ソルベンシー基準（China Risk Oriented Solvency System：C-ROSS）と呼ばれている。

　ソルベンシーⅡとの対比は、**図表6**を参照いただきたい。

C-ROSSへの移行により、保険期間が長い伝統的生命保険契約の資本要件は低くなる一方、低収益な解約返戻金が高い契約（投資性商品）の最低資本の要件は高くなるため、新規制は、保険会社に対し、伝統的生保商品を販売し、最低資本の要件が高い投資性商品の販売を抑制する効果を生むものと考えられている。

C-ROSSは3つの目標を掲げている。すなわち、①3年から5年間程度の時間をかけ、国際的な基準と整合性をとると同時に中国の保険業の発展段階に合うソルベンシー監督体系とすること、②保険会社に自らソルベンシー管理制度を構築させ、保険業全体のリスク管理と資本管理レベルを改善すること、③ソルベンシー監督能力を向上させ、中国保険業全体の国際的な信頼感を向上させること、である。

C-ROSSの監督の枠組みは3つの柱で構成されている。第1の柱は、「定量的な資本要求」である。第2柱は、「定性的な監督管理要求」であり、第3の

【図表6】 ソルベンシーⅡおよびC-ROSSにおける主な相違点

主な違い	ソルベンシーⅡ	C-ROSS
① オペレーショナル・リスク	バーゼルと同じくPillar1に定めている	Pillar2に定めている
② 戦略的リスク、レピュテーション・リスクおよび流動性リスク	条文中明示的に定めてないが、Pillar2におけるORSAに含まれている	流動性リスクについては明確に定めており（条文12）、その他リスクはPillar2におけるSARMRAに含まれている
③ ORSAもしくはSARMRA	Pillar2に定めている	Pillar2だが、計算結果は定量化追加資本（Additional Capital Charge）に反映【英国ICAS（Individual Capital Adequacy Standard）と類似】
④ 内部モデル	自社の内部モデルの利用が認められている	全社共通の標準式（Standard Factor Method）が適用される

(注1) Pillar1：定量的規制
(注2) Pillar2：定性的規制

柱は、「市場制約メカニズム」である。

なお、第2の柱として、保険会社のリスク管理能力の年次評価（Solvency Aligned Risk Management Requirement and Assessment：SARMRA）が導入された。保監会は、保険会社のリスク管理能力を評価する専門家チームを設置し、評価を保険会社に伝え改善を促し監視する体制を作った（SARMRA は、中国版 ORSA と言える）。

(3) 新ソルベンシー運用状況

中国の生命保険市場の特徴は、その成長性の高さに加え、生命保険において、日本の死亡保障や医療保障中心の市場と異なり、貯蓄志向が強い保険が多く販売されていることである。それ故、資産運用リスクを抱え込みやすく、急成長のひずみに留意しなければならない、と考えられている。

導入当初の2016年1月時点で、要求基準である100％を満たさない会社は13社あったものの、増資、業務の再編、商品戦略や投資戦略の見直し、リスク管理態勢の改善により、半年間で3社にまで減少した、と報じられた。

保監会は、ソルベンシー比率水準により、クラス分けをしており、低リスクカテゴリーとして、Aクラス、Bクラス、ハイリスクカテゴリーとして、Cクラス、Dクラスと分類し、ハイリスクカテゴリーに属する保険会社のリスク管理強化を進めた。具体的には、C、Dクラスに入った保険会社に対し、資本注入や業務範囲の制限、改善計画といった規制措置を講じてきた。

銀保監会は、C-ROSS の運営実績を踏まえ、C-ROSS バージョン2導入のための検討を2017年9月から進めている。

14-5-4　日本のソルベンシー規制

(1) 日本のソルベンシー規制の変遷

日本におけるソルベンシー規制を概観しておきたい。

現行の法定ソルベンシー規制は、米国の RBC を参照し、保険会社の健全性基準として1995年の保険業法改正を経て1996年に導入されたものである。1999年の業法改正以降、業務停止命令等を発する早期是正措置の発動基準と

して機能している。ソルベンシー規制は、保険会社の事業継続を前提に、保険監督上の経営の健全性の評価に用いられており、経営破綻の未然防止や経営改善の取組みを促し、契約者保護を図る監督上の指標とされてきた。

なお、この比率は市場関係者や消費者（現在および将来の契約者）にも開示されており、保険会社の健全性の検証や保険会社選択の参考指標として用いられている。ソルベンシー比率は、将来の保険金支払い等に備えて積み立てる責任準備金[10]規制と共に、保険会社の財務健全性の維持に係る重要な規制としての役割を果たしている。

(2) ソルベンシー規制の見直し

1997年から2001年にかけ保険会社の9社の経営破綻が発生したが、これらの会社はいずれも、破綻直前に公表されたソルベンシー・マージン比率が早期是正措置の基準点（200％）を上回っていたことから、ソルベンシー規制の破綻予見可能性に疑問が持たれた。これを契機に同規制の見直しの検討が実施された結果、現行の枠組みを前提にリスク係数の信頼水準を引き上げる等の「短期的対応」と、経済価値ベースのソルベンシー評価を前提に行う「中期的対応」に分けて改正を進めていくこととなった。

現在は、経済価値ベースの枠組み導入の検討（中期的対応）が進められている。また、2010年5月に「金融商品取引法等の一部を改正する法律」が公布され、その中の1つとして、保険会社の連結財務健全性基準の導入が盛り込まれ、連結ソルベンシー・マージン基準が加えられた。

(3) 経済価値ベースのソルベンシー規制の検討

現行基準では、たとえば、生保の場合一定の計算基礎率（予定利率・死亡率等）を用いて固定的に保険負債を評価する、ロック・イン方式が適用されてい

---

10) 責任準備金の積立方式には、「平準純保険料式」と「チルメル式」の2つの方式がある。前者は、事業費が保険料払込期間にわたって毎回一定額（平準）と想定し、責任準備金を計算する方法である。後者は、事業費を初年度に厚くし、初年度以降、一定期間（チルメル期間）で償却すると想定し計算する方法である。

る。この方式では、資産は時価評価により変動するものの、負債については固定されたままになり、経済実態や保険会社のリスク管理状況が十分に反映されないといった懸念がある。この弊害を改善するためにも経済価値ベースの枠組みに基づく中期的対応が進められてきた。

2010年、金融庁は、経済価値ベースのソルベンシー規制（金融庁2010）の導入を目的として、すべての保険会社に参加を要請しフィールドテストを実施した。その後も、2014年、2016年、2018年にそれぞれ実施している。2018年のフィールドテストで使用した方法は、2018年のIAIS ICSフィールドテストで使用した方法（ICSバージョン2.0、後述参照）を踏襲した。

並行して、金融庁は、2011年に、保険者のリスク管理の枠組みと実務を確認するために、保険者の統合的リスク管理（ERM）のモニタリングを開始した。2014年に、保険監督上の監督指針を更新し、ERMおよびORSAに関する指針を追加した。2014年に初めてORSAのパイロット調査が実施され、2015年以降、すべての保険会社に対し、日本金融庁へのORSA報告書の年次提出が求められている。

2019年5月には、金融庁を中心に研究会が設置され、保険者監督のための新たなソルベンシー・レジームのあり方が検討された。その結果を踏まえて2020年6月に「経済的価値に基づくソルベンシー制度に関する研究会報告書」を発表した。同報告書には、3つの指針が提示されている。

第1に、定量的要件（第1の柱）、リスク管理・監督上の検証（第2の柱）、情報公開（第3の柱）の3つの柱である。

第2に、標準式は、IAISによって開発されているICSのものと概ね一致している。今後日本市場の特徴を踏まえて調整されるものと想定される。

第3に、新しいソルベンシー規制は2025年4月に実施される予定である。新制度は、すべての保険会社に適用され、新制度は連結ベースと法人単体ベースの双方に適用されるものと考えられている。

金融庁は、これまでの検討内容および国際的な動向も踏まえて新規制の基本的な内容に関する暫定的な結論および基本的な方向性を示した「経済価値ベースのソルベンシー規制等に関する基本的な内容の暫定決定について」（以下

「暫定決定」）を 2022 年 6 月 30 日に公表した。暫定決定では第 1 の柱の標準モデルの考え方および ESR に関する検証の枠組みを中心に、暫定的な結論および基本的な方向性を示している。特に暫定的な結論については特段の事情がない限り変更を行わないとしている。このことは、ESR の初回適用基準日を 2026 年 3 月末とし、保険会社に 2025 年度導入を前提としたシステム投資等を含む態勢整備を要請していると解釈することができる。

たとえば、負債評価やリスク評価との関係で関心の高い、火災保険に係る日本の地震および風水災リスクについては、損害保険料率算出機構が元受契約に係る大規模自然災害リスクに対応するリスクカーブを算出するモデル（以下「機構モデル」）の使用を標準的手法として位置付けることを暫定的な結論としている。機構モデルの計算ロジックや前提条件の妥当性についての検証は求められないが、使用にあたっては、機構モデルの特性を理解し、自社のインプットデータや受再・出再にかかる調整等の妥当性について、重要性やデータの入手可能性等に応じた適切な検証が求められることとなる。

標準的手法が利用可能でない場合や標準的手法が対象としていないリスクを計測しているケースでは、重要性に応じて各社が妥当と考える手法を用いるが、その妥当性については、内部検証および当局審査を受けることが基本的な考え方となる。

14-5-5　グローバルベースのソルベンシー規制

(1) 検討状況

保険グループに関するグローバルの規制や監督の動きについて概観しておきたい。

銀行においては、国際的業務を営む銀行に対して、バーゼル銀行監督委員会（BCBS）による国際規制（通称「バーゼル規制」）が存在する。しかし保険においては、このような国際基準は存在せず、各国ベースの規制となっている。

1994 年に IAIS が設立された。これは、保険会社の活動が多国籍化するに伴いグローバルに整合的で効果的な保険監督が必要になっていること、また、グローバルな金融システム安定に貢献する目的から設定された。現在約 150 か国

の200を超える管轄区域の保険監督者および規制当局がメンバーとなって活動を続けている。

IAISは、保険業界の健全性を促進し、契約者の適切な保護を確保するために必要な保険監督に関するICPsを1997年に発効、2011年に採択した。ICPsは、金融危機以降の規制改革の動向やその後のIAISでの議論内容を反映させて改定がなされている。IMFや世界銀行（World Bank）は各国当局の対応状況を検証する目的で、FSAPを実施しているが、この中で、保険についてはICPsが参照されている。

また、IAIGsに対する実効的なグループワイド監督に関する国際的監督要件として、国際的に活動する保険グループの監督のための共通の枠組み（ComFrame）の議論が2010年より始まり、2019年に策定された。ComFrameの中では、国際的な統一された経済価値ベースのICSと、保険グループのガバナンスやERM態勢等に対する要件が規定されている。

(2) グローバル金融危機以降の動き

2007年以降のサブプライムローンの破綻を契機としたグローバル金融危機の発生後、2009年11月、G20の首脳によるピッツバーグ会合において世界経済と金融システムの健全性を回復するための改革プログラムの推進が合意された。この合意に基づき、FSB[11]による規制改革が進められている。この枠組みの中で、銀行、証券、保険のセクター横断的な検討が進められてきた。IAISもBCBS、IOSCOと共に、FSBのメンバーとして保険規制の改革を推進している。

金融危機においては、非伝統的な保険引受けである債務不履行保証（Credit Default Swap）や社債・ローンを担保にした証券化商品（Collaterized Debt Obligation）といった金融リスクを多く抱えた保険会社の破綻もその一因とな

---

11) 主要25か国の財務省・中央銀行・監督当局および国際機関（BCBS、IOSCO、IAIS）等がメンバーとなり、国際的な金融規制・監督政策の策定、実施促進を目的に、各国当局・基準設定主体の作業を国際的レベルでコーディネートする役割を果たしている。また、国際機関との協働により、金融システムに影響を及ぼす脆弱性を特定し、対処する役割を担っている。

った。同社は、公的資金投入による救済を受けた。この教訓を踏まえ、これまでミクロ・プルーデンス中心であった保険監督に加え、グローバルの金融システム安定に関するモニタリング（マクロ・プルーデンス）が論議の対象として加わった。FSB は、IAIS の選定を受け、2013 年から G-SIIs を選定した。また、IAIS は、G-SIIs に対する資本規制として、基礎的資本要件（BCR）やより高い損失吸収力を確保させるための上乗せ資本（Higher Loss Absorbency：HLA）、再建・破綻処理計画（Recovery Resolution Plan：RRP）の策定、システミックリスク削減計画、流動性管理計画の策定等、G-SIIs 向けの追加的政策措置を論議してきた。IAIS は、その後の論議（後述）を踏まえた見直しの中で、マクロ・プルーデンスを目的とした新たな包括的枠組みを採択し、2020 年から実施している。このような一連の動きを踏まえ、FSB は、2017 年より G-SIIs の公表を停止している。

(3) グローバル、ローカルの規制論議

　米・欧・中・日のソルベンシー規制、さらに IAIS におけるソルベンシー規制論議の流れをまとめてみると、次頁図表7 のとおり、相互に連動している。

　現在 IAIS で論議されている国際的な監督の枠組みと規制資本の構造を整理すると、次頁図表8 のとおりである。

(4) ICS 論議

　IAIS は、ICS を管轄区域間で比較可能な単一資本基準とすることを目標に掲げており、IAIS のメンバー（監督当局）には ICS を最低基準として、より高い基準（Prescribed Capital Requirement：PCR）を設定することが認められると共に、重要性の原則に基づく柔軟な監督措置の実施が期待されている。IAIS は、将来 ICS を ComFrame に統合することを前提に検討を進めている。

　IAIS が進めているグループの規制資本としての ICS は、2019 年の完成、2020 年以降の導入を目指してここ数年論議を重ねてきた。

　しかしながら、保険負債や資本の評価の基礎になるグループ連結 BS の枠組みが国際的に統一されていない現状の下、欧州規制当局からはソルベンシーⅡ

第14章　経営管理としての意義および留意点

【図表7】　グローバル、各国のソルベンシー規制の流れ

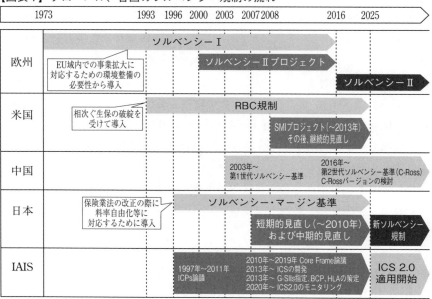

RBC：Risk Based Capital
SMI：Solvency Modernization Initiative（ソルベンシー近代化イニシアティブ）
ICS：Risk-based global Insurance Capital Standard（国際資本基準）

【図表8】　IAISの国際的な監督の枠組みと規制資本構造

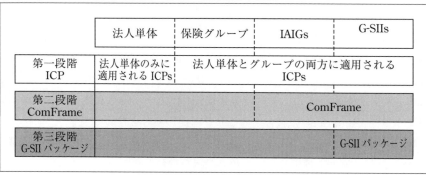

（出所）IAIS「Newsletter April 2015」2頁を参考に作成。

354

を中心とした経済価値ベースBSのアプローチ（MAV）が主張され、米国規制当局からは、各国会計基準の資産・負債評価をベースにしたデータを活用し、GAAPに規制上の調整を加えるアプローチ（GAAP+）が主張されるという対立があった。そのため、GAAP+とMAVを依存することが合意され、拡大フィールドテストのためのバージョンとしてICS 1.0がリリースされた経緯がある。ただ、アプローチを併存させるとは言え、規制導入時のバージョンであるICS 2.0として統一の尺度として合意するまでには、両者のカリブレーションが必要である。IAISが当初目標としていたICS 2.0の成立タイミングである2019年では時間的余裕がなさすぎる、との議論が関係者の間で強かった。

IAISは、2017年11月2日「ICS 2.0のコンバージェンスのための統合的な道程」を公表した。この中で、ICS 2.0を2段階で実施する旨を報告した。

具体的には、5年間のモニタリング段階後に実施する。

すなわち、第1段階においては、IAIGsに対しICS参照値（reference ICS）としての報告を義務付け、機密報告や監督カレッジの議論のために利用する。

第2段階で、ICSをグループ規制資本として、監督上のアクションの引き金の基礎として活用するというものである。

2019年11月に、両手法の結果の比較可能性の検証のための基準案を提示し、2020年1月から5年間のモニタリング期間用のICSバージョン2.0（ICS2.0）について合意された。同モニタリング期間中に、米国等で開発中のグループ資本の算出方式である「合算手法（Aggregation Method：AM）」がICSと比較可能な結果をもたらすか否かを判断し、2024年にICSの内容を確定する予定である。

IAIG（国際的に活動する保険グループ）に対するソルベンシー規制（資本規制）であるICS（保険資本基準）が、5年間のモニタリング期間を経て2025年に導入される予定となっている。国内では、保険会社に適用されているソルベンシー規制を、ESRとして経済価値ベースの手法に見直すための検討が金融庁によって行われている。

ICSの仕様の検討の参考にするために、IAIGの候補の会社によるICS上の自己資本およびリスク量の計算結果をIAISが分析するためのフィールドテス

トが、2014年から行われてきている。2018年にはICSVer2.0のドラフトに基づくフィールドテスト、2019年にはモニタリング期間に使用されるICSVer2.0の決定前の最終のフィールドテストが行われた。

IAISは、2020年以降の5年間のモニタリング期間中に、ICSVer2.0の仕様による計算結果の定期的な報告をIAIGに対して非公開で求めて、結果を分析することとしている。2023年の第3四半期に、IAIGに対するPCR（監督上のトリガーとして使用する資本要件）としてのICSに関する市中協議を行い、2024年の第3四半期に仕様を決定し、その年末までに採択することとなっている。

(5) システミックリスク論議

これまでのシステミックリスク論議を振り返っておきたい。

G20および金融安定理事会（FSB）は、2011年に金融危機以降のマクロ・プルーデンス対応として、システム上重要な金融機関（SIFIs）に関連するシステミックリスクおよびモラルハザードリスクに対処するための一連の政策措置を公表した。保険分野の対応としては、IAISが、G-SIIsを特定し、追加規制を課す枠組みを検討してきた。FSBは、IAISにより開発された評価手法を用いて選定されたG-SIIsの最初のリストを2013年に公表している。G-SIIsのリストは、新しいデータに基づき毎年更新され、11月にFSBより公表されることとし、2014年から2016年にG-SIIsリストの更新を公表した。

2016年にIAISは、G-SIIs指定の枠組みを検証し、3年周期で見直す方針とした。

これまでの指定の枠組みは、企業ベースのアプローチ（Entity-Based Approach：EBA）と呼ばれるものであった。これは、主に「保険会社の規模」、「相互関係の程度」、「非伝統的な非保険商品への取組状況」、「代替性の程度」、「国際活動の規模」の5つの要素を考慮している。

ただ、EBAに関しては次のような批判があった。すなわち、保険会社の規模を基準に機械的に当てはめ、決定する傾向があり、システミックリスクが拡大しうる行動や経路に焦点が当てられていない。また、システミックリスクが拡大するのは、保険会社や銀行といった典型的な金融機関のみに起因するもの

とは限らない、というものである。

　このような背景から、システミックリスク評価をセクター間で整合的にし、G-SIIs の評価手法の見直しにつなげるため、2017 年 2 月に、システミックリスク評価タスクフォース（SRATF）を立ち上げた。

　保険業界の活動に焦点を当てたアプローチ（Activities-Based Approach：ABA）の検討を求める声の高まりを踏まえ、FSB は IAIS に対して、保険会社の活動の中身を正確に特定するための検討を求めていた。IAIS は、2017 年 12 月 8 日付けで「システミックリスクに関する行動ベースアプローチに関する中間市中協議書」を公表し論議を進めた。ABA とは、保険、再保険、非保険活動に関し、会社横断的な類似の行動によって、システミックリスクに発展する可能性を検討するアプローチのことである。

　EBA が、個々の会社（特に規模の大きな会社）が破綻することによる金融システムに与える影響を重視しているのに対し、ABA は、各社の破綻を要件とせず、複数の会社間での類似の行動が連鎖・集積する結果、金融システムに及ぼす影響の大きさに着目するものである。このアプローチを採ることによる、システミックリスクへと発展する行動に対する政策論議が可能になるメリットも確認された。

　ABA の検討にあたっては、流動性リスク、マクロ経済的エクスポージャー（市場リスク、信用リスク）、その他の集団行動に分けて整理する。

　たとえば保険会社が、保有する証券担保による現先取引を行っていたとする。保険会社の流動性の悪化による本取引の解消がカウンターパーティへの流動性に影響を及ぼす（流動性リスク）。

　マクロ経済の悪化が保険会社のバランスシートを悪化させたとする。保険会社のポートフォリオが類似性を有するが故に、リスクオフのための似通った行動を誘発し、市場に過度の影響を及ぼす可能性がある（マクロ経済的エクスポージャー）。

　また、外因・内因を問わず、あるイベントから保険会社の経営が悪化し、その対策のため同様の行動（保有アセットの広範な解約、再配分等）によってシステミックリスクを誘発する（その他の集団行動）。

第14章　経営管理としての意義および留意点

　EBA、ABA の特徴を比較すると、**図表9** のとおりである。

　EBA、ABA の論議を経た後、保険分野の最終結論として、システミックリスク防止への新たな代替策として、2019年に、「保険セクターにおけるシステミックリスクの評価及び削減のための包括的枠組み（Holistic framework）」が提示された。これは、特定された個別の事業者の破綻だけでなく、複数の事業者の集合的な活動によるリスクの伝播・増幅も対象とし、監督者による措置（介入権限、危機管理グループ設置、破綻処理計画策定等）や保険会社による措置（流動性リスク・カウンターパーティリスク管理、再建計画策定等）、および IAIS によるグローバルなリスクモニタリング（保険セクターレベル、および個別保険会社レベル）の実施等を規定している。

　その結果、G-SIIs の選定による規制の代替として保険セクターにおけるシステミックリスクの評価および削減のための包括的枠組みを ICP・ComFrame の一部として完成させ、2020年以降メンバー（監督当局）に対して実施を求めている。従来の G-SIIs の枠組みが特定の事業者だけに適用されていたのに対し、新たな枠組みでは、幅広い事業者を対象に政策措置が比例的に適用されることとなる。なお、本枠組みの見直しおよび G-SIIs の枠組みは、2022年12月に廃止を決定した。

【図表9】EBA、ABAの特徴

比較事項	ＥＢＡ	ＡＢＡ
評価の類型	■個社の破綻の影響が金融セクターや実体経済にどのように反響するかが焦点。 ■システミックリスクによる個社の垂直的評価と他社との相対的評価。大規模な保険会社に焦点を当てた破綻の影響度分析が中心。	■必ずしも破綻が要件ではないが、セクター内で同時発生した経済的損失や破綻会社の評価を含む。 ■個社の破綻とは別に、金融セクター、実体経済に負の結果を招く行動やエクスポージャーに焦点を当てる。 ■ここでは、個社の破綻の規模には大きな関心はなく、市場横断的にある行動が集積する点に関心がある。累積する個社の数自体は、些細な事項といえる。影響が及ぶグローバルマーケットの範囲や地理的範囲、法域の範囲に関心があり、特定のリスクに関する集積度合に関するシステミックリスクの水平的評価を実施。
インパクトの類型	ドミノ・ビュー（直接的視点）：個社の破綻が他社に伝播するといった視点。	津波・ビュー（間接的視点）：共通のエクスポージャーが連鎖の原因になるといった視点。
IAISの政策ツールの適用範囲	システミックリスクにかかわる会社に対して、システミック管理計画に記述された措置を追加政策として適用。	原則システミックリスクにかかわる特定の行動に対し、重要性の原則を踏まえた政策を適用。
リスクカテゴリーの評価	保険会社の規模、国際的活動の度合、代替可能性、カウンターパーティとマクロ経済的エクスポージャーにおける相互連関性の評価。	マクロ経済的エクスポージャーや資産売却等に関する伝達ルートごとの評価。

（出所）IAIS『Activities-Based Approach to Systemic Risk Public Consultation Document』（2017年12月8日）32頁「Annex Comparison between ABA and EBA」を筆者抄訳。

14−6　エンベディッド・バリュー

14−6−1　経緯と意義

　エンベディッド・バリュー（EV）は、「貸借対照表上の純資産の部の金額に必要な修正を加えた修正純資産」と、「保有契約から生じる将来の税引後利益（法定の責任準備金積立を前提とし、一定水準の資本を維持する費用を控除した後の利益）の現在価値である保有契約価値」を合計したものである。

　これは、潜在価値を評価するものであり、生命保険の保有契約が将来生む収益は、現時点では、責任準備金の中に埋め込まれている（embedded）という意味でこの呼称がある。またEVは、算出時点での生命保険会社の解散価値を示しており（将来獲得する新契約の収益価値は含まれない[12]）、株主に帰属する企業価値を表す指標の1つである。

　EVの算出・開示は、財務会計情報を補完するものとして実施された経緯にある。生命保険契約は30年を超えるきわめて長い契約があり、契約を獲得すれば長期にわたり会社収益に影響を及ぼすことになるが、単年度収益ではそのような契約の価値を示しきれていない。

　これは生命保険の契約時から会計上の利益実現までにタイムラグが生じる。保険料払込みが平準的である一方、費用は契約時に集中し、結果として、契約初期に利益より損失が過大に認識されがちとなるためである。そこでEVが、長期契約の終了するまでの契約の潜在的収益力を示す指標として使用されていた。生命保険の収益を決定する要因は時間の経過と共に変化する。そこで、前提条件の変化の影響を感応度分析（sensitivity analysis）によって示すなど、投資家が企業価値を評価する参考情報[13]を提供し、保有契約の将来の利益貢献

---

[12] 将来の新契約から得られる利益を評価し、EVに加えたものはアプレイザル・バリュー（appraisal value）と呼ばれる。
[13] EV Reportでは、前年度末からのEV増減要因として、新契約価値、前提条件と実績との差異や前年度の条件変更による差異等を提示している。

や新契約の寄与を示すなど、法定会計による財務情報を補強するための情報を提供することとなる。また社内では、営業拠点、商品種目、契約単位等の収益性評価の分析としても利用されている。

14-6-2 計算方法

EVの計算は、1990年代に保険会社の価値創出を説明する手段として一般的になり、欧州のほとんどの大手の保険会社がEVもしくは市場整合的エンベディッド・バリュー（MCEV）基準を採用し、その基準の下で公表を行っている。IFRS第17号が今後適用されて開示されるまで、生命保険に関する経済価値ベースの指標として活用されるものと考える。

EVは以下の①、②を合計することにより、算出する。

> ① 修正純資産
>   BS上の純資産（ただし時価評価されていない資産は時価評価）
>   ＋危険準備金・価格変動準備金等（＝他人資本のうち負債性の乏しい準備金）
> ② 保有契約価値
>   保有契約が消滅するまでにもたらす収益（配当可能剰余）を見積り、現在価値に割り引いたもの

上記のEVは、伝統的EV（TEV）と呼ばれている。TEVは、市場で統一された算出方法がないため、算出に恣意性が入る可能性があると指摘されている。また、生保契約に関連するキャッシュ・フローに対する変動要素を考慮するため、リスク割引率を使用することとしているが、全商品共通に設定されている。さらに、利差配当契約や最低保証を組み込んだ変額年金契約において、金利と解約率が連動することから、契約に内在するオプションおよび保証の価値がTEVには反映されていない、等の欠点が指摘なされている。

これらを踏まえ、欧州保険会社の多くは可能な限りマーケットの情報と整合的にEVを算出し、オプションおよび保証の時間価値の影響について、確率論的アプローチを採用して評価するといった改良を施した。そして、透明性と客観性を高めるため、欧州CFO（最高財務責任者）フォーラムで、ヨーロピアン・エンベディッド・バリュー（EEV）原則を定め、それを2004年5月に公表し

た。この原則に基づき作成されたものを EEV と呼び TEV と区別している。

その後、2008年6月に CFO フォーラムは、市場で取引されている商品価格との整合性を保つ工夫をした事業・商品ラインごとにリスクを捉え、市場で取引されている商品価格との整合性を保つ工夫をした MCEV 原則を公表した。

これらを比較すると、図表10のとおりである。

経済価値ベースの精緻な枠組みである IFRS 第17号が適用されると、EV は IFRS 第17号に置換されることになるものと考えられている。

【図表10】現行の EV（TEV）と MCEV の比較

	項　目	内　容
現行の EV（TEV）	既契約価値 ＝将来利益の現在価値	将来の一定期間の利益を一定の割引率で割り引いた現在価値
MCEV	既契約価値 ＝確実性等価将来利益現価	すべての資産の運用利回りをリスクフリーレートとし、将来の一定期間の利益をリスクフリーレートで割り引いた現在価値。これは、市場整合的に評価する立場から、リスク性資産で運用収益を増やしても、リスク見合いのコスト増により相殺されるという考え方に立つ。
	―オプションコストによる補正	平均的なシナリオに基づいた運用利益と、確率論的シナリオ（5,000本）による計算結果の平均値との差（＝オプションコスト）。金利上昇時の解約の増加などを反映する。
	―フリクショナルコスト	EV では、TEV も MCEV も一定のソルベンシー・マージン比率を前提に資本を維持する前提で計算する。MCEV の場合は、TEV のように資本の評価を期待値ベースではなく、確率論的に評価するため、期待値から振れる部分の資本コストをリスクとして評価する。
	―ヘッジ不能リスクのコスト	経済前提の不確実性からヘッジが不能といったオペレーショナル・リスクに伴う費用を保守的に評価する。

14−7 経済価値ベースの制度間の相違

14−7−1 各制度の特徴

　これまで整理してきたように、各国の会計制度、健全性規制は共に経済価値ベースの枠組みを取り入れて変化してきている。ただ、いずれも将来の予測に基づく評価手法であること、個社の経験やモデルを用いて責任準備金を評価するという点から、確定数値のような唯一の正解はない。どのような前提で評価するか、各制度の目的の違い、アプローチの違いがある。特に、保有契約のキャッシュ・フローが長くなればなるほど、キャッシュ・フロー消滅までの間、負債を特徴付ける基礎的要素が変化する。そのような要素を将来の見積りとしてどのように捉えるか、これらの前提や基礎率に含まれる不確実性をどのように整理するかによって異なる枠組みとなっている。

　また、経済価値ベースの評価において個社の経験値をベースにすることにより、自社のポートフォリオに最も適合した形での評価が可能となる反面、基礎的な数値のベースや評価のアプローチが各社で異なる結果、同一条件での他社比較という意味では、その比較可能性が低下するとの指摘がある。

14−7−2 IFRS 第 17 号とソルベンシーⅡの比較

　IFRS 第 17 号とソルベンシーⅡの特徴を対比してみたい。

　ソルベンシーⅡと IFRS 第 17 号の違いの 1 つは、IFRS 第 17 号が CSM を導入していることである。これは、契約開始時に利益を計上せず、時間の経過と共に会計上の利益を認識しようとしているからである。

　一方、契約者保護の目的から保険会社の財務健全性を監視するソルベンシーⅡには CSM の概念は存在しないが、相対的にキャッシュ・フローの見積りや割引率に保守的要素が考慮されている。

　ソルベンシーⅡでは、MCEV と同様、匿名の第三者への契約移転ベースで評価する（出口価値）。一方 IFRS 第 17 号では、出口価値や公正価値の測定

第 14 章　経営管理としての意義および留意点

（市場参加者への負債の移転）を意図していない。また、IFRS 第 17 号では保険負債の履行キャッシュ・フローに内在する不確実性に対して要求する補償として、保険会社が保有しているリスク相当額に基づきリスク調整を評価する。ここでの対象リスクは保険リスクおよびその他の非金融リスクに限定されているが、ソルベンシーⅡでは、保険引受リスク、市場リスク、カウンターパーティデフォルトリスク、オペレーショナル・リスクが対象となっている。

すでに日・米・欧・中のソルベンシー規制に関する取組みや枠組みに違いがあることは述べたところである。また、ソルベンシーⅡに関連し、IFRS との枠組みの違いについても触れたところである。

なおアジアに目を転ずれば、その一部の国々では、IFRS が強制適用される方向である。また複数の国では、ソルベンシーⅡを意識して RBC の改定が実施されている（「RBC2」と呼ぶ）。両者の概念の違いから IFRS 第 17 号と RBC2 との乖離の比較をイメージで示すと**図表11**のとおりである。

【図表11】IFRS 第 17 号／ソルベンシーⅡの構造比較

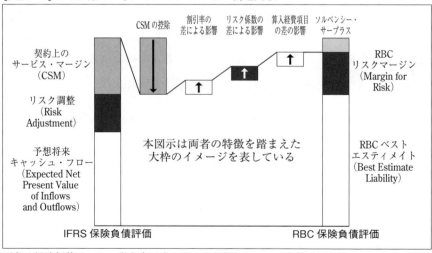

両者は経済価値ベースの考え方に立っているが細部においては相違があり、その比較が必要となる。差異のイメージは上記のとおり。

14-8　モデルガバナンス

　ランダムな事象に対する将来の予測を合理的に行うための一般的なアプローチは、統計手法を取り入れ、過去のパターンを再現することである。このため、通常統計技術を組み込んだモデルが作成される。このモデルは内部管理に利用されるので、内部モデルと呼ばれている。

　ソルベンシーⅡでは、第1の柱の規制資本の計測にあたっては、経済価値ベースのBSを作り、リスク量を算定するわけであるが、標準式と内部モデルの手法がある。自社のポートフォリオが市場平均と適合していると考えれば標準式の使用は妥当と考えられるが、自社のポートフォリオに固有性があれば、内部モデルによって計測するのが合理的と考えられる。一方、規制資本の評価（第1の柱）とは別に、第2の柱の経営管理として資本配賦や事業管理の高度化、精緻化を進めようとすると、内部管理用のリスク評価モデルが不可欠となる。

　ここで、標準式と内部モデルの特徴を整理すると次頁**図表12**のとおりである。

　金融危機における経験は各国によって異なっている。しかし、各国で共通の教訓になったことはERMの強化と実効性の向上であろう。英国では、内部モデルとERMの実効性に強い連環があることを重視しているようである。これは次の経験からきている。すなわち、ある時点で保険会社が早期警戒水準を超える資本水準を有している事実（here and now compliance）は、欧州の監督当局にとって、十分な安心とはならなかったという体験である。金融危機に直面すると、金融市場環境の変化によってポートフォリオへのインパクトはさまざまな形で生じる。取締役会にとっても監督当局にとっても、このようなストレス状況に直面したとき、今後自社のポートフォリオにどのような影響が及ぶかを推定しうる能力は、適切にリスクを処理する前提としてきわめて重要との認識である。

　内部モデルは、ある意味、自社のリスクポートフォリオに関する知見の集大

第14章　経営管理としての意義および留意点

【図表12】内部モデルと標準式の特徴

視　点	内部モデル	標　準　式
フォワードルッキング性	将来トレンドを適切に組み込めれば、動態的要素を反映できる。ただし、モデルの妥当性検証か適宜モデル変更を実施するのが前提となる。	将来トレンドを適宜に反映しての変更はできない。また、各社のリスクの固有性を反映できない。
自社のリスクプロファイルへのフィット性	自社のリスクプロファイルに特徴があれば、それを反映した内部モデルが適合性の面で優れている。	市場平均的なリスクプロファイルの場合に、適合性がある。
恣意性介在の余地のなさ	モデル構築、変更時に恣意性が介在する可能性があるため、モデルガバナンスを厳格化する必要がある。また、加えて、データ品質によりアウトプットが歪む危険がある。	リスク係数が決められているので介在余地はない。しかしながら、エクスポージャーを特定するためのデータ品質の問題は存在する。
比較可能性	自社のリスクポートフォリオにフィットした枠組みでもモデルを構築するため単純な横比較は困難。しかし、モデルさえ信頼性があれば、結果数値の比較と環境変化に対応した行動面の比較は可能。	リスク係数が同じであるため、横比較上は問題ないと思われがちだが、実質の横比較を考えると、標準式採用の会社のリスクポートフォリオとの適合度合いによる違いが出てくる。
ERMの実効性	モデルの構築、ユース・テスト、妥当性検証の実践の中で自社が保有するリスクに関するナレッジが集大成されていく。このナレッジに基づき、経営として信頼するアウトプットに基づき、リスクに関する適切で迅速な意思決定を行いうることが最大のメリットとなる。	標準式のリスク係数と自社リスクポートフォリオの構造との間の関係が明らかになっていないため、標準式のみでは、適切な意思決定は難しい。仮に、標準式とは別に当局に承認を得ていない内部モデルで意思決定をする場合は、二重数値が存在し整合性に問題が生じる。
モデルガバナンス	自社内部モデルの妥当性検証モデル変更方針、データ品質の確保が必要となる。	標準式を使用する場合も、自社リスクポートフォリオを適切に反映していることの説明責任が必要となる。

成と言える。妥当な内部モデルが構築され、それを十分活用できている会社は、このような事態における合理的な判断と迅速な経営者行動が破綻回避の必要条件と言える。

その意味で、当局にとって、質の高い内部モデルの存在は、リスク管理の実効性との関係が密接である。内部モデル承認においてユース・テスト（Use Test：規制資本の算定だけでなく、経営判断に活用されていること）が重要視されるゆえんである。また、内部モデルは常に検証され、適正に変更され、自社のポートフォリオを適切に評価しうる状態にしておくことが求められている。

ソルベンシーⅡではユース・テストに関し、**図表13**のとおり9つの原則が

【図表13】 ソルベンシーⅡにおけるユース・テストの9原則

原則1	上級役員や監視機関（the administrative, management or supervisory body）は内部モデルを理解していることを証明しなければならない
原則2	内部モデルはビジネスモデルに適合していなければならない
原則3	リスクをテイクする意思決定に際して内部モデルが使用されなければならない
原則4	リスク管理や意思決定において重要なリスクは内部モデルでカバーされなければならない
原則5	内部モデルはビジネスにおける意思決定に関する分析ができるように設計されなければならない
原則6	内部モデルは広くリスク管理システムに活用されるよう統合化されていなければならない
原則7	内部モデルは、リスク管理システムの向上に活用されなければならない
原則8	リスク管理システムへの統合には、内部モデルの整合性ある使用が重要である
原則9	SCRは少なくとも年に1度内部モデルをFull runさせて計測されなければならない。リスクプロファイルに変更があったり、モデルのアサンプションに変更があれば、モデルを変更しなければならない。そして、意思決定、他のモデルの使用、監督当局へのレポートに対し、内部モデルによって情報をアップデートさせなければならない

（出所） CEIOPS'Advice for Level 2 Implementing Measures on Solvency Ⅱ：Articles 120 to 126 Tests and Standards for Internal Model Approvalにおける記載を参考に筆者作成。

14-8-1　モデルガバナンスの重要性

内部モデルは経営のツールである。

内部モデルからのアウトプットの信頼性を確保するために、モデルガバナンスが重要となる。ソルベンシーⅡでは、内部モデルのガバナンスの要件が定められている。

図表14のとおりである。

一般に、モデル構築においては、対象となる現実世界を、その目的に応じて単純化・近似化する。したがって、現実世界との乖離を意識しておく必要がある。

一般にモデル作成や分析作業過程では、**図表15**の要因誤差が生じると言われているからである。

モデルやデータガバナンスが十分でなければ、これらの誤差を拡大させることとなる。そしてある一定の閾値を超えた誤差は、意思決定をミスリードする

【図表14】ソルベンシーⅡ内部モデル承認の要件

項　目	内　容
一般規定（General Provisions）	内部モデル承認にあたっての一般規定
ユース・テスト（Use Test）	規制資本の計測以外にもリスク管理において広範に使用されていること
統計的な品質基準 （Statistical Quality Standards）	計算前提・手法は適切かつ最新のものであること
キャリブレーション基準 （Calibration Standards）	適切なマーケット水準に較正されていること
損益の帰属の分析 （Profit and Loss Attribution）	損益の要因・原因が定期的に検証されていること
妥当性検証（Validation Standards）	定期的かつ継続的に検証すること
文書化基準 （Documentation Standards）	モデルの中身を第三の専門家が理解できるように文書化しておくこと

（出所）CEIOPS'Advice for Level 2 Implementing Measures on Solvency Ⅱ：Article 12 to 126 Tests and Standards for Internal Model Approval October 2009 を参考に筆者作成。

14-8 モデルガバナンス

【図表15】 モデル誤差要因

要　　因	誤差の種類
データの質と量	パラメータ^(注1)誤差
モデルの選択^(注2)	モデル誤差
パラメータ推移	パラメータ誤差
シミュレーション^(注3)作業	シミュレーション誤差

(注1) ある確率分布（ランダムに変動する変数の変動についての法則性を表現するもの）を特徴付ける統計値。たとえば、期待値（平均）や標準偏差。
(注2) あるデータに対し、その特徴を最もよく表すと考えられる確率分布（たとえば、正規分布、ポアソン分布等）を選択すること。
(注3) 実際に行うことが困難な事象や、実行する前に結果を予測、分析するために行う模擬実験のこと。たとえば、地震のように、ある箴言からの地震の発生の分布、震源から地表への振動の伝わり方の分布、地表に存在する建物の脆弱性の分布といった複数の分布を介在して、地震による損害の予測をする場合、無作為に乱数を発生させ、模擬実験をする、これをモンテカルロ・シミュレーションと呼んでいる。

恐れがある。

　さらに留意が必要な点は、将来のランダム事象を扱う保険の場合、その事象自体が社会の変化や技術の変化によって変化していることである。この動態性から生じる限界として、モデルがたとえ過去のパターンを正確に反映させていたとしても今後の傾向を捕捉しきれない限界を内包している。フォワードルッキングな評価に付随する限界として、常にモデルガバナンスにより、過去の傾向を反映させるだけでなく将来に対する蓋然性ある傾向を取り込むべく統治をしていかなければならない。

　「不確かなところにこそ科学が生れる」[14)]と言われる。不確かさを認める謙虚さとその原因の究明、新しい解決法を試し続ける努力こそが科学的知見を発展させる原動力となってきた。

　「進化論的科学論」といった考え方によれば、環境に適応できない生物が自然淘汰されるのと同じように、古い科学理論も観測や実験データによって排除されていく。つまり、科学者の仕事は、科学理論のバージョンアップにある。

---

14) 大貫昌子訳、R・P・ファインマン『科学は不確かだ！』（岩波現代文庫、2007）181頁。

第14章　経営管理としての意義および留意点

問題を解決するための仮説を立て、その仮説を批判的にテストすることによって誤りを排除し、その過程で生じる新たな問題に取り組むことである。

このような「批判的思考（critical thinking）」の実践によって、科学が真理に接近していくものと考えた。

リスク評価モデルは、リスクに対する知見の集大成であり、過去データからパターンを見出し、モデル化される。過去のデータは数多く収集したとしても母集団すべてではなく、現実には限られたデータである。しかしながら、多くのデータを分析すると確かな基盤に支えられ、説明力が高いものになる。

このように、帰納的推定を行うことにより、過去のパターンが将来も繰り返されるという部分の予測が堅牢になる。しかし将来の新たなパターンについては、エマージングリスクのモニタリングやストレステストの知見を踏まえ、そこから得られる蓋然性が高いと判断される要素を将来トレンドという形でモデルに組み込み修正していく必要がある。

金融庁は2021年11月12日に「モデル・リスク管理に関する原則」を公表した。これは大手銀行等の金融システム上重要な金融機関を主な対象としたものだが、モデルの誤りや不適切な使用は誤った情報に基づく意思決定につながりかねないため、モデルのリスクを包括的に管理するための金融庁の期待目線を8つの原則として整理している。保険会社には、本原則を、モデルガバナンス上の指針として活用することが期待される。

14-9　IFRS財団の動向

　2021年11月3日、IFRS財団評議員会はISSBの設立を公表した。これに先立つ2021年4月30日、IFRS財団評議員会はISSBの設立を可能にするために同財団の定款を修正する公開草案を公表していたが、ISSB設立の公表はこの公開草案の提案を最終化した定款に基づいている。最終化された定款も2021年11月3日に公表されており、これによりIFRS財団は、IASBとISSBという2つの基準設定主体を有することになる。

　ISSBは、サステナビリティ関連の開示基準について包括的でグローバルなベースラインを提供することで、投資家およびその他の資本市場参加者に企業のサステナビリティ関連のリスクおよび機会に関する情報を提供し、情報に基づく意思決定を支援することを意図している。ISSBの概要は次頁図表16のとおりである。

　IFRS財団は、ISSB設立の公表と同時に、気候関連開示のプロトタイプおよびサステナビリティ関連財務情報の開示に関する一般的な要求事項のプロトタイプの2つの文書も公表している。これらの文書は、Technical Readiness Working Group（TRWG）が開発したものである。TRWGは、IFRS財団評議員会により2021年3月に設立されたもので、ISSBの準備作業を担ってきた。

　TRWGがこれまで行った個別の技術的な目的は、以下に関する提言が含まれる。

- ●サステナビリティ関連財務情報の開示に関する一般的な要求事項
- ●気候関連開示のプロトタイプ
- ●基準設定の概念的なガイドライン
- ●基準の構造
- ●基準設定の議題を周知するその他の項目
- ●デュー・プロセスの性質
- ●デジタル戦略
- ●IASBとISSBの連携

第14章　経営管理としての意義および留意点

【図表16】ISSBの概要

ガバナンス及び構造	ISSBはIASBと並立し、評議員会により監督される。ISSBの活動は、IFRS財団の確立したデュー・プロセスに従う。ISSBへのテクニカルなアドバイスは、新しいサステナビリティ諮問委員会より提供される。また、戦略的なアドバイスは、権限及び助言が対応して拡張される、IFRS諮問会議により提供される。各法域及び地域のイニシアチブとのエンゲージメントは、すでに評議員会によって設立されたワーキンググループを通じて提供される。
ミッション	ISSBは、低炭素経済への移行における長期的で強靱性のあるビジネスへ資本を向けることを支援するために、法域横断的に、会社による一貫して比較可能な報告を促進するために、グローバル基準および開示要求を開発する。
基準の名称	ISSBが開発する基準の名称は「IFRSサステナビリティ開示基準」となる。
ISSBの構成	ISSBは通常14名のメンバーで構成され、そのうちの何名かは非常勤のメンバーとなることが可能である。ISSBのメンバーシップの主な資格は、専門的能力及び関連する専門的な経験である。当審議会は、アジア・オセアニア地域から3名、ヨーロッパから3名、南北アメリカから3名、アフリカから1名、及びいずれかの地域から4名のメンバーが任命される。メンバー選定は、まもなく開始される。
議長と副議長	ISSBは、1名の議長と少なくとも1名の副議長を置く。両名は、今後発表される予定である。
拠点	ISSBの主な拠点はフランクフルトになるが、南北アメリカ、アジア・オセアニア、ヨーロッパ/中東/アフリカのすべての地域は、各地域の拠点でカバーされる。

（出所）https://www2.deloitte.com/jp/ja/pages/finance/articles/ifrs/ifrs-iasplus-20211103_3.html

　ISSBは最初のIFRSサステナビリティ開示基準として、2023年6月26日にIFRS S1号およびIFRS S2号を公表した。IFRS S1号の目的は、一般目的財務

報告書の主要な利用者が意思決定において、企業のサステナビリティ関連のリスクおよび機会に関する有用な情報を企業に開示することを要求することにある。ここでは、企業がサステナビリティ関連財務開示をどのように作成し、報告するかを規定している。開示された情報が企業に資源を提供する投資家の意思決定に活用されるよう、開示の内容および表示に関する全般的要求事項を定めている。つまり、企業の見通しに影響を与えると合理的に予想されるサステナビリティ関連のリスクおよび機会に関連する重要な情報[15]を IFRS S1 号で定めた原則に従った表現で、一般目的財務報告書の一部として提供することを要求している。

　短期、中期、長期にわたりキャッシュ・フローを生み出す企業の能力は、企業とその利害関係者、社会、経済、および企業のバリュー・チェーン[16]全体の自然環境との相互作用と密接に結び付いているため、サステナビリティ関連のリスクおよび機会に関する情報は、利用者とって重要である。これは、企業とそのバリュー・チェーン全体にわたる資源および関係が一緒になって、企業が運営する相互依存システムを形成し、これらの資源および関係に対する企業の依存関係と、それらの資源と関係に与える影響が、企業のサステナビリティ関連のリスクおよび機会を創出するものと考えているからである。

　S2 号は、テーマ別の開示基準であり、該当テーマの開示がある場合は、このテーマ別の基準に従う必要がある。テーマ別基準として最初に公表されたの

---

[15] 企業は、一般目的財務報告の利用者の意思決定ニーズに関連性があり、企業のサステナビリティ関連のリスクおよび機会を忠実に表現する情報を提供することが要求される。その情報を識別する際に、企業は SASB スタンダードを検討することが要求されているが、それらを適用すること自体は要求されていない。検討したガイダンスの情報源が IFRS S1 号の開示の要求事項を満たさないと企業が判断した場合には、企業は当該ガイダンスの適用を要求されていない、とみなすものと考えられている。

[16] ここで、バリュー・チェーンとは、製品またはサービスの構想から提供、消費、および終了まで、企業が製品またはサービスを生み出すために使用し依存する活動、資源および関係を含んだ概念である。これには、企業のオペレーション（人的資源など）、企業の供給、マーケティングおよび流通チャネルにおける活動、資源および関係が含まれる。また、企業がオペレーションを行う財務的環境、地理的環境、地政学的環境および規制環境などが含まれる。

が、気候関連のリスクと機会に関する情報開示基準となる S2 号である[17]。なお IFRS 基準に準拠するためには、これらの基準のうちの 1 つではなく、すべての基準に準拠することが求められている。

---

[17] 気候変動以外のテーマについても策定していく予定であり、ISSB が 2023 年 5 月に今後 2 年間のアジェンダの優先度に関する意見募集によると、①生物多様性、生態系、生態系サービス、②人的資本、③人権、④報告における統合が挙げられている。

14–10　実務的活用の意義と課題

　リスクを積極的にテイクし、それを合理的に管理し、収益を確保するビジネスモデルを有する保険事業の経営に対して、「ERM経営」とか「経済価値経営」と表現されることがある。これは、前述した保険の機能とその経営を安定させるために不確実性をプールで管理し、リスクとして経営していくことの重要性を強調した言葉である。つまり、リスクをリターンの源泉と捉え、経営が、いかなるリスクを積極的にとり、どのように保険危険の集団を管理して確率論的に安定運営を図っていくか、そして適切なリターンを確保し、資本の維持・拡大による持続的成長を達成していくか、といったリスクの統合的管理を経営の中核に据えることを意味している。

　IFRS第17号とERMは、共に経済価値ベースのBSを出発点とする。細部において両者は異なる枠組みであり、その数値は異なっている。合理的な予測に基づく価値であるが故に、その視点の違いにより異なる評価となるが、将来価値を多面的にみる点において多くの気づきを得られるものと考える。

　2017年5月にIFRS第17号の公表が行われたものの、その検討作業は当初の想定を大きく超える多大な時間を要した。欧州ソルベンシーⅡの導入が2度の延期を余儀なくされ、2016年1月より実施された。また、IAIS ICS2.0は当初の2020年実施が、2段階方式を取り、5年間のモニタリング期間を置くこととなった。これらの事実は、保険負債の経済価値評価がいかにチャレンジングな対象であるかを物語っている。

　さらに、長期的視点から保険業を巡る今後の経営環境を眺めると、気候変動を含むESG要素が保険負債に与える将来的影響も考慮のスコープに入ってくるものと考える。

　このように保険業を巡る環境は今後ますます不確実性を高めるものと思われる。保険にとって新たな危険を取り込み、保険という仕組みを使って危険を管理するという社会的使命への挑戦が続けられることだろう。また、保険危険をプールで管理する技術の向上を図り、保険負債評価の蓋然性を高めることがま

第 14 章　経営管理としての意義および留意点

すます重要となっている。

　IFRS 第 17 号の導入により保険経営にどのような変化をもたらすのか、今後の動向を注視する必要がある。また ISSB で検討が進められている IFRS サスティナビリティ開示基準の動向にも留意する必要がある。そして、保険 ERM の進化、経済価値ベースの経営管理の充実、会計基準としての IFRS 第 17 号の実践は、保険経営にとって持続可能な成長のために不可欠な挑戦となることは疑いない。今後、導入される日本の経済価値ベースの新たなソルベンシー規制への準備と共に、これらの総合的活用のあり方が問われている。

第15章

米国会計基準(U.S.GAAP)の改正

15-1 背　景
15-2 長期契約の会計処理に関する限定的な改善
　　2-1 将来の保険給付に係る負債の測定
　　2-2 市場リスクを伴う給付
　　2-3 年金、死亡またはその他の保険給付に係る追加的な負債
　　2-4 繰延契約獲得費用の償却
　　2-5 表示および開示
　　2-6 経過措置

設例1

第 15 章　米国会計基準（U.S.GAAP）の改正

15-1　背　景

　FASB は、2015 年 5 月に ASU2015-09「短期契約に関する開示」、2018 年 8 月に ASU2018-12「長期契約の会計処理に関する限定的な改善」を公表している。

　2008 年 10 月、FASB は IASB と共同して、保険契約の会計処理に関する共通の高品質な基準書の開発を目的として、保険契約プロジェクトに取り組むことを決定（380 頁図表 1 参照）し、2010 年 9 月にディスカッション・ペーパー「保険契約に関する予備的見解」、2013 年 6 月に公開草案「保険契約」（Topic834）を公表した。2013 年 6 月公表の公開草案では、IASB が同時期に公表した再公開草案と同様に（1-1 参照）、ビルディング・ブロック・アプローチまたは保険料配分アプローチのいずれかの会計モデルに基づき保険契約を測定することが提案されていた。

　2013 年 6 月公表の公開草案には 209 通ものコメント・レターが寄せられたが、認識および測定に関する複雑性の増加や財務諸表の理解が困難となり、比較可能性が損なわれる等の懸念が示された（ASU2018-12 BC23）。また、短期契約については、現行の会計モデルはよく機能しており理解が得られているとのコメントも寄せられた（ASU2018-12 BC24）。

　2014 年 2 月、FASB は関係者からのフィードバックを踏まえて、2013 年 6 月公表の公開草案で提案していた適用範囲を変更し[1]、保険契約のプロジェクトの範囲を Topic944「金融サービス—保険」の適用範囲に含まれる保険会社に限定し、さらに保険契約プロジェクトを短期契約と長期契約の 2 つのフェーズに分離することを決定した（ASU2018-12 BC25）。

　短期契約については、既存の認識および測定モデルを維持しつつ開示の要求

---

[1] 2013 年 6 月公表の公開草案は、その適用範囲を保険会社に限定するのではなく、保険契約を対象とすることを提案していた。したがって、保険会社以外の会社であっても、保険契約を発行している場合には、当該保険契約には 2013 年 6 月公表の公開草案の提案する要求事項の適用が強制されていた。

15-1 背景

事項について限定的な改善を行うことが決定された。

さらに、長期契約については、既存の認識、測定、表示および開示に関する要求事項について限定的な改善を行うことが決定され、2016年9月に公開草案「長期契約の会計処理に関する限定的な改善」(Topic944) が公表された。

これらや公開草案の公表後、FASBにおいて審議が重ねられ、ASU2015-09およびASU2018-12の開発・公表として結実することになる。

ASU2018-12は、公開事業企業 (public business entities) の場合、2020年12月15日以降開始する年度報告期間およびこれに含まれる期中報告期間からの適用を要求していた。しかし、ASU2018-12の公表後、保険会社から導入のためのさまざまな課題が寄せられたことから (ASU2019-09 BC3)、FASBは2019年8月に公開草案「発効日」、同年11月にASU2019-09を公表し、SEC提出企業である公開事業会社 (SECが定める小規模報告企業 (smaller reporting companies) を除く) の発効日を1年延期し、2021年12月15日以降開始する年度報告期間およびこれに含まれる期中報告期間から適用することとした。

さらにその後、新型コロナウィルス感染症に伴う保険会社のASU2018-12導入への影響を考慮して (ASU2020-11 BC4)、FASBは2020年7月に公開草案「発効日および早期適用」、同年11月にASU2020-11を公表し、ASU2019-09と同じくSEC提出企業である公開事業会社 (SECが定める小規模報告企業 (smaller reporting companies) を除く) について、その発効日をさらに1年延期し、2022年12月15日以降開始する年度報告期間およびこれに含まれる期中報告期間から適用することとした。

本章では、紙面の都合から、ASU2015-09については触れておらず、ASU2018-12についてのみ解説している。ASU2015-09の要求事項の解説については、本書初版の15-2に譲ることとする。

第 15 章　米国会計基準（U.S.GAAP）の改正

【図表 1】FASB における保険プロジェクトの主な変遷

年	FASB における保険プロジェクト
2008	FASB が IASB と共同して保険契約プロジェクトに取り組むことを決定
2010	ディスカッション・ペーパー「保険契約に関する予備的見解」の公表
2013	公開草案「長期契約の会計処理に関する限定的な改善」（Topic 834）の公表
2014	FASB が保険契約プロジェクトの変更を決定
2015	ASU2015-09「短期契約に関する開示」（Topic 944）の公表
2016	公開草案「長期契約の会計処理に関する限定的な改善」（Topic 944）の公表
2018	ASU2018-12「長期契約の会計処理に関する限定的な改善」の公表
2019	公開草案「発効日」（Topic 944）の公表（8 月） ASU2019-09「発効日」（Topic 944）の公表（11 月）
2020	公開草案「発効日および早期適用」（Topic 944）の公表（7 月） ASU2020-11「発効日および早期適用」（Topic 944）の公表（11 月）

15−2　長期契約の会計処理に関する限定的な改善

　2018年8月公表のASU2018-12は、長期契約に関する認識、測定、表示および開示の要求事項について限定的な改善を行うことを目的としており、その範囲をTopic944の適用範囲に含まれる保険会社に限定している。

　また、ASU2018-12では既存の長期契約の分類に対する変更は行われておらず、ASU2018-12の限定的な改善は、既存のTopic944が定める長期契約の分類を前提としている（次頁図表2）。

　本節においては、読者の便宜のため、ASU2018-12の限定的な改善に関連する既存のTopic944の要求事項についても可能な限り記載している。

　なお、実務においてはASC適用前の保険契約に関する旧基準書等に基づいた保険契約の分類が参照されることが多いことから、本節においても、保険契約の分類の呼称等には旧基準書等の名称を含めている。

　ASU2018-12による限定的な改善の範囲は以下のとおりである。

> ●将来の保険給付に係る負債の測定（15−2−1）
> ●市場リスクを伴う給付（15−2−2）
> ●年金、死亡またはその他の保険給付に係る追加的な負債（15−2−3）
> ●繰延契約獲得費用の償却（15−2−4）
> ●表示および開示（15−2−5）
> ●発効日および経過措置（15−2−6）

　以下、既存のTopic944が定める長期契約の各分類について、ASU2018-12による影響を解説する。

第15章　米国会計基準（U.S.GAAP）の改正

［図表2］保険契約の分類と根拠条文

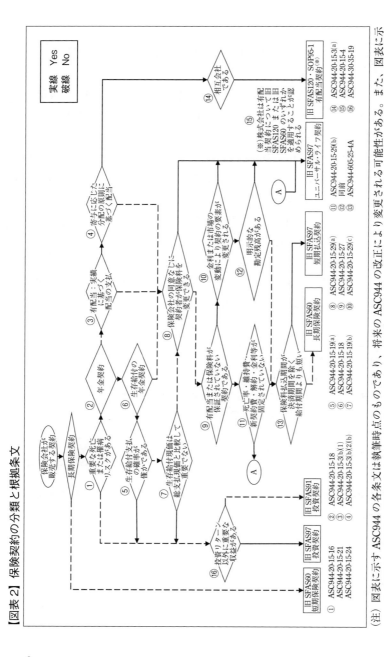

(注) 図表に示すASC944の各条文は執筆時点のものであり、将来のASC944の改正により変更される可能性がある。また、図表に示すASC944の各条文は関連するもののうち主な条文のみを記載しており、関連するすべての条文を含んでいない。関連する各条文への参照時には、それぞれの該当する原文を必ず確認すること。
(出所) 日本アクチュアリー会国際関係委員会訳、R.Tomas Herget et al.『生命保険会社の米国会計基準［第2版］』(丸善プラネット、2008) 509頁を一部変更および加筆して筆者作成。

382

15−2−1　将来の保険給付に係る負債の測定

(1) 旧SFAS60長期保険契約

① 既存のTopic944の主な要求事項

(i) 当初測定

旧SFAS60長期保険契約（以下、「伝統的長期保険契約」）の将来の保険給付に係る負債は、純保険料式により測定される。

すなわち、将来の保険給付に係る負債は、将来給付現価（関連費用含む）から将来純保険料現価を差し引くことで測定される（ASC944-40-30-7）。純保険料とは、営業保険料のうち給付および費用に充てられる部分をいう（ASC944-40-20）。これらを式で示すと以下のとおりとなる。

> 将来の保険給付に係る負債
> 　＝将来給付現価（関連費用含む）−純保険料率×将来営業保険料現価
> 純保険料率＝将来給付現価÷将来営業保険料現価

将来の保険給付に係る負債の測定は、保険契約締結時に適用した以下の5つの計算仮定に基づいて行われる（ASC944-40-30-8）。

なお、計算仮定には、たとえば死亡率の最良推定（best estimate）の一定率というように、不利な変動に対する引当て（provision for the risk of adverse deviation：PAD）を含めなければならない（ASC944-40-30-7）。

> ① 投資利回り
> 　将来の保険給付に係る負債の見積りに使用する割引率の仮定は、保険契約締結時に予想される投資利回り（関連する投資費用を控除した純利回り）の見積りに基づかなければならない（ASC944-40-30-9）。
> ② 死亡率
> 　将来の保険給付に係る負債の見積りに使用する死亡率の仮定は、予想される死亡率の見積りに基づかなければならない（ASC944-40-30-11）。
> ③ 罹病率
> 　死亡率と同様に、罹病率の仮定も、予想される罹病率および保険金請求

額の見積りに基づかなければならない（ASC944-40-30-12）。
④　解約失効率
　　将来の保険給付に係る負債の見積りに使用する解約失効率の仮定は、予想される解約失効率および契約上の不没収給付（nonforfeiture benefits）を使用して、予想される解約失効および不没収給付に基づいて決定しなければならない（ASC944-40-30-14）。
⑤　費用
　　将来の保険給付に係る負債の見積りに使用する費用の仮定は、解約失効または決済コストおよび保険料払込期間後のコストのような、予想される非平準コストの見積りに基づかなければならない（ASC944-40-30-15）。

(ii)　事後測定

当初測定時に使用した前述の計算仮定は、後述する保険料不足が存在する場合を除き、将来の保険給付に係る負債の見積りの事後測定においても継続して使用しなければならない（ASC944-40-35-5）。

このように、当初認識後の期間において、当初の計算仮定が将来の保険給付に係る負債の変動額を算定する際にも継続して使用されることをロックイン・コンセプトという（ASC944-40-20）。

(iii)　保険料不足テスト

保険料不足（premium deficiency）とは、既存の保険契約の負債に将来営業保険料の現価を加えた額が、以下の両方をまかなうために十分でない場合をいう（ASC944-60-25-7）。

(a)　将来給付現価（関連費用含む）
(b)　繰延契約獲得費用の未償却残高

保険料不足が存在する場合、以下の順番で損失を認識する（ASC944-60-25-8）。

(a)　繰延契約獲得費用の未償却残高の減額
(b)　将来の保険給付に係る負債の増額

保険料不足額は以下のように計算される（ASC944-60-30-1・30-2）。

この計算では、見直し後の計算仮定を使用して計算した将来給付現価から営業保険料現価を控除した金額が、営業保険料式の将来の保険給付に係る負債を表している。

また、式の最後の繰延契約獲得費用の未償却残高控除後の将来の保険給付に係る負債は、保険料不足テストの対象となる、繰延契約獲得費用の未償却残高を控除した伝統的長期保険契約の負債の帳簿価額を表している。

（＋）見直し後の仮定を使用して計算した将来給付現価（関連費用含む）
（－）見直し後の仮定を使用して計算した営業保険料現価
（－）繰延契約獲得費用の未償却残高控除後の将来の保険給付に係る負債

---

② ASU2018-12の主な要求事項

（ⅰ）当初測定

ASU2018-12においても、将来の保険給付に係る負債の測定に純保険料式が使用されている点には変更はないが、使用する計算仮定の一部の変更が提案されている。

前述のとおり、既存のTopic944は、各社の予想される投資利回りに基づいて割引率を決定することを要求している。ASU2018-12は、各社が個別に予想する投資利回りではなく、各保険会社が統一的に中上位の格付けの固定利付商品の利回り（upper-medium grade fixed-income instrument yield）を割引率として使用することを要求している（ASC944-40-30-9）。

割引率の決定にあたっては、将来の保険給付に係る負債と同様のデュレーションを有する中上位の格付けの固定利付商品の、観察可能な市場価格を最大限使用しなければならず、市場データが秩序のない取引を反映している場合を除き、観察可能な市場データに代えて自己の見積りを使用することは認められない（ASC944-40-55-13E）。

既存のTopic944の割引率に関する規定は、各保険会社の運用の巧拙が予想される投資利回りに反映される一方で、財務諸表利用者にとっては保険負債の

時間価値と投資利回りの間のスプレッドに透明性がなく、またデュレーション・リスクに関する情報にも透明性がないことが批判されていた（ASU2018-12 BC61）。

ASU2018-12において将来の保険給付に係る負債の測定に使用する計算仮定には以下のものが含まれるが、前述の割引率を除いて、既存のTopic944の規定と同一である（ASC944-40-30-7）。ただし、ASU2018-12では計算仮定にPADを含めることが禁止されている（同前）。

> (a) 割引率
> (b) 死亡率
> (c) 罹病率
> (d) 解約失効率
> (e) 費用

将来の保険給付に係る負債の測定は、一定の単位に集約して行われるが、その測定の単位を決定する際には、発行年が異なる保険契約は同じグループ（年次コホート）に含めることができない（ASC944-40-30-7）。

ただし、発行年単位ではなく四半期単位で集約してグループ化することは認められる（同前）。

(ⅱ) 事後測定

ASU2018-12による最も特徴的な変更は、Topic944が要求していたロックイン・コンセプトを廃止し、計算仮定を定期的に見直し（review）、変更（change）のある場合に更新（update）が要求される点にある。

事後測定に関するASU2018-12の主な要求事項は以下のとおりである。なお、計算例を**設例1**（388頁）に示している。

> 【キャッシュ・フローに関する計算仮定の更新】
> ASU2018-12は、キャッシュ・フローに関する計算仮定を年1回同じ時点で見直し（review）、変更（change）がある場合に更新（update）すること

を要求している（ASC944-40-35-5(a)）。なお、従前の計算仮定を修正（revise）すべきことが証拠により示唆される場合には、期中報告期間において修正することが要求される（ASC944-40-35-5(a)(1)）。ただし、費用の計算仮定については、企業全体で更新しない選択をすることができる（ASC944-40-35-5(a)(2)）。

　将来の保険給付に係る負債は、最低でも年1回、実績を反映して更新しなければならない（ASC944-40-35-6）。実績を反映するための更新は年1回を超えて行うことは要求されないが、前述のように期中報告期間においてキャッシュ・フローに関する計算仮定を更新した場合は、実績を反映した更新も行う必要がある（同前）。

　純保険料は保険契約グループの全期間にわたって、実績と更新した予想キャッシュ・フローを使用して年1回更新しなければならない。計算仮定の更新により純保険料率を再計算する場合、その純保険料率は給付実績（関連費用含む）および更新後の残存予想給付現価の合計額と、営業保険料実績および更新後の残存予想営業保険料現価を比較することで計算される（ASC944-40-35-6A(a)）（次頁**図表3**）。損失の繰延を防ぐために、更新後の純保険料率は100％が上限として設定されている（同前）。

　更新後の純保険料率は、当期の報告期間の期首時点における将来の保険給付に係る負債を更新するために使用され、同時点における純保険料率の更新前の将来の保険給付に係る負債との差額が、再測定による利得または損失として純損益に認識される（ASC944-40-35-6A(a)(1)）。

【割引率の更新】

　キャッシュ・フローに関する計算仮定の更新と異なり、割引率は年1回の更新だけでなく、期中報告期間においても更新することが要求されている（ASC944-40-35-5(b)）。ただし、前述の純保険料率を更新するための再計算において、現価計算をするための割引率は契約発行時の割引率を継続して使用するため、更新されない（ASC944-40-35-6A(b)）。

　割引率の更新による将来の保険給付に係る負債の変動額は、その他の包括利益に認識することが要求されている（ASC944-40-35-6A(b)）。

第15章 米国会計基準（U.S.GAAP）の改正

【図表3】 純保険料率の計算と更新

```
┌─────────────┬─────────────┬─────────────┐
│純保険料率以外の現価│死亡率等の計算仮定│費用に関する計算仮│
│計算では割引率を年度│は年1回同じタイミ│定は更新しないこと│
│および四半期報告で更│ングで見直す      │を選択可          │
│新する（その他の包括│                  │                  │
│利益に認識）        │                  │                  │
└─────────────┴─────────────┴─────────────┘
```

将来の保険給付に係る負債＝
将来給付現価（関連費用含む）－純保険料率×将来営業保険料現価

$$\text{更新後純保険料率} = \frac{\text{給付実績（関連費用含む）＋将来予想給付現価（関連費用含む）}}{\text{営業保険料実績＋将来予想営業保険料現価}}$$

```
┌─────────────┬─────────────┬─────────────┐
│純保険料率の現価    │純保険料率は実績  │純保険料率は100   │
│計算では割引率は    │に置き換えて更新  │％を超えない      │
│更新しない          │する              │                  │
└─────────────┴─────────────┴─────────────┘
```

設例 1　将来の保険給付に係る負債の測定と計算仮定の更新

【契約開始時】
- 保険会社は契約期間20年の死亡定期保険を1,000発行する。
- すべての契約は単一のグループ（年次コホート）に含まれる。
- 契約の額面：$200,000
- 年間保険料：$500
- 割引率：ゼロ
- 解約失効率：すべての年において5％
- 死亡率：1年目は0.1％、その後20年目の0.29％まで直線的に逓増する。
- 費用の計算仮定はゼロ、保険料および給付は年度末に発生する。

【6年目】
- 死亡の実績は予想よりも20％悪化した。
- 将来の死亡率または解約失効率は更新しないことを決定

【9年目】
- 6年目～9年目の死亡の実績は予想よりも20％悪化した。
- 10年目～20年目の将来の死亡率の計算仮定を20％上方に更新

15-2 長期契約の会計処理に関する限定的な改善

　契約開始時点、6年目および9年目における純保険料率および将来の保険給付に係る負債の計算および仕訳は以下のとおり。

【契約発効時点】

●**純保険料率**

　純保険料率71.06％は、**図表4**中の給付額合計÷営業保険料合計で計算されている。

【図表4】 契約発効時点の純保険料率

年	死亡率	解約失効率	有効契約数	給付額	営業保険料
0	1,000				
1	0.0010	0.0500	949	200,000	500,000
2	0.0011	0.0500	901	208,791	474,525
3	0.0012	0.0500	855	216,145	450,303
4	0.0013	0.0500	811	222,183	427,274
5	0.0014	0.0500	769	227,014	405,383
6	0.0015	0.0500	730	230,745	384,575
7	0.0016	0.0500	692	233,471	364,798
8	0.0017	0.0500	656	235,282	346,004
9	0.0018	0.0500	622	236,264	328,145
10	0.0019	0.0500	590	236,494	311,176
11	0.0020	0.0500	559	236,045	295,056
12	0.0021	0.0500	530	234,984	279,742
13	0.0022	0.0500	503	233,373	265,197
14	0.0023	0.0500	477	231,272	251,383
15	0.0024	0.0500	452	228,734	238,265
16	0.0025	0.0500	428	225,808	225,808
17	0.0026	0.0500	406	222,541	213,981
18	0.0027	0.0500	384	218,974	202,754
19	0.0028	0.0500	364	215,148	192,096
20	0.0029	0.0500	345	211,097	181,980
合計（1年〜20年）				4,504,365	6,338,445
				純保険料率	71.06％

（出所）ASC944-40-55-29H〜55-29Nを基に一部変更および加筆して筆者翻訳および作

成。(以下すべて同じ)

● 将来の保険給付に係る負債

　純保険料率を1年目の実績を反映するように更新する。1年目は予想のとおり実績が発生したため、契約発行時点の純保険料率71.06％が継続して1年目においても使用されている。**図表5**中の保険負債（将来の保険給付に係る負債）は、給付額－純保険料で計算されている。

　　（借方）現金　　　　　　　　　　300,000 （注1）
　　（借方）給付費用　　　　　　　　355,321 （注2）
　　（貸方）保険料　　　　　　　　　500,000
　　（貸方）将来の保険給付に係る負債　155,321

　　（注1）　保険料 500,000 － 保険金 200,000
　　（注2）　保険金 200,000 ＋ 将来の保険給付に係る負債変動額 155,321

【図表5】1年目期末時点の将来の保険給付に係る負債

1年目期末時点の将来の保険給付に係る負債						
年	死亡率	解約失効率	有効契約数	給付額	営業保険料	純保険料
0			1,000			
1	0.0010	0.0500	949	200,000	500,000	
2	0.0011	0.0500	901	208,791	474,525	337,217
3	0.0012	0.0500	855	216,145	450,303	320,004
4	0.0013	0.0500	811	222,183	427,274	303,639
5	0.0014	0.0500	769	227,014	405,383	288,082
6	0.0015	0.0500	730	230,745	384,575	273,295
7	0.0016	0.0500	692	233,471	364,798	259,241
8	0.0017	0.0500	656	235,282	346,004	245,885
9	0.0018	0.0500	622	236,264	328,145	233,193
10	0.0019	0.0500	590	236,494	311,176	221,135
11	0.0020	0.0500	559	236,045	295,056	209,679
12	0.0021	0.0500	530	234,984	279,742	198,797
13	0.0022	0.0500	503	233,373	265,197	188,460
14	0.0023	0.0500	477	231,272	251,383	178,643
15	0.0024	0.0500	452	228,734	238,265	169,321
16	0.0025	0.0500	428	225,808	225,808	160,469
17	0.0026	0.0500	406	222,541	213,981	152,064

18	0.0027	0.0500	384	218,974	202,754	144,085
19	0.0028	0.0500	364	215,148	192,096	136,512
20	0.0029	0.0500	345	211,097	181,980	129,323
合計（2年〜20年）				4,304,365	5,838,445	4,149,044
					純保険料率	71.06%
					保険負債	155,321

【6年目】
●純保険料率

純保険料率を1年目〜6年目の実績を反映するように更新する。1年目〜5年目は予想のとおり実績が発生したが、6年目の実績は予想よりも20％悪化した。前述のとおり、保険会社は、7年目以降の死亡率および解約失効率を更新しない決定をしている。結果として、契約発行時点の純保険料率71.06％は、6年目期末時点において71.79％に更新されている。

【図表6】6年目期末時点の純保険料率（実績の反映）

6年目期末時点の純保険料率					
年	死亡率	解約失効率	有効契約数	給付額	営業保険料
0			1,000		
1	0.0010	0.0500	949	200,000	500,000
2	0.0011	0.0500	901	208,791	474,525
3	0.0012	0.0500	855	216,145	450,303
4	0.0013	0.0500	811	222,183	427,274
5	0.0014	0.0500	769	227,014	405,383
6	0.0018	0.0500	729	276,894	384,575
7	0.0016	0.0500	692	233,401	364,688
8	0.0017	0.0500	656	235,212	345,900
9	0.0018	0.0500	622	236,193	328,046
10	0.0019	0.0500	590	236,423	311,083
11	0.0020	0.0500	559	235,974	294,967
12	0.0021	0.0500	530	234,913	279,658
13	0.0022	0.0500	503	233,303	265,117
14	0.0023	0.0500	476	231,203	251,307
15	0.0024	0.0500	451	228,665	238,193

第15章 米国会計基準（U.S.GAAP）の改正

16	0.0025	0.0500	428	225,740	225,740
17	0.0026	0.0500	405	222,474	213,917
18	0.0027	0.0500	384	218,908	202,693
19	0.0028	0.0500	364	215,083	192,038
20	0.0029	0.0500	345	211,034	181,926
合計（1年〜20年）				4,549,553	6,337,334
				純保険料率	71.79％

● 将来の保険給付に係る負債

ASC944-40-35-6A(a)(1)に従い、6年目期末時点の純保険料率71.79％を使用して、期首時点における将来の保険給付に係る負債を再測定する。

（借方）再測定による損失（注3）　　16,378
（貸方）将来の保険給付に係る負債　16,378
　（注3）　期首（純保険料率変更前）530,130 − 期首（純保険料率変更後）546,508

【図表7】6年目期首時点の将来の保険給付に係る負債（再測定）

6年目期首時点の保険給付に係る負債（純保険料率71.06％）					
年	死亡率	解約失効率	有効契約数	給付額	営業保険料	純保険料
0			1,000			
1	0.0010	0.0500	949	200,000	500,000	
2	0.0011	0.0500	901	208,791	474,525	
3	0.0012	0.0500	855	216,145	450,303	
4	0.0013	0.0500	811	222,183	427,274	
5	0.0014	0.0500	769	227,014	405,383	
6	0.0015	0.0500	730	230,745	384,575	273,295
7	0.0016	0.0500	692	233,471	364,798	259,241
8	0.0017	0.0500	656	235,282	346,004	245,885
9	0.0018	0.0500	622	236,264	328,145	233,193
10	0.0019	0.0500	590	236,494	311,176	221,135
11	0.0020	0.0500	559	236,045	295,056	209,679
12	0.0021	0.0500	530	234,984	279,742	198,797
13	0.0022	0.0500	503	233,373	265,197	188,460
14	0.0023	0.0500	477	231,272	251,383	178,643
15	0.0024	0.0500	452	228,734	238,265	169,321

15-2 長期契約の会計処理に関する限定的な改善

16	0.0025	0.0500	428	225,808	225,808		160,469
17	0.0026	0.0500	406	222,541	213,981		152,064
18	0.0027	0.0500	384	218,974	202,754		144,085
19	0.0028	0.0500	364	215,148	192,096		136,512
20	0.0029	0.0500	345	211,097	181,980		129,323
合計（6年〜20年）				3,430,231	4,080,959		2,900,101
					純保険料率		71.06%
					保険負債		530,130

6年目期首時点の保険給付に係る負債（純保険料率71.79%）

年	死亡率	解約失効率	有効契約数	給付額	営業保険料	純保険料
0			1,000			
1	0.0010	0.0500	949	200,000	500,000	
2	0.0011	0.0500	901	208,791	474,525	
3	0.0012	0.0500	855	216,145	450,303	
4	0.0013	0.0500	811	222,183	427,274	
5	0.0014	0.0500	769	227,014	405,383	
6	0.0018	0.0500	729	276,894	384,575	276,085
7	0.0016	0.0500	692	233,401	364,688	261,809
8	0.0017	0.0500	656	235,212	345,900	248,320
9	0.0018	0.0500	622	236,193	328,046	235,503
10	0.0019	0.0500	590	236,423	311,083	223,325
11	0.0020	0.0500	559	235,974	294,967	211,756
12	0.0021	0.0500	530	234,913	279,658	200,766
13	0.0022	0.0500	503	233,303	265,117	190,327
14	0.0023	0.0500	476	231,203	251,307	180,413
15	0.0024	0.0500	451	228,665	238,193	170,998
16	0.0025	0.0500	428	225,740	225,740	162,058
17	0.0026	0.0500	405	222,474	213,917	153,570
18	0.0027	0.0500	384	218,908	202,693	145,513
19	0.0028	0.0500	364	215,083	192,038	137,864
20	0.0029	0.0500	345	211,034	181,926	130,604
合計（6年〜20年）				3,475,419	4,079,849	2,928,911

第15章　米国会計基準（U.S.GAAP）の改正

純保険料率	71.79%
保険負債	546,508

　ASC944-40-35-6A(a)(2)に従い、6年目期末時点の純保険料71.79%を使用して、期末時点における将来の保険給付に係る負債を測定する。

（借方）現金　　　　　　　　　　　　107,681（注4）
（借方）給付費用　　　　　　　　　　276,085（注5）
（借方）将来の保険給付に係る負債　　809（注6）
（貸方）保険料　　　　　　　　　　　384,575

　（注4）　保険料384,575 － 保険金276,894
　（注5）　保険金276,894 － 将来の保険給付に係る負債変動額809
　（注6）　期首546,508（**図表7**）－ 期末545,699

【図表8】6年目期末時点の将来の保険給付に係る負債

6年目期末時点の保険給付に係る負債（純保険料率71.79%）							
年	死亡率	解約失効率	有効契約数	給付額	営業保険料	純保険料
0			1,000			
1	0.0010	0.0500	949	200,000	500,000	
2	0.0011	0.0500	901	208,791	474,525	
3	0.0012	0.0500	855	216,145	450,303	
4	0.0013	0.0500	811	222,183	427,274	
5	0.0014	0.0500	769	227,014	405,383	
6	0.0018	0.0500	729	276,894	384,575	276,085
7	0.0016	0.0500	692	233,401	364,688	261,809
8	0.0017	0.0500	656	235,212	345,900	248,320
9	0.0018	0.0500	622	236,193	328,046	235,503
10	0.0019	0.0500	590	236,423	311,083	223,325
11	0.0020	0.0500	559	235,974	294,967	211,756
12	0.0021	0.0500	530	234,913	279,658	200,766
13	0.0022	0.0500	503	233,303	265,117	190,327
14	0.0023	0.0500	476	231,203	251,307	180,413
15	0.0024	0.0500	451	228,665	238,193	170,998
16	0.0025	0.0500	428	225,740	225,740	162,058
17	0.0026	0.0500	405	222,474	213,917	153,570

15-2 長期契約の会計処理に関する限定的な改善

18	0.0027	0.0500	384	218,908	202,693	145,513
19	0.0028	0.0500	364	215,083	192,038	137,864
20	0.0029	0.0500	345	211,034	181,926	130,604
合計（7年～20年）				3,198,525	3,695,274	2,652,826
				純保険料率		71.79%
				保険負債		545,699

【9年目】

●純保険料率

純保険料率を1年目～9年目の実績を反映するように更新する。1年目～5年目は予想のとおり実績が発生したが、6年目～9年目の実績は予想よりも20％悪化した。前述のとおり、会社は10年目～20年目の死亡率の計算仮定を更新し、20％上方に修正した。1年目～9年目までの実績を反映した9年目期末時点の純保険料率は73.26％だった（図表10）。10年目～20年目までの死亡率を更新した場合の純保険料率は81.84％になっている。

【図表9】9年目期末時点の純保険料率（実績の反映）

9年目期末時点の純保険料率					
年	死亡率	解約失効率	有効契約数	給付額	営業保険料
0			1,000		
1	0.0010	0.0500	949	200,000	500,000
2	0.0011	0.0500	901	208,791	474,525
3	0.0012	0.0500	855	216,145	450,303
4	0.0013	0.0500	811	222,183	427,274
5	0.0014	0.0500	769	227,014	405,383
6	0.0018	0.0500	729	276,894	384,575
7	0.0019	0.0500	692	280,081	364,688
8	0.0020	0.0500	656	282,164	345,789
9	0.0022	0.0500	622	283,244	327,829
10	0.0023	0.0500	589	283,418	310,765
11	0.0024	0.0500	558	282,771	294,554
12	0.0025	0.0500	529	281,388	279,154
13	0.0026	0.0500	501	279,342	264,528
14	0.0028	0.0500	475	276,705	250,638

第15章 米国会計基準（U.S.GAAP）の改正

15	0.0029	0.0500	450	273,542	237,449
16	0.0030	0.0500	426	269,913	224,927
17	0.0031	0.0500	404	265,874	213,040
18	0.0032	0.0500	382	261,476	201,756
19	0.0034	0.0500	362	256,768	191,048
20	0.0035	0.0500	342	251,792	180,885
合計（1年～20年）					5,179,504	6,329,112
					純保険料率	81.84%

●将来の保険給付に係る負債

ASC944-40-35-6A(a)(1)に従い、9年目期末時点の純保険料率81.84％を使用して、期首時点における将来の保険給付に係る負債を再測定する。

なお、**図表10**中の純保険料率は、1年目～20年目の給付額÷営業保険料で計算されている。

（借方）再測定による損失（注7）　287,427
（貸方）将来の保険給付に係る負債　287,427

（注7）　期首（純保険料率変更前）542,890 －期首（純保険料率変更後）830,317

【図表10】 9年目期首時点の将来の保険給付に係る負債（再測定）

9年目期首時点の保険給付に係る負債（純保険料率73.26％）						
年	死亡率	解約失効率	有効契約数	給付額	営業保険料	純保険料
0			1,000			
1	0.0010	0.0500	949	200,000	500,000	
2	0.0011	0.0500	901	208,791	474,525	
3	0.0012	0.0500	855	216,145	450,303	
4	0.0013	0.0500	811	222,183	427,274	
5	0.0014	0.0500	769	227,014	405,383	
6	0.0018	0.0500	729	276,894	384,575	
7	0.0019	0.0500	692	280,081	364,688	
8	0.0020	0.0500	656	282,164	345,789	
9	0.0018	0.0500	622	236,037	327,829	240,177
10	0.0019	0.0500	590	236,267	310,877	227,757
11	0.0020	0.0500	559	235,818	294,772	215,958
12	0.0021	0.0500	530	234,758	279,473	204,750

15−2　長期契約の会計処理に関する限定的な改善

13	0.0022	0.0500	502	233,149	264,942	194,104
14	0.0023	0.0500	476	231,050	251,141	183,993
15	0.0024	0.0500	451	228,514	238,036	174,391
16	0.0025	0.0500	428	225,591	225,591	165,274
17	0.0026	0.0500	405	222,327	213,776	156,618
18	0.0027	0.0500	384	218,764	202,559	148,400
19	0.0028	0.0500	364	214,941	191,911	140,600
20	0.0029	0.0500	344	210,894	181,805	133,196
合計（9年〜20年）				2,728,109	2,982,713	2,185,219
					純保険料率	73.26%
					保険負債	542,890

9年目期首時点の保険給付に係る負債（純保険料率 81.84%）

年	死亡率	解約失効率	有効契約数	給付額	営業保険料	純保険料
0			1,000			
1	0.0010	0.0500	949	200,000	500,000	
2	0.0011	0.0500	901	208,791	474,525	
3	0.0012	0.0500	855	216,145	450,303	
4	0.0013	0.0500	811	222,183	427,274	
5	0.0014	0.0500	769	227,014	405,383	
6	0.0018	0.0500	729	276,894	384,575	
7	0.0019	0.0500	692	280,081	364,688	
8	0.0020	0.0500	656	282,164	345,789	
9	0.0022	0.0500	622	283,244	327,829	268,283
10	0.0023	0.0500	589	283,418	310,765	254,318
11	0.0024	0.0500	558	282,771	294,554	241,051
12	0.0025	0.0500	529	281,388	279,154	228,449
13	0.0026	0.0500	501	279,342	264,528	216,480
14	0.0028	0.0500	475	276,705	250,638	205,113
15	0.0029	0.0500	450	273,542	237,449	194,320
16	0.0030	0.0500	426	269,913	224,927	184,072
17	0.0031	0.0500	404	265,874	213,040	174,344
18	0.0032	0.0500	382	261,476	201,756	165,110

第15章 米国会計基準（U.S.GAAP）の改正

19	0.0034	0.0500	362	256,768	191,048	156,346
20	0.0035	0.0500	342	251,792	180,885	148,030
合計（9年～20年）				3,266,233	2,976,575	2,435,915
					純保険料率	81.84%
					保険負債	830,317

ASC944-40-35-6A(a)(2)に従い、9年目期末時点の純保険料81.84%を使用して、期末時点における将来の保険給付に係る負債を測定する。

（借方）現金（注8）　　　　　　　　　44,585
（借方）給付費用（注9）　　　　　　　268,283
（借方）将来の保険給付に係る負債（注10）　14,961
（貸方）保険料　　　　　　　　　　　327,829

（注8）　保険料 327,829 − 保険金 283,244
（注9）　保険金 283,244 − 将来の保険給付に係る負債変動額 14,961
（注10）期首 830,317（図表10）− 期末 815,356

【図表11】9年目期末時点の将来の保険給付に係る負債

9年目期末時点の保険給付に係る負債（純保険料率81.84%）					
年	死亡率	解約失効率	有効契約数	給付額	営業保険料	純保険料
0			1,000			
1	0.0010	0.0500	949	200,000	500,000	
2	0.0011	0.0500	901	208,791	474,525	
3	0.0012	0.0500	855	216,145	450,303	
4	0.0013	0.0500	811	222,183	427,274	
5	0.0014	0.0500	769	227,014	405,383	
6	0.0018	0.0500	729	276,894	384,575	
7	0.0019	0.0500	692	280,081	364,688	
8	0.0020	0.0500	656	282,164	345,789	
9	0.0022	0.0500	622	283,244	327,829	268,283
10	0.0023	0.0500	589	283,418	310,765	254,318
11	0.0024	0.0500	558	282,771	294,554	241,051
12	0.0025	0.0500	529	281,388	279,154	228,449
13	0.0026	0.0500	501	279,342	264,528	216,480
14	0.0028	0.0500	475	276,705	250,638	205,113

15	0.0029	0.0500	450	273,542	237,449	194,320
16	0.0030	0.0500	426	269,913	224,927	184,072
17	0.0031	0.0500	404	265,874	213,040	174,344
18	0.0032	0.0500	382	261,476	201,756	165,110
19	0.0034	0.0500	362	256,768	191,048	156,346
20	0.0035	0.0500	342	251,792	180,885	148,030
合計（10年～20年）				2,982,988	2,648,746	2,167,633
					純保険料率	81.84％
					保険負債	815,356

(iii) 保険料不足テスト

キャッシュ・フローに関する計算仮定が年1回更新されることから、ASU2018-12 は Topic944 で要求されている保険料不足テストを廃止している。

これに伴い、ASU2018-12 では、ASC944-60「保険料不足および損失認識」に規定されている長期保険契約の保険料不足テストに関連する条文を削除している。

(2) 旧 SFAS97 短期払込契約

① 既存の Topic944 の主な要求事項

旧 SFAS97 短期払込契約（以下、「短期払込契約」）とは、契約条件が固定または保証されており、保険料払込期間が給付の提供される期間よりも短い保険契約をいう（ASC944-20-20）。

短期払込契約の将来の保険給付に係る負債の測定方法は前述の伝統的長期保険契約と同じく、純保険料式によるロックイン・コンセプトに基づくが、別途繰延利益負債（deferred profit liability：DPL）の認識が要求される点で異なっている。

繰延利益負債は、営業保険料のうち純保険料を超過する部分について繰り延べることによって認識される（ASC944-605-25-4A）。繰り延べられた超過部分は有効保険契約または予想将来給付額に対して一定の関係で収益に認識される

(ASC944-605-35-1)。

② ASU2018-12の主な要求事項

既存のTopic944と同様に、ASU2018-12も繰延利益負債を認識すること（ASC944-605-25-4A）、および有効契約または予想将来給付額に対して一定の関係で収益に認識すること（ASC944-605-35-1）を要求している。

営業保険料から繰延利益負債として繰り延べられる金額を測定するための計算仮定は、将来の保険給付に係る負債のそれと整合的でなければならない（ASC944-605-30-2A）。

前述の伝統的長期保険契約の将来の保険給付に係る負債と同様に、繰延利益負債に係るキャッシュ・フローの計算仮定は、毎年同じ時点で見直し（review）、変更（change）のある場合に更新（update）することが要求されている（ASC944-605-35-1B）。

また、証拠により従前の計算仮定を修正（revise）すべきことが示唆される場合には、期中報告期間において更新することが要求される（同前）。さらに、繰延利益負債の測定のための計算仮定は実績を反映して更新しなければならない（ASC9440-650-35-1C）。

繰延利益負債は利付が要求される（ASC944-605-35-1A）。割引率の決定方法は伝統的長期保険契約の将来の保険給付に係る負債と同一である（ASC944-605-35-1A）。ただし、繰延利益負債の測定においては、割引率の更新は要求されておらず、この点は伝統的長期保険契約の将来の保険給付に係る負債と異なっている（ASC944-605-35-1B）。

再計算された繰延利益負債は、報告期間期首時点における再計算前の繰延利益負債の帳簿価額と比較され、その差額が純損益として認識される（ASC944-605-35-1C）。

(3) 旧SFAS97 ユニバーサル・ライフ契約
　① 既存のTopic944の主な要求事項
　旧SFAS97ユニバーサル・ライフ契約（以下、「ユニバーサル・ライフ契約」）

の将来の保険給付に係る負債は以下の合計額として測定される（ASC944-40-30-16）。勘定残高を基礎とした将来の保険給付に係る負債の測定方法は、遡及的預り金法（retrospective deposit method）として知られている。

> (a) 財務諸表日現在における保険契約者への給付として積み立てられる残高
> (b) 将来の期間にわたって履行されるサービスに対する報酬として賦課される金額
> (c) 契約終了時に返済される金額として賦課された金額
> (d) 発生可能性の高い損失（保険料不足）

ユニバーサル・ライフ契約では保険会社が将来の期間にわたって履行するサービスに対する報酬額のうち、将来期間にわたってそのサービスが提供される場合、該当する金額は前受収益として繰り延べることが要求されており、上記(b)がこれに該当する（ASC944-605-25-6）。

繰り延べた前受収益、すなわち前受収益負債（unearned revenue liability：URL）は、繰延契約獲得費用の償却と同じ計算仮定および要素を使用して、各報告期間の収益として認識する（ASC944-605-35-2）。

Topic944は、ユニバーサル・ライフ契約を保険料不足テストの適用範囲から除外していない（ASC944-60-15-5）。したがって、伝統的長期保険契約における保険料不足テストはユニバーサル・ライフ契約にも同様に適用される。

② ASU2018-12の主な要求事項

ASU2018-12は旧SFAS97ユニバーサル・ライフ契約の将来の保険給付に係る負債の会計モデルを維持しており、勘定残高を基礎とした測定が継続される。

ただし、前述の前受収益負債については、ASU2018-12により繰延契約獲得費用の償却方法が変更されたことから、各報告期間の収益として認識する配分方法が変更されている（15-2-4参照）。

伝統的長期保険契約の将来の保険給付に係る負債とは異なり、ASU2018-12

は旧SFAS97ユニバーサル・ライフ契約について保険料不足テストの要求事項を維持している。

(4) 旧SFAS120 & SOP95-1 有配当契約
① 既存のTopic944の主な要求事項
（i） 適用範囲

旧SOP95-1は、相互会社が発行する生命保険契約で以下の条件を満たす場合の将来の保険給付に係る負債の測定モデルを規定していた（旧SOP95-1.05、ASC944-20-15-3）。

> (a) 保険契約者に対する配当が保険会社の実績に基づいて支払われることが見込まれる長期の有配当契約である。
> (b) 年間の保険契約者配当が、分配可能サープラス（divisible surplus）が識別され、各保険契約の分配可能サープラスに対する寄与度とほぼ同じ割合で当該サープラスが分配されるように支払われる。

株式会社が発行する旧SFAS120 & SOP95-1 有配当契約（以下、「有配当契約」）が前述の条件を満たす場合、旧SOP95-1が規定する将来の保険給付に係る負債の測定モデルを選択適用することが認められる（ASC944-20-15-4）。

（ii） 将来の保険給付に係る負債の測定

旧SOP95-1が規定していた将来の保険給付に係る負債の測定モデルは、Topic944においても引き継がれている。すなわち、将来の保険給付に係る負債は、伝統的長期保険契約と同様に純保険料式を用いて測定されるが、計算仮定には有配当ファンドの利回り（dividend fund interest rate）および保証された死亡率のみが使用される（ASC944-40-30-30）。

保険料不足テストは有配当契約についても実施される（ASC944-40-25-29[c]）。

② ASU2018-12 の主な要求事項

(ⅰ) 適用範囲

ASU2018-12 は旧 SFAS120 & SOP95-1 有配当契約の適用範囲を変更していない。したがって、前述の有配当契約の条件および株式会社による選択は維持されている。

(ⅱ) 将来の保険給付に係る負債の測定

ASU2018-12 は旧 SFAS120 & SOP95-1 有配当契約の測定モデルを維持し、継続して純保険料式の使用が要求されている（ASC944-40-30-30）。ただし、消滅時配当（terminal dividend）については、従前の Topic944 は見積総マージン（estimated gross margin：EGM）の現価を基礎とした一定率で認識することを要求していたが、ASU2018-12 はこれを変更し、繰延契約獲得費用の償却の基礎に基づく一定率で認識することを要求している（ASC944-40-35-22）。

消滅時配当には利付されるが、その利率は伝統的長期保険契約のような中上位の格付けの固定利付商品の利回りではなく、予想投資利回り（関連する投資費用を控除した純利回り）となっている（ASC944-40-35-23）。

15-2-2　市場リスクを伴う給付

(1) 既存の Topic944 の主な要求事項

変額保険では、保険契約者が勘定残高の一部またはすべてについて投資の指図を行うことが認められ、その投資のリスクおよび便益が保険契約者に移転されるが、投資の不利な運用成果から保険契約者を保護するために、一定の条件が追加されることがある（ASU2018-12 BC66）。

Topic944 に基づく各種最低保証給付の会計処理は、一部の最低保証給付についてはデリバティブとしての会計処理が要求される一方で、他の最低保証給付についてはデリバティブではなく保険契約として会計処理され、関連する負債の認識が要求されており、統一的な規定が定められていない。

具体的には、既存の Topic944 はこうした保険契約に付される各種最低保証について、以下のような会計処理に関する要求事項を規定している。

第15章　米国会計基準（U.S.GAAP）の改正

【最低死亡保証】（Guaranteed Minimum Death Benefits：GMDB）
　GMDBはTopic815「デリバティブおよびヘッジ」の適用範囲に含まれない。Topic815は、識別可能な保険事故の結果として、契約保有者に債務が生じるか、特定の資産または負債の価値の不利な変動リスクに契約保有者が晒される場合、契約保有者に対して補償が行われるような契約は、その適用範囲から除外している（ASC815-10-15-52）。
　さらにTopic815は、変数の変動ではなく、識別可能な保険事故の結果として死亡保険金が支払われるような、伝統的な生命保険契約はその適用範囲に含まれないと述べている（ASC815-10-15-53(a)）。
　したがって、GMDBは組込デリバティブとしての分離要否の検討を要しないが、後述する利益が生じた後に損失が生じるようになっているかどうかのテスト（profits-followed-by-losses：PFBL）を満たすと推定されている（Technical Questions & Answers Section 6300.09）。
　GMDBを含む保険契約はユニバーサル・ライフ契約に分類されることが多いと思われるが、PFBLテストを満たす場合、既存のTopic944では、勘定残高に追加して負債を認識することが要求されている（15－2－3参照）。
【最低年金受取総額保証】（Guaranteed Minimum Income Benefits：GMIB）
　GMIBは組込デリバティブに該当せず、Topic815の適用範囲から除外される場合がある（ASC815-15-55-59）。
　組込デリバティブに該当しない場合、前述のGMDBと同様に、既存のTopic944では、勘定残高に追加して負債を認識することが要求されている（15－2－3参照）。
【最低年金原資保証】（Guaranteed Minimum Accumulation Benefits：GMAB）
　GMABは組込デリバティブに該当する場合がある（ASC944-815-25-5）。
　組込デリバティブに該当する場合、GMABは主契約から分離され純損益を通じて公正価値で測定されることになる。
【最低引出総額保証】（Guaranteed Minimum Withdrawal Benefits：GMWB）
　GMABと同様に、GMWBは組込デリバティブに該当する場合がある。

(2)　ASU2018-12の主な要求事項
　前述のとおり、既存のTopic944は複数の異なる種類の最低保証給付につい

404

て統一的な会計処理を規定しておらず、各種最低保証給付間で会計処理の不整合を生じさせている。

既存のTopic944は複雑かつ不整合である一方で、各種最低保証給付はそのリスクおよび経済性が類似しており、整合的な測定がなされるべきとの意見が関係者よりFASBに寄せられていた（ASU2018-12 BC70）。

こうした関係者の意見に応えるため、ASU2018-12では市場リスクを伴う給付という概念を導入し、市場リスクを伴う給付の判定フローとして、以下の新たな要求事項を規定している。

【ステップ1】
　勘定残高に追加して潜在的な給付を提供する契約上の特性が存在する場合、まず市場リスクを伴う給付に該当するかどうかを評価する（ASC944-40-25-25B(a)）。市場リスクを伴う給付とは、保険契約者を名目的以上（other-than-nominal）の資本市場リスクから保護し、保険会社が名目的以上の資本市場リスクに晒されるような契約または契約上の特性をいう（Master Glossary）。当該契約上の特性が市場リスクを伴う給付に該当するかどうかの評価においては、以下の要素を考慮しなければならない（ASC944-40-25-25D(a)〜(c)）。

- 保護（Protection）とは、契約保有者の勘定残高の損失または不足額（勘定残高と給付額の差額）が、契約保有者から保険会社に移転することを言い、その移転により契約保有者（または受益者）が負担していた資本市場リスクに、保険会社が晒されることになる。
- 保護は、生命保険契約の死亡給付構成要素（勘定残高と死亡給付額の差額）を含まない。この条件は投資契約または年金契約には適用されない（保険契約に分類される年金契約を含む）。
- 名目的なリスク（nominal risk）とは、重要でない（insignificant）金額のリスクまたは発生可能性が低い（remote）リスクを言う。給付額が資本市場のボラティリティに応じて重要でない金額を超えて（more than an insignificant amount）変動する場合、保険会社は名目的でないリスクに晒されているものと推定される。

市場リスクを伴う給付は公正価値で測定される（ASC944-40-30-19C）。公正価値の変動は純損益に認識するが、商品固有の信用リスクに起因する変

動はその他の包括利益に認識しなければならない（ASC944-40-35-8A）。
　ASU2018-12 は、市場リスクを伴う給付の公正価値の決定について、ASC815-15「組込デリバティブ」の要求事項を参照している。具体的には、市場リスクを伴う給付の公正価値は、以下のように測定される（ASC944-40-30-19D）。なお、公正価値の測定に帰属手数料（attributed fee）が使用される場合、当該金額は負にならず、また保険契約者から受領する契約上の手数料等を超えてはならない（ASC944-40-30-19C）。

- 非オプション評価のアプローチが使用される場合、契約開始時の市場リスクを伴う給付の公正価値は一般的にゼロになるように調整される（ASC815-15-30-4）。
- オプション評価のアプローチが使用される場合、契約開始時の市場リスクを伴う給付の公正価値はゼロにならないように測定する（ASC815-15-30-6）。
- 複数の市場リスクを伴う給付がある場合、単一の混合された市場リスクを伴う給付として統合される（ASC815-15-25-7）。

【ステップ2】
　市場リスクを伴う給付に該当しない場合、Topic815-10「全体」およびTopic815-15「組込デリバティブ」に従って、組込デリバティブに該当するかどうかの評価を行わなければならない（ASC944-40-25-25B(b)）。組込デリバティブに該当する場合、純損益を通じて公正価値で測定される。

【ステップ3】
　市場リスクを伴う給付および組込デリバティブのいずれにも該当しない場合、年金、死亡またはその他の保険給付に係る追加的な負債（15−2−3）の要求事項に従って負債を認識しなければならない（ASC944-40-25-25B(c)）。

　すなわち、ASU2018-12 の提案に従えば、保険会社はまず保険契約に含まれる給付の特性が市場リスクを伴う給付に該当するかどうかを評価し、これに該当しなければ組込デリバティブとしての会計処理の要否を判断し、これにも該当しない場合に年金、死亡またはその他の保険給付に係る追加的な負債の会計処理の検討を行うことになる（図表12）。

【図表12】市場リスクを伴う給付の判定フロー

> ● Step 1 （Topic944の市場リスクを伴う給付の要求事項を適用）
> 上記の市場リスクを伴う給付に該当する場合、純損益を通じて公正価値で測定する（ただし、商品固有の信用リスクの変動に起因する部分はOCIに認識）

> ● Step 2 （Topic815-15の組込デリバティブの要求事項を適用）
> 市場リスクを伴う給付に該当しない場合、Topic815-15に従って組込デリバティブに該当するかどうかを決定する

> ● Step 3 （Topic944の年金、死亡またはその他の保険給付に係る追加的な負債の要求事項を適用）
> 市場リスクを伴う給付および組込デリバティブに該当しない場合、年金、死亡またはその他の保険給付に係る追加的な負債として会計処理される

15-2-3　年金、死亡またはその他の保険給付に係る追加的な負債

(1) 既存のTopic944の主な要求事項

① PFBL追加負債

ある保険給付に利益が生じた後に損失が生じると見込まれる場合（profits-followed-by-losses：PFBL）、Topic944は追加負債の認識を要求している（ASC944-605-25-8）。

たとえば、保証コスト（cost of insurance：COI）が契約期間の一部における給付額をまかなうために十分でない場合で、契約期間の当初は利益となり、後期に損失が発生するような保険契約がこれに該当する。

追加負債の認識の要否の評価は契約締結時にのみ行われ、事後に再評価されない。追加負債の測定は、後述の年金給付追加負債と同様に、以下のように給付率（benefit ratio）を使用して行われる（ASC944-40-30-20・35-10）。

第15章 米国会計基準（U.S.GAAP）の改正

> 追加負債(t)＝累積賦課金(t)×給付率＋利息－累積超過給付(t)
> 給付率＝予想超過給付現価÷予想賦課金総額現価

こうした給付率に基づく追加負債の測定は、給付率モデル（benefit ratio model）と呼ばれることがある。

図表13では、追加負債の数値例を示している。

給付率は100％を超えることがある（ASC944-40-30-21）。賦課金には、契約管理費、死亡率、費用および解約のために賦課されたすべてのものが含まれる（ASC944-40-30-20）。

給付率は定期的に見積りを見直し、その変動額は純損益に認識される（ASC944-40-35-9）。すなわち、給付率は実績を反映して遡及的に再計算され（遡及的アンロック）、見積りの変更を反映して将来に向かってアンロックされる。

なお、賦課金には投資マージン（investment margin）が含まれるため（ASC944-40-30-22）、追加負債の変動額の一部はシャドウ調整としてその他の包括利益に認識される（ASC320-10-S99-2）。

【図表13】 PFBL追加負債の計算例

	a	b	c	d＝b－a	e＝a/(b+c)	$f_t=f_{t-1}+(b+c)×e-a$	$g=f_t-f_{t-1}$
	超過死亡給付	保証コスト（COI）	その他賦課金	利益（損失）	給付率（Benefit Ratio）	追加負債	追加負債変動額
1年目	100	300	300	200		89	89
2年目	100	200	300	100		147	58
3年目	200	100	300	(100)		73	(74)
4年目	200	100	300	(100)		0	(73)
	600	700	1,200	100	31.58％		

（注）本図に示す数値例は読者の理解の便宜のために筆者が作成したものであり、個別の具体的な保険契約に適用した場合のいかなる結果とも異なる。また、簡便化のため、Topic944の規定の一部の適用を省略している（例：割引計算）。

② 年金給付追加負債

ある保険給付が年金給付を含む場合、追加負債の認識が要求されることがある。例として、前述のGMIBが組込デリバティブに該当しない場合で、かつ予想年金現価が予想年金給付時の予想勘定残高を超える場合、追加負債の認識が要求される（ASC944-40-25-26・25-27）。この追加負債の対象となるのは、年金給付（annuitization benefits）のあるすべての契約であり、ユニバーサル・ライフ契約以外の契約も対象となる（Technical Questions & Answers Section 6300.13）。

追加負債の認識の要否の評価は契約締結時にのみ行われ、再評価されない。

追加負債の測定は、前述のPFBL追加負債と同様に、以下のように給付率を使用して行われる（ASC944-40-30-26・35-14）。**図表14**では、追加負債の数値例を示している。

> 追加負債(t)＝累積賦課金(t)×給付率＋利息－累積超過支払額(t)
> 給付率＝予想超過支払額現価÷予想賦課金総額現価

賦課金には、契約管理費、死亡率、費用および解約のために賦課されたすべてのものが含まれる（ASC944-40-30-26）。給付率は定期的に見積りを見直し、その変動額は純損益に認識される（ASC944-40-35-12）。すなわち、給付率は実績を反映して遡及的に再計算され（遡及的アンロック）、見積りの変更を反映して将

【図表14】年金給付追加負債の計算例

	a	b	c=a×b	d	e=c/d	$f_t = f_{t-1} + d \times e - c$
	超過年金価値	年金選択率	年金化コスト	賦課金総額	給付率 (Benefit Ratio)	追加負債
1年目				500		10
2年目				500		20
3年目	400	5.00%	20	500		10
4年目	400	5.00%	20	500		0
			40	2,000	2.00%	

（注）本図に示す数値例は読者の理解の便宜のために筆者が作成したものであり、個別の具体的な保険契約に適用した場合のいかなる結果とも異なる。また、簡便化のため、Topic944の規定の一部の適用を省略している（例：割引計算）。

来に向かってアンロックされる。

賦課金には投資マージン（investment margin）が含まれ（ASC944-40-30-27）、追加負債の変動額の一部はシャドウ調整としてその他の包括利益に認識される点は、PFBL追加負債と同じである（ASC320-10-S99-2）。

(2) ASU2018-12の主な要求事項

Topic944と同じく、ASU2018-12もPFBL追加負債および年金給付追加負債の認識を要求しているが（ASC944-40-25-27 & 25-27A）、その測定について一部の要求事項を変更している。伝統的長期保険契約に関する要求事項とは異なり、その変更の範囲は限定的である（図表15）。

① PFBL追加負債

前述のとおり、既存のTopic944では、PFBLテストを契約締結時に実施することを要求しており、事後の評価を要求していない。2016年9月公表の公開草案では、PFBLテストの実施を、契約締結後の期間において計算仮定が更新される都度実施することが提案されており、ある保険給付について、計算仮定を更新した後、その後の期間において利益が生じた後に損失が生じると見込まれる場合には、追加負債の認識することが提案されていた。

この提案に対しては、PFBLテストの実施を可能にするためのデータの蓄積が負担となることへの懸念が寄せられたことから、FASBはこの提案を取り下げ、既存のTopic944の要求事項を維持することを決定した（ASU2018-12 BC48(d)）。

給付率モデルによる追加負債の測定については、変更はされていないが、給付率の分子と分母の現価の計算に使用する割引率が契約利率（contract rate）である旨の記載が追加された（ASC944-40-30-20）。契約利率とは、保険契約者勘定に付利される利率をいう（同前）。伝統的長期保険契約とは異なり、給付率は100％を超える場合がある（ASC944-40-30-21）。

給付率は定期的に見積りを見直し、追加負債の変動額を純損益に認識する点は、既存のTopic944から変更されていない（ASC944-40-35-9）。

15-2 長期契約の会計処理に関する限定的な改善

【図表15】ASU2018-12における給付率の計算

● PFBL追加負債
・給付率の計算に使用する割引率は契約上の利率

$$給付率 = \frac{予想超過給付現価}{予想賦課金総額現価}$$

分子と分母の現在価値計算に使用する割引率が契約上の利子率

● 年金給付追加負債
・給付率の計算において、超過支払額の計算のために使用する、予想年金支払額の現在価値の計算に使用する割引率は、中上位の格付けの固定利付商品の利回り
・超過支払額の現在価値の計算に使用する割引率は契約上の利子率

$$給付率 = \frac{予想年金支払額現価 - 予想勘定残高}{予想賦課金総額現価}$$

分子の予想年金支払額の現在価値計算に使用する割引率が中上位の格付けの固定利付商品の利回り

分子の超過支払額および分母の現在価値計算に使用する割引率が契約上の利子率

　計算仮定の更新による給付率のアンロックが要求される点についても、ASU2018-12は既存のTopic944の要求事項の変更をしておらず、シャドウ調整についても継続して要求される。

② 年金給付追加負債
　PFBL追加負債と同様に、年金給付追加負債についても、契約締結後の期間において計算仮定が更新される都度、追加負債認識の要否の評価を要求することが、2016年9月公表の公開草案において提案されていた。しかし、PFBL追加負債と同様に、この提案に対しても、追加負債認識要否の評価の実施を可能にするためのデータの蓄積が負担となることへの懸念が寄せられたことから、FASBはこの提案を取り下げ、既存のTopic944の要求事項を維持することを

決定した（ASU2018-12 BC48(d)）。

給付率モデルによる追加負債の測定について、変更はされていないが、給付率の分子の現価の計算の一部に使用する割引率は契約利率ではなく、伝統的長期保険契約と同様に、高格付けの固定利付商品の利回りが使用される（ASC944-40-30-26(a)）。

給付率の定期的な見直し、追加負債の変動額の純損益への認識が要求される点では、既存のTopic944の要求事項と同様である（ASC944-40-35-12）。

計算仮定の更新による給付率のアンロックが要求される点についても、ASU 2018-12は既存のTopic944の要求事項の変更をしておらず、シャドウ調整についても継続して要求される。

15-2-4 繰延契約獲得費用の償却

(1) 既存のTopic944の主な要求事項

ASC944-30「契約獲得費用」は、資産計上の対象となる契約獲得費用について詳細な規定を設けているが、繰延契約獲得費用（deferred acquisition cost：DAC）として資産計上に適格な費用は、保険契約の分類（前掲図表2（382頁））にかかわらず統一的な規準が設定されている。

一方で、繰延契約獲得費用の償却方法は、保険契約の分類により要求事項が異なっており、既存のTopic944に基づく会計処理は必ずしも統一的ではない。

具体的には、既存のTopic944は長期契約に関する繰延契約獲得費用の償却方法について、以下のような会計処理に関する要求事項を規定している。

① 伝統的長期保険契約

繰延契約獲得費用は、認識された保険料に対して比例的に費用に認識する（ASC944-30-35-3A）。図表16にその計算例を示す。

② 短期払込契約

伝統的長期保険契約と同様に、認識された保険料に対して比例的に費用に認識する（ASC944-30-35-17）。償却方法は伝統的長期保険契約と同じであるが、償

【図表 16】 伝統的長期保険契約の繰延契約獲得費用の償却額計算例

	a	b	c	d=a×c	e=f₁/Σd	f	g=f×b	h=(a×e)×(1+b)	i=f+g−h
	予想保険料	利率	現価率	割引後保険料	償却率	期首DAC	利息	償却額	期末DAC
1年目	100,000	6.00%	1.000	100,000	0.2156	60,000	3,600	22,853	40,747
2年目	80,000	6.00%	0.943	75,471	0.2156	40,747	2,445	18,283	24,909
3年目	60,000	6.00%	0.890	53,400	0.2156	24,909	1,494	13,712	12,691
4年目	40,000	6.00%	0.840	33,585	0.2156	12,691	762	9,141	4,312
5年目	20,000	6.00%	0.792	15,842	0.2156	4,312	259	4,571	0
合計	300,000			278,298			8,560	68,560	

(注) 旧 SFAS97 短期払込契約では保険料払込期間にわたって償却される。
(出所) AICPA *Audit & Accounting Guide Life and Health Insurance Entities* 2018, Chapter9, Exhibit9-1 を基に一部変更および加筆して筆者作成。

却期間は保険料の払込期間となる点で異なる。

③ ユニバーサル・ライフ契約

ユニバーサル・ライフ契約の繰延契約獲得費用は、見積総利益（estimated gross profit：EGP）の現価に基づいた一定の率で償却する（ASC944-30-35-4）。

見積総利益には以下の項目が含まれ、それぞれの最良推定に基づき測定されるが、PAD は含まれない（ASC944-30-35-5(a)～(e)）。

> (a) 保証コストのうち保険契約者の勘定残高を超えて支払われた給付額を控除した額
> (b) 管理費として賦課した金額からその発生額を控除した額
> (c) 予想投資リターンから保険契約者の勘定残高に付利される金額を控除した額
> (d) 解約控除額
> (e) その他の賦課金額

償却額には利息を付さなければならない（ASC944-30-35-7）。

第15章 米国会計基準（U.S.GAAP）の改正

　見積総利益は定期的に見積りを見直し、実績を反映して遡及的に再計算され（遡及的アンロック）、見積りの変更を反映して将来に向かってアンロックされる（ASC944-30-35-7）。見積総利益のアンロックによる繰延契約獲得費用の変動額は当期の純損益に認識する（同前）。

　見積総利益には予想投資リターンが含まれることから、繰延契約獲得費用の償却額の一部はシャドウ調整としてその他の包括利益に認識される（ASC320-10-S99-2）。**図表17**に計算例を示す。

【図表17】ユニバーサル・ライフ契約の繰延契約獲得費用の償却額計算例

アンロック前

	a	b	c	d=PV(c)/PV(a)	e=PV(c)/PV(b)	f	g=(f+c)×9%	h=a×d	i=c+f+g−h
	EGP	見直後EGP	DAC	償却率(k-factor)	見直後償却率(k-factor)	期首DAC	利息(9%)	償却額	期末DAC
1年目	27,352		77,780	50.284%		0	7,000	13,754	71,026
2年目	25,924		14,394	50.284%		71,026	7,688	13,036	80,072
……	……	……	……	……	……	……	……	……	……
合計	730,534		……						
現価	180,944		90,986						

アンロック後

	a	b	c	d=PV(c)/PV(a)	e=PV(c)/PV(b)	f	g=(f+c)×9%	h=a×d	i=c+f+g−h
	EGP	見直後EGP	DAC	償却率(k-factor)	見直後償却率(k-factor)	期首DAC	利息(9%)	償却額	期末DAC
1年目	27,352	27,352	77,780	50.284%	51.671%	0	7,000	14,133	70,647
2年目	25,924	34,637	14,394	50.284%	51.671%	70,647	7,654	17,897	74,798
……	……	……	……	……	……	……	……	……	……
合計	730,534	677,646	……						
現価	180,944	176,087	90,986						

（出所）ASC944-30-55-2～55-6を基に一部変更および加筆して筆者作成。

④ 有配当契約

有配当契約の繰延契約獲得費用は、見積総マージン（estimated gross margin：EGM）の現価に基づいた一定の率で償却する（ASC944-30-35-11）。

見積総マージンは、予想保険料、予想投資リターン、予想給付額等から計算される（ASC944-30-35-13）。EGM は最良推定に基づき測定されるが、PAD は含まれない（ASC944-30-35-14）。

償却額には利息を付さなければならず、見積総マージンは定期的に見積りを見直し、実績を反映して遡及的に再計算され（遡及的アンロック）、見積りの変更を反映して将来に向かってアンロックされる（ASC944-30-35-12）。

見積総マージンには予想投資リターンが含まれることから、繰延契約獲得費用の償却額の一部はシャドウ調整としてその他の包括利益に認識される。

⑤ 旧 SFAS97 投資契約

償却方法はユニバーサル・ライフ契約と同じである（ASC944-30-35-19）。

⑥ 旧 SFAS91 投資契約

利息法により償却する（ASC944-30-35-20、ASC310-20）。

ASC2018-12 では旧 SFAS91 投資契約の繰延契約獲得費用の償却方法は変更がされていないことから、利息法に関する既存の Topic944 の具体的な規定については説明を省略する。

また、既存の Topic944 では、一部の資産および負債について、繰延契約獲得費用の償却方法を参照していることがある（次頁図表18）。

主な資産は以下のとおり。

> 【旧 SFAS97 前受収益負債】
> 　ユニバーサル・ライフ契約の繰延契約獲得費用の償却方法と同一の方法により各期間に認識される（ASC944-605-35-2）。既存の Topic944 の前受収益負債に関する規定については、15－2－1⑶①を参照。
> 【旧 SOP03-1 販売誘因資産】（sales inducements asset：SIA）
> 　販売誘因とは、契約上明示的に識別され、現在の市場の状況を超える、

契約上の義務を負う誘因（inducements）をいう（ASC944-40-20）。3つの主な種類の販売誘因として、即時配当（immediate bonus）、継続配当（persistency bonus）、増加予定利率（enhanced-crediting-rate bonus）が挙げられる（同前）。

販売誘因は保険給付に係る負債の一部として認識することが要求されているが（ASC944-40-25-12）、その相手勘定として一定条件を満たす場合に販売誘因資産の認識が要求される。販売誘因資産の認識の条件は以下の4点である（ASC944-30-25-6・7）。

・その金額は販売誘因のない類似の契約に付与される金額に上乗せされるものである。
・その金額が販売誘因後の期間に付与されると予想される金額よりも高い。
・販売誘因が保険給付に係る負債の一部として認識されている。
・販売誘因が契約開始時において契約上明示的に識別されている。

資産として認識された販売誘因は、ユニバーサル・ライフ契約の繰延契約獲得費用と同じ償却方法に従う（ASC944-30-25-7・35-18）。繰延契約獲得費用の償却額の一部はシャドウ調整としてその他の包括利益に認識される。

⑦ 企業結合時に認識される無形資産

Topic944は無形資産（value of business acquired：VOBA）の償却方法について明示的な規定を設けていないが、一部の実務においては繰延契約獲得費用の償却方法の準用が観察されることがある。

【図表18】既存のTopic944における繰延契約獲得費用の償却方法

保険契約の分類	繰延契約獲得費用の償却方法
旧SFAS60 長期保険契約	・認識された保険料収益に対して比例的に費用に認識する ・ロックイン・コンセプト
旧SFAS97 短期払込契約	・認識された保険料収益に対して比例的に費用に認識する ・ロックイン・コンセプト

15-2　長期契約の会計処理に関する限定的な改善

旧 SFAS97 ユニバーサル・ライフ契約	・EGP の現在価値に基づいた一定の率で償却する ・EGP は COI から給付超過額を控除した額、契約管理コスト、投資収益等から構成される ・True-up と Unlock が要求される
旧 SFAS120 & SOP95-1 有配当契約	・EGM の現在価値に基づいた一定の率で償却する ・EGM は保険料、給付額、配当等から構成される ・True-up と Unlock が要求される
旧 SFAS97 投資契約	・旧 SFAS97 ユニバーサル・ライフ契約と同じ
旧 SFAS91 投資契約	・利息法により償却
旧 SFAS97 前受収益負債（URL）	・旧 SFAS97 ユニバーサル・ライフ契約の繰延契約獲得費用の償却方法と同じ
旧 SOP03-1 販売誘因資産（SIA）	・販売誘因（例：継続ボーナス）に関連する負債を認識する場合で、一定の条件を満たす場合、旧 SFAS97 ユニバーサル・ライフ契約の繰延契約獲得費用と同じ方法で償却
企業結合時に認識される無形資産（例：VOBA）	・償却方法について明示的な規定はないが、実務において繰延契約獲得費用の償却方法の適用が観察される

(2) **ASU2018-12 による提案**

　ASU2018-12 は既存の Topic944 が規定する、繰延契約獲得費用として適格な費用の規準を変更していない。したがって、繰延契約獲得費用として資産計上される費用の範囲に変更はない。

　前述のとおり、既存の Topic944 は保険契約の分類に応じて異なる繰延契約獲得費用の償却方法を規定しているが、ASU2018-12 は異なる保険契約の分類について統一的な償却方法を提案している（次頁図表19）。

　具体的には、すべての長期契約および旧 SFAS97 投資契約について予想契約期間にわたって一定の基礎（constant basis）に基づき、以下のいずれかの方法により償却することを提案している（ASC944-30-35-3A）。前述のとおり、旧 SFAS91 投資契約の繰延契約獲得費用の償却方法については、変更はされていない。

> (a) 個別の契約の場合、定額法で償却
> (b) グループ単位の場合、将来の給付に係る負債の整合的にグループ化したうえで、定額法に近似する一定の水準の基礎に基づいて償却

保有金額と実績との差異が生じる場合は繰延契約獲得費用の未償却残高を減額する（ASC944-40-35-3B）。償却において利息は計上しない（ASC944-30-35-3C）。

たとえばユニバーサル・ライフ契約や有配当契約のように、繰延契約獲得費用の償却の基礎として使用される見積総利益または見積総マージンに投資リターンが含まれる場合、既存のTopic944ではシャドウ調整が要求されていたが、ASU2018-12の提案では償却の基礎に投資リターンが考慮されないことから、繰延契約獲得費用の償却にシャドウ調整は要求されない。

この点、前述のPFBL追加負債および年金給付追加負債の期間配分においては、継続してシャドウ調整が要求される点で異なっている（15−2−3参照）。

【図表19】ASC2018-12における繰延契約獲得費用の償却方法

保険契約の分類	繰延契約獲得費用の償却方法
旧SFAS60 長期保険契約 旧SFAS97 短期払込契約 旧SFAS97 ユニバーサル・ライフ契約 旧SFAS120 & SOP95-1 有配当契約	・以下のいずれかの方法により償却 　・個々の契約単位で償却する場合は定額法 　・グループ単位で償却する場合は、将来の給付に係る負債の整合的にグループ化したうえで、定額法に近似する一定の水準の基礎に基づいて償却する ・保有金額の実績との差額について繰延契約獲得費用の未償却残高を減額する ・利息は計上しない
旧SFAS97 投資契約	同上
旧SFAS91 投資契約	・利息法により償却
旧SFAS97 前受収益負債（URL）	・旧SFAS60 長期保険契約の繰延契約獲得費用の償却方法と同じ
旧SOP03-1 販売誘因資産（SIA）	同上
企業結合時に認識される無形資産（例：VOBA）	・ASU2018-12による変更なし

15-2 長期契約の会計処理に関する限定的な改善

[図表20] 繰延契約獲得費用償却の計算例

20X1年		20X2年		20X3年		20X4年		20X5年	
年	有効契約数	年	有効契約数	年	有効契約数	年	有効契約数	年	有効契約数
20X1	1,000								
20X2	1,000	20X2	1,000						
20X3	1,000	20X3	1,000	20X3	700				
20X4	1,000	20X4	1,000	20X4	400	20X4	400		
20X5	1,000	20X5	1,000	20X5	200	20X5	200	20X5	200
合計	5,000	合計	4,000	合計	1,300	合計	600	合計	200
繰延契約獲得費用（期首）	80	繰延契約獲得費用（期首）	74	繰延契約獲得費用（期首）	39	繰延契約獲得費用（期首）	18	繰延契約獲得費用（期首）	6
償却率	1.60%	償却率	1.85%	償却率	2.99%	償却率	2.99%	償却率	2.99%
当期発生額	0	当期発生額	10	当期発生額	0	当期発生額	0	当期発生額	0
償却費	(16)	償却費	(19)	償却費	(21)	償却費	(12)	償却費	(6)
実績調整		実績調整	(17)	実績調整	0	実績調整	0	実績調整	0
繰延契約獲得費用（期末）	64	繰延契約獲得費用（期末）	39	繰延契約獲得費用（期末）	18	繰延契約獲得費用（期末）	6	繰延契約獲得費用（期末）	0
(借方) 償却費	16	(借方) 償却費	19	(借方) 償却費	21	(借方) 償却費	12	(借方) 償却費	6
(貸方) 繰延契約獲得費用	16	(貸方) 繰延契約獲得費用	19	(貸方) 繰延契約獲得費用	21	(貸方) 繰延契約獲得費用	12	(貸方) 繰延契約獲得費用	6
		(借方) 実績調整	17						
		(貸方) 繰延契約獲得費用	17						

(出所) ASC944-30-55-7～55-7B を基に一部変更および加筆して筆者翻訳および作成。

419

15-2-5 表示および開示

ASU2018-12は、既存のTopic944が定める表示および開示の要求事項について限定的な改正を行っている。**図表21**および**図表22**に、表示および開示に関するASU2018-12の主な要求事項をまとめた。

【図表21】ASU2018-12の表示に関する主な要求事項

	損益計算書・包括利益計算書	財政状態計算書
旧SFAS60長期保険契約 旧SFAS97短期払込契約（繰延利益負債）	期首時点の将来の保険給付に係る負債および繰延利益負債の見積変更（再測定による利得または損失）は給付費用の構成要素として別個に、または挿入句として表示する（ASC944-40-45-4）。 　再測定による利得または損失は、PFBL追加負債および年金給付追加負債に関連する再測定による利得または損失と一緒に報告することも認められる（同前）。	変更なし
市場リスクを伴う給付	公正価値の変動は純損益に認識するが、商品固有の信用リスクに起因する変動はその他の包括利益に認識しなければならない（ASC944-40-45-3）。	別個に表示する（ASC944-40-45-3）
PFBL追加負債	期首時点の追加負債の見積変更（再測定による利得または損失）は給付費用の構成要素として別個に、または挿入句として表示する（ASC944-40-45-1） 　再測定による利得または損失は、年金給付追加負債、旧SFAS60長期保険契約、繰延利益負債に関連する再測定による利得または損失と一緒に報告することも認められる（同前）	変更なし
年金給付追加負債	同上（ASC944-40-45-2）	変更なし

15－2　長期契約の会計処理に関する限定的な改善

【図表22】ASU2018-12の開示に関する主な要求事項

	年度報告期間のみ	年度および期中報告期間
●将来の保険給付に係る負債（旧SFAS60長期保険契約） ●繰延利益負債（旧SFAS97短期払込契約） ●PFBL追加負債 ●年金給付追加負債	●測定に使用されたインプット、判断、仮定および方法およびそれらの変動 （ASC944-40-50-7）	●期首残高から期末残高への調整表 ●財政状態計算書上の帳簿価額との照合 ●純保険料が営業保険料を超過したことによる不利な影響の純損益への認識に関する情報（旧SFAS60長期保険契約および繰延利益負債のみ） （ASC944-40-50-6）
保険契約者の勘定残高（旧SFAS97ユニバーサル・ライフ契約（ASC944-80-25-2の特別勘定を除く））	該当なし	●期首残高から期末残高への調整表 ●財政状態計算書上の帳簿価額との照合 ●最低保証利率の一定の幅ごとの勘定残高 （ASC944-40-50-7A）
市場リスクを伴う給付	●測定に使用されたインプット、判断、仮定および方法およびそれらの変動 （ASC944-40-50-7C）	●期首残高から期末残高への調整表 ●財政状態計算書上の帳簿価額との照合 （ASC944-40-50-7B）
繰延契約獲得費用 旧SOP03-1販売誘因資産	●繰り延べられたコストの内容 ●償却額の計算に使用されたインプット、判断、仮定および方法およびそれらの変動 （ASC944-30-50-2A）	●期首残高から期末残高への調整表 ●財政状態計算書上の帳簿価額との照合 （ASC944-30-50-2B）

第 15 章　米国会計基準（U.S.GAAP）の改正

15−2−6　経過措置

(1) 発効日

SEC 提出企業である公開事業会社（SEC が定める小規模報告企業（smaller reporting companies）を除く）については、2022 年 12 月 15 日以降開始する年度報告期間およびこれに含まれる期中報告期間から適用される。早期適用は認められる（ASC944-40-65-2）。

ASU2018-12 はその公表後 2 度にわたって発効日が改正されている。詳細は 15−1 を参照のこと。

(2) 経過措置

① 移行アプローチ

（i） 旧 SFAS60 長期保険契約および繰延契約獲得費用

ASU2018-12 は、原則として、将来の保険給付に係る負債、繰延利益負債および繰延契約獲得費用について、移行日時点における有効契約に適用する修正遡及アプローチを要求している。移行日とは、表示される最も早い報告期間の期首をいう（ASC944-40-65-2(c)）。なお、ASU2018-12 が要求する経過措置は、繰延契約獲得費用と整合的に償却される項目にも適用される（同前）。

ASU2018-12 を適用する最初の報告期間においては、以下の手順により関連する要求事項を適用する（ASC944-40-65-2(n)〜(p)）。

【ステップ 1】
　その他の包括利益累積額を取り除き、該当する金額について調整する（ASC944-40-65-2(c)）。

【ステップ 2】
　移行日時点に存在する有効契約を、それぞれの発行年に基づいて、年次コホートに分類する（ASC944-40-65-2(d)(6)）。

【ステップ 3】
　保険料不足により積み増した金額があれば、各年次コホートに配分する（ASC944-40-65-2(c)）。

15-2 長期契約の会計処理に関する限定的な改善

【ステップ4】
　計算仮定を更新し、純保険料率を再計算する（ASC944-40-65-2(c)）。純保険料率は、ASU2018-12への移行前に使用していた割引率および移行日時点の将来の保険給付に係る負債の帳簿価額に基づいて再計算する（ASC944-40-65-2(d)(1)）（図表23）。

【ステップ5】
　再計算された純保険料率により以下の会計処理を行う。
●純保険料率が100％を超える場合
　将来の保険給付に係る負債を積み増し利益剰余金に認識すると共に、繰延利益負債はゼロに減額する（ASC944-40-65-2(n)）。
●純保険料率が100％を超えないが不利な場合
　将来の保険給付に係る負債を積み増し、利益剰余金に認識せず、繰延利益負債を減額して相殺する（ASC944-40-65-2(o)）。
●純保険料率が100％を超えず不利でない場合
　将来の保険給付に係る負債を減額し、利益剰余金に認識せず、繰延利益負債を積み増す（ASC944-40-65-2(p)）。

【ステップ6】
　中上位の格付けの固定利付商品の利回りに基づく割引率の変動をその他の包括利益累積額に認識する。

【図表23】移行日時点の純保険料率の再計算

```
┌─────────────────────────────────────────────────────────────┐
│  ┌──────────────┐      ┌──────────────┐                     │
│  │割引率は移行日時点の│   │死亡率等の計算仮定は│                    │
│  │ 中上位の格付けの  │    │ 更新されたものを使用│                    │
│  │ 固定利付商品の利回り│   └──────────────┘                    │
│  └──────────────┘                                          │
│                                                             │
│         将来の保険給付に係る負債＝                           │
│    将来給付現価（関連費用含む）－純保険料率×将来営業保険料現価  │
│                                                             │
│                       純保険料率＝                           │
│       将来給付現価（関連費用含む）－移行日時点の負債の帳簿価額  │
│       ─────────────────────────────────                      │
│                    将来営業保険料現価                         │
│                                                             │
│  ┌──────────────┐      ┌──────────────────┐                │
│  │この割引率は従前のものを使用│ │移行日前の実績として同時点における│           │
│  └──────────────┘      │  負債の帳簿価額を使用する  │           │
│                        └──────────────────┘                │
└─────────────────────────────────────────────────────────────┘
```

企業は完全遡及アプローチを適用することも認められるが、実績データが入手可能であることが条件であり、過去の実績データが入手できない場合に、企業の見積りにより代替することは認められていない（ASC944-40-65-2(e)）。

なお、2022年12月、FASBはASU2022-05「売却された契約の経過措置」を公表している。ASU2018-12は発効日以前に売却または処分によって認識が中止された保険契約にも適用することが要求されていたが、利害関係者から意思決定に有用な情報を提供しないとのフィードバックが寄せられていた。FASBはこれを受けて、発効日時点において売却または処分により認識が中止された保険契約で、保険会社による重要な継続的関与がない場合、ASU2018-12を適用しない会計方針の選択を認めることとなった（ASC944-40-65-2(q)）。ASU2022-05の発効日は、ASU2020-11（15－1参照）が規定する発効日と同じである。

(ⅱ) 市場リスクを伴う給付

前述の旧SFAS60長期保険契約等とは異なり、ASU2018-12は市場リスクを伴う給付について完全遡及アプローチの適用を要求している（ASC944-40-65-2(f)）。遡及的に適用するために、仮定が観察不能である等の理由がある場合は、後知恵（hindsight）の使用が認められる（同前）。

契約発行日から移行日までの商品固有の信用リスクに関する累積的影響はその他の包括利益に認識し、これ以外の公正価値の変動は利益剰余金に認識する（ASC944-40-65-2(f)）。

② 移行時の開示

ASU2018-12が要求する移行時の開示は、**図表24**のとおりである。

【図表24】ASU2018-12 が要求する移行時の主な開示

	移行時の開示
将来の保険給付に係る負債 (旧 SFAS60 長期保険契約) 繰延契約獲得費用	●移行日までの調整表 ●利益剰余金期首残高、その他の包括利益累積額、純保険料の営業保険料超過額、保険料不足による積増額に関連する移行時調整の定性的および定量的情報（ASC944-40-650-2(g))
市場リスクを伴う給付	●移行日までの調整表 ●利益剰余金期首残高およびその他の包括利益累積額に関連する移行時調整の定性的および定量的情報（ASC944-40-650-2(h))

補章 1

TRG 議論より

補1−1　TRG 設立の経緯と目的
補1−2　2018年2月 TRG 議論
　　　2−1　単一の保険契約に含まれる複数の保険要素の分離
　　　2−2　年次で保険料が改定される保険契約の境界線
　　　2−3　保有している再保険契約の境界線・その1
　　　2−4　更新契約に係る保険獲得キャッシュ・フローの会計処理
　　　2−5　カバー単位の識別と給付の量の決定・その1
　　　2−6　保険獲得キャッシュ・フローの公正価値アプローチ
補1−3　2018年5月 TRG 議論
　　　3−1　保険契約の結合
　　　3−2　連結グループとリスク調整
　　　3−3　契約の境界線内のキャッシュ・フロー
　　　3−4　保有している再保険契約の境界線・その2
　　　3−5　カバー単位の識別と給付の量の決定・その2
　　　3−6　IFRS 第17号導入時の課題
補1−4　2018年9月 TRG 議論
　　　4−1　発生保険金から生じる保険リスク
　　　4−2　割引率のトップダウン・アプローチ
　　　4−3　出再手数料および復元再保険料
　　　4−4　現在または過去のサービスに関連する保険料の実績調整
　　　4−5　当初認識時に契約の境界線外にあるキャッシュ・フロー
　　　4−6　保険獲得キャッシュ・フローの回収可能性
　　　4−7　保険料の免除
　　　4−8　団体保険契約の境界線
　　　4−9　団体により管理される業界プールにおける非金融リスクに係るリスク調整
　　　4−10　特定の基礎となる項目のプールより生じるリターンを共有する契約の年次コホート
補1−5　2019年4月 TRG 議論
　　　5−1　保険契約に含まれる投資要素

補章 1　TRG 議論より

補1-1　TRG 設立の経緯と目的

　2017年5月に公表されたIFRS第17号の測定モデルには実装とシステムの観点から重要な意味を持つ可能性がある根本的な変更が加えられた。そのため、IASB は、TRG による議論の場を設けることにより、公表後に利害関係者を支援することが、実施の質と一貫性を高めると考えた。

　TRG は、実施に関して提起された問題の議論を利害関係者がフォローするための公開フォーラムを提供し、IASB がこれらの問題に対処するために何が必要かの決定を補助することを目的としている。すなわち、TRG は以下の目的を有している。

- IFRS 第17号の導入から生じる潜在的な利害関係者の課題について議論と分析を行う。
- 利害関係者が IFRS 第17号の新しい要求事項に関する情報を得る公共の場を提供する。
- IFRS 第17号の導入を支援するために、明確化やその他のガイダンスの提供といった追加的な措置が必要かどうかに関し、IASB の判断を支援する。

　TRG は、IFRS 第17号の継続的な適用に関する実務的な知識、広範な地域にわたる保険商品に関する専門知識を有しているメンバーで構成された。

　TRG は、2019年4月までに提出された論点を対象として、2018年2月、2018年5月、2018年9月、2019年4月の4回にわたって開催された。2017年11月にも開催されているが、個別の論点についての議論はなく、メンバーの引合わせや議論のための事務手続の概要が説明された。TRG には合計で127件の論点が寄せられ、アジェンダ・ペーパーとして23件が議論された。残りの提出された論点は、以下のいずれかに分類された。

- IFRS 第17号の文言を適用することにより解決することができる。
- 提出条件を満たしていない。
- TRG 以外の場で検討される。

補1－1　TRG設立の経緯と目的

　執筆日現在においては、TRGの追加開催は予定されていないが、TRGは解散しているわけではなく、論点の提出を継続して受け付けている。

　TRGでの議論や識別された論点を踏まえて、IASBはIFRS第17号を修正し、2020年6月に修正IFRS第17号を公表した。IFRS第17号の修正された要求事項は、本書の関連する各章において解説されている。TRGの議論やメンバーの見解は権威を有するものではないが、IFRS第17号の適用において考慮されることが期待される。

　本章では、4回のTRGにおいて議論されたアジェンダ・ペーパーの23件の論点について、**背景**と**議論の要旨**を解説する。

　なお、本章における記載は、当該修正前のIFRS第17号の関連する要求事項を前提としており、当該修正により関連するIFRS第17号の要求事項は変更されている場合がある（図表1）。

【図表1】2020年に公表したIFRS第17号修正の一覧表

- ●範囲除外—クレジットカード契約および与信または支払いの取決めを提供する類似の契約（2－3－8）
- ●範囲除外—死亡時の債務免除の付いた融資契約などの特定の契約（2－3－10）
- ●保険獲得キャッシュ・フロー（4－2－2）
- ●期中財務諸表において行った会計上の見積りの影響（10－3－3）
- ●デリバティブ以外の金融商品を使用したリスク軽減オプション（6－4－3）
- ●投資リターン・サービスおよび投資関連サービスに帰属する契約上のサービス・マージン（9－2－2）
- ●再保険契約—基礎となる保険契約に係る損失の回収（7－5－1、7－5－2）
- ●財政状態計算書における表示（9－1）
- ●本基準の最初の適用—決済期間に取得した契約の分類（11－2－1、11－3－1）
- ●本基準の最初の適用—リスク軽減オプションの遡及適用の禁止（11－1－2）
- ●本基準の最初の適用—発効日の延期（11－1－1）

（注）上記以外にも多数の軽微な修正が行われている。

補章 1　TRG 議論より

補1-2　2018年2月TRG議論

補1-2-1　単一の保険契約に含まれる複数の保険要素の分離

背　景

　2018年2月、TRGは単一の保険契約が複数の保険要素を含む場合の分離の可否について議論した。IFRS第17号は一定の条件を充足する組込デリバティブ、投資要素および財または非保険サービス（以下、まとめて非保険要素）の分離に関する要求事項を規定しており、非保険要素を分離した後の残りのすべての要素には、IFRS第17号の規定が適用される（10項〜13項）。

　一部の企業では、たとえば10年定期死亡保険に1年更新の医療保険の特約を付加するなど、異なるリスクを有する複数のカバーを単一の保険契約に含めることがあり、TRGでは、保険契約の測定の目的で、こうした複数の保険要素を分離することが認められるかどうかが議論された。

議論の要旨

　IFRS第17号には単一の保険契約に含まれる複数の保険要素をさらに分離することを要求または容認する規定はない。したがって、最小の会計単位は契約または非保険要素を分離した後に残存する契約全体であるという見解をIASBスタッフは述べた。

　多くのTRGメンバーはこの見解に同意したが、一般的には法的に単一の保険契約がその権利および義務の実質を反映していると考えられる一方で、保険契約の法的形式がその権利および義務の実質を表していない状況が存在する可能性について言及した。TRGメンバーは例として、保険契約者の事務的な便宜のために複数のカバーを単一の契約に含め、保険料が個別のカバーごとに設定された金額の合計となる場合を挙げた。

　TRGメンバーは、最小の会計単位が契約であるという推定を反証するためには、以下の事項を考慮することが有用であるかもしれないことに言及した。

> ・カバーされる異なる複数のリスクの相互関係
> ・各保険要素が同時に失効するか
> ・各保険要素は個別に保険料が設定され販売されているか

　TRG メンバーは、複数のリスクを単一の保険契約に結合するのみでは、保険契約の権利および義務の実質が反映されていないと結論付けるには十分ではなく、最小の会計単位が契約であるという推定を反証するには、重大な判断とすべての事実および状況を考慮しなければならず、また複数の保険要素の分離は会計方針の選択ではないことに同意した。

補1-2-2　年次で保険料が改定される保険契約の境界線

背　景

　2018年2月、TRG は年次で保険料が改定される保険契約に係る契約の境界線について議論した。IFRS 第17号34項は契約の境界線について規定しており、年次で保険料が改定される保険契約の境界線が1年または1年超となるのかが議論された。

議論の要旨

　IFRS 第17号34項は、企業が特定の保険契約者のリスクを再評価する実質上の能力を有しており、当該リスクを完全に反映する価格または給付水準を設定できる場合に、契約の境界線が設定される旨を規定している（34項(a)）。特定の保険契約者のリスクを再評価することができない場合であっても、保険契約ポートフォリオのリスクを再評価する実質上の能力を有している場合には（34項(b)(i)）、リスクの再評価が行われる日までのカバーに対する保険料が、再評価日後の期間にかかるリスクを考慮に入れているかどうかの評価が要求される（34項(b)(ii)）。

　TRG で議論された2つの保険契約では、企業が特定の保険契約者のリスクを再評価する実質上の能力を有していないが、保険契約ポートフォリオ単位でのリスクを再評価することができることが前提とされており、34項(b)に従っ

て契約の境界線が設定されるかどうかが議論された。

　IASB スタッフは、34 項(b)のリスクは、同項(a)の保険契約者のリスクの延長で考えるべきであり、保険契約者から企業に移転する保険リスクおよび金融リスクを含むが、解約リスクや事業費リスクを含まないことに留意した。IASBスタッフは、保険契約者のリスクが保険契約ポートフォリオまで広がる場合に、再評価するリスクを企業が晒されるすべてのリスクまで拡大するべきではないと考えた。

　TRG で議論された 2 つの契約では、企業が保険契約ポートフォリオのリスクを反映して年次で保険料を再設定することができることから、TRG メンバーは、34 項(b)(i)を満たすことに留意した。また、提示された事実関係においては、IASB スタッフの分析は、保険料が保険契約者の加齢と共に増加することから、平準保険料とは異なり、保険料が再評価後の期間に係るリスクを考慮に入れていないと推定した。TRG メンバーは、更新契約から生じるキャッシュ・フローは既存の保険契約に係る契約の境界線内に含まれず、34 項(b)(ii)も満たすことに留意した。

　TRG メンバーは、提示された 2 つの保険契約は個別の事実関係に基づいており、実務においてはリスクの再評価が行われる日までのカバーに対する保険料が、再評価日後の期間に係るリスクを考慮に入れていないかどうかの評価は、すべての事実および状況を考慮する必要があることに同意した。

補 1−2−3　保有している再保険契約の境界線・その 1

背　景

　2018 年 2 月、TRG は保有している再保険契約（以下、再保険契約）に対して保険契約の境界線の要求事項をどのように適用すべきかについて議論した。発行した保険契約に関する契約の境界線の要求事項は IFRS 第 17 号 34 項に規定されている。発行した保険契約の要求事項は、再保険契約の特徴を踏まえて修正された認識および測定などに関する一部の要求事項を除き、再保険契約にも適用される（4 項(a)）。しかし、34 項は企業が保険契約者に保険料の支払いを強制できる実質的な権利や、サービスを提供する実質的な義務について言及し

ている一方で、再保険契約を保有する企業は、再保険者に対して保険料の支払いを強制する権利やサービスを提供する実質的な義務を有していないことから、34項を直接再保険契約に適用することができない。

議論の要旨

TRGメンバーは、再保険契約の保有者が有する実質的な権利は、再保険サービスを受領することであり、実質的な義務は再保険者に金額を支払うことであることに留意した。再保険者からサービスを受領する実質的な権利は、再保険者が引き受けたリスクを再評価する実質上の能力を有しており、当該リスクを完全に反映する価格または給付水準を設定できる時点か、再保険者がカバーを終了する実質的な権利を有する時点において終了する。したがって、再保険契約の境界線に含まれるキャッシュ・フローには、将来発行が予想される基礎となる契約のキャッシュ・フローが含まれることになる。

TRGメンバーは、再保険契約の境界線に含まれるキャッシュ・フローに、将来発行が予想される基礎となる契約のキャッシュ・フローを含めることは、既存の実務の変更であり、実務が複雑になることに留意した。一般的に、再保険契約にかかわる既存の実務では、将来発行が予想される基礎となる契約のキャッシュ・フローを見積ることは要求されていない。これに対し、IASBの理事は、既存の実務は、発行した保険契約の測定と整合的な測定原則を再保険契約にも使用することと整合的ではないと述べた。

また、TRGメンバーは、一部の再保険契約には、再保険者が3か月間の事前通知によりカバーを終了することができることに言及した。このような状況においては、3か月間の事前通知期間の外にあるキャッシュ・フローは契約の境界線に含まれない。

補1－2－4　更新契約に係る保険獲得キャッシュ・フローの会計処理

背景

2018年2月、TRGは更新可能な保険契約の当初引受時に支払われる保険獲得キャッシュ・フローの会計処理について議論した。TRGで議論された保険

補章 1　TRG 議論より

契約の例では、当該保険獲得キャッシュ・フローは無条件で支払われるため返金不能であり、更新後の保険契約は契約の境界線の外にあり、かつ企業は将来の更新を見込んで、当初の保険契約の引受けを行っていた。保険獲得キャッシュ・フローの全額を当初引受契約に配分した場合、当該保険契約は不利となる。TRG では、当該保険獲得キャッシュ・フローの将来見込まれる更新契約の保険契約グループへの配分の要否について議論された。

議論の要旨

　IFRS 第 17 号は保険獲得キャッシュ・フローを、保険契約グループの販売、引受けおよび開始のコストにより生じるキャッシュ・フローのうち、当該グループが属する保険契約ポートフォリオに直接起因するものと定義している（付録A）。

　保険契約ポートフォリオに直接起因するが、個々の保険契約または保険契約グループに直接起因しない保険獲得キャッシュ・フローは、合理的かつ裏付け可能な情報を使用して、各保険契約グループに配分する必要がある。個々の保険契約に直接起因する保険獲得キャッシュ・フローは、当該契約が含まれる保険契約グループに配分しなければならない。

　一方、将来更新が見込まれる、契約の境界線の外にある保険契約グループに直接起因する保険獲得キャッシュ・フローがある場合、IFRS 第 17 号 27 項に従い、保険契約グループが認識されるまで、資産または負債として認識しなければならない（**図表2 参照**）。

　TRG メンバーは、議論された保険契約の例では、保険獲得キャッシュ・フローが当初引受時に無条件で支払われることから、将来見込まれる更新契約に起因するものではなく、その全額を当初引受けした保険契約に配分することに言及した。当該保険獲得キャッシュ・フローは、当初引受時の保険契約が引き金となって発生する。IASB スタッフは、前提となる事実が異なる場合には、分析は異なったものになることに同意した。

　一部の TRG メンバーは、当初引受時の保険契約が不利であるかどうかの評価において、個別の保険獲得キャッシュ・フローを考慮しておらず、IFRS 第

【図表2】更新契約に係る保険獲得キャッシュ・フローの会計処理

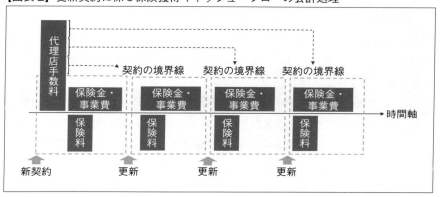

17号の要求事項は実務の変更となることに言及した。

補1−2−5　カバー単位の識別と給付の量の決定・その1

背　景

2018年2月、TRGは投資要素を含まない保険契約のカバー単位の決定方法について議論した。投資要素を含む保険契約のカバー単位の決定方法については、2018年5月のTRGで議論されている（補1−3−5参照）。

B119項(a)は、カバー単位の数を、給付の量とカバーの予想存続期間を考慮して決定することを要求している。しかし、保険契約は多様であることから、この「給付の量」の決定にあたっては、保険契約によって異なる要素が含まれる可能性がある。たとえば、ある契約はカバーの水準が契約期間にわたって一定であるのに対して、他の契約ではカバーの水準が契約期間にわたって変動する場合がある。

議論の要旨

TRGメンバーは以下の点について同意した。
- カバー単位は、保険事故の発生可能性が保険契約グループの予想デュレーションに影響を与える場合、これを反映する。

補章 1　TRG 議論より

●カバー単位は、保険事故の発生可能性が当報告期間に請求が予想される金額を反映する場合、これを反映しない。

また、TRG のアジェンダ・ペーパーの添付 A では、以下の 4 つの保険契約を例として、考えうるカバー単位の複数の代替的見解および IASB スタッフによる見解が示された。

しかし、TRG メンバーは、限られた保険契約の例に基づく議論では一定の見解に達することはできないことに言及し、次回の TRG（補 1－3－5 参照）で、投資要素を含む保険契約と合わせて整合的な議論を行うことが合意された。TRG メンバーは、アジェンダ・ペーパーに提示された契約の例について、コメントを送付することで合意した。

(1) **信用生命保険**（credit life insurance）

本契約では、保険契約者の死亡時において残存する借入金の元金およびリスクと同額の死亡保険金が支払われる。借入金の元金は定期的な返済により各期間で減少していく。当該契約について、アジェンダ・ペーパーにはカバー単位について 3 つの異なる見解が提示された。IASB スタッフは見解 B であった。

> 見解 A：カバー単位は契約期間にわたって一定
> 見解 B：各報告期間において残存する元金
> 見解 C：見解 A または見解 B のいずれも認められる

(2) **不利なカバーに対する再保険契約**（reinsurance adverse development cover contract）

本契約では、すでに保険事故が発生している元受保険契約である損害保険契約について、保険金額が一定額を超える場合に再保険金が支払われる。出再者は、元受保険契約の保険金額および支払時期について不確実性に晒されており、この場合、保険事故は最終的な保険金額の決定となる。アジェンダ・ペーパーにはカバー単位について、3 つの異なる見解が提示された。IASB スタッフは見解 A であった。

> 見解 A：再保険契約に基づく支払限度額（給付の量は一定）
> 見解 B：元受保険契約の支払保険金の見積額
> 見解 C：見解 A または見解 B のいずれも認められる

(3) 5年間の製品保証契約（five year warranty coverage contract）

　本契約では、購入日から5年以内に製品が適切に機能しない場合に交換に応じるものである。

　一般モデル（ビルディング・ブロック・アプローチ）が適用される場合、カバー単位が一定（constant）であることから、契約上のサービス・マージンは定額法で純損益に認識される。保険料配分アプローチが適用される場合、リスクの解放パターンが時の経過によるパターンと異なる場合は、利益の認識パターンが異なることになる。

　IASBスタッフは、カバー単位はカバー期間にわたって一定であることに同意した。また、保険料配分アプローチを適用する場合、利益の認識パターンも異なる可能性があることに同意した。

(4) 生存年金（life contingent pay out annuity）

　本契約では年金受給者が死亡するまで、定額の年金が定期的に支払われる。アジェンダ・ペーパーには給付の量について、3つの異なる見解が提示された。IASBスタッフは、給付の量は定期的に支払われる定額の年金額であるとの見解を示した。

> 見解 A：年金受給者の生存期間にわたる定期的に支払われる定額の年金
> 見解 B：カバー期間と一緒に額面に支払いの確率を乗じて計算する
> 見解 C：見解 A または見解 B のいずれも認められる

補1-2-6　保険獲得キャッシュ・フローの公正価値アプローチ

背　景

　2018年2月、TRGは公正価値アプローチにおける保険獲得キャッシュ・フ

補章 1　TRG 議論より

ローの取扱いについて議論した。IFRS 第 17 号への移行時に公正価値アプローチを適用する場合に、移行日前に発生した保険獲得キャッシュ・フローが、移行日以後の報告期間について IFRS 第 17 号の B121 項(b)および B125 項を適用する財務業績の計算書に認識されるかどうかが議論された。

議論の要旨

TRG メンバーは以下の点に留意した。
- 移行時において公正価値アプローチを適用する場合には、契約上のサービス・マージンの測定に含まれる保険獲得キャッシュ・フローの金額は、履行キャッシュ・フローに含まれる移行日以後に発生する金額のみとなる。移行のための当該アプローチが適用される場合、企業は、移行日前に発生した保険獲得キャッシュ・フローを契約上のサービス・マージンの測定に含めることを要求されず、また、許容もされない。
- 公正価値アプローチは、移行のための「フレッシュ・スタート」アプローチを企業に提供することを意図している。
- 移行日前に発生した保険獲得キャッシュ・フローは、移行日における契約上のサービス・マージンの測定に含まれないことから、それらは移行日以後の報告期間の保険収益および費用の表示に含まれない。

IASB スタッフからは、以下の留意点が言及された。

> ・上記の議論は、移行日前に発生した保険獲得キャッシュ・フローを企業が特定し測定できるかどうかにかかわらず、公正価値アプローチが採用されるすべての状況において適用されること
> ・移行時において修正遡及アプローチを適用する場合には、IFRS 第 17 号 C12 項は、C8 項で認められる範囲で、保険獲得キャッシュ・フローを含む当初認識日における将来キャッシュ・フローの見積りに適用することができること

補1−3　2018年5月TRG議論

補1−3−1　保険契約の結合

背　景

2018年5月、TRGは保険契約の結合に関するIFRS第17号の要求事項について議論した。

IFRS第17号は、同一または関連している相手方との一組または一連の保険契約が、1つの全体的な商業的効果を達成するか、または達成するように設計されている場合に、そのような契約の実質を報告するために、一組または一連の保険契約を全体で1つとして扱うことが必要な場合があるとしている（9項）。

TRGは、一組または一連の保険契約が1つの全体的な商業的効果を達成するか、または達成するように設計されている場合について議論した。

議論の要旨

TRGメンバーは以下の事項について同意した。

- 単一契約の法的形式を有する契約は、一般的には、それだけで実質的な単一契約として考えられる。しかし、同一または関連している相手方との一組または一連の保険契約が、実質的な単一契約を反映している状況が存在する可能性がある。

- 複数の保険契約が同時に同一の相手方と締結されたという事実は、それ自体では、1つの全体的な商業的効果を達成するか、または達成するように設計されていると結論付けるには十分ではない。一組または一連の保険契約が単一契約として扱う必要があるかどうかは、重大な判断とすべての関連する事実および状況を慎重に考慮する必要がある。この評価を適用する際に決定的な要素は1つもない。

- 一組または一連の保険契約が1つの全体的な商業的効果を達成するか、ま

たは達成するように設計されているかどうかの評価にあたっては、以下の事項を考慮することが有用である。
- 権利および義務を一緒にみた場合、個別にみた場合と比較して異なる。たとえば、ある契約の権利および義務は他の契約の権利および義務を無効にする場合がある。
- 他の契約を考慮せずにある契約を測定することができない。これは、各々の契約がカバーする異なるリスクが相互に依存しており、これらの契約は一緒に失効するような場合かもしれない。キャッシュ・フローが相互に依存している場合、これらを分離するのは恣意的となる可能性がある。

● 割引の存在は、それ自体では、一組または一連の保険契約が1つの全体的な商業的効果を達成することを意味しない。
● TRG メンバーは、IFRS 第17号9項の保険契約の結合に係る原則は、2018年2月開催の TRG で議論された保険契約の分離(補1−2−1参照)に係る原則と整合性があることに合意した。

補1−3−2　連結グループとリスク調整

背　景

2018年5月、TRG は非金融リスクに係るリスク調整の測定の集約レベルについて議論した。

TRG は以下の2つの質問について議論した。

> ①　子会社の個別財務諸表において、当該子会社が発行する保険契約に関する非金融リスクに係るリスク調整は、連結グループ全体でのみ得ることができるリスク分散の程度を反映すべきか
> ②　連結財務諸表において、連結グループに含まれる企業が発行する保険契約に関する非金融リスクに係るリスク調整は、連結グループ全体でのみ得ることができるリスク分散の程度を反映すべきか

議論の要旨

TRG メンバーは以下の事項について同意した。
- IFRS 第 17 号は、非金融リスクに係るリスク調整の測定に関する集約レベルについて特定していない。
- 子会社の個別財務諸表においては、保険契約を発行している企業が、当該保険契約に関連する非金融リスクを負担することに対して要求する報酬の決定に際して、当該企業よりも上のレベルでのリスク分散の程度を考慮している場合で、かつその場合に限り、当該上のレベルでのリスク分散の程度を考慮することが要求される。
- 同様に、当該保険契約に関連する非金融リスクを負担することに対して要求する報酬の決定に際して、当該企業よりも上のレベルでのリスク分散の程度を考慮していない場合は、当該上のレベルでのリスク分散の程度を考慮するべきではない。

IASB スタッフは、保険契約の当事者である企業のみが、当該保険契約に関連する非金融リスクを負担することに対して要求する報酬を決めることができると分析した（TRG アジェンダ・ペーパー 02　21 項）。当該分析は、ある保険契約グループに対して、連結グループ・レベルでの非金融リスクに係るリスク調整は、個別企業レベルでの非金融リスクに係るリスク調整と同一となることを意味する。

この分析では、異なる報告レベルで非金融リスクに係るリスク調整が異なる測定になることはない。一部の TRG メンバーはこの IASB スタッフの分析に同意したが、他の一部の TRG メンバーは IFRS 第 17 号の要求事項について IASB スタッフの分析とは異なる解釈ができるとコメントした。これらの TRG メンバーは、非金融リスクを負担することに対して連結グループが要求する報酬とは異なる報酬を企業が要求する場合は、異なる報告レベルで保険契約グループの非金融リスクに係るリスク調整が異なる測定になることを要求していると解釈した。

TRG メンバーは以下の事項に同意した。
- 非金融リスクに係るリスク調整が、グループ内の異なる報告レベルで異な

って測定される場合、同一の保険契約グループに対して複数の非金融リスクに係るリスク調整が存在しうる。
- IASB スタッフが分析したように IFRS 第17号の要求事項を適用することは、導入により実務的である。
- グループ企業は、すべての保険契約グループに首尾一貫して IFRS 第17号の要求事項を適用しなければならない。

TRG メンバーは、グループ企業における資本配分は、企業が非金融リスクを負担することに対して要求する報酬の証拠になることがあることに同意した。

補1-3-3　契約の境界線内のキャッシュ・フロー

背　景

2018年5月、TRG は契約の境界線に関連する以下の2つの事項について議論した。

> (1) 保険契約または保険契約ポートフォリオのリスクを完全に反映する価格または給付水準を設定できる実質上の能力
> 　特定の保険契約者のリスクを再評価して当該リスクを完全に反映する価格または給付水準を設定できる実質上の能力に対する制約または制限で、保険契約の契約条件以外から生じるものは何か。
> (2) 保険カバーを追加するオプション
> 　将来においてカバーを追加するオプションを含む保険契約に関する契約の境界線はどのように決定すべきか。

議論の要旨

(1) 保険契約または保険契約ポートフォリオのリスクを完全に反映する価格または給付水準を設定できる実質上の能力

TRG メンバーは以下の事項について同意した。
- 新契約および既存の契約に平等に適用される制約は、再評価したリスクを反映して既存の契約の価格を再設定する実質上の能力を制限していない。

- 再評価したリスクを完全に反映した価格を設定する実質上の能力を有するかどうかの決定に際しては、企業は以下を実施しなければならない。
  - 契約、法律および規制上の制約を考慮する。
  - 商業的実態のない制限は無視する。
- IFRS 第17号は、価格設定に対する制約を、契約、法律または規制上のものに限定していない。市場での競争や商業的な考慮は、企業が一般的に新契約の価格設定や既存の契約の価格の再設定にあたり考慮している要素である。
- 企業が価格設定または価格再設定を行う実質上の能力を制限する制約は、企業が選択して行うものではない。そのような選択は、B64 項が想定するような企業の実質上の能力を制限しない。

(2) 保険カバーを追加するオプション

保険契約者がオプションを行使した場合、企業は追加の保険カバーを提供する義務を有することがある。TRG メンバーは以下の事項について同意した。
- 将来においてカバーを追加するオプションは保険契約にある特徴である。
- オプションが契約の境界線に含まれるかどうかの決定に際しては、当該オプションから生じる実質的な権利および義務に焦点を当てなければならない。
- 将来においてカバーを追加するオプションが別個の契約であると考えられる場合を除き、当該オプションは残余の保険契約と別個に測定される保険要素ではない。
- カバーを追加するオプションが別個の契約ではなく、企業より当該オプションの契約条件が保証されている場合、当該オプションから生じるキャッシュ・フローは契約の境界線に含まれる。企業は契約に含まれるリスクに対する価格について保証しており、リスクを再評価した価格を再設定することができない。
- カバーを追加するオプションが別個の契約ではなく、企業より当該オプションの契約条件が保証されていない場合、企業がリスクを再評価した価格

補章 1　TRG 議論より

を再設定できる実質上の能力を有するかどうかにより、当該オプションから生じるキャッシュ・フローは契約の境界線に含まれる可能性と含まれない可能性がある。

　なお、アジェンダ・ペーパーの分析は、将来においてカバーを追加するオプションは実質上の権利および義務を生じさせていることを前提としており、企業が当該オプションの行使時においてリスクを再評価した価格を再設定する実質的な能力を有していない場合、オプション行使後の保険料から生じるキャッシュ・フローは契約の境界線に含まれることに留意している。アジェンダ・ペーパーでは議論されていないが、オプションの契約条件が保証されていない場合に実質的な権利および義務が生じるのかについては、TRG メンバーは異なる見解を示した。

● 将来においてカバーを追加するオプションから生じるキャッシュ・フローが契約の境界線に含まれる場合、保険契約グループの測定は保険契約者がどのようにオプションを行使するのか企業の現在の見積りを反映することが要求される。

補1-3-4　保有している再保険契約の境界線・その2

背景

　2018 年 5 月、TRG は再保険者が再保険料を将来に向かって改定する権利を有している再保険契約を例として、再保険契約の保有者側（出再者）が契約の境界線をどのように決定すべきかについて議論した。TRG では、3 か月前に事前通知することで、いつでも残存するカバーにかかわる再保険料を改定する権利を再保険者が有している契約を例として議論が行われた。

　再保険者が前述の権利を行使した場合、出再者は保有している再保険契約（以下、出再保険契約）を解約することができる。一方で、再保険者が当該権利を行使しない場合、出再者は継続して再保険料を支払う義務を有する。

議論の要旨

　アジェンダ・ペーパーには、IASB スタッフから、2 つの異なる見解が提示

された。IASB スタッフは見解 A を支持していた。

> 見解 A：契約の境界線は元受保険契約の契約期間の全期間までである
> 見解 B：契約の境界線は再保険者が最初に再保険料を改定する時点までである

TRG メンバーは以下の事項について同意した。
- 再保険契約の保険料改定を行うという再保険者の決断を契機とするカバーの終了の権利は、保険料を払う実質的な義務が存在するかどうかの評価には関係がない。そのような権利は、企業のコントロールの範囲外であり、企業は契約期間の全体にわたって保険料を強制的に払い続ける。
- 再保険者の保険料改定の権利のために、企業がサービスを受けられる期間が短くなることで境界線が短くなるということはない。企業は、サービスを受ける実質的な権利があるか、または各報告期において支払いの実質的な義務を有するか、いずれかを考慮しなければならない。
- 再保険者が契約の保険料改定を行う可能性も含めた将来キャッシュ・フローの金額と時期に関する企業の予測は、履行キャッシュ・フローに反映される。

補1−3−5　カバー単位の識別と給付の量の決定・その2

背景

2018 年 5 月、TRG は 2018 年 2 月開催の TRG からの継続の議論として、保険契約のカバー単位の決定方法について議論した。IFRS 第 17 号は、保険契約の中のカバー単位を、契約に基づいて提供される給付の量と予想存続期間を考慮して決定することを要求している（B119 項）。TRG は、投資要素を含まない保険契約と投資要素を含む保険契約を対象に、「給付の量」の定義について議論した。

補章 1　TRG 議論より

議論の要旨

(1) 保険契約において提供されるサービスを反映したカバー単位の決定方法

TRG メンバーは以下の事項について同意した。

- IFRS 第 17 号は原則を示しているが詳細な要求事項について規定しておらず、世界に存在する広く多様な保険契約に適切に適用される詳細な要求事項を開発することは不可能である。
- カバー単位の決定は会計方針の選択ではなく、各期間に提供されるサービスを反映するという原則を最も良く達成するためには判断と見積りを伴う。この判断と見積りは規則的かつ合理的に適用しなければならない。
- 企業が保険リスクを負担する期間は、保険のカバー期間と必ずしも同じではない。
- カバー単位の決定には、失効に関する予想が含まれる。失効に関する予想はカバー期間に影響するためである。これと整合的に、保険事故の発生可能性がカバー期間に影響する場合、カバー単位は保険事故の発生可能性を反映する。
- 各期間に提供される保険サービスを反映するという目的のため、期間によりサービスの水準が異なる場合、カバー単位に反映しなければならない。
- 契約に基づき提供される給付の量の決定は、企業に発生すると予想される給付を提供することのコストではなく、保険契約者が受領すると予想される給付を考慮しなければならない。
- 保険契約者は、保険事故が発生した場合に保険金を請求するだけでなく、企業が妥当な保険金請求を充足するために待機していることにより便益を受けている。したがって、給付の量は、保険契約者が請求することができる金額に関連している。
- 各期間に発生する保険事故の確率が異なることは、企業が妥当な保険金請求を充足するために待機している期間に提供される給付の量に影響しない。異なる種類の保険事故の確率が異なることは、異なる種類の保険事故の妥当な保険金請求を充足するために待機している企業により提供される給付の量に影響する可能性がある。

- IFRS 第 17 号は給付の量を決定するための特定の方法を定めていない。事実と状況により、異なる方法で各期間に提供されるサービスを反映するという目的が達成される可能性がある。
- 以下の方法は、各期間において提供される保険契約のサービスを合理的に代替する場合に、上記の目的を達成する可能性がある。
  - 時の経過による定額法（ただしグループに含まれる契約の数を反映）
  - 各期間の最大契約カバーに基づく方法
  - 保険事故が発生した場合に保険契約者が妥当な保険金請求を行うことができると企業が予想する金額に基づく方法
  - 保険料に基づく方法（ただし一定の場合、保険料は合理的な代用とはならない）
  - 予想キャッシュ・フローに基づく方法（ただし、企業が妥当な保険金請求を充足するために待機している期間に契約上のサービス・マージンが配分されないような方法は、上記の目的を満たさない）

(2) 保険契約が提供するサービスは投資関連サービスを含むか

TRG メンバーは以下の事項について同意した。
- IFRS 第 17 号は、変動手数料アプローチが適用される契約を、保険サービスと投資関連サービスの両方を提供する契約として識別している。
- 変動手数料アプローチが適用される契約が保険サービスと投資関連サービスの両方を提供するということから、
  - 45 項および B119 項で参照されているサービスは、保険サービスと投資関連サービスの両方に関連する。
  - B119 項(a)が参照する給付の量は、保険および投資関連の給付の両方に関連する。
  - B119 項(a)が参照する予想カバー期間は、保険および投資関連サービスの期間に関連する。
- TRG メンバーは変動手数料アプローチのカバー期間が、投資関連サービスが提供される期間を含むことを明確化する必要性について、異なる見解

補章 1　TRG 議論より

を示した。
● ほとんどの TRG メンバーは、一般モデルに基づく保険契約が保険サービスのみを提供しているように扱うことに同意しなかった。

補1−3−6　IFRS 第 17 号導入時の課題

背　景

2018 年 5 月、TRG では 2018 年 2 月に TRG メンバーが提起した IFRS 第 17 号導入時の課題について、IASB スタッフが行ったアウトリーチの報告が行われた。アウトリーチは、IFRS 第 17 号の要求事項が既存の実務からの重要な変更となることから、TRG メンバーが導入上の課題を生じさせるものとして識別した項目に関連している。

(1) 財政状態計算書における保険契約グループの表示および資産である契約グループと負債である契約グループの総額表示の必要性

　財政状態計算書において、企業は資産である保険契約グループと負債である保険契約グループの帳簿価額を別個に表示しなければならない（IFRS 第 17 号 78 項）。この要求事項は、保険料配分アプローチを用いて測定されるものを含め、すべての保険契約に等しく適用される。さらに、開示のためには、保険契約グループの残高を、残存カバーに係る負債と発生保険金に係る負債に分解する必要がある。これには、受領保険料および発生したクレームの識別を含む、保険契約グループ・レベルでの実際の資金移動を追跡することが必要であり、情報システムの変更を必要とする一部の企業にとっては、導入上の大きな課題となる可能性がある。

　保険契約グループのレベルで発生する保険金を識別するという課題は、長い決済期間を有する傾向のある損害保険契約により関連していると思われる。

(2) 保険料配分アプローチ適用時の残存カバーに係る負債を記録するために保険契約グループの受領保険料を追跡する必要性

　IASB スタッフは、IFRS 第 17 号は報告すべき金額を規定しており、その金

額の決定方法を規定していないことを指摘した。IFRS 第 17 号 24 項では、過大なコストおよび労力を掛けることなく、企業が入手可能なすべての合理的で裏付け可能な情報を組み込んだグループに配分できることを条件として、履行キャッシュ・フローの見積りをグループまたはポートフォリオよりも高いレベルで測定することを認めている。

現行の実務では、企業は収入保険料の総額（請求ベースではなく発生主義の場合もある）および未経過保険料の金額を表示しているが、これらは IFRS 第 17 号の下では失われるかまたは代替的な業績指標となりうる重要な業績指標とみなされる。IASB スタッフは、IFRS 第 17 号 121 項～ 132 項で要求されている開示の一部として、保険契約から生じる金融および保険リスクに対するエクスポージャーに関する情報を提供することを提案した。

(3) 決済期間において獲得した保険契約のその後の取扱い

決済期間中に取得された保険契約の場合、保険事故は保険金請求の最終的なコストの決定であり、カバー期間は請求の最終的なコストが決定されるまで延長される。したがって、発行者の決済期間が取得者のカバー期間となり、発行者の発生保険金に係る負債が取得者の残存カバーに係る負債となる（IFRS 第 17 号 B5 項）。

以下、導入上の懸念は、直接発行された保険契約と異なる方法で取得された保険契約を処理しなければならないことから生じている。

●取得者は、発行者であれば保険料配分アプローチを適用した可能性のあった場合であっても、取得した契約に一般モデルを適用しなければならない可能性がある。
●取得企業は、取得した契約の収益を、決済期間において認識しなければならない。直接発行された類似の契約については、これらは認識しないであろう。

特に、一部の企業は、すべての契約に保険料配分アプローチを適用することを期待しており、一般モデルの要求事項を考慮していない。

IASB スタッフは、企業が追加的な開示を通じて懸念事項の一部に対処する

補章 1　TRG 議論より

ことを提案した。

> **議論の要旨**

　TRG メンバーは、アウトリーチの報告が導入時の課題の性質を正確に反映していることに同意したが、導入時の課題はこれらに限定されないことに言及した。純額で資産または負債かを決定するためにグループ・レベルでキャッシュ・フローを集計することについて、多くの TRG メンバーの見解は、情報の入手にかかるコストは、便益を正当化するものではないというものであった。

　さらに、この問題は再保険会社や正味キャッシュ・フロー・ベースで運営しているロイズのシンジケートにも関連している可能性があり、そこではグループ・レベルでこれらのキャッシュ・フローを識別することがより困難になる可能性がある。

　決済期間中に取得した契約については、保険料配分アプローチには、IFRS 第 17 号 53 項(a)および(b)の 2 つの基準があることを強調した。1 年を超える保険期間を有する契約であっても、IFRS 第 17 号 53 項(a)の基準を満たす場合には保険料配分アプローチの適用を選択することができる。業績表示については、保険サービスの結果として当初予想において変化を記録する必要性を認めつつも、多くの TRG メンバーは、そのような契約について収益を認識することの妥当性に疑問を呈した。

補1−4　2018年9月TRG議論

補1−4−1　発生保険金から生じる保険リスク

背　景

　2018年9月、TRGは、保険契約に基づいて発生した保険金請求が、請求が行われなかった場合には存在しなかったであろう保険リスクを発生させることについて議論した。

　IASBスタッフは、このような保険リスクを間接的保険リスク（consequential insurance risk）と呼び、その会計処理について、2つの解釈を提示した。

> ①　発生保険金に係る負債
> ②　残存カバーに係る負債

　この選択は、履行キャッシュ・フローの決定には影響を与えない。しかし、カバー期間の決定、履行キャッシュ・フローの変動が契約上のサービス・マージンを調整するか、および契約上のサービス・マージンの配分に影響を及ぼす。いずれの会計処理を選択するかにより、会計上の結果が異なる可能性があるが、2つのアプローチの間に重要な違いはない場合もある。アジェンダ・ペーパーでは、発生した保険金請求に起因する債務が発生保険金に係る負債または残存カバーに係る負債のいずれに該当するかは、判断の問題であるとしている。この判断には、2つのアプローチの複雑性や比較可能性といった要因が影響する可能性がある。

　間接的保険リスクを発生させる例として、アジェンダ・ペーパーでは次の2つが取り上げられている。

> ①　保険契約者が就業不能となった場合に、就業不能であった期間にわたって年金を提供する就業不能保険
> ②　火災の後に住宅を建て直すための費用を補償する火災保険

補章1　TRG議論より

　それぞれの例に対する2つのアプローチによる考え方は**図表3・4**のとおりである。

　まず、アプローチ1として、間接的保険カバーを発生保険金に係る負債とする（図表3）。

　そして、アプローチ2として、間接的保険カバーを残存カバーに係る負債とする（図表4）。

【図表3】アプローチ1：間接的保険カバーを発生保険金に係る負債とする

	残存カバーに係る負債	発生保険金に係る負債
就業不能保険	未だ発生していない就業不能の原因となる事故・疾病に関する有効な請求を支払う企業の義務	保険契約者が就業不能となったときに支払う企業の義務
火災保険	発生していない事象に関する将来の火災保険金請求に対する企業の義務	火災によって生じた損害を保険契約者に補償する企業の義務

【図表4】アプローチ2：間接的保険カバーを残存カバーに係る負債とする

	残存カバーに係る負債	発生保険金に係る負債
就業不能保険	就業不能となった保険契約者および就業不能になっていない保険契約者の双方について、将来の就業不能期間にわたる保険金支払義務	保険契約者が現在の就業不能期間に行った請求を決済する企業の義務
火災保険	未だ発生していない火災事象に関連する請求に対する支払義務および支払事由に該当する火災事象により生じた損害の最終的な費用を判明させる義務	保険契約者の住宅の建て直し費用の請求に対する企業の支払義務

IASB のスタッフの見解では、企業が適用するアプローチは、IAS 第 8 号「会計方針、会計上の見積りの変更及び誤謬」で定義される企業の会計方針を策定するための IFRS 第 17 号における判断である。企業は、すべての類似する取引、すなわち、同じ商品タイプのすべての契約グループまたは企業が提供する類似する保険サービスを有するすべての契約グループに対して、一貫して同じアプローチを適用すべきである。どのようなアプローチを採用するにしても、IFRS 第 17 号は、基準の適用に際してなされた重大な判断の開示を要求している。

議論の要旨

TRG メンバーの大多数は、いずれのアプローチも IFRS 第 17 号の文言に沿ったものであるという IASB スタッフの見解に同意し、これらの場合には会計方針の選択が存在するという見解を支持した。IAS 第 8 号を適用すると、会計方針は事実および状況に基づいて選択されるが、これは自由な選択ではない。企業は、財務諸表の利用者に最も有用な情報を提供する会計方針を選択することとなる。

補1-4-2　割引率のトップダウン・アプローチ

背　景

2018 年 9 月、TRG は、トップダウン・アプローチによる割引率の決定について議論した。IFRS 第 17 号 B81 項では、企業は参照資産ポートフォリオの公正価値測定に内在している現在の市場収益率を反映するイールド・カーブを調整することにより、保険契約の適切な割引率を導出することができるとされている（トップダウン・アプローチ）。企業は、当該イールド・カーブを保険契約に関連しない要因を除去するように調整することが要求されるが、保険契約と参照資産ポートフォリオの流動性の相違についてイールド・カーブを調整することは要求されない。

IFRS 第 17 号 B81 項を適用する企業において、保有資産を参照ポートフォリオとして使用し、資産の流動性特性と保険契約の流動性特性との差異を無視

している場合、資産構成の変化が非流動性プレミアムの変化に対するイールド・カーブを調整するかどうかが問題となる。

議論の要旨

IFRS第17号は、参照資産ポートフォリオを定義していないが、企業が保有する資産のポートフォリオは、参照ポートフォリオとして使用することができる。IFRS第17号36項は、割引率が保険契約の流動性特性を反映することを要求しており、企業は非流動性の差異を除去することが要求される。しかし、トップダウン・アプローチを適用する場合には、参照資産ポートフォリオの流動性特性と保険契約グループの流動性特性との差異を解消しないことが認められる。これは、ボトムアップ・アプローチとトップダウン・アプローチが割引率の決定において異なる結果をもたらす理由の1つである。

TRGメンバーは、割引率を決定するために適切な参照資産ポートフォリオを使用する必要があることに留意した。また、保険契約の流動性特性は、トップダウン調整が計算された後に割引率に反映されるべきであることにも留意した。TRGメンバーは、基準となる資産ポートフォリオの構成に変更があった場合に流動性プレミアムの差異を解消しないことを認める、トップダウン・アプローチの簡便的な方法を採用することは、保険契約の割引率を変更することになることに同意した。したがって、割引率の少しの変更は、長期の保険契約などに重大な影響を及ぼす可能性がある。この場合、IFRS第17号が要求する、基準の適用に際してなされた重大な判断の開示が有用である。

補1-4-3 出再手数料および復元再保険料

背　景

2018年9月、TRGは再保険契約の発行者（再保険者）と同契約の保有者（出再者）の間で交換（exchange）される金額の会計処理について議論した。具体的には、出再手数料および復元再保険料を例として、特に出再手数料については、基礎となる契約の保険金請求を条件とする場合としない場合の両方について、アジェンダ・ペーパーに提示された以下の3つの質問が議論された。

補1-4　2018年9月TRG議論

> (1) 出再手数料は保険料または保険金のいずれの一部と考えるべきか
> (2) 出再手数料に関連するすべてまたは一部の金額は、保険獲得キャッシュ・フローまたは投資要素に該当するか
> (3) 保険事故発生時に請求される復元再保険料はどのように会計処理すべきか

議論の要旨

TRGメンバーは以下の点に同意した。

(1) **出再手数料は保険料または保険金のいずれの一部と考えるべきか**
- IFRS第17号の保有している再保険契約の収益または費用の表示に関する要求事項（86項）は再保険者と出再者の間で起こる交換の経済的効果を基礎としており、再保険契約における両者の間の交換については、経済的効果を評価することが適切である。
- 再保険者と出再者の間の交換が基礎となる契約の保険金請求を条件としていない場合、低い再保険料を請求するのと同等の効果を有する。したがって、交換される金額は保険収益として認識することが適切である。
- 再保険者と出再者の間の交換が基礎となる契約の保険金請求を条件としている場合、異なる金額の保険金額を支払うのと同等の効果を有する。したがって、交換される金額は保険サービス費用に含めて認識することが適切である。

(2) **出再手数料に関連するすべてまたは一部の金額は、保険獲得キャッシュ・フローまたは投資要素に該当するか**
- 出再者が再保険者に対して別個のサービスを提供しており、再保険者において再保険契約の販売、引受けおよび開始のコストが生じる場合を除き、出再手数料は保険獲得キャッシュ・フローには該当しない。
- 再保険者と出再者の間の交換が基礎となる契約の保険金請求を条件としない場合、交換される金額は、すべての状況において出再者への支払いが生

じるのであれば、投資要素に該当する場合がある。

(3) 保険事故発生時に請求される復元再保険料はどのように会計処理すべきか

復元再保険料については、IASB スタッフが以下の分析をアジェンダ・ペーパーで提示した。

IASB スタッフの分析は、強制の復元再保険料と任意の復元再保険料を区別して行われていた。両者は以下の特徴を有するものとしてアジェンダ・ペーパーに記載されていた。

① 強制の復元再保険料
●復元再保険料は保険金請求を条件とする。
●保険事故が発生しない場合、復元再保険料は出再者に請求されない。
●復元再保険料は再保険金と相殺して支払われる。

IASB スタッフはこの復元再保険料の経済的効果について、異なる再保険金を出再者に支払うのと同等の効果を有するものと分析した。この分析に基づけば、復元再保険料は保険サービス費用に含めて認識されることになる。

② 任意の復元再保険料
●復元再保険料の支払いは出再者の任意であり、支払わない場合、再保険契約は終了する。したがって、復元再保険料は保険金請求を条件としていない。

IASB スタッフはこの復元再保険料の経済的効果について、カバーを追加またはカバー期間を追加するためにより高い再保険料を請求するのと同等の効果を有するものと分析した。

補1-4-4　現在または過去のサービスに関連する保険料の実績調整

背　景

2018 年 9 月、TRG は、現在または過去のサービスに関連する保険料の実績調整について議論した。IFRS 第 17 号は、保険料の受取りに関する実績調整を、

当期首現在で当期に生じると見積った金額と当期の実際のキャッシュ・フローとの差額と定義している（付録A）。現在または過去のサービスに関連する保険料の実績調整の例として、アジェンダ・ペーパーには、以下の２つの保険契約が挙げられていた。

> **労災保険**：当初保険料は従業員数および給与の見積りに基づき適用されるが、当該保険料は後日実績に基づき調整される
> **再保険**：当初再保険カバーは出再される元受契約の見積額を基礎としていたが、当該カバーは後日実績が判明した時点で調整される

IFRS第17号では、保険料の実績調整（予想保険料と実績保険料との差額）が規定され、特に、将来のサービスに関して当期に受け取った保険料から生じた実績調整は、直ちに純損益で認識するのではなく、契約上のサービス・マージンを調整するものとされている（IFRS第17号B96項(a)）。また、当該実績調整を除いた実績調整は、契約上のサービス・マージンを調整してはならないとされており、直ちに純損益で認識される（IFRS第17号B97項(c)）。

TRGでは、以下の点について議論がなされた。

> ・現在または過去のサービスに関する保険料の実績調整は、契約上のサービス・マージンと純損益のいずれで認識すべきか
> ・上記保険料の実績調整を純損益に認識する場合、保険収益または保険サービス費用のいずれに含めて認識すべきか
> ・上記保険料の実績調整は保険料配分アプローチではどのように会計処理されるか

議論の要旨

TRGメンバーは、IASBスタッフの現在または過去のサービスに関する保険料の実績調整は直ちに純損益計算書で認識されるという見解に同意した。一方で、将来のサービスに関連するかどうかの判断を要する場合がある。保険料配分アプローチでは、実績調整は予想収納保険料を調整する。

一部のTRGメンバーは、保険収益の分析の開示（IFRS第17号106項）につ

いて、保険料の実績調整の影響を反映するための項目を追加する必要があるかもしれないことに言及した。また、実績調整が将来または過去・現在のいずれに関連するかは判断を要する可能性がある。

補1－4－5　当初認識時に契約の境界線外にあるキャッシュ・フロー

背　景

2018年9月、TRGは当初認識時に契約の境界線外にあるキャッシュ・フローの会計処理について議論した。IFRS第17号35項は、契約の境界線の外にある金額は負債または資産として認識することを認めていないが、B64項は契約の境界線を報告期間末日現在で再評価することを要求している。TRGでは、発行する保険契約および保有している再保険契約の両方について、事実および状況が変化した場合の35項とB64項の関係が議論された。

例として、当初認識時には保険契約者のリスクを再評価する実質上の能力を有していた企業が、その後の再評価により当該能力を有していないと判断した場合が挙げられた。

議論の要旨

IASBスタッフは、35項の要求事項とB64項の要求事項は異なるものであり、異なる状況を扱っているとの見解を示した。すなわち、35項は契約の境界線の外にあり、将来の契約に関連するキャッシュ・フローに適用されるが、B64項は保険契約者のリスクを再評価する実質上の能力を議論しており、契約の境界線の再評価に適用されるものである。B64項を適用した場合、契約の境界線の変更は履行キャッシュ・フローを更新し、契約上のサービス・マージンを調整する。

結果として、当初認識時に契約の境界線の外にあったキャッシュ・フローは報告期間末日において契約の境界線に含まれるようになる可能性があり、また反対に当初認識時に契約の境界線に含まれていたキャッシュ・フローが報告期間末日において契約の境界線の外に含まれるようになる可能性がある。TRGメンバーは、IASBスタッフの見解に同意した。

補1−4−6　保険獲得キャッシュ・フローの回収可能性

背　景

2018年9月、TRGは保険獲得キャッシュ・フローに関するIFRS第17号の要求事項について議論した。IFRS第17号は、保険獲得キャッシュ・フローに関連した保険収益を、保険料のうち当該キャッシュ・フローに関連する部分を、時間の経過に基づいて規則的な方法で各期間に配分することを要求すると共に、同じ金額を保険サービス費用として認識することを要求している（B125項）。

TRGでは、保険獲得キャッシュ・フローと関連する収益が、契約のポートフォリオのキャッシュ・フローから回収できない場合、B125項を適用して保険収益として認識されるのか、また、保険獲得キャッシュ・フローの変動について B123項およびB125項を適用してどのように会計処理するのかについて議論された。

議論の要旨

IASBスタッフがアジェンダ・ペーパーに示した分析は以下のとおりである。
- 保険料が予想キャッシュ・アウトフロー（保険獲得キャッシュ・フローおよびその契約を履行するために発生するその他のキャッシュ・フローの両方）よりも少なくなるために認識される契約上のサービス・マージンの減額または損失要素は、B123項を適用して保険収益に影響する。
- 保険獲得キャッシュ・フローの予想の変動は契約上のサービス・マージンを修正し、B123項を適用して保険収益に認識する。また、B125項を適用して保険収益および保険サービス費用に反映する。
- 保険獲得キャッシュ・フローに関連する実績調整は、B123項を適用して保険収益に影響し、B125項を適用して保険収益および保険サービス費用に影響する。

TRGメンバーは以下の事項について同意した。
- B123項およびB125項は、金融費用の影響を調整し、投資要素を除外し

た合計の保険料を反映する保険収益を達成するために一緒に機能する。企業は、各報告日において保険契約のキャッシュ・フローを回収するかどうかを別個に識別する必要はない。
- B 125 項では、保険獲得キャッシュ・フローの回収に関連する保険料の一部は、各報告期間における保険契約キャッシュ・フローの予想総額の現在の見積りに等しいと仮定している。

　TRG メンバーは、将来のサービスに関して期間中に受領した保険料から生じる実績調整および保険獲得キャッシュ・フローのような関連するキャッシュ・フローは、B 96 項(a)を適用して契約上のサービス・マージンを調整することに留意した。

補1-4-7　保険料の免除

背　景

　2018 年 9 月、TRG は、保険料免除が企業に移転された保険契約者の既存の保険リスクまたは保険契約により生じた新たなリスクのいずれに当たるかを議論した。保険契約は、保険契約者が障害状態や就業不能となった場合に保険料を免除する契約条件を含むことがある。保険料免除の条件は保険契約における保険事故とは異なっており、たとえば死亡保障の定期保険で保険契約者が就業不能となることを条件に保険料が免除される場合がある。

　保険リスクは企業が保険契約者から引き受けるリスクであるため、保険契約者がすでに晒されていたリスクを企業が保険契約者から引き受けなければならないことを意味し、企業または保険契約者に対して契約により創出される新たなリスクは、保険リスクではないとされている（B11 項）。また、保険リスクが重大であるのは、保険事故がいずれかの単一のシナリオにおいて、重大な追加的金額の支払いを発行者に生じさせる場合であり、かつ、その場合のみであるとされている（B18 項）が、将来のサービスについて保険契約者に請求する能力を失うことや、失効時または解約時に課す手数料を死亡時に免除することについては、追加的金額に含まれないとされている（B21 項）。

議論の要旨

　IASBスタッフは、保険リスクの定義はIFRS第4号から変更されておらず、保険リスクの判断の実務が変わることは見込んでいないことに言及した。また、保険料免除の原因となる事象（たとえば障害状態）は保険契約者に不利な影響を与えるもので、保険者に移転されたリスクであるという分析をアジェンダ・ペーパーの中で示した。

　TRGメンバーはIASBスタッフの分析について議論し、以下の事項について同意した。

- ●特定の事象を条件として保険料を免除する場合には保険リスクが存在する。
- ●保険料免除はB21項(a)～(b)で議論されている状況とは異なる。
- ●保険料免除は以下の結果を生じる。
  - ・投資契約に保険料免除が含まれると、投資契約は保険契約となる。
  - ・保険料免除の条件を契約に含める場合、契約が提供する給付の量とカバー期間に影響し、純損益に認識される契約上のサービス・マージンに影響する。

補1-4-8　団体保険契約の境界線

背　景

　2018年9月、TRGは、企業が団体（association）の会員または銀行の顧客（以下、加入者）に保険カバーを提供する企業と団体または銀行との契約（以下、団体保険契約）における契約の境界線について議論した。

　団体保険契約では、企業が加入者に対して保険カバーを提供している。企業はすべての加入者に対して90日間の通知期間を経ていつでも団体保険を解約することができる場合がある。このような場合に、90日間の通知期間後のキャッシュ・フローは契約の境界線に含まれるのか、以下の2つの団体保険契約を例に検討が行われた。

補章 1　TRG 議論より

(1) 以下の性質を有する団体または銀行との団体保険契約

> 1. 企業は加入者に保険料の支払いを強制させることができない。
> 2. 法的には企業と団体または銀行が契約を締結しているが、保険カバーはあたかも個々の加入者に対する個人保険契約のように価格決定される。
> 3. 会員または銀行の顧客による保険カバーへの加入は任意である。
> 4. 加入者は団体の会員であるまたは銀行の顧客である点を除き関係性がない。
> 5. 保険料は保険契約者の年齢等に応じて増加していく。
> 6. 企業と団体または銀行はすべての加入者に対して 90 日間の通知期間を経ていつでも団体保険契約を解約することができる。
> 7. 加入者は、保険契約期間の終了まで保険契約は解約されないと見込んでいる。
> 8. 企業は特定の加入者に対して解約することができない（企業はすべての加入者に対して解約するか解約しないかの 2 つの選択肢を有する）。
> 9. 企業は保険料を再設定できない。
> 10. 保険金は加入者または加入者の保険金受取人に直接支払われる。

(2) 以下の性質を有する銀行との団体信用生命保険契約

> 1. 上記(1)の #1 から #9 の特徴と同様
> 2. 保険カバーは銀行が加入者に貸し付けているローン残高に連動する。
> 3. 保険事故が発生すると企業は銀行に直接ローン残高に相当する金額を支払う。

(3) IASB スタッフの 3 つの見解

IASB スタッフは、保険契約者の識別、保険契約の識別、保険契約の境界線の 3 つについて分析を行い、次の見解を示した。

① 保険契約者の識別

上記(1)(2)の例では加入者が保険契約者である。IFRS 第 17 号は保険契約者を

保険事故によって不利な影響を受ける場合の補償を受ける権利によって定義しており、保険金の支払いが直接的であるのか間接的であるのかは影響しない。

② 保険契約の識別
単一の契約を構成要素に分割するには重大な判断およびすべての事実と状況に応じた慎重な考慮が必要である。上記(1)(2)の例では、以下の事実と状況が、団体保険契約が単一の保険契約ではなく複数の保険契約（加入者との個々の保険契約）であることを示している。
- 保険カバーは別々に価格決定され販売されている。
- 加入者は団体の会員であるまたは銀行の顧客である点を除き関係性がない。
- 会員または顧客による保険カバーへの加入は任意である。

③ 保険契約の境界線の決定
上記(1)(2)の例では、上記①および②の分析結果に基づき、保険契約の境界線は加入者ごとに評価されるべきである。企業が契約上のサービス提供を行う実質的な義務は、企業が契約を終了することができる時点で終わると考えるため、契約の境界線内のキャッシュ・フローは90日間のサービス提供を行う義務に関係するものである。加入者が保険契約期間の終了まで保険契約は解約されないと見込んでいることは、保険契約の境界線の評価に関連しない。

議論の要旨

TRGメンバーはIASBスタッフの見解に同意した。ただし、IASBスタッフの見解は上記(1)(2)の例示を分析したものであり、実務上はさまざまな団体保険契約が存在するため、団体保険契約が単一の契約なのか複数の契約なのかの評価はすべての事実と状況を考慮して実施されるべきであるとの見解が多くのTRGメンバーから述べられた。

補1-4-9　団体により管理される業界プールにおける非金融リスクに係るリスク調整

背　景

2018年9月、TRGは団体（association）により管理される業界プールにおける保険契約についての非金融リスクに係るリスク調整について議論した。

(1) 業界プール

特定の法域では、自動車保険を発行するすべての企業は、法律により団体の会員になることが要求されている。この団体の目的は、任意の市場で保険を受けられない保険契約者に保険カバーを提供することである。団体は、以下2種類の業界プールを管理する。

> プール1：すべてのメンバーの代わりに一部のメンバーが契約を発行する
> プール2：メンバーは発行した保険契約を移転するか選択できる

各業界プールの結果は、特定の算式に基づいて団体のすべての会員に配分される。各会員は自らが契約をしているかのように財務諸表にプール内のシェアを計上する。

この2種類の業界プールの保険契約について、非金融リスクに係るリスク調整は以下のどちらのレベルで決定されるのかの検討が行われた。

> ①　団体レベル
> ②　個々の会員レベル

また、会員の財務諸表における非金融リスクに係るリスク調整について、団体の財務諸表と比較して異なった測定ができるかどうかの検討が行われた。

(2) IASBスタッフの見解

IASBスタッフは、各会員の自社のシェアに対する会計処理、非金融リスクに係るリスク調整の決定レベルの2つのステップで分析を行い、次のとおり見解を示した。

① 各会員の自社のシェアに対する会計処理

個々の会員が保険契約を発行し業界プールに保険契約を移転させている場合、企業は、移転がIFRS第17号の再保険契約の定義を満たすか、移転により企業の保険契約者に対する義務が消滅しているかを検討すべきである。

IFRS第17号は複数の企業により保険契約が発行されている場合の取扱いを定めていない。そのため、複数の企業により保険契約が発行されている場合、以下の検討が必要となる。

- 企業間の取決めがIFRS第11号「共同支配の取決め」の適用対象取引に該当するか
- IFRS第11号の適用対象外である場合、IAS第8号「会計方針、会計上の見積りの変更及び誤謬」を適用し、類似の基準の有無を検討する。
- 類似の基準がない場合、財務報告に関する概念フレームワークを考慮する。

② 非金融リスクに係るリスク調整の決定レベル

契約の発行者は、契約からの収益を認識する当事者であり、非金融リスクに係るリスク調整に関連する金額は収益の構成要素である。そのため以下のとおり考える。

- 個々の会員が保険契約を発行している場合、収益はIFRS第17号を適用して各会員が認識する。したがって、非金融リスクに係るリスク調整は各会員が決定する。
- 複数の企業により保険契約が発行されている場合、収益は保険契約を発行しているメンバー間で分配される。したがって、非金融リスクに係るリスク調整は当該すべての会員によって決定される。

IFRS第17号は、1つの保険契約グループに対して、非金融リスクに対して要求する報酬を決定するにあたって契約の発行者が考慮した分散効果の程度を反映した1つの非金融リスクに係るリスク調整が存在することを要求している。

補章 1　TRG 議論より

> **議論の要旨**

各々の TRG メンバーは IASB スタッフの見解についてさまざまな意見を寄せた。IASB スタッフの見解への同意以外の主な意見は以下のとおり。

- 業界プールに含まれる保険契約の発行者の例として以下の 3 つが考えられる。
    - 保険契約を発行している会員が発行者
    - 業界プール内の各保険契約のそれぞれの持分に対して各会員が発行者
    - すべての会員で構成される集合体が発行者
- 契約の法的形式から契約当事者が明確になることもあれば、権利および義務の実質（誰が契約の発行者であるかを含む）を識別するために契約条件を分析する必要がある場合もある。
- IASB スタッフの見解は特定の事実パターンに基づいている。業界プールに含まれる保険契約の発行者の識別、複数の企業による保険契約が発行されている場合の会計処理の検討は、すべての関連する事実および状況を考慮して、類似の取決めに対しては一貫して適用されるべきである。
- IFRS 第 17 号は、非金融リスクに係るリスク調整は、企業が当該リスク負担に対して要求する報酬を決定する際に含める分散効果の程度を反映することを要求している（B88 項）。B88 項の適用により、企業は、団体が要求する報酬ではなく、企業が要求する報酬を考慮する。この考え方は、連結グループ・レベルの非金融リスクに係るリスク調整と個々の企業レベルにおける非金融リスクに係るリスク調整は異なりうると主張する TRG メンバーの見解と整合的である（補 1−3−2 参照）。

補1−4−10　特定の基礎となる項目のプールより生じるリターンを共有する契約の年次コホート

> **背　景**

2018 年 9 月、TRG は特定の基礎となる項目のプールより生じるリターンを契約者が共有し、そのリターンの一部が、ある保険契約者のグループから別の保険契約者のグループに契約上移転するような年次コホートについて議論した。

BC138 項では、「状況によっては、企業が同じ会計上の結果を達成するためにグループをこの方法で制限することは必要ないかもしれない」と記載されている。TRG では、ポートフォリオ単位のように、年次コホート単位よりも大きな単位で契約上のサービス・マージンを測定する場合、どのような状況において、年次コホート単位での測定と同じ会計上の結果になるのかが議論された。

> **議論の要旨**
>
> TRG メンバーは、以下の点について同意した。
> - BC138 項は IFRS 第 17 号の要求事項の影響を説明するものであり、要求事項を変更するものではない。
> - 特定の基礎となる項目のプールが、当該プールのリターンを共有する保険契約者に対して発行された保険契約から構成されている場合、リターンが 100％共有されるかまたは一部のみ共有されるかにかかわらず、B67 項の要求事項を満たす。
> - 保険契約から構成される基礎となる項目のプールのリターンを 100％共有する契約は、契約上のサービス・マージンはゼロとなる。そのため、契約上のサービス・マージンをポートフォリオ単位などの年次コホート単位よりも大きなレベルで測定することは、年次コホート単位で測定することと、会計上は同じ結果になる。
> - 基礎となる項目のプールのリターンのうち、共有される部分の占める割合が低い場合には、発行される各契約の将来キャッシュ・フローの影響を受ける可能性がある。その場合には、契約グループの契約上のサービス・マージンは、ポートフォリオ単位などより大きな単位で測定されるものとは異なる可能性がある。よって、契約上のサービス・マージンをより高いレベルで測定できるようにするには、契約期間中の仮定や実績がどのように発展するかにかかわらず、すべての状況において会計上の結果が同じである必要がある。
>
> IASB スタッフは本論点について説例を作成している。

補章 1　TRG 議論より

　TRG メンバーは当該設例が実際に生じる多くの状況を代表するものではないと述べた。TRG メンバーは実際には当該設例よりも高いレベルでキャッシュ・フローが決定され、B70 項がグループへのキャッシュ・フローの配賦に適用されるであろうことに同意した。したがって、基礎となる項目のプールのリターンにおいて 90％が共有される場合には、年次コホートより大きな単位で測定しても、同じ会計上の結果となる状況が生じる可能性がある。

補1-5　2019年4月TRG議論

補1-5-1　保険契約に含まれる投資要素

背　景

2019年4月、TRGはIFRS第17号で定義されている投資要素に関して、①保険契約に投資要素が含まれているかどうかの判断、②投資要素が別個であるかどうかの評価、③投資要素の金額の決定方法について議論した。

議論の要旨

(1) 保険契約に投資要素が含まれているかどうかの判断

投資要素についてIFRS第17号の定義とBC34項の説明は異なっており、多くのTRGメンバーは投資要素の定義にすべての状況において保険契約者に金額を返済するという要件を明示的に含めるよう修正することに同意した。また、TRGメンバーは当該要件の評価において、支払いが行われないシナリオが商業的実態を持つかどうかおよび支払いがゼロであると判断される状況がある場合にはその契約条件を考慮する必要があることに言及した。

(2) 投資要素が別個であるかどうかの評価

TRGメンバーは、投資要素と保険要素が以下のように高度に相互関連している場合には保険契約内の投資要素は別個ではないということに同意した。

- 一方の要素を考慮せずに測定することができない。
- どちらかの要素が存在しない場合に、契約者は他方の要素から給付を受けられない。

また、TRGメンバーより保険契約から投資要素を分離するハードルは高いことに言及した。

補章 1　TRG 議論より

(3) 投資要素の金額の決定方法

TRG メンバーは、以下の点に同意した。
- 保険収益および発生保険金が認識された場合にのみ、別個ではない投資要素の金額を識別する。
- IFRS 第 17 号では投資要素の金額の算定方法を定めていない。
- 契約条件で特定された明示的な金額を用いて、保険収益および保険サービス費用から控除する金額を決定することが合理的な場合がある。
- 企業が保険収益および保険サービス費用から控除しなければならない投資要素の金額を、その時点の現在価値で決定することが適切な場合がある。

また、解約返戻金を用いて保険収益および保険サービス費用から控除する金額を決定する場合には、当該金額の一部に保険料の払戻しが含まれているかどうかを決定する必要はない。

TRG メンバーは、このような状況では投資要素と保険料の払戻しの両方が保険収益および保険サービス費用から控除されることに言及した。

補章2

IFRSIC 議論より

補2－1　IFRSIC での議論の概要
補2－2　年金契約グループに基づく保険カバーの移転（2022年7月アジェンダ決定）
補2－3　多通貨保険契約グループ（2022年10月アジェンダ決定）
補2－4　仲介者からの未収保険料（2023年10月アジェンダ決定）

補2-1 IFRSICでの議論の概要

IFRSICはIASBの解釈指針設定機関である。IFRS財団評議員会が任命する、14名のメンバーで構成される。任期は3年で再選が可能である。

IFRS第17号の実施に関して提起された問題の議論を利害関係者がフォローするための公開フォーラムとしてはTRGが開催されていた（**補章1参照**）。TRGは2019年4月を最後に開催されていないが、その後IFRSICでは複数回にわたって要望書を受け取っており、年金契約グループに基づく保険カバーの移転、多通貨保険契約グループ、仲介者からの未収保険料を含む、3件のアジェンダ決定を行っている。これらのアジェンダ決定に至るまでに開催された会議をまとめると、図表1～図表3のとおりである。

なお、暫定的なアジェンダ決定は通常60日間の期間を設けてコメントが募集される。コメント検討の後、IFRSICがアジェンダ決定を確認し公表する場合は、事前にIASB会議において反対するかどうかが問われる（デュー・プロセス・ハンドブック8.2項(a)・8.7項）。反対がなければ、アジェンダ決定は

【図表1】年金契約グループに基づく保険カバーの移転

年	会議体	決定事項
2022年2月	IFRSIC会議	教育セッションのため決定事項なし
2022年3月	IFRSIC会議	暫定的なアジェンダ決定
2022年6月	IFRSIC会議	審議会の決定を求めるアジェンダ決定
2022年7月	IASB会議	アジェンダ決定の最終確定

【図表2】多通貨保険契約グループ

年	会議体	決定事項
2022年6月	IFRSIC会議	暫定的なアジェンダ決定
2022年9月	IFRSIC会議	審議会の決定を求めるアジェンダ決定
2022年10月	IASB会議	アジェンダ決定の最終確定

【図表3】仲介者からの未収保険料

年	会 議 体	決定事項
2023年 3月	IFRSIC 会議	暫定的なアジェンダ決定
2023年 9月	IFRSIC 会議	審議会の決定を求めるアジェンダ決定
2023年10月	IASB 会議	アジェンダ決定の最終確定

IFRIC Update に公表される。

　本章では、上記の最終確定したアジェンダ決定の要旨を解説する。

補2-2 年金契約グループに基づく保険カバーの移転（2022年7月アジェンダ決定）

背景

2022年3月、IFRSICは年金契約グループに関する要望書を受け取り、関連する論点について議論した。本要望書における具体的な論点は、ある期間において、生存に対する保険カバーの当該期間における移転により純損益に認識すべき契約上のサービス・マージンの金額を企業がどのように決定するかというものである。IFRSICは暫定的なアジェンダ決定について関係者からコメントを募集し、受領したコメントを踏まえて2022年6月に議論した後、本論点に関するアジェンダ決定を2022年7月に公表した。

要望書の概要

要望書では、年金期間が契約開始後直ちに開始する契約グループ（即時年金）を会計処理するにあたり、契約に基づいて提供される給付の量をどのように決定すべきかを質問していた。なお要望書では、年金期間が契約開始後の所定の日に開始する契約グループ（たとえば、2022年に締結した契約で年金期間が2042年に開始するような据置年金）にも言及されていた。要望書に記載された年金契約グループの概要は以下のとおりである。

- 保険契約者は保険料を前払いするが、契約を解約する権利や返金を求める権利を有していない。
- 保険契約者は年金期間の開始時から死亡する時まで、生存している限り、定期的な支払いを受け取る（たとえば、保険契約者が生存している各年についてCU100の固定金額）。
- 保険契約者は当該年金契約に基づいて、他のサービスは受けない（たとえば、他の種類の保険カバーや投資リターン・サービスは受けない）。

IFRS第17号の要求事項

IFRS第17号では、保険契約サービスの定義において保険カバーを保険事故

補2−2　年金契約グループに基づく保険カバーの移転（2022年7月アジェンダ決定）

に対するカバーと記載しており、さらに保険事故を保険契約によりカバーされ、保険リスクを生じさせる不確実な将来の事象と定義している（付録A）。

IFRS第17号は、契約上のサービス・マージンの帳簿価額を、当期における保険契約サービスの移転により保険収益として認識した金額について調整することを企業に要求している。企業はB119項を適用して、契約上のサービス・マージンを当期および残存カバー期間にわたり配分することによって、当該収益の金額を決定する（44項(e)）。

IFRS第17号は、当該期間に保険契約グループに基づいて提供された保険契約サービスを反映するために、各期間の純損益に契約上のサービス・マージンの金額を認識することを要求しているが、当該純損益に認識される金額は次の方法に従って決定される（B119項(a)〜(c)）。

- 当該グループの中のカバー単位を識別する。あるグループの中のカバー単位の数は、当該グループの中の契約で提供される保険契約サービスの量であり、各契約について、契約に基づいて提供される給付の量とカバーの予想期間を考慮して決定される。
- 当期の末日現在の契約上のサービス・マージンを、当期に提供されたカバー単位と将来に提供されると見込まれるカバー単位に同等に配分する。
- 当期に提供されたカバー単位に配分した金額を純損益に認識する。

上記のB119項(a)を適用する際、企業は次の（ステップ1）から（ステップ3）の各ステップを実施するが、本要望書の事実パターンに即して考えた場合、IFRS第17号は、（ステップ3）における契約に基づいて提供される給付の量の決定方法を規定していない。

したがって、企業は、B119項の原則を満たす方法を決定し、使用しなければならない（上述のとおり、要望書における質問は、B119項の原則を満たす方法として、どのような方法を採用すべきか、というものであった）（次頁図表4）。

補章2　IFRSIC 議論より

【図表4】純損益に認識する CSM の金額の決定プロセス

企業が実施するステップ	要望書の事実パターンにおける検討
ステップ1 契約グループに基づいて提供されることとなる保険契約サービスを識別する。	生存に対する保険カバーが契約グループに基づいて提供される唯一の保険契約サービスである。
ステップ2 グループの中の各契約についての予想カバー期間を考慮する。	予想カバー期間は、保険契約者がどのくらい長く生存するかについて企業の予想を反映することになる。
ステップ3 グループの中の各契約に基づいて提供される給付の量を考慮する。	IFRS 第17号は、契約に基づいて提供される給付の量の決定方法を規定していない。したがって、企業は、提供される保険契約サービスに関して、契約に基づいて保険契約者に提供される給付、および当該給付がいつ提供されるのかを考慮しなければならない。なお、事実および状況に応じて、さまざまな方法により当該原則を達成する可能性がある。

IFRS による検討

要望書は上記ステップ3における契約に基づいて保険契約者に提供される給付を考慮して、当期に提供される保険カバーおよび将来に提供されると見込まれる保険カバーの給付の量を決定するための方法として2つの方法を示しており、IFRSIC はこれら2つの方法が B119 項の原則を満たすものであるか否かを議論した（図表5）。

【図表5】考えうる保険カバーの給付の量の決定方法

	方法1	方法2
考え方	各期に提供される給付の量は、各期に支払われる固定の年間給付金額を反映する。	各期に提供される給付の量は、契約期間中に（すなわち、当期および将来において）支払われると見込まれるすべての給付金額の現在価値を反映する。

補2−2　年金契約グループに基づく保険カバーの移転（2022年7月アジェンダ決定）

当期に提供される保険カバーの給付の量	保険契約者が当期において正当に請求することができる年金支払いに基づいて決定する。	次の合計額に基づいて決定する。 ・保険契約者が当期において正当に請求することができる年金支払い ・保険契約者がカバー期間の終了までの将来において正当に請求することができると見込まれる年金支払い（当期末現在での予想される将来の年金支払いの残高）の現在価値
将来に提供されると見込まれる保険カバーの給付の量	保険契約者がカバー期間の終了までの将来において正当に請求することができると見込まれる年金支払い（当期末現在での予想される将来の年金支払いの残高）の現在価値に基づいて決定する。	カバー期間の終了まで、将来の各期間の期首現在での予想される将来の年金支払いの残高の現在価値に基づいて決定する。

IFRSIC による検討上の留意点

　要望書に記載された事実パターンによれば、年金契約の契約条件は、保険契約者が生存している限り、年金期間の開始から定期的な金額（たとえば、固定金額 CU100）を請求する権利を保険契約者に提供している。したがって、IFRSIC は次の点に着目した。

●生存に対する保険カバーに関して契約に基づいて保険契約者に提供される給付は、保険契約者が生存している限り、定期的な金額を請求する保険契約者の権利である。保険契約者がどのくらい長く生存するかは不確実であり、保険契約者は当該不確実性に係るリスクを企業に移転することからも便益を得る。しかし、IFRS 第17号は、当該不確実性に係るリスク（すなわち、保険リスク）については、非金融リスクに係るリスク調整として、

補章 2　IFRSIC 議論より

契約上のサービス・マージンとは区分して会計処理することを企業に要求している。
● 定期的な金額を請求できるという便益は、年金期間の開始から保険契約者が生存している各年において、保険契約者に提供される。IFRSIC は、年金が開始する前および開始した後における、各年の生存に対する金額の請求権について、次のように考えた。

> ①　保険契約者は、年金期間の開始前の各期間における生存に対しては金額を請求する権利を有していない。企業は契約の開始時から保険リスクを受け入れるが、年金期間が開始するまでは、請求できる金額という形での便益を保険契約者に提供していない[1]。
> ②　年金開始後のある年に生存しているとしても、当該事実を以て、将来の各年において自動的に給付を受け取れるわけではない。すなわち、将来の各年において金額を請求するという保険契約者の権利は、その将来の各年において保険契約者が生存していることが条件となる。

結　論

IFRSIC は、各年金契約に基づいて提供される生存に対する保険カバーの給付の量を決定するために IFRS 第 17 号を適用するにあたり、要望書で示された各方法について、次の結論を下した（**図表6**）。

IFRSIC は、IFRS 会計基準における諸原則および要求事項が、要望書に記載された年金契約グループの発行者が、ある期間において生存に対する保険カバーの当該期間における移転により純損益に認識すべき契約上のサービス・マージンの金額を決定するための適切な基礎を提供していると結論を下した。したがって、IFRSIC は基準設定プロジェクトを作業計画に追加しないことを決定した。なお、アジェンダ決定における IFRSIC の結論には、次の点も記載されている。

---
1) IFRS 第 17 号に関する結論の根拠の BC140 項から BC141 項は、企業は保険カバーのサービスを履行する義務を負う前に保険リスクを受け入れる可能性がある旨を説明している。

補2-2 年金契約グループに基づく保険カバーの移転(2022年7月アジェンダ決定)

- 企業は契約上のサービス・マージンとは別に、非金融リスクに係るリスク調整を純損益に認識するためにIFRS第17号の他の要求事項を適用する必要があるが、IFRSICはこうした他の要求事項については議論しなかった。
- 年金契約グループに基づいて、企業は生存に対する保険カバーに加えて他の保険契約サービス（たとえば、据置期間中の死亡に対する保険カバーや投資リターン・サービス）を保険契約者に提供する場合があるが、本アジェンダ決定における結論は、提供される他のサービスに関係なく、生存に対する保険カバーに適用される。契約が他の保険契約サービスを提供する場合には、企業はこれらのサービスの保険契約者への移転のパターンを考慮することも必要となる。

【図表6】保険カバーの給付の量の決定方法の結論

	方法1	方法2
B119項の原則の充足に係る結論	B119項の原則を満たす。	B119項の原則を満たさない。
結論の理由	・保険事故（保険契約者の生存）が発生して保険契約者が正当な請求を行う権利が生じる可能性のある期間にのみ、給付の量を割り振る。 ・ある期間に提供される給付の量を、保険事故が当該期間において発生した場合に保険契約者が正当に請求することのできる金額と一致させる。	・保険事故が発生しない期間（たとえば、据置年金契約の据置期間）に給付の量を割り振ることになる。 ・保険契約者が請求して給付を受けることが将来の期間においてしかできない金額を考慮することによって、ある期間に提供される給付の量を誤って表現することになる。

補章 2　IFRSIC 議論より

補2－3　多通貨保険契約グループ（2022年10月アジェンダ決定）

背　景

　2022年6月、IFRSIC は複数の通貨でのキャッシュ・フローを伴う保険契約を企業がどのように会計処理するかに関する要望書を受け取り、当該論点について議論した。その後、暫定的なアジェンダ決定に関して関係者からコメントを募集し、受領したコメントを踏まえて2023年9月に議論を行った後、2022年10月に本論点に関するアジェンダ決定を公表した。

要望書の概要

　要望書における質問は以下のとおりである。
- 企業は、保険契約のポートフォリオを識別する目的で類似したリスクを評価する際に為替リスクを考慮する必要があるか。
- 複数の通貨によるキャッシュ・フローを伴う保険契約グループ（多通貨保険契約グループ）を測定するにあたり、企業はどのように IAS 第21号を IFRS 第17号と組み合わせて適用するか。

IFRSIC による検討

(1)　保険契約ポートフォリオの識別

　保険契約グループを設定するにあたって、まず保険契約ポートフォリオを識別する（14項）。ポートフォリオは、類似したリスクに晒されていて一括して管理されている複数の契約で構成される（付録A）。1つの商品ラインの中の契約は、類似したリスクを有すると見込まれ、一括して管理されている場合には同じポートフォリオに属すると見込まれる（14項）。IFRS 第17号14項は特定の種類のリスクを明示せずに類似したリスクに言及しており、企業に保険契約ポートフォリオを識別する際に、外国為替レート・リスクを含むすべてのリスクを考慮することを要求していると IFRISC は結論を下した。したがって、企業は異なる通貨の外国為替レート・リスクに晒されている契約を含む保険契約

補2-3　多通貨保険契約グループ（2022年10月アジェンダ決定）

のポートフォリオを識別する可能性がある。IFRSICは、企業が何を類似したリスクと考えるのかは、企業の保険契約におけるリスクの性質および程度に依存すると考えた。

(2) **多通貨保険契約グループの測定**

　保険契約グループは、履行キャッシュ・フローとCSMの合計額で測定される（32項）。IFRS第17号30項は「IAS第21号「外国為替レート変動」の影響を外貨でのキャッシュ・フローを生じさせる保険契約グループに適用する際に、企業は、契約グループ（CSMを含む）を貨幣性項目として扱わなければならない」と記述している。

　IAS第21号は貨幣性項目を、保有している通貨単位および固定または決定可能な数の通貨単位で受け取るかまたは支払うこととなる資産および負債（IAS第21号8項）と定義している。また外貨建取引を、外国通貨で表示されているかまたは外国通貨での決済を要求する取引（IAS第21号20項）と定義し、貨幣性項目の外貨建取引を機能通貨に換算するために以下のことを要求している（IAS第21号21項〜24項）。

- 当初認識時に、機能通貨での外貨建取引を取引日現在の直物為替レートで認識する。
- 貨幣性項目の帳簿価額を他の関連するIFRS会計基準と合わせて決定する。
- 報告期間の末日において、外貨建貨幣性項目を決算日レートを用いて機能通貨に換算する。

　IFRS第17号とIAS第21号の両方の要求事項が、単一の通貨で表示されているかまたは単一の通貨での決済を要求している取引または項目に言及している。しかし、IFRS会計基準には、複数の通貨でのキャッシュ・フローを伴う取引または項目の通貨表示を決定する方法についての明示的な要求事項が含まれていない。

　IFRSICは、企業が多通貨保険契約グループを測定するにあたり、次のような会計処理を考えた。

- IFRS第17号のすべての測定の要求事項を保険契約グループに適用し、

481

当該グループ（CSM を含む）を貨幣性項目として扱う（30 項）。
● IAS 第 21 号を適用して、報告期間の末日において、当該グループ（CSM を含む）の帳簿価額を決算日レートで企業の機能通貨に換算する。
● 当初認識時に当該グループ（CSM を含む）を単一の通貨でまたは当該グループのキャッシュ・フローの複数の通貨で表示するか、企業の状況および契約の条件に基づいて、IAS 第 8 号 10 項に従って会計方針を策定し、継続的に適用する（IAS 第 8 号 13 項）。なお、企業は当該グループに係る CSM を単純に機能通貨建てと推定することはできない。単純にそのような通貨表示と推定すると、当該 CSM を貨幣性項目として扱うことができなくなり、30 項の要求事項が適用できなくなる。

これらの会計処理を適用する場合、多通貨保険契約グループに対して IFRS 第 17 号および IAS 第 21 号を適用する際に、企業が採用するアプローチとして大きく分けて 2 つのアプローチが考えられる。

① アプローチ 1（単一通貨表示アプローチ）

本アプローチでは、まず当初認識時に当該グループの通貨の建値となる単一通貨を決定する。次に、IFRS 第 17 号のすべての要求事項を適用し、CSM を含む契約グループの帳簿価額を、特定された単一通貨で決定する。通貨の異なるキャッシュ・フローを単一通貨に換算する際、金融リスクの変動の影響に関する IFRS 第 17 号の要求事項を適用する。単一通貨が外国通貨である場合、企業は IAS 第 21 号を適用し、各報告期間末日において、契約グループの帳簿価額を機能通貨に換算する（図表7）。

【図表 7】 アプローチ 1 の例

補2−3　多通貨保険契約グループ（2022年10月アジェンダ決定）

【図表8】アプローチ2の例

保険契約グループ（CSMを含む）は多通貨建てと考える

| 履行キャッシュ・フローとCSMをIFRS第17号の要求事項を適用して、米ドル建ておよびポンド建てで決定する | IAS第21号適用米ドル・ポンド⇒ユーロ | すべての金額を機能通貨に換算し、IFRS第17号の残りの要求事項をユーロ建ての契約グループに適用する |

② アプローチ2（複数通貨表示アプローチ）

本アプローチでは、企業は、履行キャッシュ・フローを構成する複数の外国通貨建てのキャッシュ・フローを機能通貨に換算する。当初認識時に各通貨（外貨）におけるCSMの金額を識別し、当該外貨建てのCSMの金額を機能通貨に換算する。各外国通貨におけるキャッシュ・フローの事後的な変動により、対応する各外国通貨におけるCSMの金額が調整され、調整後の金額が機能通貨に換算される（図表8）。

(3) 単一通貨表示か複数通貨表示か

多通貨保険契約グループを単一通貨表示または複数通貨表示のいずれかに決定することは、通貨表示に関する為替レート変動の影響を、IFRS第17号を適用して金融リスクの変動とするのか、IAS第21号を適用して為替差額とするのかの会計処理に関係する。

単一通貨表示では次のように会計処理される。

● キャッシュ・フローの通貨と契約グループの通貨との間の為替レートの変動を、企業はIFRS第17号を適用して金融リスクの変動として会計処理する。
● 契約グループの通貨と機能通貨との間の為替レートの変動を、企業がIAS第21号を適用して為替差額として会計処理する。

複数通貨表示では、為替レートのすべての変動を、IAS第21号を適用して為替差額として会計処理される。

補章 2　IFRSIC 議論より

IFRS 第 17 号において、CSM は「保険契約グループに係る資産又は負債の帳簿価額の構成要素で、企業が当該グループの中の保険契約に基づく保険契約サービスを提供するにつれて認識する未稼得の利益を表すもの」と定義されている（付録 A）。複数通貨表示においては、企業は次のようにすることが考えられる。

- CSM を単一の金額と考えて、機能通貨への換算後に当該契約グループが不利であるかどうかを評価する。
- 必要な場合には損失を認識することによって、CSM が負になることを防ぐ。
- 純損益に認識すべき CSM の金額を、当期に提供されたカバー単位および将来に提供されると見込まれるカバー単位を決定する単一の方法を適用することによって決定する。これは、機能通貨に換算される CSM の金額のそれぞれを企業が各カバー単位に同等に配分する結果となる。

IFRSIC は、保険契約の外国通貨要素の会計処理方法について、基準設定プロジェクトを策定し作業計画に追加すべきか否かを検討したが、当該論点に係る基準設定プロジェクトは作業計画に追加しないことを決定した。

補2－4　仲介者からの未収保険料（2023年10月アジェンダ決定）

背景

2023年3月、IFRSIC は保険契約を発行している企業（保険者）が IFRS 第17号および IFRS 第9号の要求事項を仲介者からの未収保険料にどのように適用するかに関する要望書を受け取り、当該論点について議論した。その後、暫定的なアジェンダ決定に関して関係者からコメントを募集し、受領したコメントを踏まえて2023年9月に議論を行った後、2023年10月に本論点に関するアジェンダ決定を公表した。

要望書の概要

要望書に記載された事実パターンの概要は以下のとおりである。

- 仲介者は保険者と保険契約者との間の連絡役として行動し、両社の間の保険契約を準備する。
- 保険契約者は仲介者に保険料を現金で支払っているが、保険者はまだ当該保険料を仲介者から現金で受け取っておらず、保険者と仲介者との間の契約条件では、仲介者が保険者に対して保険料を後日に支払うことが認められている。
- 保険契約者が保険料を仲介者に支払った時点で、保険契約者は保険契約に基づく義務から解放され、保険者は保険契約者に保険契約サービスを提供する義務を負う。
- 仲介者が保険料を保険者に支払うことができない場合、保険者は保険料を保険契約者から回収する権利も保険契約を取り消す権利も有していない。

要望書は、上記の事実パターンにおいて、仲介者からの未収保険料が保険契約の境界線内の将来キャッシュ・フローであり、IFRS 第17号を適用して保険契約グループの測定に含まれるのか、または IFRS 第9号を適用して別個の金融資産として認識および測定をするのかを質問していた。要望書は、次頁**図表9**に示すように2つの見解を示していた。

補章2　IFRSIC 議論より

【図表9】要望書の見解

	方法1	方法2
適用される会計基準	IFRS第17号	IFRS第9号
考え方	仲介者からの未収保険料は保険契約の境界線内の将来キャッシュ・フローである。	保険契約者が保険料を支払った時点で保険契約者の支払義務は消滅する。保険者が保険契約者から保険料を受け取る権利は、仲介者から保険料を受け取る権利によって決済されると考えられるため、仲介者からの未収保険料は境界線内の将来キャッシュ・フローではなく、別個の金融資産である。
保険契約者が保険料を仲介者に支払った時点における保険者の会計処理	●保険料配分アプローチが適用されない場合 　保険者は仲介者からの未収保険料を保険契約の境界線内の将来キャッシュ・フローとして扱い、現金で回収するまで契約グループの測定に含め続ける。 ●保険料配分アプローチが適用される場合 　保険者は残存カバーに係る保険負債を増額せず、仲介者から現金を回収した時点ではじめて当該負債を増額する。	●保険料配分アプローチが適用されない場合 　保険者は当該保険料を保険契約グループの測定から除外し、別個の金融資産として認識する。 ●保険料配分アプローチが適用される場合 　保険者は残存カバーに係る負債を増額し、別個の金融資産を認識する。

IFRSICによる検討

　本要望書の検討にあたり、IFRSICはIFRS第17号が保険者が保険契約に基づいて保険料を受け取る権利の会計処理方法を検討するための出発点であると

補2-4　仲介者からの未収保険料（2023年10月アジェンダ決定）

考え、特に以下の点に留意した。
- IFRS第17号では、保険契約グループの測定に、当該グループの中の各契約の境界線内のすべての将来キャッシュ・フローの見積りを含めることを保険者に要求しており（33項）、保険契約の境界線内のキャッシュ・フローとは、契約の履行に直接関連するキャッシュ・フロー（保険契約者からの保険料を含む）であると説明している（B65項）。しかし、B65項では、保険契約者から直接回収される保険料と仲介者を通じて回収される保険料とを区別していない。したがって、IFRS第17号を適用するにあたり、仲介者を通じて回収される保険契約者からの保険料は、保険契約グループの測定に含まれる。
- IFRS第17号では、キャッシュ・フローが、企業が保険契約者に保険料の支払いを強制できる報告期間中、または企業が保険契約者に保険契約サービスを提供する実質的な義務を有している報告期間中に存在する実質的な権利および義務から生じる場合には、保険契約の境界線内にあると規定している（34項）。
- 上記の事実パターンにおいて、保険者は保険料を現金で回収していないものの、保険契約者は仲介者に保険料を支払った時点で保険契約に基づく義務から解放されている。しかし、IFRS第17号では、保険契約の境界線内の将来キャッシュ・フローが保険契約グループの測定から除外される時点が、当該キャッシュ・フローが現金で回収または決済される時点のいずれかまたは両方に限られるか否かを明示していない。

結　論

上記の留意点を踏まえた審議の結果、IFRSICは、以下の結論に至った。
- 保険契約者による支払いによって保険契約者が保険契約に基づく義務から解放される時点における、仲介者からの未収保険料を会計処理するにあたり、保険者は、IAS第8号に従って会計方針を策定し、キャッシュ・フローが保険契約グループの測定からいつの時点で除外されるかを決定する。すなわち、保険者は、キャッシュ・フローが除外される時点について、当

該キャッシュ・フローが現金で回収または決済される時点（見解1）であるのか、または保険契約に基づく保険契約者の支払義務から解放される時点（見解2）であるのかを会計方針として決定することが認められる。
- 仲介者からの未収保険料を保険者が回収できない状況もありうるため、当該保険料に係る予想信用損失の測定、表示および開示に関する論点が存在するが、IFRS第17号およびIFRS第9号では、これらに関する要求事項が異なる。したがって、保険者は見解1または見解2のいずれの見解を採用するとしても、適用するIFRS会計基準における測定および開示の要求事項のすべてを適用しなければならない。すなわち、保険者はIFRS第17号（IFRS第17号の範囲に含まれる契約から生じる信用リスクに関する情報の開示を要求している131項を含む）、またはIFRS第9号（およびIFRS第7号の要求事項）のいずれかを仲介者からの未収保険料に適用する。

なお、委員会は、キャッシュ・フローが保険契約グループの測定からいつの時点で除外されるかという論点について、基準設定プロジェクトを策定し作業計画に追加すべきか否かを検討したが、以下の理由により、当該論点に係る基準設定プロジェクトは作業計画に追加しないことを決定した。
- 会計基準の変更による意図しない結果を生じさせるか否かを評価しなければならないが、当該評価には相当の時間と労力を要する。
- 仲介者からの未収保険料を保険者が会計処理するにあたっては、上記の見解1または見解2のいずれかを適用することにより、IFRS第17号またはIFRS第9号の要求事項に基づく有用な情報が財務諸表利用者に提供されると考えられる。
- この結果、当該論点に関する基準設定プロジェクトを計画したとしても、効率的な方法で議論できる程度に十分に範囲が狭くはならないだろうと考えられる。

索　引

欧　文

benefit ratio model	408
DAC	412
DPL	399
EGM	403, 415
EGP	413
GMAB	404
GMDB	404
GMIB	404
GMWB	404
IAS 第 7 号	241
IAS 第 8 号	28, 272, 300, 310, 482
IAS 第 10 号	77
IAS 第 19 号	26
IAS 第 21 号	134
IAS 第 38 号	26
IFRS 第 1 号	275, 307
IFRS 第 2 号	26
IFRS 第 3 号	28, 298, 307
IFRS 第 4 号	16
IFRS 第 5 号	223
IFRS 第 9 号	24, 27, 29, 159, 170, 297, 303
IFRS 第 15 号	21, 26, 29, 271
IFRS 第 16 号	21, 271
IFRS 第 18 号	192, 193
IFRSIC	472
ISSB	371
MA	344
PAD	383
PFBL	404, 407, 410
premium deficiency	384
SFAS113	166
Topic815	404
TRWG	371
U.S.GAAP	24, 166
VA	344

あ　行

イールド・カーブ	88, 254
1 年コホート	42
インフレーション	78

か　行

概念フレームワーク	31
カバー期間	51
カバー単位	136
貨幣性項目	134
貨幣の時間価値	17, 125, 143
給付率モデル（benefit ratio model）	408
金融リスク	13, 125, 143
組込デリバティブ	34
繰延契約獲得費用（DAC）	412, 422
繰延利益負債（DPL）	399
クレーム・ディベロップメント	265
経済的関係	159
継続リスク	15
契約上のサービス・マージン	64, 136, 171
契約の境界線	79
公正価値アプローチ	252
後発事象	77

さ　行

最低死亡保証（GMDB）	404
最低年金受取総額保証（GMIB）	404
最低年金原資保証（GMAB）	404

最低引出総額保証（GMWB）......... 404
最低保証給付 403
最低保証利回り 22
裁量権付有配当投資契約 61, 66
裁量的なキャッシュ・フロー 133, 277
残価保証 21
参照資産ポートフォリオ 89
残存カバーに係る負債 141
市場変数 74
失効リスク 15
実効利回りアプローチ 215
修正遡及アプローチ 252
重大な金融要素 102, 143
信用リスク 27, 90, 159, 265
信頼水準技法 254
生存年金（契約） 14, 22, 437
生存年金購入オプション 18, 22
遡及アプローチ 278
損失要素 130, 133

た行

デリバティブ 14
トップダウン・アプローチ 89

は行

非金融リスク 15
非市場変数 75
被保険利益 14

費用リスク 15
複製資産ポートフォリオ 74
複製ポートフォリオ技法 74
不履行リスク 301
不利な変動に対する引当て（PAD）... 383
ヘッジ会計 159
保険獲得キャッシュ・フロー 51, 102
保険契約グループ 41, 167
保険契約ポートフォリオ 41, 106, 167
保険リスク 13, 94, 166
保険料不足テスト 399
ボトムアップ・アプローチ 88
ボラティリティ調整（VA）........... 344

ま行

マッチング調整（MA）.............. 344
見積総マージン（EGM）......... 403, 415
見積総利益（EGP）................. 413
元受保険契約 164

や行

予想信用損失 170, 177
予想予定利率アプローチ 215

ら行

ロードサイド・アシスタンスプログラム
.... 29
ロス・センシティブ条項 214

著者紹介

●著　者

　　有限責任監査法人トーマツ

●執筆者一覧（五十音順）

　　有限責任監査法人トーマツ
　　　大屋　雅彦　（おおや　まさひこ）
　　　梶原　俊哉　（かじわら　しゅんや）
　　　工藤　美保子（くどう　みほこ）
　　　五島　裕生　（ごとう　ひろお）
　　　佐賀　智雄　（さが　ともお）
　　　三井　健一郎（みつい　けんいちろう）
　　　山口　圭介　（やまぐち　けいすけ）
　　　渡邊　悦也　（わたなべ　えつや）

　　デロイト トーマツ リスクアドバイザリー合同会社
　　　後藤　茂之　（ごとう　しげゆき）※業務委託者
　　　小林　和正　（こばやし　かずまさ）
　　　笹田　尚宏　（ささだ　なおひろ）
　　　清水　宏久　（しみず　ひろひさ）

有限責任監査法人トーマツ

　有限責任監査法人トーマツは、デロイト トーマツ グループの主要法人として、監査・保証業務、リスクアドバイザリーを提供しています。日本で最大級の監査法人であり、国内約30の都市に約3,000名の公認会計士を含む約8,100名の専門家を擁し、大規模多国籍企業や主要な日本企業をクライアントとしています。

　デロイト トーマツ グループは、日本におけるデロイト アジア パシフィック リミテッドおよびデロイトネットワークのメンバーであるデロイト トーマツ合同会社ならびにそのグループ法人（有限責任監査法人トーマツ、デロイト トーマツ リスクアドバイザリー合同会社、デロイト トーマツ コンサルティング合同会社、デロイト トーマツ ファイナンシャルアドバイザリー合同会社、デロイト トーマツ税理士法人、DT弁護士法人およびデロイト トーマツ グループ合同会社を含む）の総称です。デロイト トーマツ グループは、日本で最大級のプロフェッショナルグループのひとつであり、各法人がそれぞれの適用法令に従い、監査・保証業務、リスクアドバイザリー、コンサルティング、ファイナンシャルアドバイザリー、税務、法務等を提供しています。また、国内約30都市に約2万人の専門家を擁し、多国籍企業や主要な日本企業をクライアントとしています。詳細はデロイト トーマツ グループWebサイト（www.deloitte.com/jp）をご覧ください。

　Deloitte（デロイト）とは、デロイト トウシュ トーマツ リミテッド（"DTTL"）、そのグローバルネットワーク組織を構成するメンバーファームおよびそれらの関係法人（総称して"デロイトネットワーク"）のひとつまたは複数を指します。DTTL（または"Deloitte Global"）ならびに各メンバーファームおよび関係法人はそれぞれ法的に独立した別個の組織体であり、第三者に関して相互に義務を課しまたは拘束させることはありません。DTTLおよびDTTLの各メンバーファームならびに関係法人は、自らの作為および不作為についてのみ責任を負い、互いに他のファームまたは関係法人の作為および不作為について責任を負うものではありません。DTTLはクライアントへのサービス提供を行いません。詳細はwww.deloitte.com/jp/about をご覧ください。

　デロイト アジア パシフィック リミテッドはDTTLのメンバーファームであり、保証有限責任会社です。デロイト アジア パシフィック リミテッドのメンバーおよびそれらの関係法人は、それぞれ法的に独立した別個の組織体であり、アジア パシフィックにおける100を超える都市（オークランド、バンコク、北京、ベンガルール、ハノイ、香港、ジャカルタ、クアラルンプール、マニラ、メルボルン、ムンバイ、ニューデリー、大阪、ソウル、上海、シンガポール、シドニー、台北、東京を含む）にてサービスを提供しています。

著者紹介

　本書は皆様への情報提供として一般的な情報を掲載するのみであり、デロイト トウシュ トーマツ リミテッド（"DTTL"）、そのグローバルネットワーク組織を構成するメンバーファームおよびそれらの関係法人が本書をもって専門的な助言やサービスを提供するものではありません。皆様の財務または事業に影響を与えるような意思決定または行動をされる前に、適切な専門家にご相談ください。本書における情報の正確性や完全性に関して、いかなる表明、保証または確約（明示・黙示を問いません）をするものではありません。またDTTL、そのメンバーファーム、関係法人、社員・職員または代理人のいずれも、本資料に依拠した人に関係して直接または間接に発生したいかなる損失および損害に対して責任を負いません。DTTLならびに各メンバーファームおよび関係法人はそれぞれ法的に独立した別個の組織体です。

最新 IFRS 保険契約──理論と仕組みを徹底分析〔改訂増補版〕	
著　　　者	有限責任監査法人トーマツ
発　行　日	2024年12月19日
発　行　所	株式会社保険毎日新聞社 〒110‐0016　東京都台東区台東4‐14‐8 TEL 03‐5816‐2861／FAX 03‐5816‐2863 URL https://www.homai.co.jp/
発　行　人	森　川　正　晴
カバーデザイン	塚　原　善　亮
印刷・製本	モリモト印刷株式会社

©2024　For information, contact Deloitte Touche Tohmatsu LLC.
Printed in Japan
ISBN978‐4‐89293‐484‐1

本書の内容を無断で転記、転載することを禁じます。
乱丁・落丁本はお取り替えいたします。